21世纪高等学校
经济管理类规划教材 高校系列

用友T3
会计电算化应用教程

◎ 徐言琨 李淑霞 主编
◎ 董晓双 夏丹 李宗玲 副主编

THE APPLICATION OF ACCOUNTING COMPUTERIZATION

人民邮电出版社
北京

图书在版编目（C I P）数据

用友T3会计电算化应用教程 / 徐言琨，李淑霞主编
. -- 北京 : 人民邮电出版社，2015.9
21世纪高等学校经济管理类规划教材. 高校系列
ISBN 978-7-115-40044-4

Ⅰ. ①用… Ⅱ. ①徐… ②李… Ⅲ. ①财务软件－高等学校－教材 Ⅳ. ①F232

中国版本图书馆CIP数据核字(2015)第172042号

内 容 提 要

用友 T3 标准版（10.8PLUS1）是一套应用广泛的用友系统，它包括账务处理、报表、固定资产管理、工资核算、采购管理、库存管理、销售管理、核算、生产管理等功能，可以满足中小型企业的管理需求，界面友好、操作灵活、易学易用。

本书系统、详尽地讲解了用友 T3 的各项功能，以及如何应用于企业的实际业务中。本书结合软件的各模块功能，以案例贯穿始终，最终形成一套完整的企业模拟数据。在讲解过程中，我们力求剖析软件应用过程中的重点和难点，将软件的应用与企业实际管理的业务知识相融合。此外本书还配有用友 T3 标准版的安装光盘和每章练习完成之后的模拟账套数据，使读者能够在轻松易懂的情况下就学习用友通精算版软件。

本书既可以作为财经、物流、管理类学生的教材，也可以作为企业财务人员、物流管理人员自学或培训教材，还可以作为会计电算化、ERP 认证、管理认证备考人员的参考用书。

◆ 主　　编　徐言琨　李淑霞
　副 主 编　董晓双　夏　丹　李宗玲
　责任编辑　许金霞
　责任印制　沈　蓉　彭志环

◆ 人民邮电出版社出版发行　　北京市丰台区成寿寺路 11 号
　邮编　100164　　电子邮件　315@ptpress.com.cn
　网址　http://www.ptpress.com.cn
　固安县铭成印刷有限公司印刷

◆ 开本：787×1092　1/16
　印张：18　　　　　　2015 年 9 月第 1 版
　字数：485 千字　　　2015 年 9 月河北第 1 次印刷

定价：39.80 元

读者服务热线：(010)81055256　印装质量热线：(010)81055316
反盗版热线：(010)81055315

前　言 Preface

"麻雀虽小、五脏俱全"，这是很多中小型企业在面临信息化选型时的困惑。市面上的ERP软件有的一味求大求全，功能越做越复杂；有的实在太过于简单，只追求某一方面的功能处理，例如仅处理财务数据或仅处理仓库数据等。

中小企业占我国企业数量的比重超过95%，在ERP选型上，只选对的，不选贵的是这些企业管理者最实际且迫切的需求。用友T3标准版（10.8PLUS1）就是这样一款软件，T3的功能涉及账务处理、报表、固定资产管理、工资核算、采购管理、库存管理、销售管理、核算、生产管理等内容，完全可以满足一般的中小型企业对于ERP信息化管理的需求。

本书共分为13章，主要内容包括如下。

第1章简要介绍了用友T3的功能。

第2章讲解T3的系统管理功能，包括建账、设置操作员、设置权限、数据备份等。

第3章讲解新账套的基础信息设置，包括部门档案、职员档案、客户档案、供应商档案、存货档案、产品结构等内容。

第4章讲解各功能模块的初始设置，包含参数设置和期初余额录入等。

第5章～第13章，主要从企业的各个具体业务来进行了详细的讲解，包括销售管理、生产管理、采购管理、库存管理、核算、固定资产管理、工资管理、账务处理、财务报表等内容。

另外，本书还配有用友T3的安装光盘和每章练习完成之后的模拟账套数据，使读者能够在学习完本书之后，熟练掌握用友T3标准版软件的使用。

本书既可以作为财经、物流、管理类专业相关课程的教材，也可以作为企业财务人员、物流管理人员自学或培训教材，还可以作为各类会计电算化、ERP认证、管理认证备考人员的参考用书。

本书由徐言琨、李淑霞担任主编，董晓双、夏丹、李宗玲担任副主编，徐言琨编写第2章和第4章，李淑霞编写第3章、第7章～第8章，董晓双编写第5章、第9章和第10章，夏丹编写第11章～第12章，李宗玲编写第1章、第6章、第13章。

随着财务管理信息化的不断发展，用友财务系统也必然随之发展，本书的内容也会随着需要不断充实和提高。欢迎广大读者、专家对本书提出宝贵的意见和建议。

编　者

2015年5月

目 录 Contents

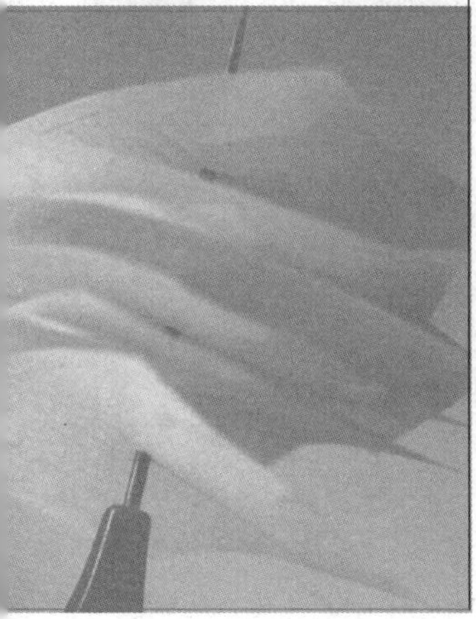

第1章 用友T3标准版概述

1.1 用友T3标准版简介 / 1

1.2 用友T3标准版数据流程 / 1

1.3 安装用友T3标准版 / 3

1.3.1 用友T3标准版安装要求 / 4

1.3.2 安装用友T3标准版 / 4

1.4 系统登录 / 8

第2章 系统管理

2.1 系统管理注册 / 11

2.2 操作员（用户）设置 / 13

2.3 建立新账套 / 14

2.4 操作员权限设置 / 19

2.5 账套备份 / 20

2.6 账套信息修改和功能模块启用 / 23

2.7 年度账处理 / 25

2.8 其他功能 / 27

第3章 基础信息设置

3.1 基本信息 / 30

3.2 机构设置 / 31

3.3 往来单位设置 / 34

3.4 存货设置 / 38

3.5 财务 / 42

3.6 收付结算 /50

3.7 购销存 / 51

3.8 单据设置 / 58

3.9 单据编码设置 / 60

3.10 常用摘要 / 61

第4章 模块初始化设置

4.1 销售管理 / 62

4.1.1 销售业务范围设置 / 64
4.1.2 销售期初记账 / 68
4.1.3 价格管理 / 70
4.2 采购管理 / 72
4.2.1 采购业务范围设置 / 74
4.2.2 采购期初记账 / 78
4.3 库存管理 / 80
4.3.1 库存业务范围设置 / 82
4.3.2 库存期初数据 / 86
4.4 生产 / 88
4.5 核算系统 / 90
4.5.1 核算业务范围设置 / 91
4.5.2 期初数据 / 97
4.5.3 科目设置 / 99
4.6 固定资产管理 / 103
4.6.1 固定资产管理系统初始化设置 / 104
4.6.2 卡片 / 108
4.7 账务处理 / 111
4.7.1 总账系统应用流程 / 112
4.7.2 初始化设置 / 112

第5章 销售与应收

5.1 日常业务 / 121
5.1.1 销售订货 / 121
5.1.2 发货单 / 123
5.1.3 销售发票 / 125
5.2 客户往来 / 128
5.2.1 应收单 / 128
5.2.2 收款结算 / 129
5.2.3 应收冲应收 / 130
5.2.4 预收冲应收 / 131
5.2.5 应收冲应付 / 132
5.2.6 汇兑损益 / 132
5.2.7 取消操作 / 133
5.2.8 收款结算单列表 / 133
5.3 销售单据列表 / 134
5.4 销售明细账 / 135
5.5 销售明细表 / 135
5.6 销售统计表 / 136
5.7 客户往来账表 / 137
5.8 月末结账 / 138

第6章 生产管理

6.1 销售订单投产 / 139
6.2 生产加工单 / 140
6.3 采购需求分析、批量领料、批量入库 / 143

第7章 采购与应付

7.1 日常业务 / 144
7.1.1 采购订货 / 144
7.1.2 采购入库单 / 146
7.1.3 采购发票 / 147
7.1.4 采购结算 / 150
7.2 供应商往来 / 153
7.2.1 应付单 / 153
7.2.2 付款结算 / 154
7.2.3 应付冲应付、预付冲应付、应付冲应收、红票对冲 / 155
7.2.4 汇兑损益 / 156
7.2.5 取消操作 / 156
7.3 采购单据列表 / 157
7.4 采购明细表 / 157
7.5 采购统计表 / 158
7.6 采购账簿 / 159
7.7 供应商往来账表 / 159
7.8 月末结账 / 161

第8章 库存管理

8.1 日常业务 / 162
8.1.1 采购入库单审核 / 162
8.1.2 材料出库单 / 163
8.1.3 产成品入库 / 164
8.1.4 其他入库单 / 165
8.1.5 销售出库单 / 166

8.1.6 其他出库单 / 167
8.2 库存其他业务 / 168
8.2.1 调拨单 / 168
8.2.2 盘点单 / 169
8.2.3 货位调整单 / 171
8.2.4 失效期维护 / 171
8.3 库存单据列表 / 171
8.4 库存账簿查询 / 172
8.5 库存统计分析 / 173
8.6 库存工具 / 174
8.7 储备分析 / 174
8.8 月末结账 / 176

第9章 核算管理

9.1 调整单 / 177
9.1.1 入库调整单 / 178
9.1.2 出库调整单 / 178
9.2 核算 / 179
9.2.1 特殊单据记账 / 179
9.2.2 第一次正常单据记账 / 180
9.2.3 采购入库单成本批量录入 / 181
9.2.4 产成品成本批量录入 / 181
9.2.5 产成品成本分配 / 181
9.2.6 生产加工成本分配 / 183
9.2.7 第二次正常单据记账 / 185
9.2.8 取消单据记账 / 186
9.2.9 差异率计算 / 186
9.2.10 平均单价计算 / 187
9.2.11 暂估入库成本处理 / 187
9.3 月末处理 / 188
9.4 凭证 / 189
9.5 账表 / 191
9.6 月末结账 / 193

第10章 固定资产

10.1 固定资产卡片 / 194
10.1.1 资产增加 / 194
10.1.2 资产减少 / 195
10.1.3 资产变动 / 196
10.1.4 资产评估 / 196
10.1.5 卡片管理 / 198
10.2 固定资产处理 / 198
10.2.1 工作量 / 198
10.2.2 计提折旧 / 199
10.2.3 查看折旧清单 / 199
10.2.4 查看折旧分配表 / 200
10.2.5 批量制单 / 200
10.2.6 查询凭证 / 201
10.3 账表查询 / 202
10.4 月末处理 / 203
10.4.1 对账 / 203
10.4.2 月末结账 / 204

第11章 工资

11.1 概述 / 206
11.2 工资管理系统初始化设置 / 207
11.2.1 启动工资管理系统并建立工资账套 / 208
11.2.2 基础设置 / 209
11.3 业务处理 / 213
11.3.1 工资变动 / 213
11.3.2 扣缴所得税 / 214
11.3.3 工资分钱清单 / 215
11.3.4 银行代发 / 216
11.3.5 工资分摊 / 217
11.4 统计分析 / 218
11.4.1 工资表 / 219
11.4.2 工资分析表 / 219
11.4.3 凭证查询 / 220
11.5 月末处理 / 221

第12章 账务处理

12.1 凭证业务 / 222
12.1.1 凭证处理 / 222

12.1.2 凭证修改 / 229
12.1.3 冲销凭证 / 230
12.1.4 删除凭证 / 231
12.1.5 出纳签字 / 232
12.1.6 凭证审核 / 234
12.1.7 凭证打印 / 236
12.1.8 科目汇总 / 236
12.1.9 凭证记账 / 237
12.1.10 账表清理 / 240
12.1.11 账簿查询 / 240
12.1.12 账簿打印 / 242
12.1.13 辅助账查询 / 243
12.1.14 期末处理 / 244
12.2 往来账管理 / 248
12.2.1 往来设置 / 248
12.2.2 往来账簿 / 248
12.2.3 往来打印 / 250
12.3 现金 / 250
12.3.1 银行账 / 251
12.3.2 现金管理 / 256
12.3.3 支票登记簿 / 257
12.3.4 账簿打印 / 257
12.4 项目管理 / 257

第13章 财务报表

13.1 概述 / 259
13.2 设计报表 / 259
13.2.1 打开财务报表系统 / 259
13.2.2 调整表尺寸和线条 / 261
13.2.3 单元格属性 / 263
13.2.4 组合单元 / 263
13.2.5 关键字设置 / 264
13.3 编辑报表公式及数据处理 / 265
13.3.1 定义单元公式 / 266
13.3.2 保存报表格式 / 267
13.3.3 报表数据处理 / 268
13.4 报表管理 / 271
13.4.1 追加表页 / 271
13.4.2 表页排序 / 271
13.4.3 表页查找 / 272
13.4.4 表页透视 / 273
13.4.5 显示比例 / 273
13.4.6 定义显示风格 / 274
13.4.7 设置打印分页 / 274
13.5 图表功能 / 275
13.6 报表模板 / 278
13.6.1 调用报表模板 / 278
13.6.2 自定义模板 / 279

第1章 用友 T3 标准版概述

本章重点

- 用友 T3 标准版功能介绍和数据流程
- 用友 T3 标准版对硬件、软件环境的要求和安装方法

1.1 用友 T3 标准版简介

用友 T3 标准版是用友公司针对业务简单的企业所开发出来的一套小型 ERP 系统，可以理解为用友 ERP-U8 的简化版。该版本保留了企业应用过程中核心的业务单据和报表，使用起来流程简单、应用方便，非常适合对 ERP 系统功能需求不高的企业使用，也特别适合初学者作为 ERP 入门系统学习使用。

用友 T3 标准版包含总账系统、往来管理、现金银行、项目管理、财务报表、工资、固定资产、采购、销售、库存、核算、生产、财务分析和老板通等内容，如图 1-1 所示。

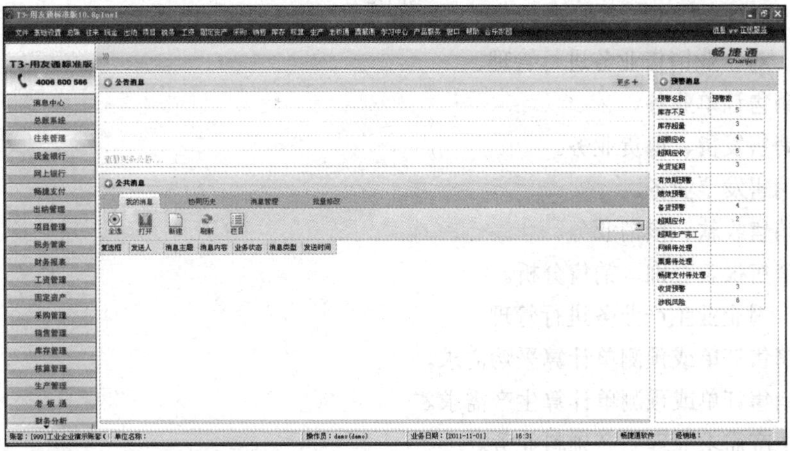

图 1-1

用友 T3 标准版支持 Windows XP/2003/Vista/Windows 7/Windows 8 操作系统（注意：Windows 7 和 Windows 8 系统安装时需 32 位，Windows 7 版本不要使用家庭版），支持 2007 新会计准则。

用友 T3 标准版后台使用的数据库为 SQL Server 2000/2005。

1.2 用友 T3 标准版数据流程

了解用友 T3 标准版中各模块功能以及各模块之间的数据如何传递是使用用友 T3 标准版的关

键。只有充分理解用友软件的数据流程，才能决定应该启用哪些模块（因为不是所有模块都需要启用系统才能运行，企业可根据自身的核算需要选择需要启用的功能模块），并在将企业数据导入系统后充分发挥其作用。

用友 T3 标准版的数据流程如图 1-2 所示。

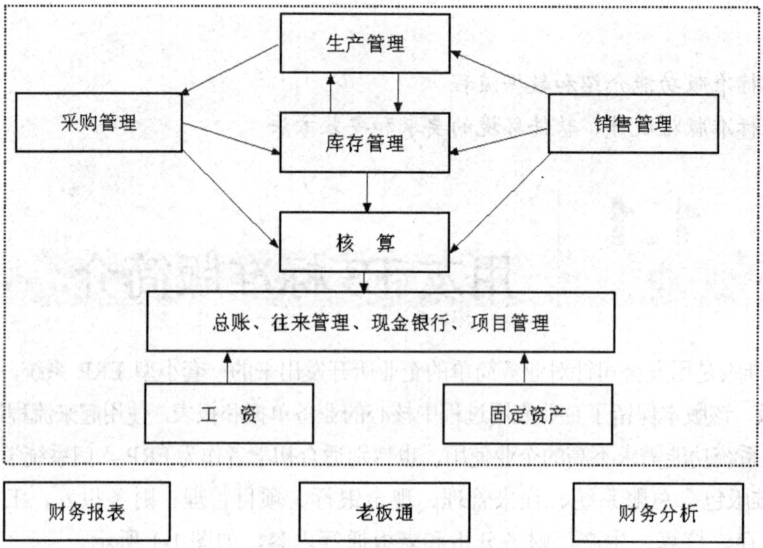

图 1-2

（1）销售：对企业销售业务进行管理。

- 处理销售订单业务。
- 处理销售发货、退货业务。
- 处理销售发票业务。
- 处理销售收款、核销业务。
- 进行销售报表查询、销售分析。

（2）生产：对企业生产业务进行管理。

- 根据销售订单或预测单计算采购需求。
- 根据销售订单或预测单计算生产需求。
- 根据生产需求处理生产领料业务。
- 根据生产需求处理生产完工业务。
- 进行采购报表查询、采购分析。

（3）采购：对企业采购业务进行管理。

- 处理采购订单业务。
- 处理采购入库、退货业务。
- 处理采购发票业务。
- 处理采购付款、核销业务。
- 进行采购报表查询、采购分析。

（4）库存：对企业仓库业务进行管理。

- 处理入库业务（采购入库、产成品入库、其他入库）。

- 处理出库业务（原材料领用出库、销售出库、其他出库）。
- 处理仓库日常业务（调拨、盘点）。
- 进行仓库报表查询、仓库分析。

（5）核算：处理企业往来核算、存货核算。

- 将销售系统中的应收款、收款核销业务生成凭证传递到总账管理中。
- 将采购系统中的应付款、付款核销业务生成凭证传递到总账管理中。
- 对库存系统传递过来的各种出入库单据进行记账之后，核算出存货的出库成本，各种出入库单据制单生成凭证传递到总账管理中。
- 处理暂估业务。
- 可调整出入库金额业务。
- 查询各种报表。

（6）工资：对企业工资信息进行管理。

- 核算公司员工工资，可以做简单的人事档案管理，出具各种工资报表。
- 提供工资的现金发放清单或银行代发工资功能。
- 处理员工工资中代扣、个人所得税业务，月底生成工资凭证传递到总账管理中。

（7）固定资产：管理固定资产业务。

- 将固定资产用卡片形式登记。
- 处理固定资产的增加、减少、维修、计提折旧和部门转移等业务。
- 生成固定资产的相关凭证（如固定资产购进、折旧和报费等），并将其传递到总账管理中。

（8）账务处理（总账、往来管理、现金银行、项目管理）。

- 处理由各模块传递过来的凭证，也可以在该系统中新增凭证。
- 生成财务报表，进行月底结转、月末处理工作等。
- 查询往来账款。
- 进行现金、银行账查询，支票领用登记，进行银行对账处理。
- 对项目账进行管理。

注意 如果只启用了账务处理系统，而没有启用其他系统，则企业的所有业务处理都在账务系统中以凭证的方式完成，这是用友 T3 标准版系统最简单的使用方式，适合于企业会计信息核算简单的单位使用。

（9）财务报表：提供资产负债表、损益表等报表模版，也可以自定义所需要的报表。

（10）财务分析：进行各种财务数据的分析。

（11）老板通：从管理者的角度对企业的经营决策进行分析查询。

1.3 安装用友 T3 标准版

用友 T3 标准版有如下两种使用方式。

（1）多人使用该系统，则在局域网中指定一台机器作为服务器，其他机器作为工作端。服务器兼有计算、保存数据和响应客户端请求等工作，因此配置应该高一些。在服务器上应先安装 MSDE 2000，然后再安装用友 T3 标准版服务器端程序。工作端只需安装用友软件的工作端程序。

（2）如果只是单机使用用友 T3 标准版，需先安装 MSDE 2000，然后再安装用友 T3 标准版。

1.3.1 用友 T3 标准版安装要求

1. 硬件环境

CPU PIII 550 或以上，内存 512MB 或以上，硬盘 20GB 以上。

2. 软件环境

支持的操作系统为 Windows XP/2003/Vista/7/8。

网络协议：TCP/IP。

安装产品的计算机名称不能用“-”或者用数字开头，但名称中可以带有“_”。

1.3.2 安装用友 T3 标准版

用友 T3 标准版使用的后台数据库是 Micrsoft 公司开发的 SQL Server 2000，SQL Server 2000 有多种版本：简版 MSDE、个人版、标准版和企业版。

MSDE 是 MicroSoft Desktop Engine 的首字母缩略词，是微软公司推出的一个桌面的免费支持 MSSQL 的数据库引擎，用友 T3 标准版完全可以运行。

使用单机版的用友软件时，电脑上需要先安装 SQL Server 2000 数据库（MSDE、个人版）；使用网络版用友软件时，SQL Server 2000（MSDE、标准版、企业版）只需安装在服务器上，客户端电脑上不用安装。

本书附送的用友 T3 标准版安装盘中有一个 SQL 简版 MSDE，安装方法如下。

（1）将用友 T3 标准版光盘放入光驱中，找到光盘中的\MS\MSDE 2000 文件夹，如图 1-3 所示。

（2）请先仔细阅读安装说明，然后单击“数据库安装”选项，系统给出安装提示，如图 1-4 所示。在此可以更改安装的程序文件路径和数据文件路径，然后单击“确认”按钮，程序开始自动安装 MSDE2000，如计算机已经安装了数据，系统会提示“已经安装 MSSql Server 或 MSDE”。

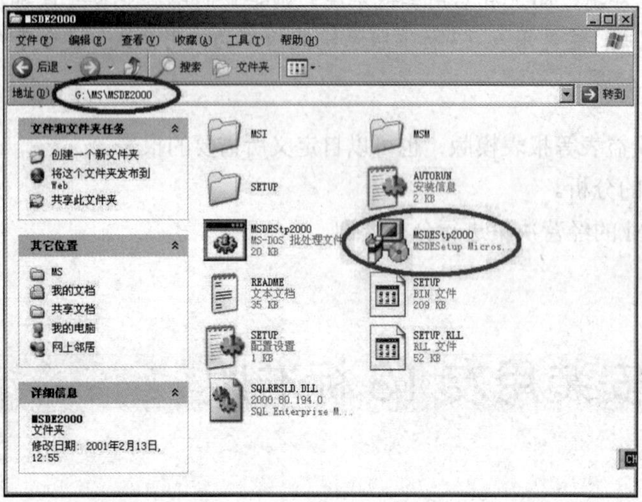

图 1-3

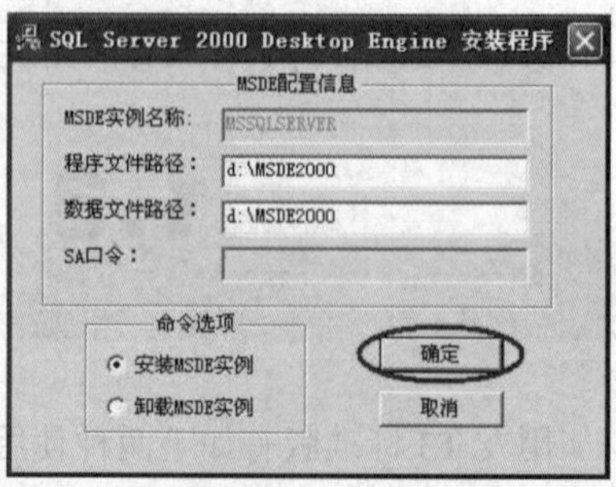

图 1-4

（3）数据库安装完成后，需要重新启动计算机。重启计算机，在桌面任务栏显示有 SQL 的服务管理器图标，如图 1-5 所示。

图 1-5

（4）然后安装 MSDE 的关键更新，该文件放在用友 T3 标准版安装光盘的“MS”目录中（首次安装数据库的超级用户 SA 口令默认为空），双击“SQL-MSDE-CriticalUpdate-CHS”程序图标进行安装。

（5）安装完 MSDE 的关键更新后，再打开“用友 T3 标准版”文件夹，双击“setup”程序图标进行用友 T3 标准版安装，如图 1-6 所示。

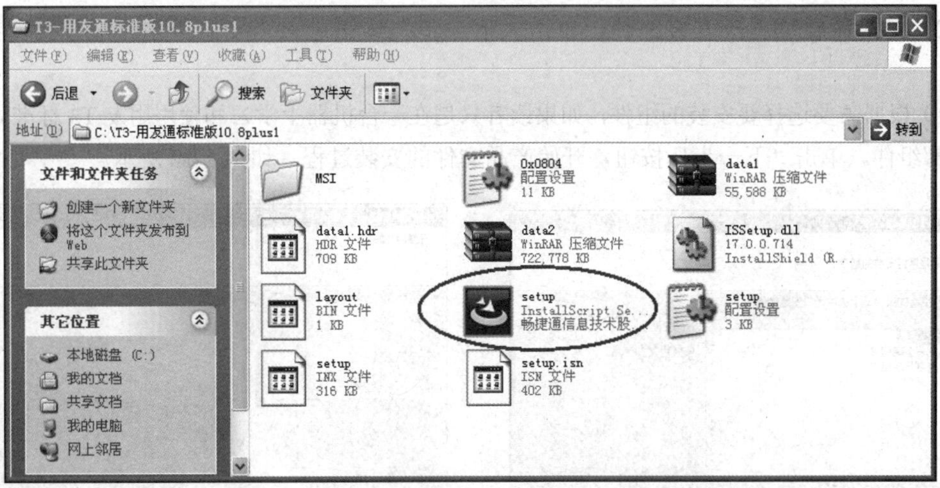

图 1-6

（6）系统提示正在开始安装，如图 1-7 所示。

（7）系统进入安装欢迎界面，如图 1-8 所示。

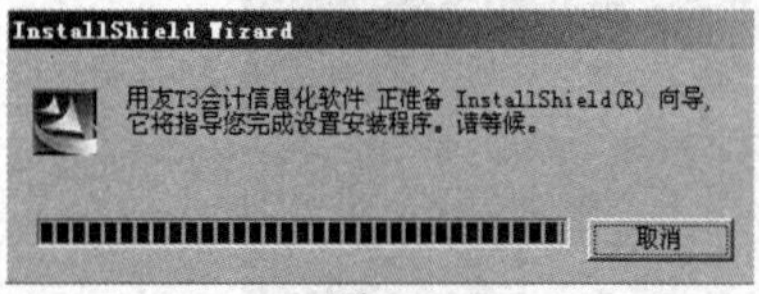

图 1-7

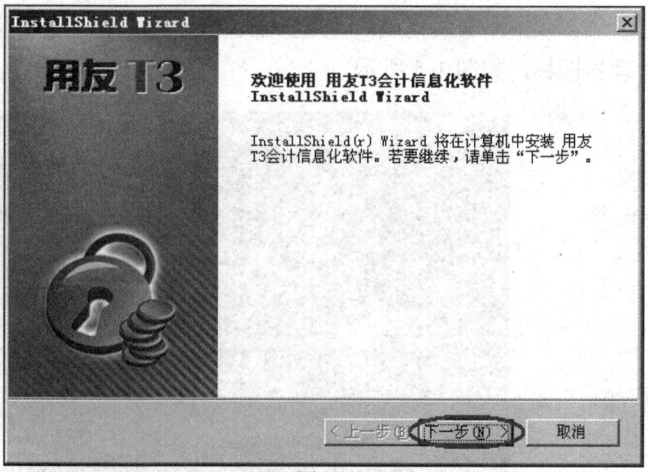

图 1-8

（8）单击“下一步”按钮，进入许可协议界面，如图 1-9 所示。

（9）单击“是”按钮，进入安装目的地文件夹设置界面，如图 1-10 所示。

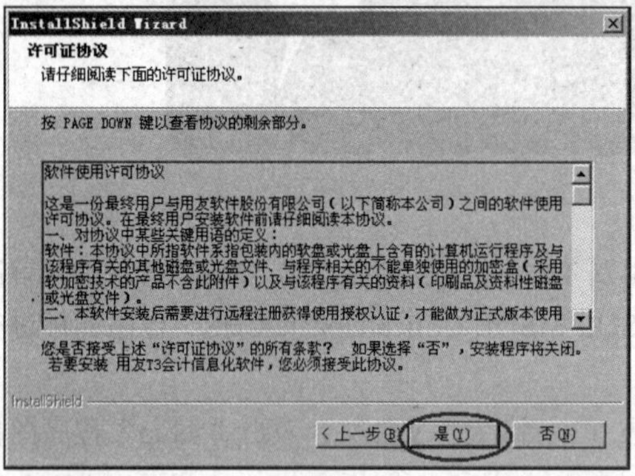

图 1-9

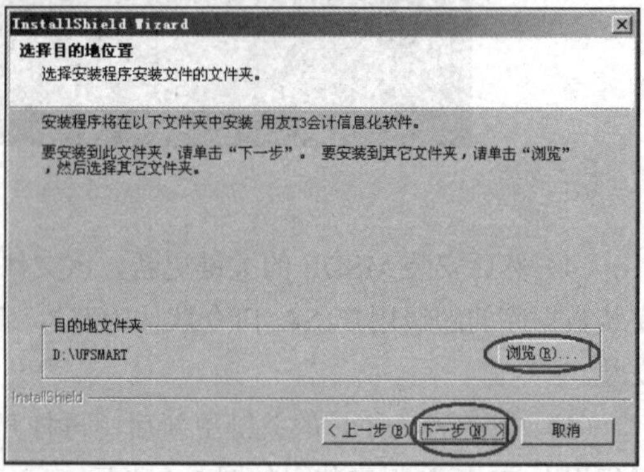

图 1-10

（10）根据需要可更改安装路径，单击“下一步”按钮进入“安装类型”选择，如图 1-11 所示。

（11）根据需要选择要安装的组件，如果读者只是在一台机器上学习和使用用友 T3 标准版，建议安装全部组件。单击“下一步”按钮，开始产品文件的安装过程，如图 1-12 所示。

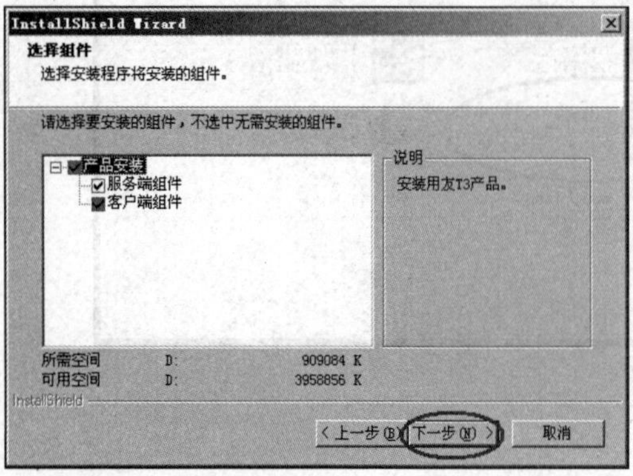

图 1-11

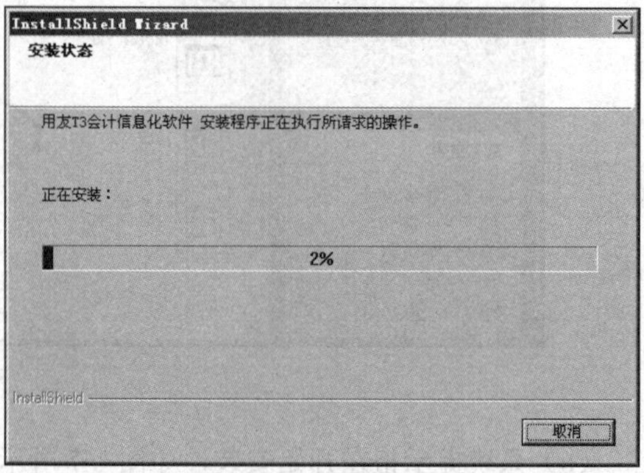

图 1-12

（12）如果在安装过程中，系统有提示环境不符合，单击“确定”按钮跳过既可。用友 T3 标准版安装完成后，系统提示是否重启计算机，如图 1-13 所示。选择“是，立即重新启动计算机”，单击“完成”按钮，重新启动计算机。

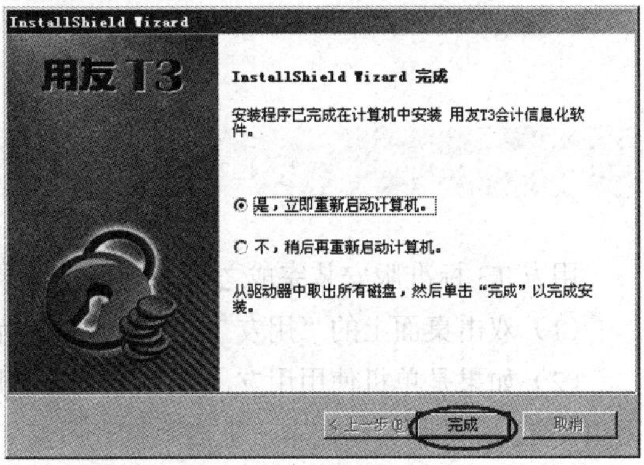

图 1-13

（13）计算机重新启动之后，用友 T3 标准版会提示建立系统数据库等，单击“是”按钮，最后一切建立完成之后，桌面上会出现两个程序图标，分别是“系统管理”和“用友 T3 标准版”（如果选择“工作端安装”则没有“系统管理”图标），如图 1-14 所示。

如果需要删除用友软件，则打开系统中的“控制面板”，双击“控制面板”中的“添加/删除程序”图标，选中“用友 T3 标准版”，单击“更改/删除”按钮，之后按照系统提示进行用友 T3 标准版的更改或删除，如图 1-15 所示。

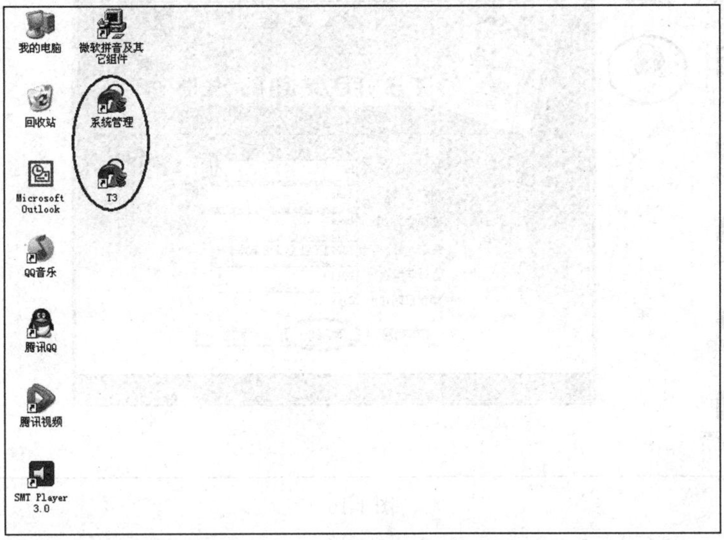

图 1-14

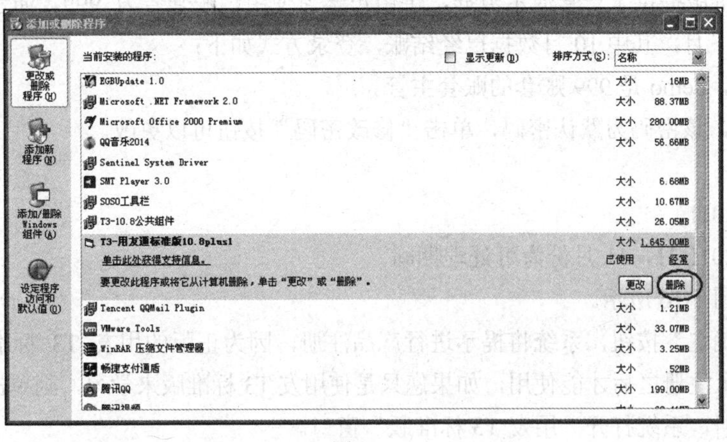

图 1-15

1.4 系统登录

用友 T3 标准版安装完成之后，则可以登录用友 T3 标准版进行相应的操作了。

（1）双击桌面上的“用友 T3 标准版”图标，系统打开“注册”对话框，如图 1-16 所示。

（2）如果是单机使用用友 T3 标准版，则服务器处会自动显示为本机电脑名称；如果是网络使用用友 T3 标准版，则在客户机器上打开用友 T3 标准版时，应单击门户服务器栏的按钮，在“网络计算机浏览”窗口的“当前”栏处录入服务器机器名或者 IP 地址，然后单击“选择”按钮回到登录界面。

图 1-16

用友 T3 标准版提供了一套演示数据，供用户学习使用，账套号为 999。演示账套数据期间为 2011 年 10 月至 11 月，其中 10 月数据已经结账，登录方式如下：

用户：demo，demo 是 999 账套的账套主管。

密码：demo，该密码为默认密码，单击“修改密码”按钮可以更改。

账套：999。

会计年度：2011。

操作日期：2011-11，11 月份为可处理期间。

登录方式如图 1-16 所示。

（3）单击“确定”按钮，系统将提示进行产品注册，因为正版的用友 T3 标准版加密卡只有经过用友公司的网上注册之后才能使用，如果您只是使用用友 T3 标准版来学习，则单击“以后注册”按钮表示以后再注册，系统打开“用友 T3 标准版”窗口。

（4）进入账套时，系统弹出“期初档案录入”窗口，如图 1-17 所示。在此可以录入登录账套的期初档案，如果希望下次再登录账套时不要显示该界面，则在此不要勾选“下次登录时，显示本页面”项即可。

（5）关闭“期初档案录入”窗口后，系统进入“用友 T3 标准版”窗口，现在所做的操作都是以用户 demo 身份，操作 2011 年 11 月份 999 演示账套的操作，如图 1-18 所示。

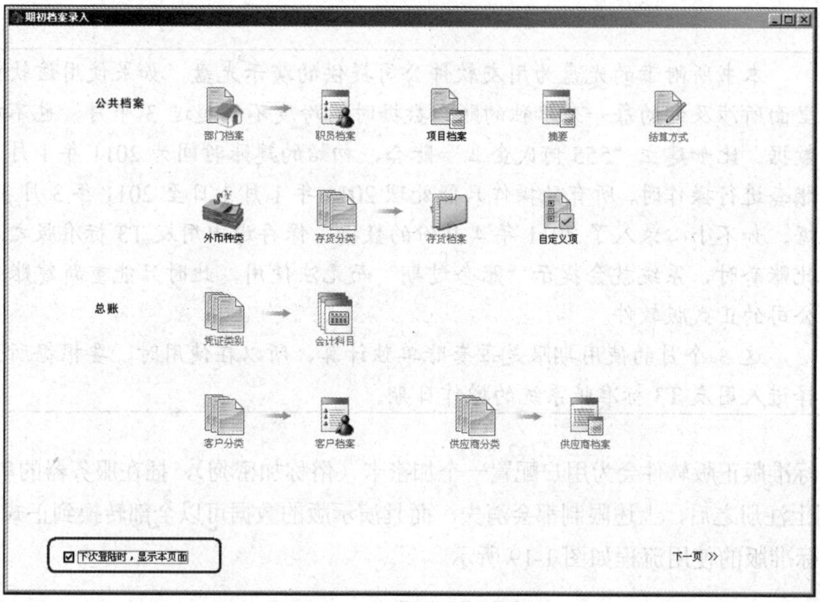

图 1-17

图 1-18

（6）单击窗口左边的模块菜单，出现的是图形功能的操作方式，如单击窗口上面的模块菜单，打开的是下拉式菜单的操作方式，使用效果都一样。

（7）单击“窗口”菜单，选择“注销”命令，系统会列出现在已经被打开的模块，单击具体的模块可以注销（既关闭）该模块。用友 T3 标准版系统中有些功能（如期初余额录入等）使用时，其他模块都必须关闭才可以，这时候就需要在此对其他模块进行注销，如果所有的模块都关闭了，该功能还是提示与某功能系统互斥站点或与某功能冲突，则要仔细检查一下是不是有异常操作或单据锁定（所谓异常操作或单据锁定一般是指有人正在使用用友时未有正常退出，比如电脑断电这种情况，则会出现系统异常操作或单据锁定，请参阅本书第 2 章中“2.8 其他功能”关于异常操作或单据锁定的操作）。

提示

本书所附带的光盘为用友软件公司提供的演示光盘，如果使用该软件进行学习，里面所涉及到的每一套单独的账套数据时间跨度不能超过 3 个月，也不能跨年度操作数据。比如建立“555 何氏企业”账套，初始的建账时间为 2011 年 1 月 1 日，则对该账套进行操作时，所有的操作只能处理 2011 年 1 月 1 日至 2011 年 3 月 31 日之间的数据。如不小心录入了 2011 年 4 月份的数据，保存退出用友 T3 标准版之后，再次打开此账套时，系统就会提示“账套过期”而无法使用，此时只能重新建账或者购买用友公司的正式版软件。

这 3 个月的使用期限是每套账单独计算，所以在使用时，要根据所使用的账套选择进入用友 T3 标准版系统的操作日期。

用友 T3 标准版正版软件会为用户配置一个加密卡（俗称加密狗），插在服务器的串口或 USB 接口上，进行网上注册之后，上述限制都会消失，而且演示版的数据可以全部转换到正式软件中使用。

用友 T3 标准版的使用流程如图 1-19 所示。

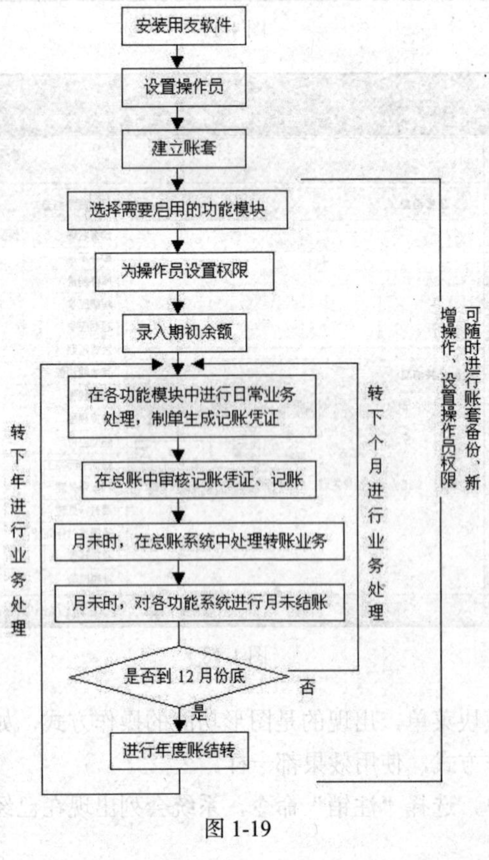

图 1-19

系统管理 第2章

本章重点

- 系统管理注册
- 操作员（用户）设置
- 建立新账套
- 设置权限
- 备份账套数据

用友 T3 标准版由多个功能模块组成（如总账、采购管理、生产管理等），各个功能模块之间相互联系、数据共享，提供了有效的管理，实现了财务、供应链、生产的统一管理，能够实时反映企业的运作状态。

系统管理对各个模块和数据进行统一管理和维护，它的主要功能如下：

（1）对账套进行统一管理，主要包括建立账套、修改账套、引入和输出账套。

（2）对操作员及其功能权限实行统一管理，设立统一的安全机制。

（3）进行账套备份。

（4）对年度账进行统一管理，包括建立、引入、输出年度账、结转上年数据、清空年度数据功能。

第一次使用系统管理，要以系统管理员（admin）身份注册进入系统管理，然后设置用户（如张三、李四等），建立新账之后再为用户设置权限（如为张三设置账套主管权限），适时做好账套备份工作，之后可以以账套主管（一个具有指定账套主管权限的操作员）的身份注册，对账套信息进行修改和年度账的结转等操作。

2.1 系统管理注册

首次进入系统管理，因为此时系统内尚未有任何账套数据，则只能使用用友 T3 标准版提供的系统管理员名称“admin”（该名称不能被修改和删除）注册，初始密码为空（如果以后有了账套数据，则可以用账套主管的身份进行注册进入系统管理）。admin 和账套主管各自所拥有的权限不同，如表 2-1 所示。

表 2-1 系统管理员和账套主管的区别

	系统管理员（admin）	账套主管
系统	（1）设置 SQL Server 口令 （2）设置备份计划（可进行年度账或账套备份） （3）升级 SQL Server 数据库 （4）注销功能	（1）注销功能 （2）设置年度账备份计划
账套	建立、引入和输出账套，但无法修改账套信息	修改所管的账套信息
年度账	无	可清空、引入、输出年度账

续表

	系统管理员（admin）	账 套 主 管
操作员及其权限	设置账套主管，增加或注销操作员，修改操作员权限	改变操作员权限
视图	（1）能刷新，阅读系统和上机日志 （2）清除异常任务，清除单据锁定	能刷新，阅读系统日志

（1）双击桌面上的“系统管理”图标，系统打开用友 T3 标准版系统管理窗口，如图 2-1 所示。此时，在“系统管理”窗口上的“账套”“年度账”“权限”菜单处于未激活状态，这是因为尚未进行系统注册，只有进行正确的系统注册之后这些功能菜单才能被激活。

（2）单击“系统”菜单下的“注册”项，弹出“注册”窗口，如图 2-2 所示。

（3）此时可以根据需要选择不同的注册方式，以系统管理员（系统管理员身份为“admin”，系统默认密码为空，可单击“修改密码”按钮进行密码修改）身份或账套主管身份进行注册均可。

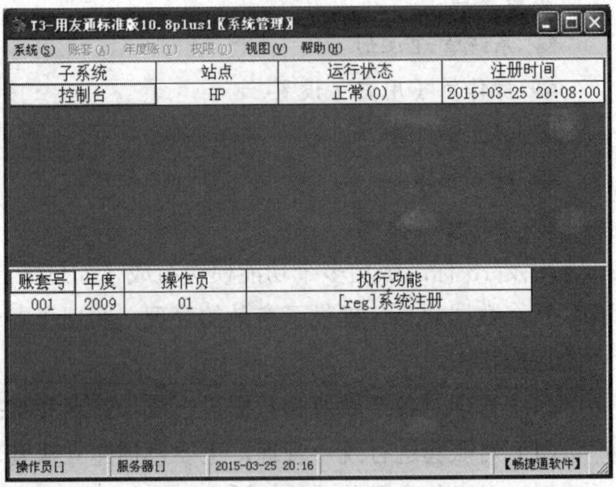

图 2-1

系统管理员负责整个系统的总体控制和维护工作，可以管理该系统中的所有账套。系统管理员可以建立、引入和输出账套，设置用户及其权限，监控系统运行过程以及清除异常任务等工作。系统管理员的名称“admin”是系统默认并固定的，默认密码为空（可修改）。

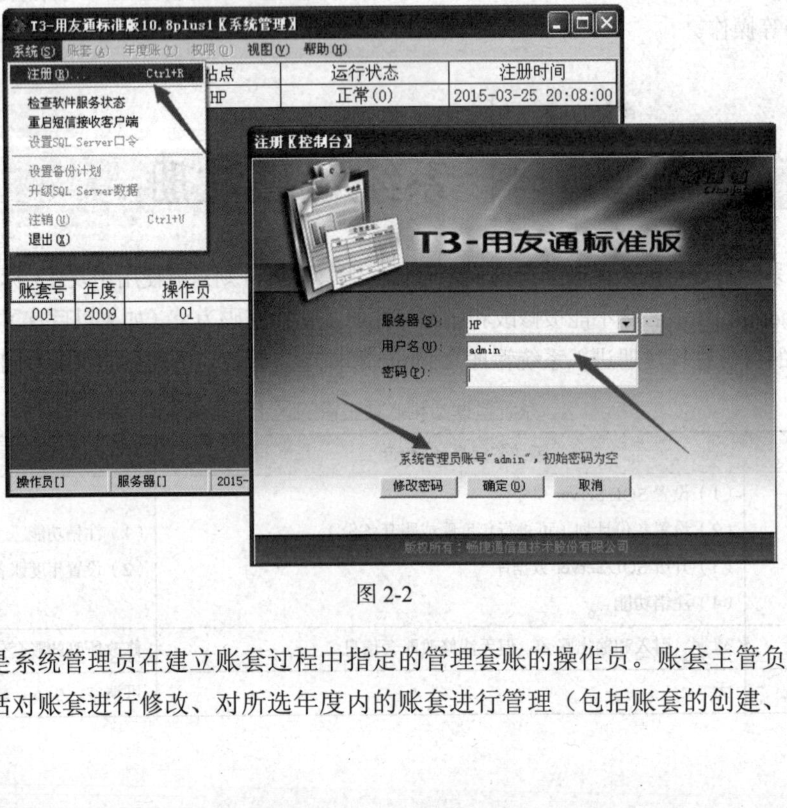

图 2-2

账套主管是系统管理员在建立账套过程中指定的管理套账的操作员。账套主管负责账套的维护工作，主要包括对账套进行修改、对所选年度内的账套进行管理（包括账套的创建、清空、引入、输出以及各子系统的年末结转）以及设置该账套操作员的权限。

注意　网络上使用用友 T3 标准版时，因为用友 T3 标准版数据放在服务器上，企业领导常常担心网管可以随时打开用友 T3 标准版内的数据进行操作，其实不然，只需给“admin”和账套主管设置好密码，分别由拥不同权限的人进行保管即可。

2.2 操作员（用户）设置

操作员（用户）是指有权限登录用友 T3 标准版并对其进行操作的人员，类似 Windows 的登录用户。每次注册登录用友系统时，用友系统要进行操作员身份的合法性检查，只有合法的用户才能登录系统。

例 2-1　增加用户。

01，总经理办公室、总经理，仁渴；

02，财务部、财务主管，何平；

03，财务部、财务会计，龚冰冰；

04，财务部、出纳，龚解园；

05，操作员，何国俊；

06，操作员，何玉琪；

08，操作员，闪闪。

所有操作员都暂不设置密码。

（1）单击“权限”菜单下的“操作员”项，系统弹出“操作员管理”窗口，单击“增加”按钮，系统弹出“增加操作员”窗口，在编号中输入“01”，在姓名中输入“仁渴”，单击“增加”按钮保存并增加新用户。

（2）接着录入“例 2-1”中的其他数据，如图 2-3 所示。

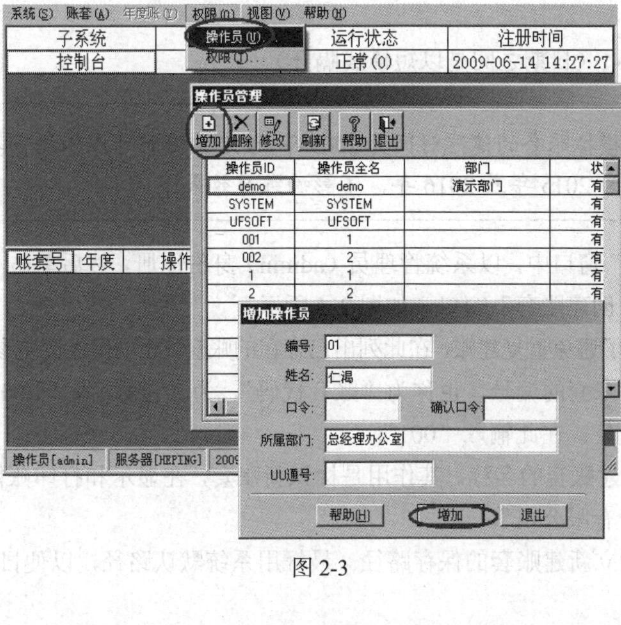

图 2-3

注意　此时可以不设置用户口令，而由操作员注册进入用友 T3 标准版时自行设置。如果操作员忘记了自己的口令，则可以在此直接清除口令（即将口令置为空），然后重新设置新口令。

2.3 建立新账套

在使用用友 T3 标准版之前，需要建立企业的基本信息，主要包括核算单位名称、所属行业、启用时间和编码规则等，然后将这些账务信息设置到系统中，称为建账，之后才可以启用各个子系统，进行该账套相关的业务处理。

用友 T3 标准版中一共可以建立 999 套账（账套编号为 001～999，不能重复）。

例 2-2　建立一套新账并登录。

账套名称：深圳市和氏电子有限公司；

账套号：001；

企业类型：工业；

账套启用日期：2009 年 1 月 1 日；

账套存储路径：系统默认路径；

账套主管：何平；

本币：人民币；

行业性质：2007 年新会计准则。

登录所建立的新账套，登录方式如下：

操作员：02（录入“何平”也可）；

密码：为空（可勾选“改密码”项进行密码修改）；

账套：[001]深圳市和氏电子有限公司；

会计年度：2009；

操作日期：2009-1-1（日期之间是以短横线隔开）。

提示　本书模拟账套的建账时间为 2009 年，读者练习时可以根据需要自行更改模拟时间，比如更改为 2015 年或 2016 年，不影响练习效果。

(1) 在“系统管理”窗口中，以系统管理员（admin）身份注册，然后单击“账套”菜单下的“建立”选项，系统弹出“创建账套”窗口，如图 2-4 所示。

- 已存账套：为了避免重复建账，在此列出已存在的账套，此项仅供浏览参考，不能输入或修改。
- 账套号：新建账套的编号，也称为“账套代码”，为 3 位数字，即 001～999 之间，并且不能与已存在的账套号重复。在此输入“001”。
- 账套名称：新建账套的名称。其作用是标识新账套，在显示和打印账簿或报表时都会使用，输入“深圳市和氏电子有限公司”。
- 账套路径：设立新建账套的保存路径（最好用系统默认路径，以便日后数据出错时维护）。

系统不支持网络路径。

● 启用会计期：套账的启用时间，便于确定应用系统的起点，确保证、账、表数据的连续性。启用会计期一旦设定就不能更改（建议年初启用），在此设置为 2009 年 1 月。

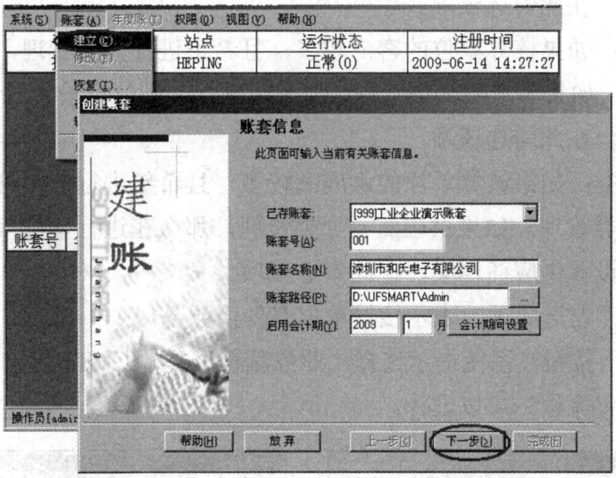

图 2-4

（2）单击“下一步”按钮，弹出“单位信息”设置界面，如图 2-5 所示。单位信息用于记录本次新建账套单位的基本信息。

（3）输入单位信息，单击“下一步”按钮，弹出“核算类型”设置界面，如图 2-6 所示。

● 本币代码：如 RMB、HK 等，在此输入“RMB”。

● 本币名称：如人民币、港币、美元等，在此输入“人民币”。

● 企业类型：分为工业和商业两种类型，在此选择“工业”。

● 行业性质：为以后“是否按行业预置科目”确定科目范围，并且系统会根据企业所选企业类型（工业和商业）预制一些行业的特定方法和报表，如工业有“原材料”科目，而商业没有。在此选择“2007 年新会计准则”。

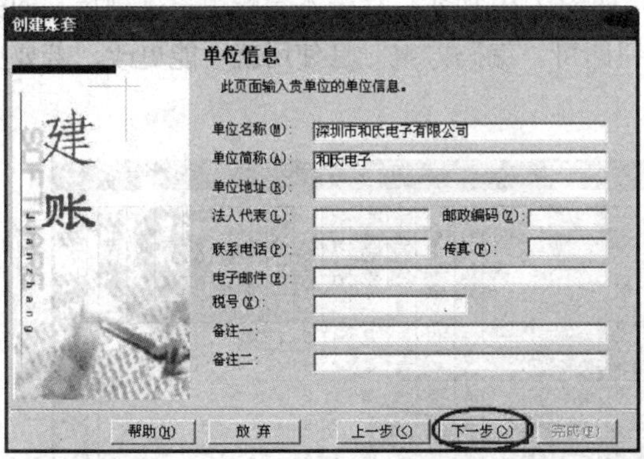

图 2-5

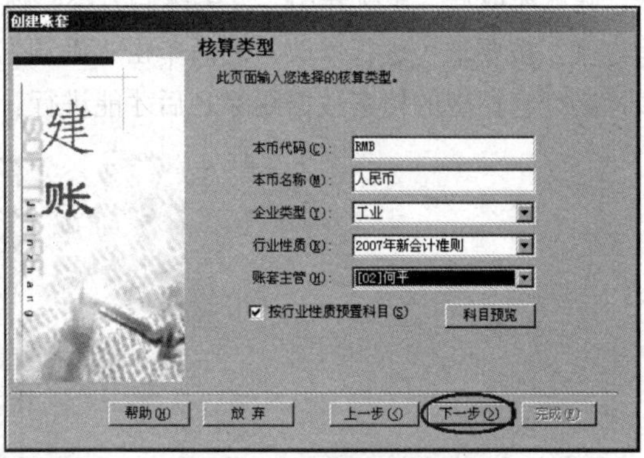

图 2-6

● 账套主管：从下拉框中选择账套主管，也就是本章 2.2 节中建立的用户—“[02]何平”。

● 按行业性质预置科目：勾选后，会计科目由系统自动设置行业的标准一级科目；如果不勾选此项，则所有科目都需要用户自己设置。

（4）单击“下一步”按钮，弹出“基础信息”设置界面，如图 2-7 所示。

- 存货是否分类：如果核算单位的存货较多，且类别繁多，则可以勾选此项，表明要对存货进行分类管理。如果存货要分类管理，那么在进行基础信息设置时，必须先设置存货分类，然后才能设置存货档案。如果不打算启用采购、销售、库存系统，则不用考虑存货是否分类，因为系统中根本就不会使用到存货。在此勾选该项。
- 客户是否分类：如果核算单位的客户较多，且希望进行分类管理，则可以勾选此项，表明要对客户进行分类管理。如果客户要分类管理，那么在进行基础信息设置时，必须先设置客户分类，然后才能设置客户档案。在此勾选该项。
- 供应商是否分类：如果核算单位的供应商较多，且希望进行分类管理，则可以勾选此项，表明要对供应商进行分类管理。如果供应商要分类管理，那么在进行基础信息设置时，必须先设置供应商分类，然后才能设置供应商档案，在此勾选该项。
- 有无外币核算：勾选此项，表示核算单位有外币业务。

（5）单击“下一步”按钮，系统提示选择“业务流程”，如图 2-8 所示。采购流程和销售流程都有“标准流程”或“优化流程”可以选择。

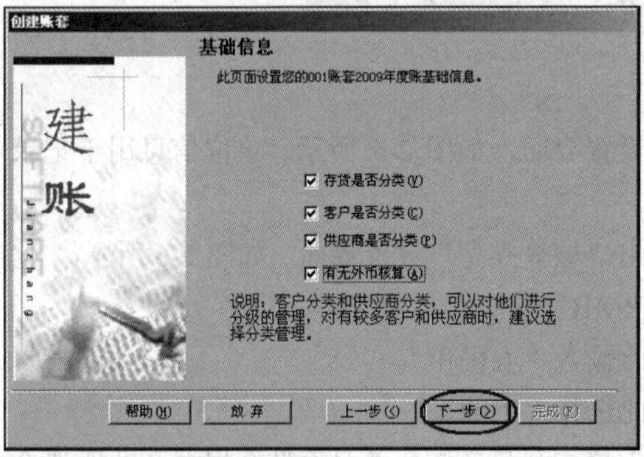

图 2-7

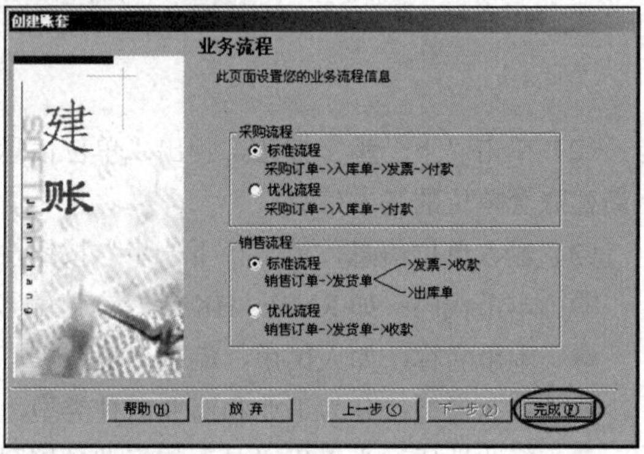

图 2-8

（6）单击“完成”按钮，系统询问是否可以创建账套，如图 2-9 所示。单击“是”按钮开始建账。建账完成后，系统弹出“分类编码方案”窗口，如图 2-10 所示，这是本套账由系统预设置的编码方案。按要求可进行修改，之后单击“确认”按钮即可。编码方案一旦使用就不能更改，若要更改，必须将相应的档案数据删除之后才能进行。

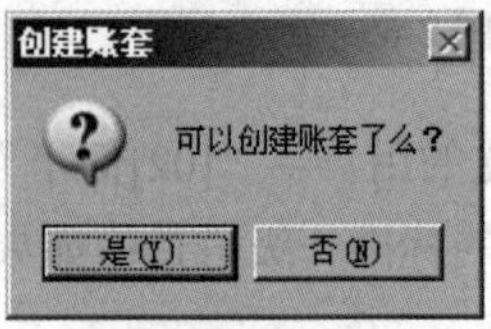

图 2-9

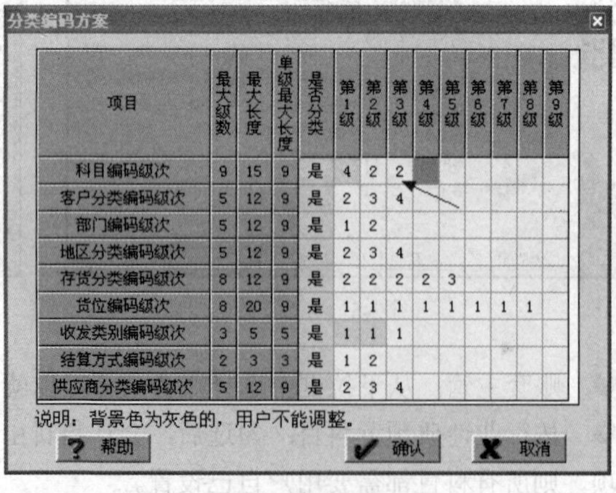

项目	最大级数	最大长度	单级最大长度	是否分类	第1级	第2级	第3级	第4级	第5级	第6级	第7级	第8级	第9级
科目编码级次	9	15	9	是	4	2	2						
客户分类编码级次	5	12	9	是	2	3	4						
部门编码级次	5	12	9	是	1	2							
地区分类编码级次	5	12	9	是	2	3	4						
存货分类编码级次	8	12	9	是	2	2	2	2	3				
货位编码级次	8	20	9	是	1	1	1	1	1	1	1	1	
收发类别编码级次	3	5	5	是	1	1	1						
结算方式编码级次	2	3	3	是	1	2							
供应商分类编码级次	5	12	9	是	2	3	4						

图 2-10

分类编码方案对系统将要用到的一些编码级次及每级位数进行定义，以便录入各类信息目录。编码级次和各级编码长度的设置将决定核算单位如何对经济业务数据进行分级核算、统计和管理。通常采用群码方案，这是一种段组合编码，每一段有固定的位数。任何一个系统都必须设置编码。

比如，某企业会计科目编码规则为422，则科目级次为三级，一级科目编码为4位长（编码“1001”代表现金科目），二、三级科目编码均为2位长（编码“100101”代表现金下面的人民币科目）。

提示　将会计科目改为4-2-2，会计科目的第一级“4”不能改变是因为在建账时勾选了“按行业性质预置科目”（请参阅图2-6）项，账套已经设置好了一级科目内容，所以就不能再修改科目编码级次的第一级长度了。

（7）在此使用系统默认编码方案，单击“确认”按钮，系统弹出“数据精度定义”窗口，数据精度表示系统处理数据的小数位数，超过该精度的数据，系统会以四舍五入的方式进行取舍，如图2-11所示。

（8）使用系统默认设置，单击“确认”按钮，系统提示账套建立成功，如图2-12所示，单击“确定”按钮之后，系统提示“是否立即启用账套”，如图2-13所示。

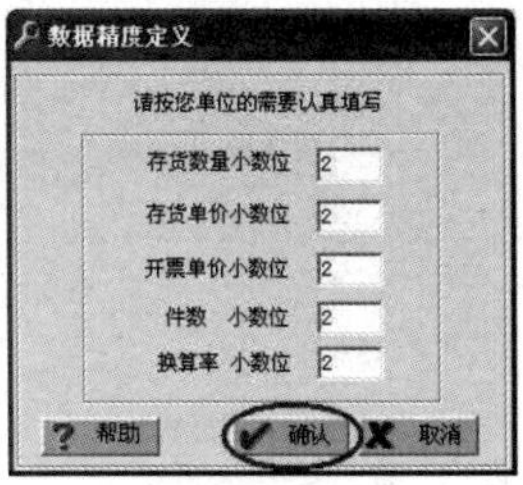

图2-11

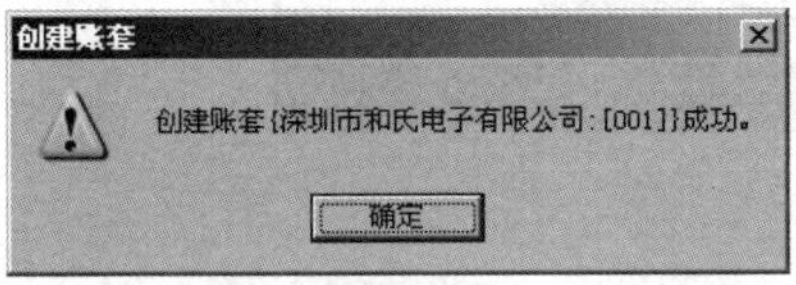

图2-12

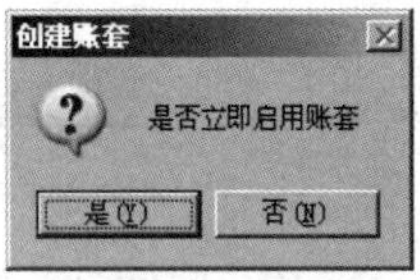

图2-13

（9）系统只有启用之后，才能在用友软件中使用，如果需要现在就启用，则单击“是”按钮，系统进入启用设置窗口，如图2-14所示。

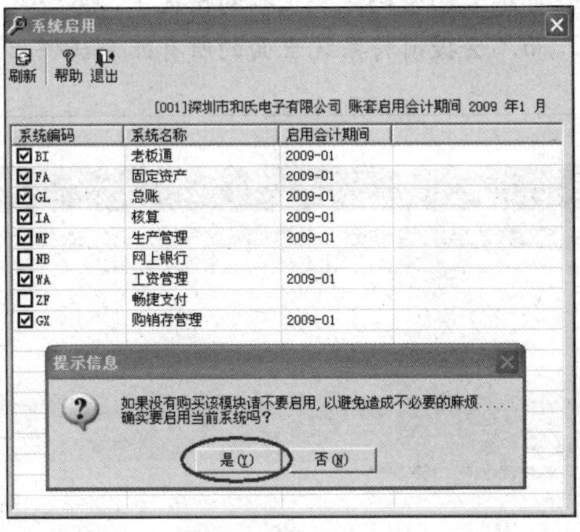

图2-14

（10）勾选需要启用的系统，系统提示录入启用会计日期，并且会有“如果该模块没有购买，则不要启用”的提示，否则启用之后也无法使用模块。用户可根据自己的实际情况来决定该模块是否启用，在此我们选择全部启用，启用日期设为2009年1月1日。

> **提示** 各功能模块可以同时启用，也可以根据实际业务需要，在不同的时间点启用不同的模块。如后期需要启用模块，则可以到“账套”菜单下的“启用”命令中处理，请参阅本章“2.6 账套信息修改和功能模块启用”节。如果只是想进行财务核算处理，则可以只启用“总账”既可；如果是贸易型企业（无生产加工），则不必启用“生产管理”。

账套建立完成并且模块启用设置之后，则可以进行登录操作。

（1）双击桌面上的“用友 T3 标准版”图标，系统打开“注册”对话框，如图 2-15 所示。

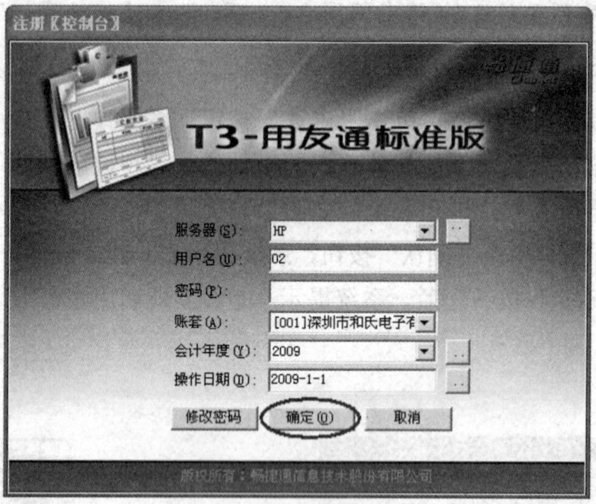

图 2-15

（2）输入用户名编号“02”、密码为空，选择“001”账套，会计年度设为“2009”，操作日期为“2009-1-1”，然后单击“确定”按钮，系统打开“用友 T3 标准版精算版”窗口，如图 2-16 所示。在此所做的任何操作都是以用户“02 何平”对 001 账套进行的。

> **提示** 只有在操作员编号和密码完全正确的情况下，系统才会提供该操作员有权限操作的账套供选择，而不会提前将系统里面的所有账套提供出来，这样很好地达到了账套保密的作用。

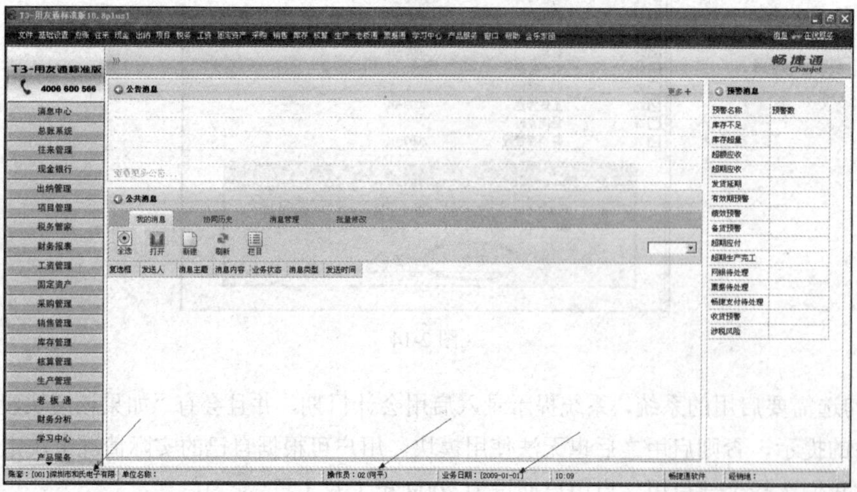

图 2-16

登录到用友 T3 标准版后的操作，从本书的第 3 章开始讲解。

2.4 操作员权限设置

随着经济的发展，企业对管理要求不断变化、提高，越来越多的信息都表明权限管理必须向更细、更深的方向发展。用友 T3 标准版提供功能权限设置。

用友 T3 标准版中可同时存在多位操作员，同一操作员可以对多个账套进行管理。

在操作员设置完新账套之后，需要为操作员设置具体权限。

管理员和账套主管可以随时更改用户的权限。

例 2-3 为操作员赋予权限。

[01]仁渴，赋予[001]账套 2009 年度的账套主管权限；

[04]龚解园，赋予[001]账套 2009 年度出纳权限；

[03]龚冰冰，赋予[001]账套 2009 年度财务会计权限。

为了练习方便，为何玉琪和何国俊设置账套主管的权限。

（1）打开“系统管理”窗口，以“admin”身份注册，选择“权限”菜单下的“权限”命令，系统弹出“操作员权限”窗口，在此可以查询到不同操作员针对于不同套账、不同年度所拥有的权限（如操作员 02 号何平，拥有[001]深圳和氏电子有限公司 2009 年度的账套主管权限），如图 2-17 所示。

（2）单击选中操作员“01”，选择 001 账套，选择 2009，然后勾选“账套主管”项，则将编号为“01”的操作员设置成为 001 账套 2009 年的账套主管。

图 2-17

（3）单击“04 龚解园”，再单击“修改”按钮，系统弹出“增加权限”窗口，在“产品分类选择”中选择为该操作员赋予系统的权限，双击“授权”栏使其变为蓝色，则表示将该系统权限全部赋予该操作员（如为 04 操作员赋予现金管理系统的全部权限），在“明细权限选择”中列出了所选择系统的明细权限，双击“授权”栏使其变为蓝色，则表示为该操作员赋予了该明细权限（如为04操作员赋予总账系统中出纳签字的权限），如图2-18所示。根据“例2-3”为其他操作员设置不同的明细权限。

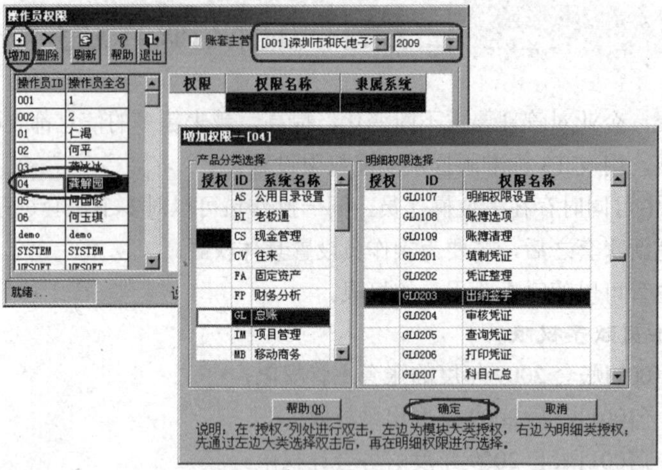

图 2-18

（4）权限设置完毕，单击“确定”按钮，可以在“操作员权限”窗口中看到该操作员对指定年限的账套拥有的权限，如图2-19所示。

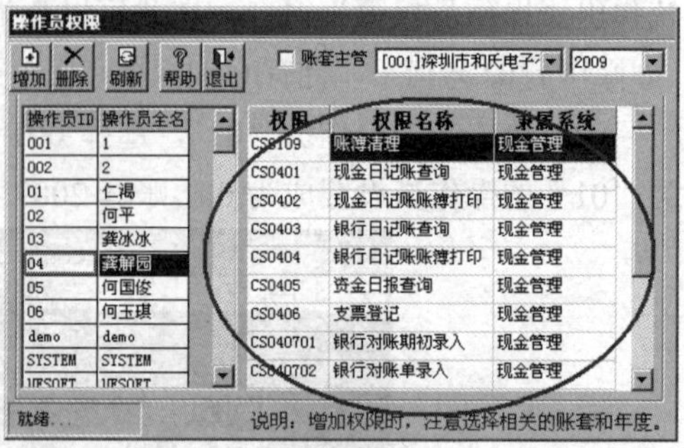

图 2-19

账套中至少有一位账套主管管理整套账务，他拥有套账的全部权限。此外，还应有另一个用户进行一些日常的账务处理工作（如填制凭证等）。一套账中必须有两个操作员，因为用友系统中凭证的制单人与审核人不能为同一个人。

如果企业规模较小，只有一名财务人员，也必须创建两个用户。在进行凭证制单与审核工作时，需要用不同的用户身份登录系统（因为制单和审核不能为同一人）。

2.5 账套备份

将企业数据备份保存到不同的介质上（如光盘、网络磁盘等）是非常重要的。如果因为外界的原因（如地震、火灾、计算机病毒和人为的误操作等）使软件失效，备份数据可以将企业的损失降到最小。

企业不仅应作好备份工作，还要处理好信息化系统的安全问题，如在服务器上做双硬盘、建立镜像，加强数据的安全性；将备份的数据复制到不同的机器上进行保存；年度数据刻录为光盘进行保存等。

下面介绍如何在系统管理中对账套数据进行备份。

1. 手动备份

例2-4　将[001]账套备份到C盘的“001账套备份数据”文件夹中。

（1）首先需在电脑的C盘新建一个文件夹，名叫“001账套备份数据”，然后打开“系统管理”

窗口，用 admin 身份进行注册。单击“账套”菜单下的“备份”选项，系统弹出“账套输出”窗口，选择需要备份的 001 账套，如果希望备份完成之后删除账套数据，则需勾选“删除当前输出账套”项，如图 2-20 所示。

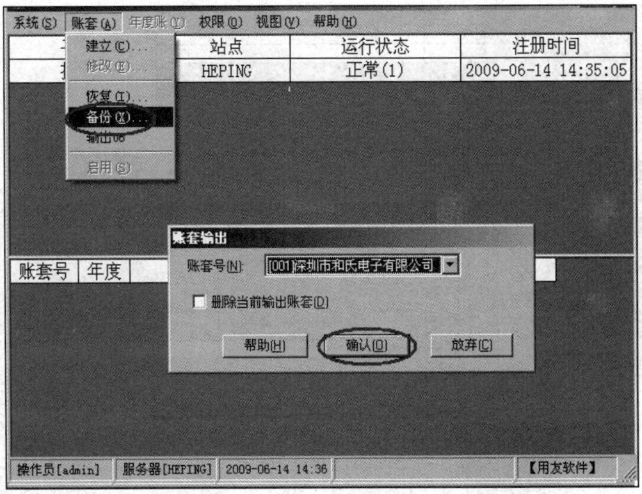

图 2-20

提示 “账套”菜单下的“输出 U6” 项用于将当前账套输出成符合用友公司的另一个产品—U6 版本要求的账套数据格式。

（2）单击“确认”按钮，系统出现正在备份的进度条提示，最后系统提示选择备份的目标文件夹，选择目标文件夹“C:\ 001 账套备份数据”，单击“确认”按钮，账套备份完毕，系统提示“真要删除该套账吗？”，单击“是”按钮删除 001 账套，单击“否”按钮则不删除。账套备份完成之后，系统提示是否需要进行安全通杀毒，如图 2-21 所示，使用者可以根据需要来选择是否杀毒。

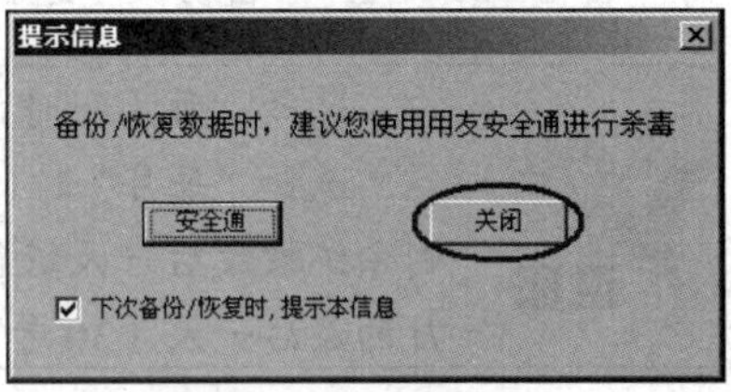

图 2-21

2. 自动备份

用友 T3 标准版具有自动备份功能，能够自动对账套进行备份，系统可以定时备份账套，也可以同时备份多个账套，在很大程度上减轻了系统管理员的工作量。

例 2-5 设置自动备份计划。

计划编号	001
计划名称	备份 001 账套
备份类型	账套备份（可选择年度备份）
发生频率	每天（可选择每周或每月）
开始时间	13:00:00
有效触发	3 小时
保留天数	4 天
备份路径	C:\001 账套备份

（1）打开“系统管理”窗口，以系统管理员（admin）的身份注册。

（2）在“系统”菜单下选择“设置备份计划”项，系统弹出“备份计划设置”窗口，如图 2-22 所示。

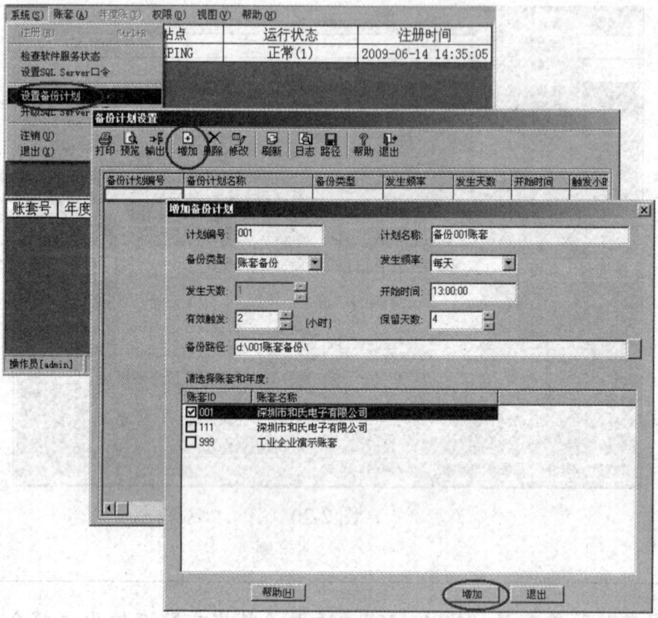

图 2-22

（3）单击“增加”按钮，系统弹出“增加备份计划”窗口，输入计划编号为“001”，计划名称为“备份 001 账套”，备份类型选择“账套备份”，发生频率选择“每天”。

说明

选择“每周”时，发生天数为“1～7”之间的数字，对应星期一～星期日。

选择“每月”时，天数为“1～31”之间的数字，如果某月的天数小于设置的天数，则系统按最后一天进行备份。例如设置为 31，但在 4 月份只有 30 天时，则系统会在 4 月的最后一天（30 号）进行备份。

开始时间：即备份时间，最好在无人使用用友软件的时候。在此输入“13:00:00”。

有效触发：选择 3 小时。

保留天数：选择 4 天。

说明

有效触发是指在备份开始后，每隔一定时间进行一次触发检查，如果备份不成功，则重新备份。

备份资料在硬盘中保存的时间如果超过保留天数，则会被系统自动删除，如果设置为 10，则系统以机器时间为准，10 天前的备份资料自动删除。当数值为 0 时系统认为永不删除备份（最好不要设置为 0，否则重复备份的数据会不断增加）。

备份路径：可以选择备份的目的地，但只能选择本地硬盘。在此选择“C:\001 账套备份”。

在“请选择账套和年度”栏中勾选“001 深圳市和氏电子有限公司”。

（4）单击“增加”按钮保存设置，单击“退出”按钮退出设置。

恢复账套功能是指将系统外某账套数据引入本系统中。有时账套数据损坏，也要将原来备份好的数据重新恢复进来。

例2-6 将“例2-4”中备份好的001账套数据重新导入到用友系统中。

（1）打开“系统管理”窗口，用admin身份进行注册。

（2）单击“账套”菜单下的“恢复”选项，系统弹出“恢复账套数据”窗口，如图2-23所示。

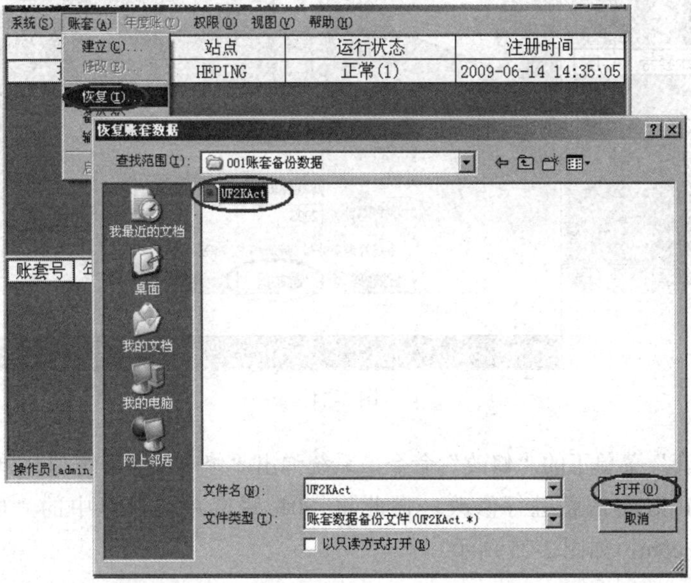

图 2-23

（3）选择需恢复的账套数据“C:\001账套备份\UFfrpAct.Lst”，然后单击“打开”按钮，系统即可把数据恢复进来。

提示 在恢复账套数据时，系统提示是否杀毒，选择关闭即可。账套恢复时，如果用友T3标准版中已有一套编号与所引入的备份账套编号一样的账套时，则系统会提示是否引入并覆盖掉用友系统中本身已存在的账套，一定要小心。

2.6 账套信息修改和功能模块启用

在系统管理中可以对已经存在的账套信息进行修改，如修改公司名称和编码方案等。

1. 账套信息修改

在系统管理中，可以以该套账的账套主管身份登录修改账套信息。

例2-7 在系统管理中，以操作员02何平身份登录001账套，将单位信息中的电子邮件修改为he_ping_love@sohu.com。

（1）在“系统管理”窗口中选择“系统”菜单下的“注册”命令，以001账套的账套主管“02”（何平）登录001账套，如图2-24所示。

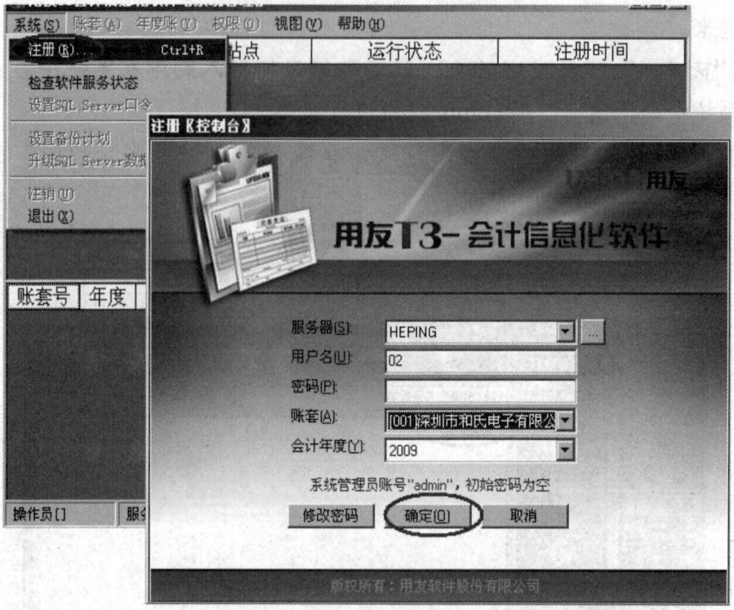

图 2-24

（2）选择“账套”菜单下的“修改”命令，系统弹出“修改账套”窗口，单击“上一步”、“下一步”按钮对 001 账套信息进行修改，在此将 001 账套单位信息中的“电子邮件”更改为 he_ping_love@sohu.com，如图 2-25 所示。

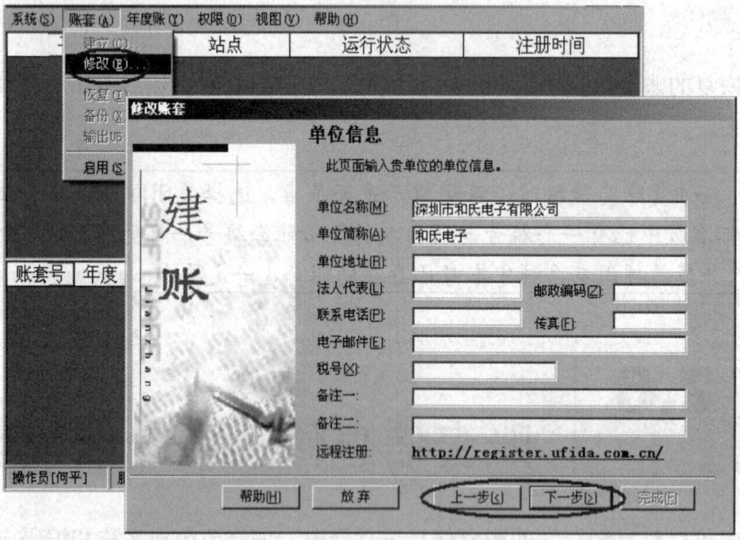

图 2-25

（3）连续单击“下一步”按钮，直到最后单击“完成”按钮，完成账套信息修改。

2. 功能模块启用

在建立新账完成时，系统会提示需要启用的功能模块，实际工作中也可以在系统管理中设置功能模块的启用。

（1）在“系统管理”窗口中选择“系统”菜单下的“注册”命令，以 001 账套的账套主管“02”（何平）登录 001 账套。

（2）选择“账套”下的“启用”命令，系统弹出“系统启用”窗口，在此勾选需要启用的功能系统和设置启用时间，如图 2-26 所示。

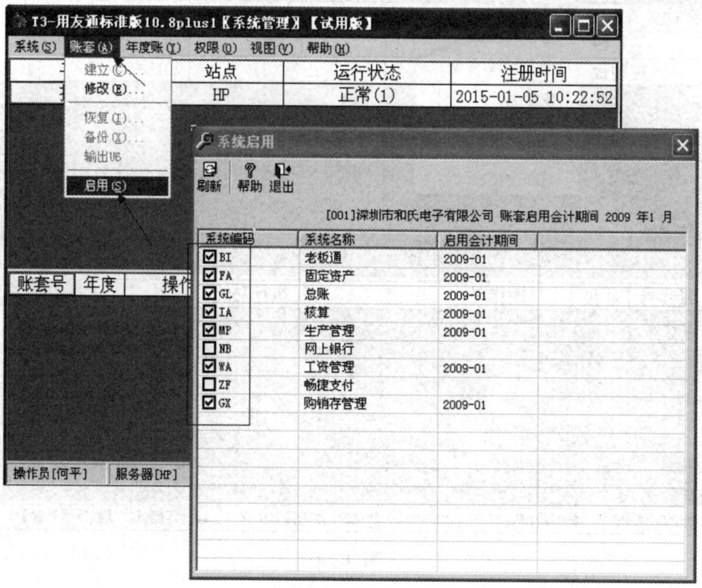

图 2-26

2.7 年度账处理

用友 T3 标准版系统可以同时建立 999 套账，为了便于管理，系统又将每套账每一年的数据进行分离管理，这就形成了年度账的说法，所以一家企业可以建立一套账，但这套账每年又可以独立成为该套账的一个年度账。

（1）在系统管理中，注册时，需要以账套主管的身份（不是 admin 身份）注册进具体的账套中，如图 2-27 所示。

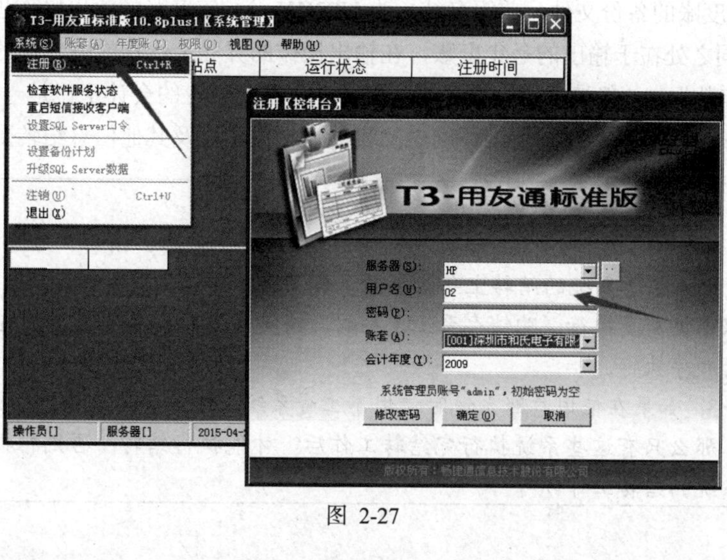

图 2-27

（2）在“年度账”菜单下就可以进行各种与年度账有关的业务处理了，如图 2-28 所示。

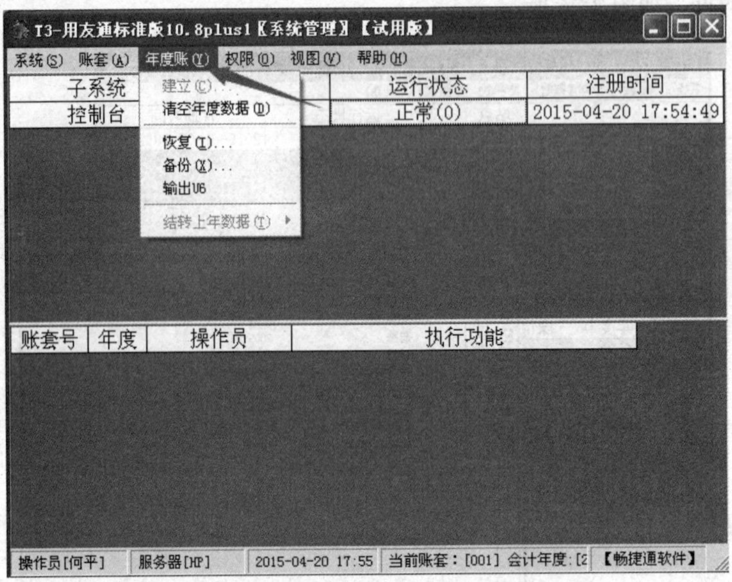

图 2-28

年度账处理包括建立年度账、引入和输入年度账、结转上年数据和清空年度数据。只有账套管理员（账套主管）才有权限进行有关年度账的操作，所以在系统管理中需要进行年度账处理时，需要以账套主管的身份注册。

（1）建立年度账：在系统中，用户不仅可以建多个账套，而且每一个账套中可以存放不同年度的会计数据。这样一来，系统的结构清晰、含义明确、可操作性强，对不同核算单位、不同时期数据的操作只需通过设置相应的系统路径即可，而且由于系统自动保存了不同会计年度的历史数据，因此对利用历史数据的查询和比较分析也显得特别方便。

（2）引入和输出年度账：年度账操作中的引入和输出与账套操作中的引入和输出的含义基本一致，所不同的是年度账操作中的引入和输出不是针对某个账套，而是针对账套中某一年度的年度账进行的。年度账的引入操作与账套的引入操作基本一致，不同之处在于引入的是年度数据备份文件（由系统输出的年度账的备份文件，前缀名统一为 UF2KYer）。年度账的输出操作也与账套的输出操作基本一致，不同之处在于输出的是年度账，在输出操作的界面上选择的是具体的年度而非账套。

（3）结转上年数据：一般情况下企业是持续经营的，因此企业的会计工作是一个连续性的工作。每到年末启用新年度账时，就需要将上年度中的相关账户的余额及其他信息结转到新年度账中。

提示

1. 在结转上年数据之前，首先要建立新年度账。

2. 建立新年度账后，可以执行购销存系统（采购、销售、库存）、核算系统、固定资产、工资系统的结转上年数据的工作。固定资产、工资系统的结转不分先后顺序，可以根据需要执行；购销存系统（采购、销售、库存）、核算系统、应收应付需要按照先后顺序执行。

3. 如果在使用总账系统时使用了工资系统、固定资产系统、核算系统、购销存系统，那么只有这些系统执行完结转工作后，才能执行结转；否则根据需要直接执行总账系统的结转工作即可。

（4）清空年度数据：有时用户会发现某年度账中错误太多，或不希望将上年度的余额或其他信息全部转到下一年度，这时候便可使用清空年度数据的功能。“清空”并不是指将年度账的数据全部清空，还是要保留一些信息的（主要有基础信息和系统预置的科目报表等）。保留这些信息主要是为了方便用户使用清空后的年度账重新做账。

注意

本书中所附带的光盘为学习光盘，所以对于年度账的操作是无法进行的，请读者有机会借助用友正式版进行学习。

2.8 其他功能

系统管理的一个很重要的用途就是对各个子系统的运行实施适时的监控。为此，系统将正在登录到系统管理的子系统及其正在执行的功能在界面上显示出来，便于系统管理员用户或账套主管用户进行监控。

从界面上我们可以看出，系统管理的功能列表分为上、下两部分，上一部分显示的是正登录到系统管理的子系统，下一部分显示的是子系统中正在执行的功能，如图 2-29 所示。

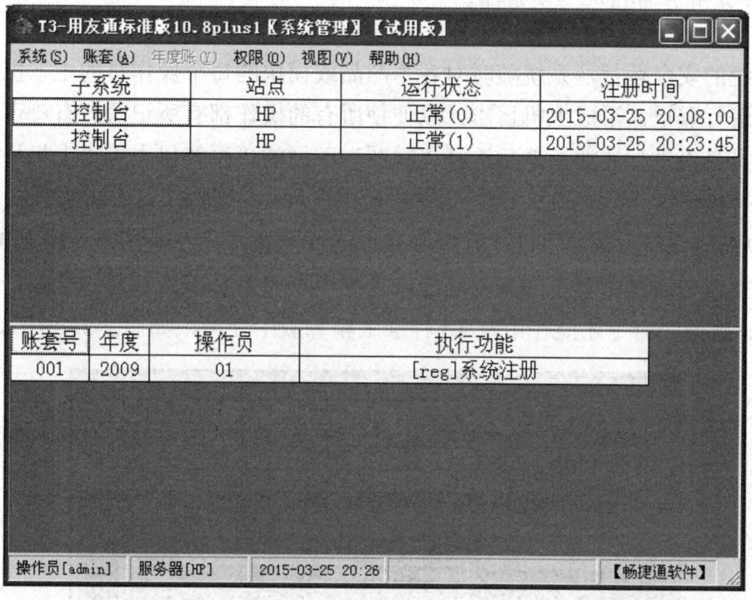

图 2-29

查看时，用户可在上一部分用鼠标选中一个子系统，下一部分将自动显示出该子系统中正在执行的功能。这两部分的内容都是动态的，它们都将根据系统的执行情况而自动变化，用户如果想看到最新的情况，就需要启用“视图”菜单下的刷新功能来适时刷新功能列表的内容。

如果某个子系统没有正常退出（如停电、死机等），则在运行状态处会显示“异常”字样，可能会影响到用友 T3 标准版中的其他操作，所以必须清除该异常。

首先以系统管理员身份“admin”注册，然后选择“视图”下的“清除异常任务”或“清除单据锁定”命令对异常任务或单据锁定进行清除，如图 2-30 所示。

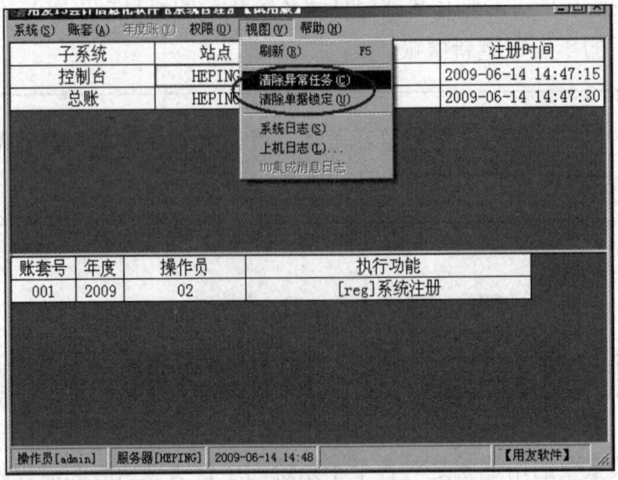

图 2-30

> **提示** 清除异常任务和清除单据锁定是用友 T3 标准版中常用到的操作，如果要打开某功能时，出现该功能与其他功能冲突提示，而此时又没有在使用其他功能时，就要想到是不是有异常情况需要清除。

为了保证系统的安全运行，系统随时对各个产品或模块的每个操作员的上下机时间、操作的具体功能等情况都进行登记，形成上机日志，以便使所有的操作都有所记录、有迹可寻。在系统管理中，以系统管理员身份进行注册，然后选择“视图”下面的“系统日志”、“上机日志”可以进行查看、删除、排序等操作。

在系统管理中，“系统”菜单下的“升级 SQL Server 数据”命令是用来对用友 T3 标准版精算版本之前的账套数据，在通过账套下的恢复功能恢复到用友 T3 标准版精算版之后，还需要在此执行“升级 SQL Server 数据”命令才能在用友 T3 标准版精算版中使用，如图 2-31 所示。

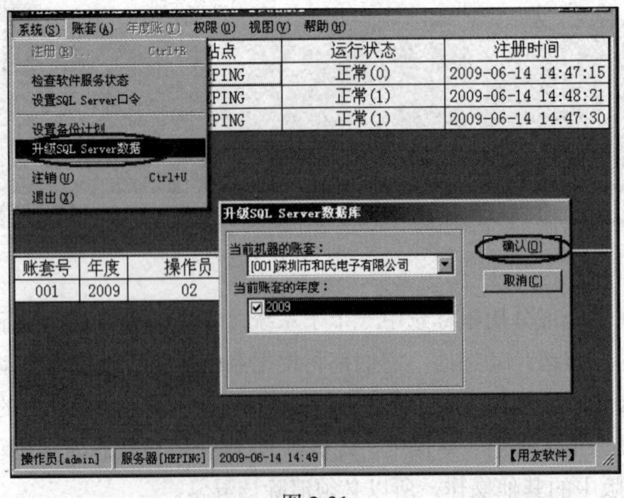

图 2-31

第3章 基础信息设置

本章重点

- 基础信息设置
- 自定义单据格式
- 单据编码设置
- 常用摘要设置

上一章中介绍了如何建立一套新账，本章介绍如何为该账套设计和设置基础信息。

基础信息是企业中各部门都要用到的，是整个系统运行的基础。例如，同一种材料在仓库部门和技术部门的编码不一样，则系统会对不上账，造成混乱或冗余。所以信息的标准（如编码规则、名称等）必须得到各部门的认可，最好是各部门集合在一起开会讨论，定义出公认的数据规范，然后下发。

基础信息设置包括第 2 章介绍的编码方案和精度设置，还包括基础档案信息和单据设置等，下面分别进行介绍。

要设置基础信息，首先要登录账套，本章以 001 账套为基础进行操作。

（1）双击桌面上的“用友 T3”程序图标，注册进入 001 账套，如图 3-1 所示，注册信息如下：

操作员：02；

密码：无；

账套：［001］深圳市和氏电子有限公司；

会计年度：2009；

操作日期：2009-01。

（2）单击“确定”按钮，注册成功，系统打开“用友 T3”窗口。

> **提示** 只有在操作员编号和密码完全正确的情况下，系统才会提供该操作员有权限操作的账套供选择，而不会提前将系统里面的所有账套提供出来，这样很好地达到了账套保密的作用。

（3）由于是第一次登录 001 账套，系统首先打开“期初档案录入”窗口，用户在此可以选择档案命令来录入 001 账套的公共档案和总账档案数据，如图 3-2 所示。单击“下一页”命令还可以录入购销存档案。系统默认为下次再登录到 001 账套时，仍然提示要求录入期初档案，如果下次登录时不需要再提示录入期初档案，则不要勾选“下次登录时，显示本页面”项。

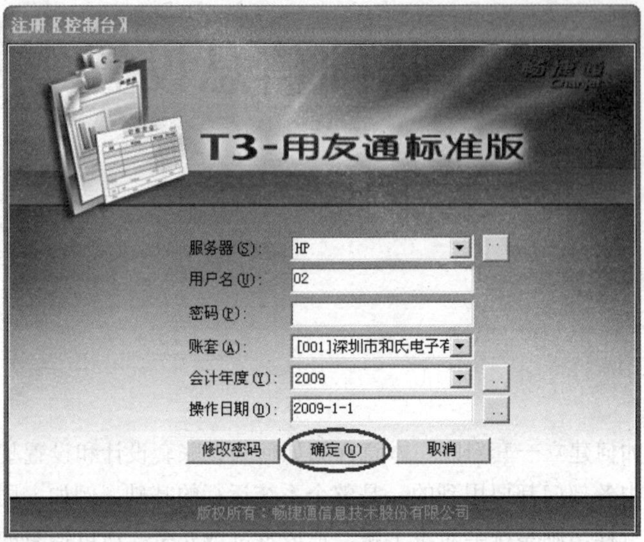

图 3-1

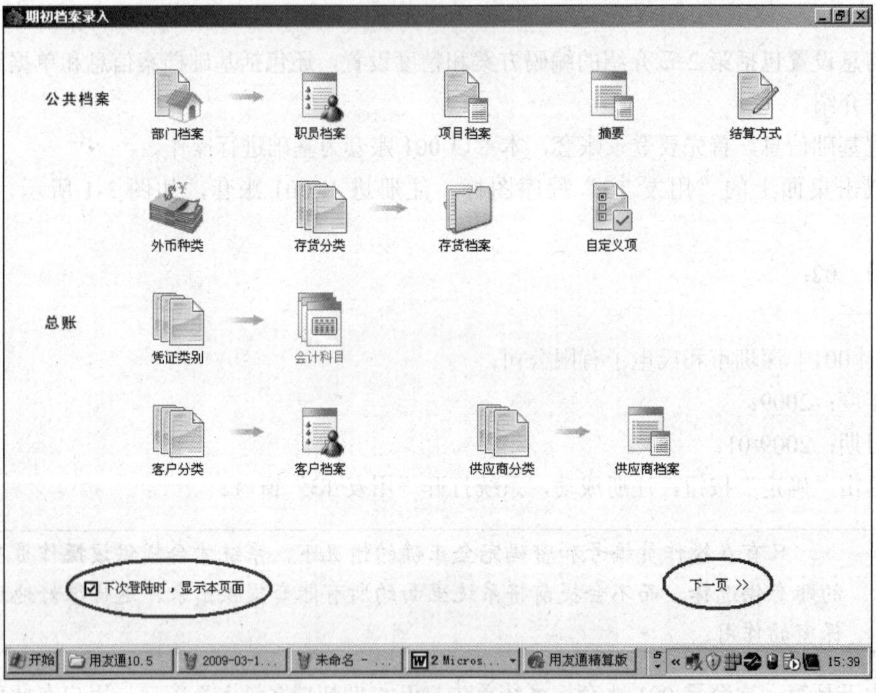

图 3-2

3.1 基本信息

在“用友 T3”窗口中单击“基础设置”菜单，系统弹出基础设置命令菜单，如图 3-3 所示。

在基本信息中设置编码方式和数据精度，数据精度可随时更改。账套的编码方式和数据精度的设置方式在第 2 章建账中已经有讲解。

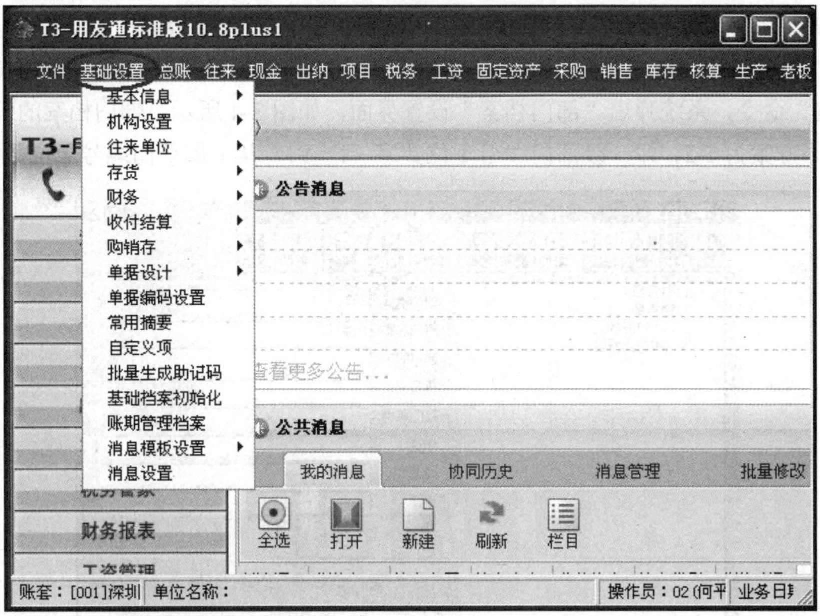

图 3-3

3.2 机构设置

机构设置包括部门档案设置和职员档案设置。

1. 部门档案

部门指核算单位下辖的具有财务核算或业务管理要求的单元体，它不一定是实际中的部门机构（也就是说，如果该部门不进行财务核算或业务管理，则没有必要在系统中设置该部门），部门档案信息包含部门编码、名称、负责人、部门属性等信息。部门编码最多可分 5 级，长度最多 12 位。

例 3-1 在 001 账套中设置部门档案，数据如下。

1：财务部；

2：销售部；

　　201：深圳区；

　　202：上海区；

　　203：北京区；

3：物控；

　　301：计划部；

　　302：采购部；

　　303：库管部；

4：技术服务部；

5：生产部；

6：总经理室；

7：行政部；

8：人事部。

（1）在“用友 T3”窗口中单击“基础设置”菜单，在下拉式菜单中打开“机构设置”，然后选择“部门档案”命令，系统弹出“部门档案”设置界面，如图 3-4 所示。部门档案的编码规则为“* **”，表示编码方案为 1-2，即一级部门编号 1 位数字（1～9），其下属部门编号 2 位数字（01～99）。

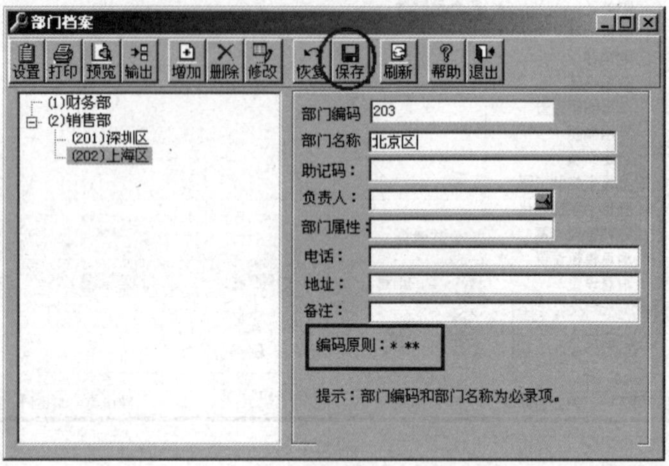

图 3-4

（2）单击“部门分类”，然后单击工具栏上的“增加”按钮，在窗口的右边输入部门编码“1”，部门名称“财务部”，单击“保存”按钮。

（3）增加“销售部”的下级部门，部门编码“201”，部门名称“深圳区”，单击“保存”按钮保存设置。按此操作增加“202 上海区”和“203 北京区”。

（4）录入“例 3-1”中其他数据，将部门设置完毕，最终结果如图 3-5 所示。

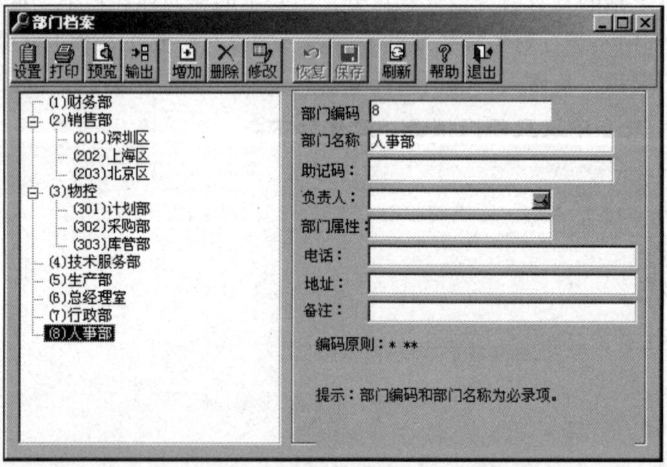

图 3-5

在设置部门档案时，部门负责人暂时不用设置，因为还未设置公司职员档案，等职员档案设置完成后再返回到此补充即可。

如果在此发现编码方案不合适，可以在部门档案数据为空时（如果已添加了档案，可将档案删除）修改部门编码方案。

> **注意**
>
> - 部门编号、部门名称必须输入。
> - 部门编号必须符合部门编码级次原则。
> - 如果输入某几条信息后不按“保存”按钮，而直接按“放弃”或“增加”按钮，即表示放弃此次增加。
> - 基础档案中的任一字段禁用以下英文字符：* _ % ' | ? < > & ; ? [ ]。

2. 职员档案

职员档案是指企业各职能部门中需要进行核算或业务管理的职员的信息，不必将公司所有职员的信息都设置进来。比如，生产部门只需设置生产部负责人和各生产部文员即可，一般的生产线员工没有必要设置。设置职员档案之前必须先设置部门档案。

> **提示**
>
> 职员与用友系统的操作员不是一个概念，操作员是指具有操作用友系统权限的人员（比如制单员、审核员等），而职员是指有业务发生时与之有关的人员，比如生产领料单上的领料人员，费用报销时的费用使用人员等，所以要分开设置。

例3-2　在 001 账套中设置职员档案，数据如下。

001：总经理：仁渴。

002：生产主管：张平。

003：仓库人员：龚解园。

004：技术人员：陈成。

005：销售北京区：何亮。

006：销售上海区：董风。

007：销售深圳区：徐明。

008：采购员：何树财。

009：财务主管：何平。

010：行政主管：何玉琪。

011：人事主管：何国俊。

（1）在“用友 T3”窗口中单击“基础设置”菜单，在下拉式菜单中打开“机构设置”，然后选择“职员档案”命令，系统弹出“职员档案”设置界面，并自动新增一空白职员档案记录，如图 3-6 所示。

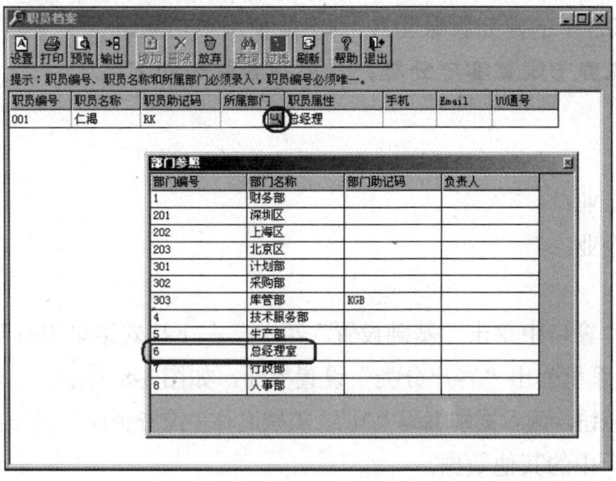

图 3-6

（2）双击“职员编号”“职员名称”“职员属性”填入新增的职员档案信息，可单击“所属部门”旁的参照按钮，打开已设置好的部门档案进行部门选择。在此录入职员编码为“001”，职员名称为“仁渴”，所属部门为“总经理室”，单击“设置”按钮保存设置。

（3）录入“例 3-2”中的其他数据。最终结果如图 3-7 所示。

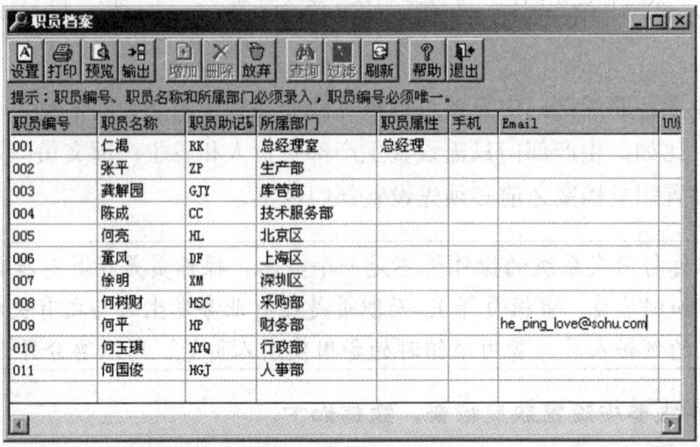

图 3-7

提示

职员编号必须唯一。

职员编号和职员名称必须输入。

基础档案中的任一字段禁用以下英文字符：* _ % ' | ? < > & ; ?[ ]。

3.3 往来单位设置

往来单位设置包括设置客户分类、客户档案、供应商分类、供应商档案和地区分类。

1. 客户分类

因管理需要，便于企业对客户进行分类管理，可将客户按行业、地区等标准进行划分，客户分类与客户档案是分开设置的，客户分类之后，根据不同的分类建立客户档案。如果建账时未勾选“客户是否分类”（请参阅 2.3 节的建立新账套），则不能使用本功能。

例 3-3 在 001 账套中设置客户分类，分类档案数据如下。

01：国资企业；

02：外资企业；

  02001：美资企业；

  02002：日资企业；

03：私营独资企业。

（1）在“用友 T3”窗口中单击“基础设置”菜单，在下拉式菜单中打开“往来单位”，然后选择“客户分类”命令，系统弹出“客户分类”设置界面，如图 3-8 所示。

（2）单击“增加”按钮，输入类别编码“01”、类别名称“国资企业”，单击“保存”按钮保存设置。

（3）录入“例 3-3”中的其他数据。

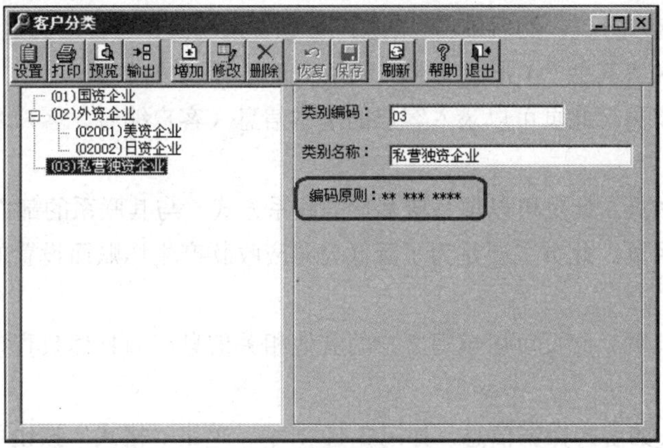

图 3-8

如果在此发现该编码方案不合适，则可以在客户分类数据为空时（如果已添加了档案，可将档案删除）修改客户分类编码方案。

2. 客户档案

客户档案设置主要用于设置往来客户的档案信息，以便于管理客户资料以及录入、统计、分析数据。如果在建立账套时选择了需要进行客户分类，则必须先设置客户分类后再设置客户档案。

建立客户档案主要是为企业的销售管理、库存管理和应收账管理服务的。在填制销售出库单、填制销售发票、进行销售结算、应收款结算和有关客户单位统计时都会用到客户单位档案，因此必须正确设立客户档案，以便减少工作差错。

例3-4 在 001 账套中设置客户档案，档案数据如下。

0001：北京远东集团，国资企业。

0002：上海上思实业，美资企业。

0003：深圳凯丰集团，私营独资企业。

（1）在“用友 T3”窗口中单击“基础设置”菜单，在下拉式菜单中打开“往来单位”，然后选择“客户档案”命令，系统弹出“客户档案”设置窗口，如图 3-9 所示。

图 3-9

（2）选择最末级客户分类，然后单击“增加”按钮，系统弹出“客户档案卡片”窗口，包括“基本”“联系”“信用”和“其他”4张选项卡，录入“例3-4”中的数据。

- 客户档案基本页。此页可以录入客户的基本信息（客户编号、客户名称、客户简称和客户分类等）。
- 客户档案联系页。此页可以填写该客户的联系方式、与其联系的部门和业务员。
- 客户档案信用页。此页主要是为了降低公司应收款产生坏账而设置的，可以起到事先预警的作用。
- 客户档案其他页。此页可以填写客户的其他相关信息，如具体负责该客户部门的人，该客户档案是否已停用等。

（3）录入例3-4中的客户档案信息，如图3-10所示。单击“格式”按钮可以勾选需要在客户信息档案中查询的字段信息。

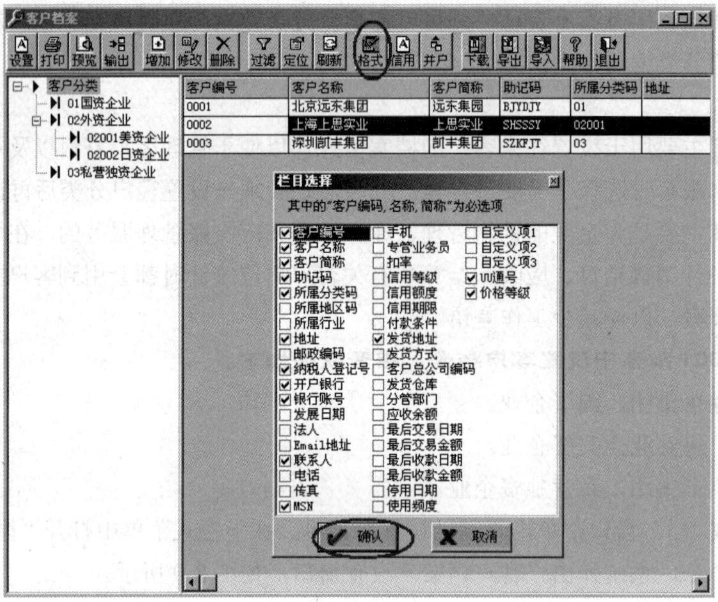

图3-10

> **注意** 可以输入因信用等原因与客户停止往来的日期。停用日期栏内容不为空的客户，在任何业务单据开具时都不能使用，但可进行查询。如果重新启用被停用的客户，将停用日期栏的内容清空即可。

3. 供应商分类

企业可以对供应商进行分类，建立供应商分类体系。供应商可以按行业、地区等进行划分，之后可以根据不同的分类建立供应商档案。

例3-5 在001账套中设置供应商分类，分类档案数据如下。

01：电脑配件供应商。

02：散件供应商。

03：包装材料供应商。

04：其他供应商。

供应商分类设置与客户分类设置相似，这里不再给出操作步骤，供应商分类设置结果如图 3-11 所示。

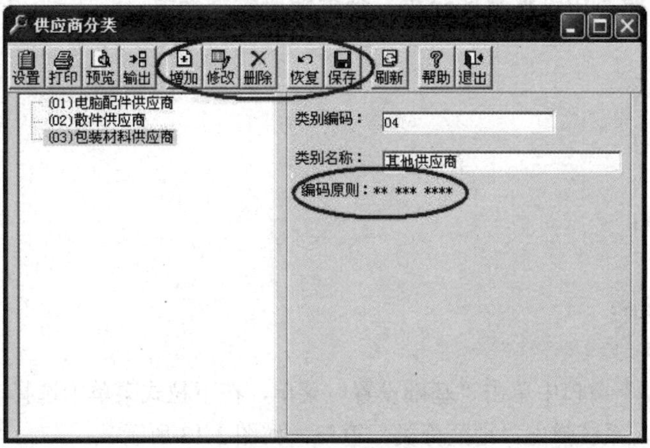

图 3-11

4. 供应商档案

设置往来供应商的档案信息，便于管理供应商资料以及录入、统计、分析业务数据。如果在建立账套时勾选了供应商分类，则必须先设置供应商分类，然后才能编辑供应商档案。

建立供应商档案主要是为企业的采购管理、库存管理和应付账管理服务的。在填制采购入库单、填制采购发票、进行采购结算、应付款结算和有关供货单位统计时都会用到供货单位档案，因此要正确设立供应商档案，减少工作差错。

例 3-6 在 001 账套中设置供应商档案，档案数据如下。

0001：苏州新元电子有限公司，电脑配件供应商；

0002：深圳芳威贸易有限公司，电脑配件供应商；

0003：深圳信合包装材料厂，包装材料供应商；

04001：顺丰快递，其他供应商。

供应商档案的设置方式与客户档案设置方式类似，供应商档案设置结果如图 3-12 所示。

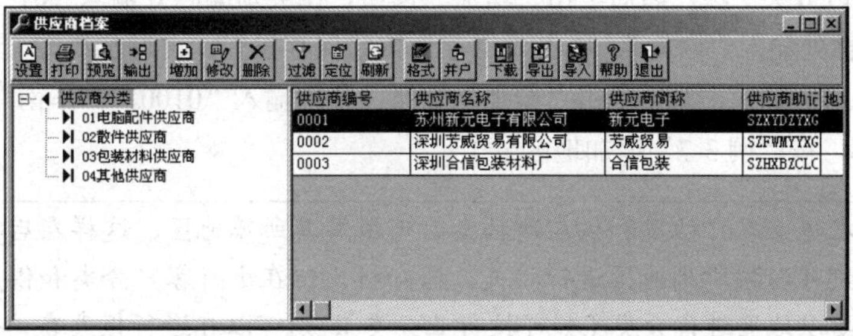

图 3-12

5. 地区分类

建立地区分类可以更有效地管理客户、供应商，更便利地统计、分析业务数据。采购管理、销售管理、库存管理都要使用地区分类。在建立客户档案和供应商档案时也可以在“基本”选项卡中选择客户或供应商所属的地区码。

地区分类最多有 5 级，企业可以根据实际需要进行分类。例如，可以按区、省、市进行分类，也可以按省、市、县进行分类。

例3-7 在001账套中设置地区分类，分类档案数据如下。

01：国内；

01001：华南；

01002：华北；

01003：华东；

01004：西南；

02：国外；

02001：美国；

02002：日本。

（1）在“用友 T3”窗口中单击“基础设置”菜单，在下拉式菜单中选择“往来单位”，然后选择“地区分类”命令，系统弹出“地区分类”窗口，如图3-13所示。

图3-13

（2）单击“地区分类”项，然后单击“增加”按钮，在类别编码处输入“01”（因为编码规则为2-3-4），在类别名称处输入“国内”，单击“保存”按钮保存设置。再增加“02 国外”。

（3）选中“（01）国内”，然后单击“增加”按钮，分别输入“01001”“华南”，单击“保存”按钮。重复刚才步骤，按“例3-7”增加地区分类。

提示 在建立客户档案和供应商档案时可填写其所属地区，这样在后期的销售和采购报表中都可以按所属地区进行相关数据分析，但在进行客户分类和供应商分类时，则建议不要以地区进行分类（如可按行业分类），则可以在进行报表查询分析时多一个分析纬度（按地区和按行业）。

3.4 存货设置

存货设置包括存货分类设置和存货档案设置。

1. 存货分类

对存货进行分类管理，便于企业对业务数据进行统计和分析。存货分类最多可分为 8 级，编码长度不能超过 30 位，用户可自由定义每级级长。每个分类可以设置的项有分类编码、名称及所属分类。如果建账时未勾选“存货分类”（请参阅 2.3 节的建立新账套），则不能使用本功能。

例3-8　在 001 账套中设置存货分类，分类档案数据如下。

01：原材料；

02：半成品；

03：产成品；

04：其他；

05：应税劳务。

在“用友 T3”窗口中单击“基础设置”菜单，在下拉式菜单中选择“存货”，然后选择“存货分类”命令，系统弹出“存货分类”窗口，如图 3-14 所示。增加存货分类方式与增加地区分类相似。

图 3-14

2. 存货档案

存货档案设置用于保存企业生产经营中的存货信息，以便企业管理这些数据并进行统计分析。存货档案包括存货基本信息、成本和控制等内容。

例3-9　在 001 账套中设置存货档案，档案数据如下：

存货编码	存货名称	计量单位	所属类别	存货属性
01001	显示器	台	原材料	外购、生产耗用
01002	鼠标	只	原材料	外购、生产耗用
01003	键盘	只	原材料	销售、外购、生产耗用
01004	主机箱（带电源）	台	原材料	外购、生产耗用
01005	CPU（配电风扇）	只	原材料	外购、生产耗用
01006	256MB 内存条	条	原材料	外购、生产耗用
01007	集成主板	块	原材料	外购、生产耗用
01008	48X 光驱	只	原材料	外购、生产耗用
01009	80GB 硬盘	只	原材料	外购、生产耗用

续表

存货编码	存货名称	计量单位	所属类别	存货属性
01010	包装纸箱	个	原材料	外购、生产耗用
01011	螺丝钉	盒	原材料	外购、生产耗用
02001	HE138 主机（主机箱带电源、CPU、256MB 内存、80GB 硬盘、一只光驱、主板）	台	半成品	生产耗用、自制
03001	HE138（电脑整机）	台	产成品	销售、自制
05001	运输费	个	应税劳务	劳务费用

提示

本示例中的存货名称括号中的内容只是用来说明该存货，所以这部份内容在读者建立存货档案时不必录入到存货名称中。

（1）在“用友 T3”窗口中单击“基础设置”菜单，在下拉式菜单中选择“存货”，然后选择“存货档案”命令，系统弹出“存货档案”设置窗口，如图 3-15 所示。

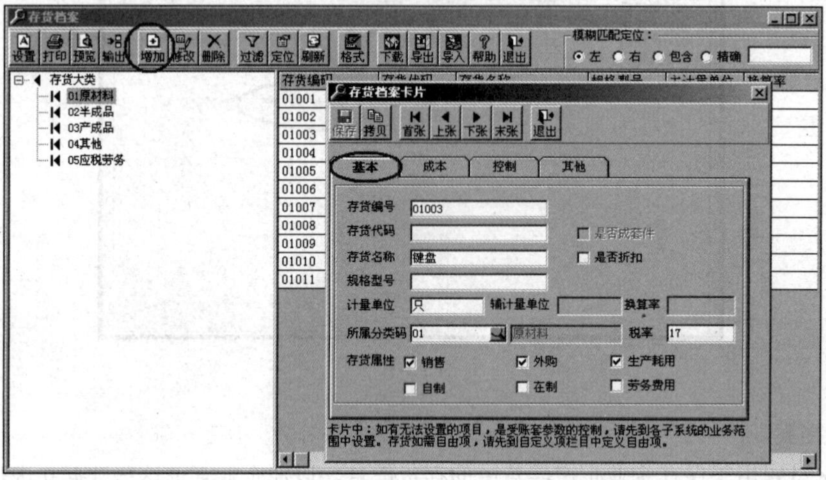

图 3-15

（2）如选中存货大类中的“（01）原材料”，然后单击“增加”按钮，系统弹出“存货档案卡片”窗口。有 4 个选项卡：基本、成本、控制和其他。

① 在基本页中，存货编号处录入“1003”，存货名称处录入“键盘”，计量单位处录入“只”，在存货属性中分别勾选“销售”“外购”和“生产耗用”。

提示

同一存货可以设置多个属性，如果没有为存货设置相应的属性，则填制相应的业务单据时无法进行参照。如没有设置存货的外购属性，则在填制采购订单、采购入库单、采购发票时无法参照选择该存货档案。

如果要设置存货的辅助计量单位，需要在业务系统（如采购管理系统）的选项中设置要使用的辅助计量单位之后，在此才能设置。

② 成本页包含控制存货成本方面的选项，如图 3-16 所示。

- 计划价/售价：计划价核算的工业企业或售价核算的商业企业，才能输入存货的计划价或售价，否则不能输入。该企业是否有计划价或售价核算的存货，通过仓库目录中各仓库的计价方式设置。计划价/售价不能为负数。

- 参考成本：该成本指非计划价或售价核算的存货填制出入库成本时的参考成本，类似于计划价或售价核算的存货的计划价或售价。采购商品或材料暂估时，参考成本可作为暂估成本。存货负出库时，参考成本可作为出库成本。
- 参考售价：指销售存货时用户参考的销售单价。存货销售时，系统将此单价作为默认的销售单价，但用户仍可修改。
- 最新成本：指存货的最新入库成本。最新入库成本由系统自动维护，但用户可修改。
- 最低售价：指存货销售时的最低销售单价。如果用户在销售系统中选择要进行最低售价控制，则存货销售时，如果销售单价低于此最低售价，系统则要求用户输入口令，如果口令输入正确，方可低于最低售价销售，否则不能低于最低售价销售。
- 最高进价：指进货时用户参考的最高进价，为采购进行进价控制。如果用户录入了最高进价金额，则进入采购管理模块输入专用发票或普通发票时，若单价高于最高进价，系统提示“下列商品采购价高于最高进价！是否继续保存？”，起到了一个警告的作用。选择是继续保存，选择否不予保存。
- 主要供货单位：指存货的主要供货单位。

③ 控制页中包含对正在设置的存货进行物流控制的选项，如图 3-17 所示。

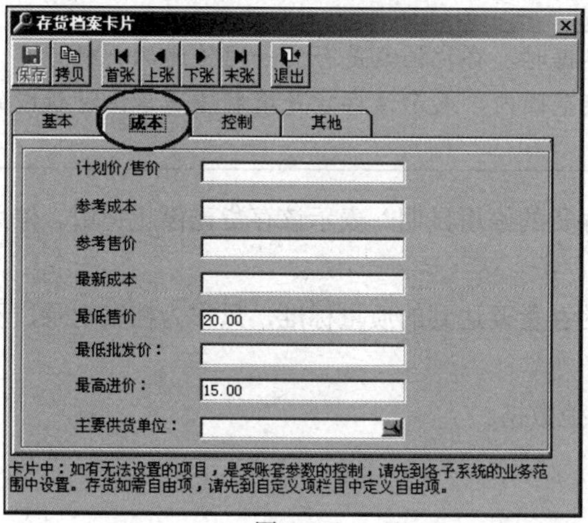

图 3-16

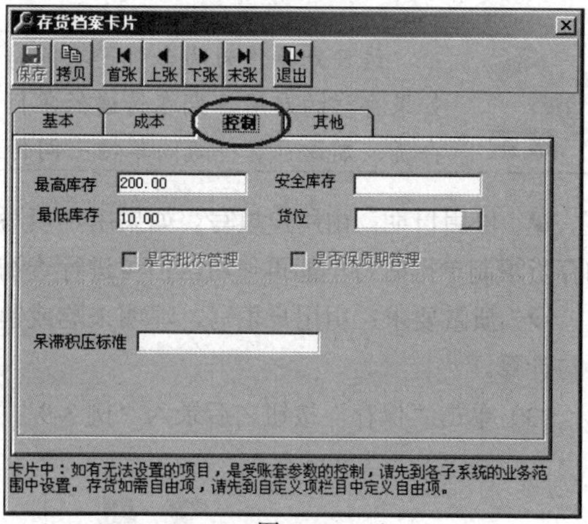

图 3-17

- 最高库存：存货在仓库中所能储存的最大数量，超过此数量就有可能形成存货的积压。最高库存不能小于最低库存。用户在填制出入库单时，如果某存货的目前结存量高于最高库存，系统将予以报警。
- 安全库存：在库存中保存的货物项目数量，为了预防需求或供应方面不可预料的波动。
- 最低库存：存货在仓库中应保存的最小数量，低于此数量就有可能形成短缺，影响正常生产。用户在填制出入库单时，如果某存货的目前结存量低于最低库存，系统将予以报警。
- 货位：指存货的默认存放货位。在库存系统填制单据时，系统会自动将此货位作为存货的默认货位，但用户可修改。
- 是否批次管理：指存货是否需要批次管理。如果某存货是批次管理，可勾选此项目左侧的选择框，录入入库单据时，系统将要求用户输入批号，录入出库单据时，系统将要求用户选择出库的批次。

提示 只有使用库存管理系统而且在库存系统的业务范围中选择了批次管理时，才能在存货档案中标志每一存货是否批次管理。进行保质期管理的存货必须进行批次管理。如果用户需对某存货进行供货单位跟踪，即查询该存货每个供应商供了多少货、销售了多少、退货多少、库中结存多少等信息，以便考核供应商的供货质量或商品的畅销情况，可利用批次管理功能进行供应商的跟踪。

- 是否保质期管理：指存货是否要进行保质期管理。如果某存货是保质期管理，可用鼠标点击此项目左侧的选择框，录入入库单据时，系统将要求用户输入该批存货的失效日期。

提示 只有使用库存管理系统而且在库存系统的业务范围中选择了保质期管理时，才能在存货档案中标志每一存货是否保质期管理。进行保质期管理的存货必须进行批次管理。

④ 其他页中包含设置存货启用日期或停用日期等选项。

- 单位重量：指单个存货的重量。单位重量不能小于零。
- 单位体积：指单个存货的体积。单位体积不能小于零。
- 启用日期：系统将增加存货的日期作为该存货的启用日期。系统根据增加存货的当日日期自动填写，用户不能修改。

提示 该日期将作为两台机器之间传递单据时，存货档案是否要一同传递的判断标准。如果存货的启用日期在传递的单据日期范围内，表示该存货是填制传递单据时新增的存货，则该存货将随同单据一同传递。

- 停用日期：由用户填写。如果用户填写了存货的停用日期，表示该存货已停止使用。停用的存货填制单据时将不能再使用，但可进行查询。
- 质量要求：由用户填写，注明采购或销售的存货要达到的质量标准，只作为档案记录，不参与计算。

（3）单击“保存”按钮之后录入“例 3-9”中其他数据。

3.5 财务

财务方面内容包括会计科目、凭证类别、外币设置和项目目录。

1. 会计科目

会计科目是填制会计凭证、登记会计账簿、编制会计报表的基础。会计科目是对会计对象具体内容分门别类进行核算的项目。会计科目是一个完整的体系，它是区别于流水账的标识，是复式记账和分类核算的基础。会计科目的完整性会影响会计实施的顺利与否，会计科目的层次深度直接影响会计核算的细致和准确程度。除此之外，会计科目的规划和设置是应用会计信息系统的基础，是实施各种会计手段的前提。

一级科目设置必须符合会计制度的规定，而明细科目可以根据核算单位的核算、管理及报表要求进行设置。建账时，如果选择了按行业预设科目，则系统会按新建账套的行业类型预设一级会计科目。

例3-10 在001账套中，在系统已自动设置好的会计科目基础上，再对以下科目进行设置。

类型	级次	科目编码	科目名称	助记码	外币币种	计量单位	辅助账类型	账页格式	余额方向	受控科目
资产	2	100101	人民币					金额式	借	
资产	2	100102	港币		港币			外币金额式	借	
资产	2	100201	工行账户					金额式	借	
资产	2	100202	招行账户					金额式	借	
资产	1	1121	应收票据				部门客户	金额式	借	应收
资产	1	1122	应收账款				部门客户	金额式	借	应收
资产	2	122101	其他部门应收款				部门核算	金额式	借	
资产	2	122102	其他个人应收款				个人往来	金额式	借	
资产	1	1123	预付账款				部门供应商	金额式	借	应付
资产	1	1604	在建工程				部门项目	金额式	借	
负债	1	2201	应付票据				部门供应商	金额式	贷	应付
负债	1	2202	应付账款				部门供应商	金额式	贷	应付
负债	1	2203	预收账款				部门客户	金额式	贷	
负债	2	222101	应交增值税					金额式	贷	
负债	3	22210101	进项税额					金额式	贷	
负债	3	22210102	销项税额					金额式	贷	
负债	2	224101	其他个人应付款				个人往来	金额式	贷	
成本	2	500101	基本生产成本					金额式	借	
损益	2	660201	差旅费				部门核算	金额式	借	
损益	2	660202	办公费				部门核算	金额式	借	
损益	2	660203	水电费					金额式	借	
损益	2	660204	邮电费				部门核算	金额式	借	
损益	2	660205	交通费				部门核算	金额式	借	
损益	2	660206	会议费				部门核算	金额式	借	
损益	2	660207	招待费				部门核算	金额式	借	
损益	2	660208	通讯费				个人往来	金额式	借	
损益	2	660209	折旧					金额式	借	
损益	2	660210	工资					金额式	借	

（1）在“用友T3”窗口中单击“基础设置”菜单，在下拉式菜单中选择“财务”，然后选择“会计科目”命令，系统弹出“会计科目”设置窗口，如图3-18所示。

如果在建账时勾选了“按行业预设科目”项（请参阅本书第2章的2.3建立新账套），则在进行会计科目时，系统会自动生成相应行业的会计科目，用户只要设置明细科目即可。

（2）单击“增加”按钮，系统弹出“会计科目_新增”窗口，如图3-19所示。

（3）按“例3-10”输入会计科目。

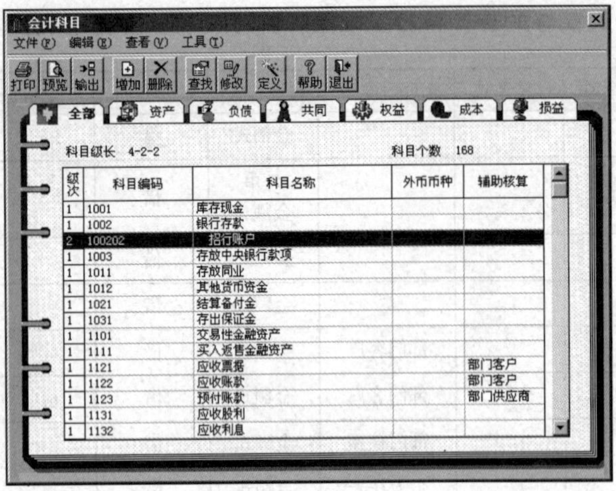

图 3-18

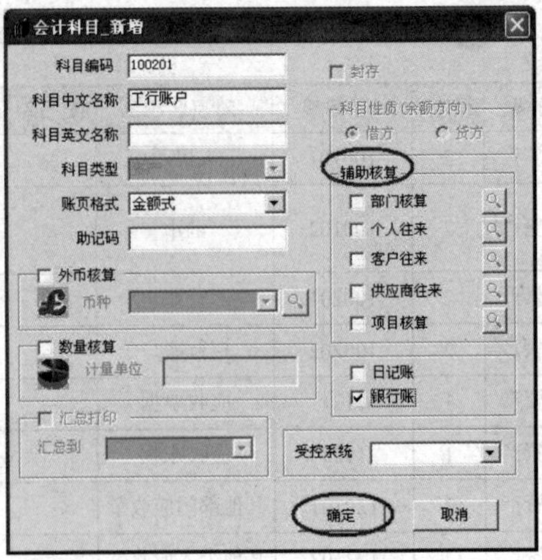

图 3-19

● 外币核算：科目需外币核算时，勾选“外币核算”项（如果在建账时没有设置本账套需进行外币核算，则外币核算项不能使用，外币科目设置时需要先进行外币设置，请参阅本小节中的“4.外币设置”）。选择核算的币种以及是否需要出日记账或银行账（若是现金科目则勾选日记账选项，若是银行存款科目则勾选日记账与银行账两项）。

● 辅助核算：如果科目需要借助个人、部门、客户、供应商或项目完成相应的核算，则在进行科目设置时勾选进行辅助核算的内容，如在设置“1131 应收账款”科目时，直接在该科目的辅助核算栏中勾选“客户往来”项即可，而不是像手工做账时，在该科目下再设置明细科目进行核算，这一点一定要注意（因为在本书中的 001 账套启用了进销存系统，所以关于往来科目，必须以客户往来或供应商往来进行核算）。比如需要将应收账款科目、预收账款科目设置为客户往来的辅助核算，应付账款科目、预付账款科目设置为供应商往来的辅助核算。

● 受控系统：如果科目只能由特定系统（应收系统、应付系统、存货核算）使用，则可以在此进行指定。

说明　为了加强系统间的无缝连接，在本公司其他系统中将可以使用账务系统的会计科目，这些会计科目就是其他系统的受控科目，而其他系统为该科目的受控系统。例如，“1211 原材料”科目受控于核算系统。

● 数量核算：勾选该项后，在填制凭证操作引用该科目时，系统会要求输入相应的数量和单价，相乘的结果为该科目的值。若勾选数量核算，则要设置计量单位。

（4）科目设置完毕，单击“确定”按钮保存设置并退出。

（5）在“会计科目”窗口中打开“编辑”菜单下的“指定科目”项，系统弹出“指定科目”窗口，如图 3-20 所示。此处指定的现金、银行存款科目供出纳管理使用，因此在查询现金或银行存款日记账前，必须指定现金或银行存款总账科目。

注意　只有科目性质（余额方向）为“借方”的科目方可被指定为现金科目或银行科目。

指定的现金、银行存款科目供总账系统出纳管理时使用，查询现金、银行存款日记账前，必须指定现金、银行存款总账科目。

出现金流量表时，会用到指定的现金流量科目，所以在录入凭证时，对指定的现金流量科目，系统自动弹出窗口，要求指定当前录入分录的现金流量项目。

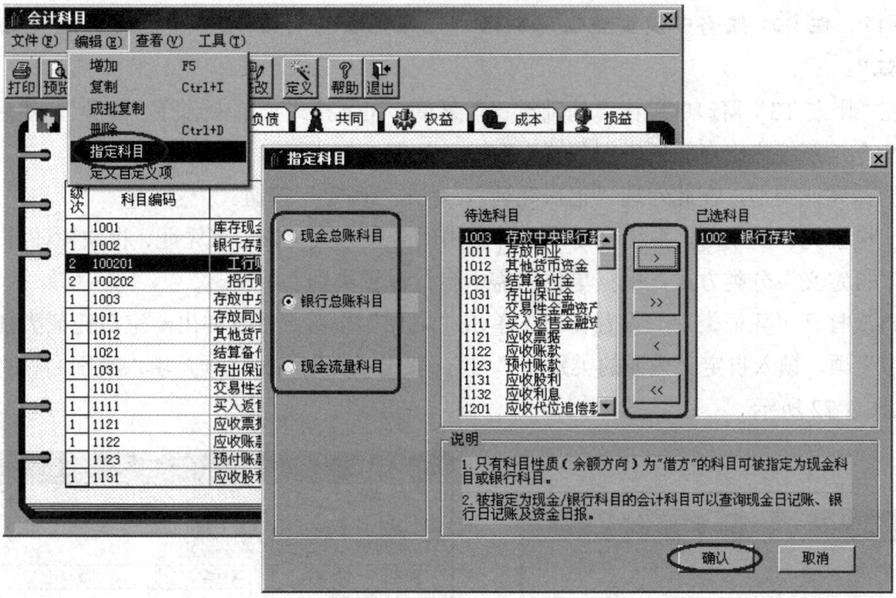

图 3-20

（6）若要修改科目信息，可以在“会计科目”窗口中单击指定科目，再单击“修改”按钮进行修改。单击“删除”按钮可删除科目。

注意

用户在使用用友软件时，往往凭借自己多年的经验，将原来手工做账的一套做法照搬过来，将一些本应设置为往来辅助核算的科目设置为该科目下的明细科目。如应收账款科目本应设置为客户往来辅助核算，却在应收账款科目下设明细科目，用来指定第一个具体的客户名称。这样其实违背了用友软件在科目设置中包含辅助核算选项的实质意义，最终结果导致在此无法使用客户往来管理，正确的做法是将应收账款科目设置为客户往来辅助核算，应收账款科目下面不用再设置明细科目了。因此，初学者在进行科目设置时一定要注意。

当录入凭证时，如果在录入该客户往来科目的辅助项时没有录入该笔业务的业务员，那么如果选择两清依据是业务员，则进入之后是没有数据可显示的。在所进行的客户往来两清工作中，其凭证是经过审核、记账处理的。

注意

已经制单或者录入了期初余额的科目不能删除；指定为“现金银行科目”的科目不能删除，取消“现金银行科目”的设置后方可删除。

在设置会计科目时要考虑到与其他子系统的衔接。因为在总账系统中，只有末级会计科目才允许有发生额，才能接收各子系统转入的数据。

---

2. 凭证类别

核算单位为了便于管理或登账方便，一般要对记账凭证进行分类编制。各核算单位的分类方法不尽相同，可以自行设置。

提示

大部分的企业都不需要自定义凭证类别，一般就使用“记账凭证”这种类别就可以了。

例3-11 在001账套中设置凭证类别为“记账凭证”，并新增一个自定义的凭证类别“和氏电子凭证”。

（1）在“用友T3”窗口中单击“基础设置”菜单，在下拉式菜单中选择“财务”，然后选择“凭证类别”命令，系统弹出“凭证类别预置”窗口，如图3-21所示。

（2）选择凭证类别，在此勾选“记账凭证”，单击“确定”按钮。

第一次设置凭证类别时，系统会提供几种常用的分类方式（如记账凭证、收款凭证等）。用户也可以选择“自定义”分类方式，根据单位的需求自行设置类别。

（3）再次打开“凭证类别”设置窗口，单击“增加”按钮，系统弹出一空白凭证类别窗口，双击“类别字”项，填入自定义凭证的类别字“自”，双击“类别名称”项，填入类别名称“和氏电子凭证”，如图3-22所示。

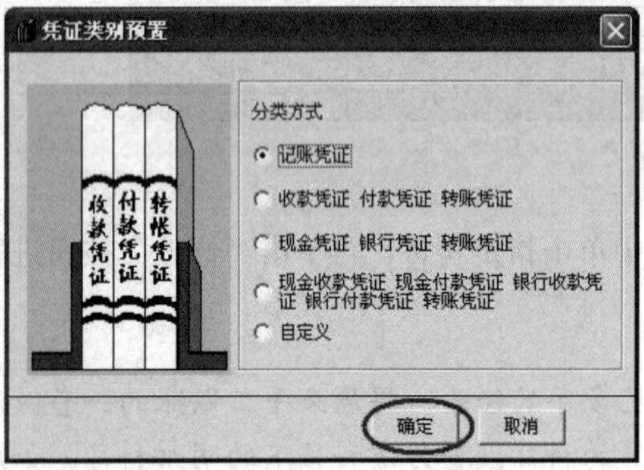

图3-21

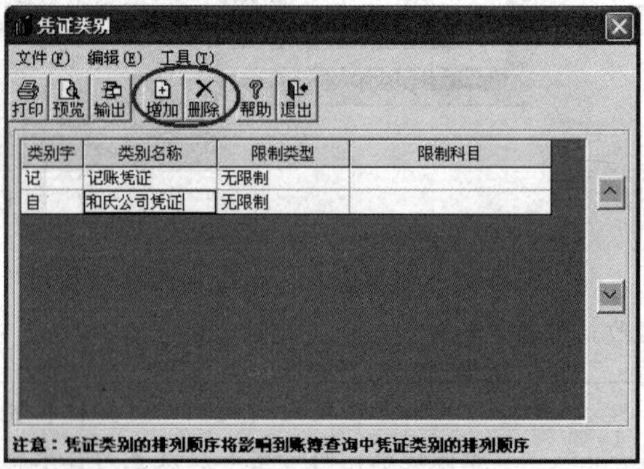

图3-22

（4）单击“退出”按钮，系统将自动保存自定义的凭证类别。

（5）可为凭证类别设置限制科目，如使用该凭证类别时借方必有哪些科目，在填制凭证时，如果借方没有指定的限制科目，则系统视该张凭证不合法，不能保存。

注意

凭证类别的排列顺序会影响账薄查询中凭证类别的排列顺序，可以通过旁边的顺序按钮来调节凭证类别的顺序。

凭证类别一旦在制单时被引用，则不能删除。

3. 项目目录

企业在实际业务处理中会对多种类型的项目进行核算和管理（例如在建工程、对外投资、技术改造项目、项目成本管理、合同等），项目目录设置提供项目核算管理的功能。

提示

需要进行项目核算的企业才设置项目目录，否则则不需要设置项目目录。

在项目目录设置中首先定义需进行项目核算的项目大类（如“在建工程”），然后再定义该项目大类的项目级次（共可分为8级），接着在该项目大类下再定义项目小类（如“工厂厂房”）。项目小类建立完成后，可以建立项目档案（如“科技园厂房”等）。最后为该项目大类指定对其进行核算的会计科目（如“在建工程”科目）。

例3-12　在 001 账套中设置项目档案，并设立项目核算。

项目大类：在建工程；

项目级次：1；

项目小类：工厂厂房；

项目档案：001 科技园厂房；002 西丽厂房；

核算科目：在建工程。

（1）在“用友 T3”窗口中单击“基础设置”菜单，在下拉式菜单中选择“财务”，然后选择“项目目录”命令，系统弹出“项目档案”设置窗口，如图 3-23 所示。待选科目处显示的是在进行科目设置时被辅助核算设置成为“项目核算”的科目。

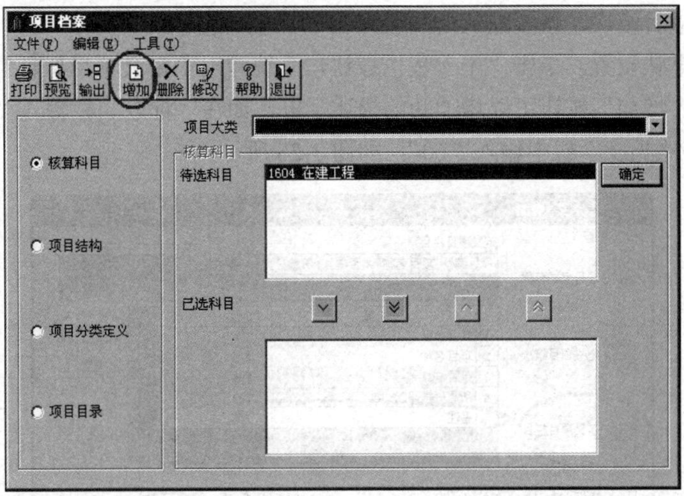

图 3-23

（2）单击“增加”按钮，系统弹出“项目大类定义_增加”窗口，如图 3-24 所示。

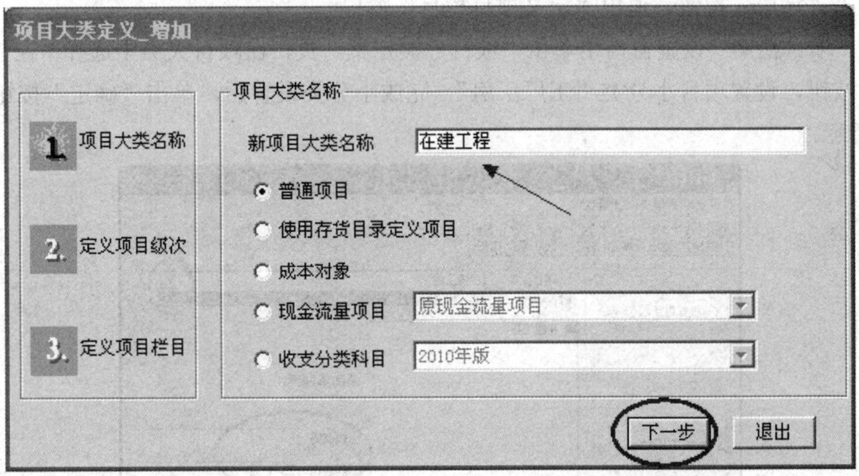

图 3-24

（3）输入新项目大类的名称“在建工程”，单击“下一步”按钮，进入项目级次设置，如图 3-25 所示。

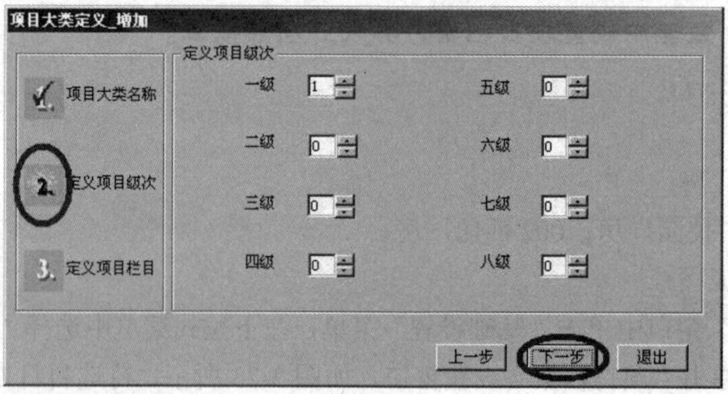

图 3-25

在此可以修改项目级次，系统默认是一级为 1，其他级都为 0。

（4）采用系统默认设置，单击“下一步”按钮，系统弹出“定义项目栏目”窗口，在这里定义项目的描述。单击“增加”按钮可以增加新的描述字段，如在“标题”栏输入“备注”，在“类型”栏选择“文本”，在“长度”栏中输入“60”，如图 3-26 所示。

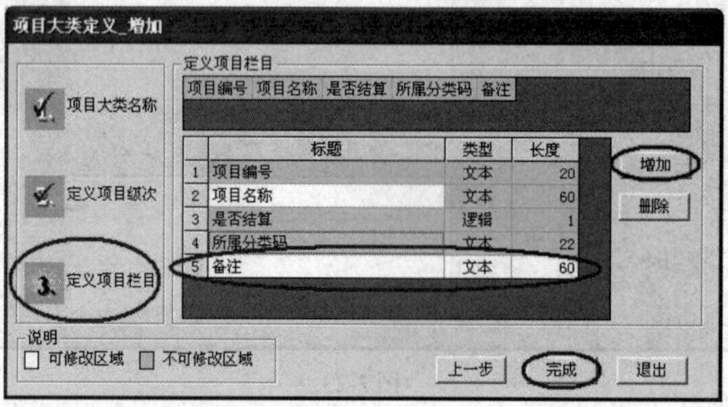

图 3-26

（5）单击“完成”按钮，退出“定义项目栏目”窗口。

（6）在“项目档案”设置窗口中单击“项目分类定义”页，在项目大类中选择“在建工程”，单击“增加”按钮，设置项目小分类“工厂厂房”，完成小分类设置后，单击“确定”按钮进行保存，如图 3-27 所示。

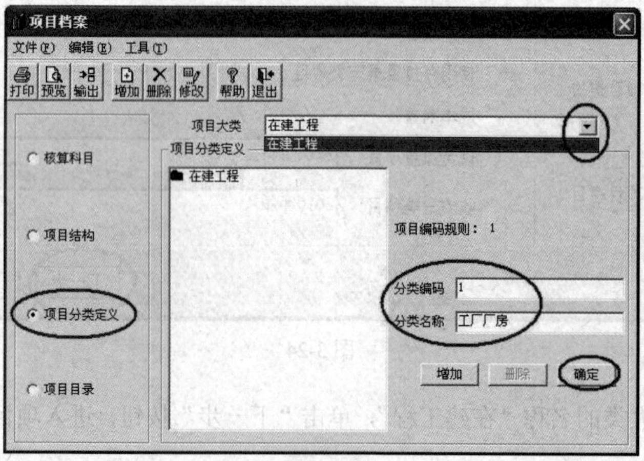

图 3-27

注意 此处并不是最终的项目档案，只是项目分类，还需要再设置项目具体档案数据。

（7）完成项目分类定义，单击“项目目录”，选择项目大类“在建工程”，单击“维护”按钮，增加具体的项目档案：项目编码为“001”、项目名称为“科技园厂房”、项目编码为“002”、项目名称为“西丽厂房”，如图 3-28 和图 3-29 所示。

（8）项目目录设置完成后，单击“核算科目”页，选择项目大类“在建工程”，如图 3-30 所示。

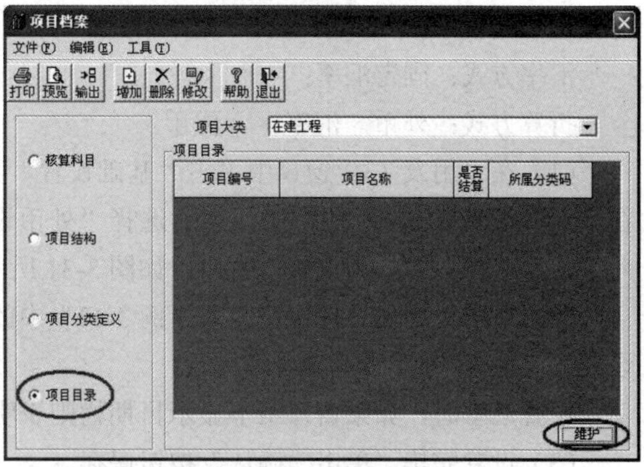

图 3-28

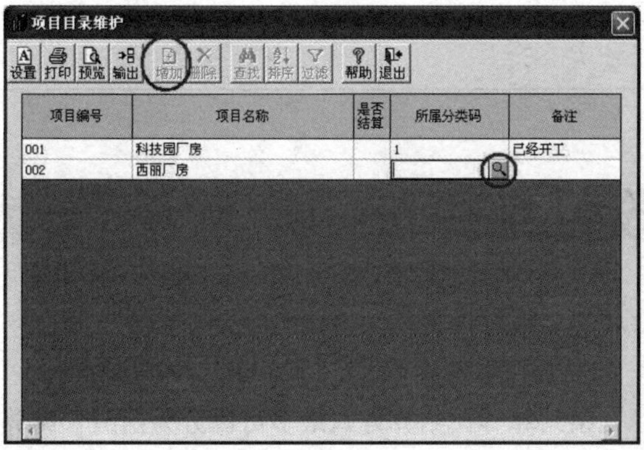

图 3-29

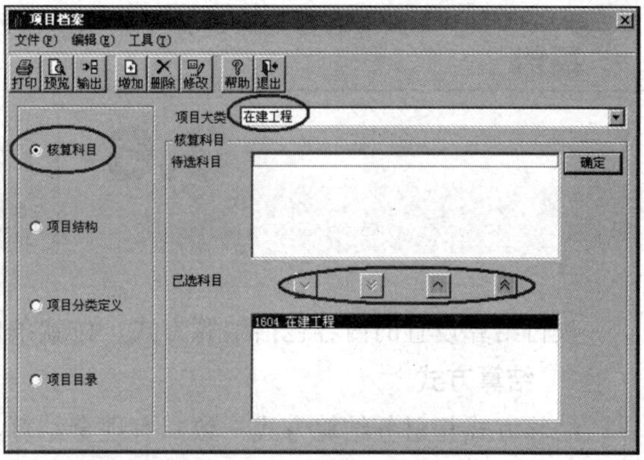

图 3-30

（9）单击“单箭头”或“双箭头”，将“待选科目”中的科目选到“已选科目”中，这样，在填制凭证时若用到该科目，系统就会自动提示要核算到的项目档案。

说明 在“项目档案”窗口中，核算科目页中的待选科目是指选用了项目核算功能的科目，用户也可以返回到科目设置中勾选项目核算选项。这样在录入凭证做到已选科目中的科目时，按“回车”键，系统就会自动提示输入项目名称，以进行该科目的项目核算。

4. 外币设置

核算单位涉及外币业务，需要进行汇率管理时，应在此进行外币设置。这样既可以减少录入汇率的次数和差错，又可以避免在汇率发生变化时出现错误。

使用固定汇率（即使用月初或年初汇率）作为记账汇率的用户，在填制每月的凭证前，应预先在此录入该月的记账汇率，否则在填制该月外币凭证时，将会出现汇率为零的错误。

使用变动汇率（即使用当日汇率）作为记账汇率时，在填制某天的凭证前，应预先在此录入该天的记账汇率。

例3-13　在 001 账套中设置一外币类别，设置内容如下。

币符：HK；

币名：港币；

汇率小数位：5；

最大误差：0.00001；

汇率方式：固定汇率；

折算方式：外币 × 汇率 = 本位币。

（1）在“用友 T3”窗口中单击“基础设置”菜单，在下拉式菜单中选择“财务”，然后选择“处币设置”命令，系统弹出“外币设置”窗口，如图 3-31 所示。

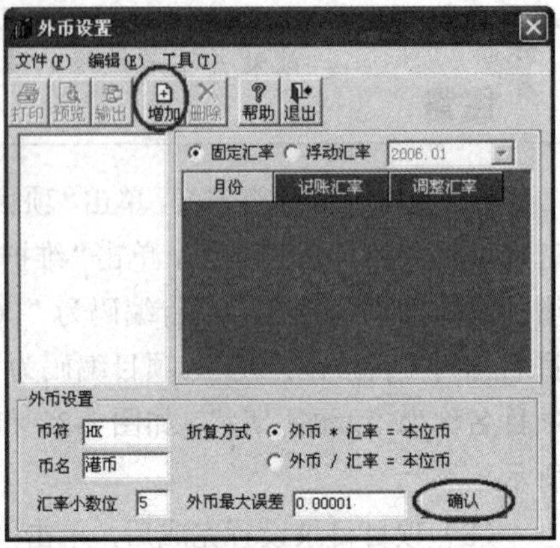

图 3-31

（2）单击“增加”按钮，输入“例 3-13”中的外币设置信息。

设置汇率时，如果窗口中不显示日期栏则表明总账系统还未使用，启用总账后即可显示。

（3）设置完毕，单击“确认”按钮保存。

提示　只有在建账时选择了该账套有外币核算，方能使用本功能。

3.6 收付结算

收付结算设置的内容包括结算方式、付款条件和开户银行设置。

1. 结算方式

结算方式与财务结算方式一致，有现金结算、支票结算等。结算方式最多可以分为两级。结算方式一旦被引用，便不能修改和删除。

例3-14　在 001 账套中设置结算方式，设置内容如下。

1：现金；

2：支票；

　201：现金支票；

　202：转账支票。

（1）在“用友 T3”窗口中单击“基础设置”菜单，在下拉式菜单中选择“收付结算”，然后选择“结算方式”命令，系统弹出“结算方式”设置窗口，如图 3-32 所示。

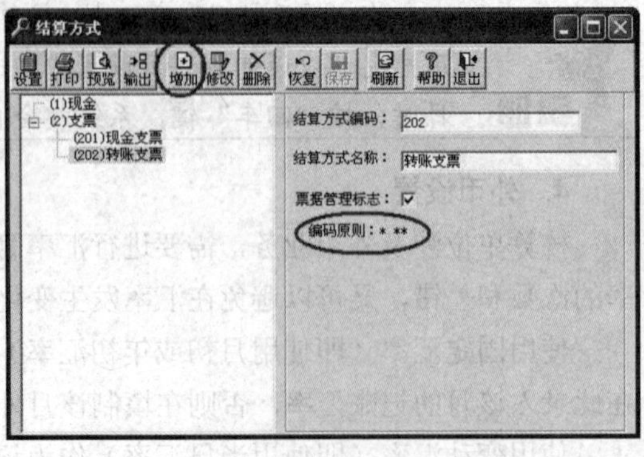

图 3-32

（2）结算方式的设置与客户分类设置类似，设置时注意结算方式的编码规则。

2. 开户银行

用友 T3 支持企业具有多个开户行及账号。开户银行一旦被引用，则不能修改和删除。

例3-15　在 001 账套中设置开户银行，设置内容如下。

开户银行编码：001；

开户银行名称：中国工商银行深圳分行科苑支行；

银行账号：07556001-12345678901；

暂封标识：否。

（1）在“用友 T3”窗口中单击“基础设置”菜单，在下拉式菜单中选择“收付结算”，然后选择“开户银行”命令，系统弹出“开户银行”设置窗口，如图 3-33 所示。

图 3-33

（2）录入“例 3-16”中的数据，单击“增加”按钮保存数据。

3.7 购销存

购销存业务信息内容包括仓库档案、收发类别、采购类型、销售类型、产品结构、成套件、费用项目、发运方式、货位档案和非合理损耗类型。

提示　如果核算单位只是用账务系统来进行整套账的管理，而不准备启用采购、销售、库存、核算等业务系统，则在此不用设置购销存的基础档案了，因为所有的购销存业务处理都是以会计科目设置和填制度借贷凭证的方式完成的。

1. 仓库档案

仓库设置是应用供销链管理系统的前提。

例3-16　在 001 账套中设置仓库档案，设置数据如下。

01：材料库，计价方式为全月平均法。

02：半成品库，计价方式为全月平均法。

03：成品库，计价方式为全月平均法。

04：杂品库，计价方式为全月平均法。

（1）在“用友 T3”窗口中单击“基础设置”菜单，在下拉式菜单中选择“购销存”，然后选择“仓库档案”命令，系统弹出“仓库档案”设置窗口，如图 3-34 所示。

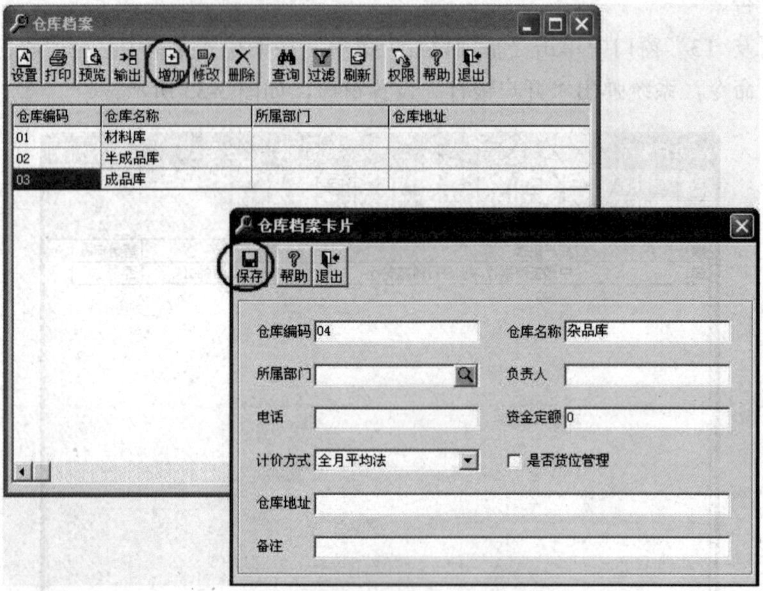

图 3-34

（2）单击“增加”按钮，系统弹出“增加仓库档案”窗口，带红色“*”号的选项为必须填写项。

仓库编码必须唯一，最多 10 位，在此录入“01”，仓库名称最多 20 个字符，在仓库名称中录入“材料库”。当存货核算系统选择“按部门核算”时，必须输入所属部门。

计价方式有 6 种。工业企业有计划价法、全月平均法、移动平均法、先进先出法、后进先出法和个别计价法；商业企业有售价法、全月平均法、移动平均法、先进先出法、后进先出法和个别计价法。每个仓库都必须选择一种计价方式，在此选择“全月平均法”。

（3）单击“保存”保存设置，然后再录入“例 3-17”中的其他数据，最后单击“退出”按钮退出设置。

有的企业对仓库人员的权限控制得很严格，不同的操作员只能操作不同的仓库中的数据，或者不给这个操作员看到仓库中有关金额的内容。

（1）在“仓库档案”窗口中单击“权限”按钮，打开“仓库权限设置”窗口。

（2）单击“编辑”按钮，系统打开“权限配置窗口”，首先选择要进行权限设置的操作员，然后单击“增加”按钮，设置该操作员可以操作的仓库、是否显示金额、具体的可以操作的存货分类及档案。

仓库权限设置中没有设置的操作员，系统认为该操作员具有所有仓库的权限，即可录入所有仓库的出入库单据。在此处设置的仓库存货对照表是以后录入各种出入库单据及查询各种账表时存货参照的基础，也是对操作员进行权限控制的依据。如录入某一仓库的出入库单时，参照或录入存货时，只能录入仓库权限表中设置的该操作员所管辖仓库的存货，不能越权操作。仓库权限只包括库存单据和库存单据列表，账表的权限需要通过功能权限控制。

2. 收发类别

收发类别表示材料的出入库类型，用户可根据实际需要自行设置，如图3-35所示。例如，公司为客户临时提供样品测试用，那么为了准确统计最终样品的出库情况，可以在出库类别中单独设置一个“样品出库”类别，这样，在填制出库单时，在出库类别项中选择“样品出库”，即可统计所有属于“样品出库”这种业务的数据。

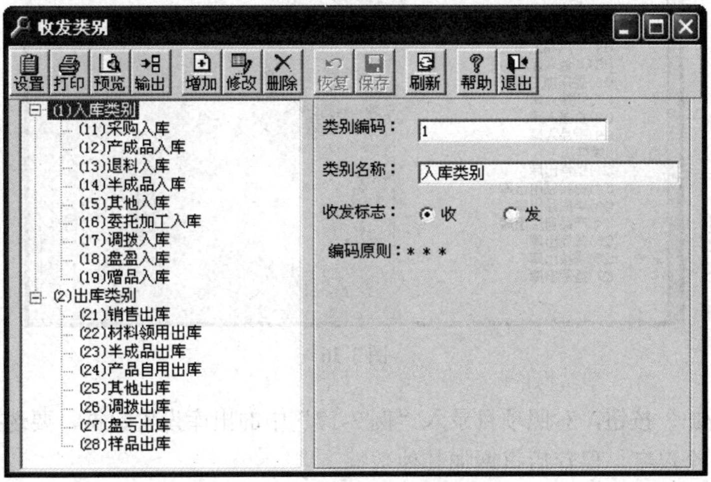

图 3-35

例3-17 在001账套中设置入库和出库类别，设置数据如下。

1：入库类别；

11：采购入库；

12：产成品入库；

13：退料入库；

14：半成品入库；

15：其他入库；

16：委托加工入库；

17：调拨入库；

18：盘盈入库；

19：赠品入库

2：出库类别；

21：销售出库；

22：材料领用出库；

23：半成品出库；

24：产品自用出库；

25：其他出库；

26：样品出库；

27：调拨出库；

28：盘亏出库；

29：样品出库。

（1）在“用友 T3”窗口中单击“基础设置”菜单，在下拉式菜单中选择“购销存”，然后选择“收发类别”命令，系统弹出“收发类别”窗口，如图 3-36 示。

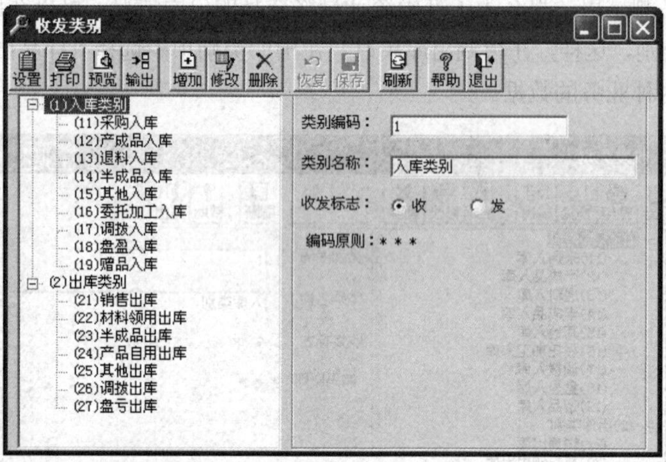

图 3-36

（2）单击“增加”按钮，对照项目录入“例 3-17”中的出库设置数据，要选择收发标识，且类别名称不能超过 6 个汉字，保存后再增加其他数据。

3. 采购类型

采购类型是由用户根据企业需要自行设定的项目，用户在使用用友采购管理系统填制采购入库单等单据时，会涉及到采购类型栏目，便于分类统计。如果企业需要按采购类型进行统计，那就应该建立采购类型项目。

例 3-18　在 001 账套中设置采购类型，设置数据如下。

采购类型编码	采购类型名称	入 库 类 别
00	普通采购	采购入库

在“用友 T3”窗口中单击“基础设置”菜单，在下拉式菜单中选择“购销存”，然后选择“采购类型”命令，系统弹出“采购类型”设置窗口，如图 3-37 所示。录入“例 3-18”中的采购类型数据。

4. 销售类型

用户在处理销售业务时，可以根据自身的实际情况自定义销售类型，以便于按销售类型对销售业务数据进行统计和分析。本功能完成对销售类型的设置和管理，用户可以根据业务的需要方便地增加、修改、删除、查询和打印销售类型。

例 3-19　在 001 账套中设置销售类型，设置数据如下。

销售类型编码	销售类型名称	入 库 类 别
00	普通销售	销售出库

在“用友 T3”窗口中单击“基础设置”菜单，在下拉式菜单中选择“购销存”，然后选择“销售类型”命令，系统弹出“销售类型”设置窗口，如图 3-38 所示。录入“例 3-19”中的销售类型数据。

5. 产品结构

产品结构在企业生产中又称为物料清单，即企业中常说的 BOM 表（Bill of Material），它表示产品的组成结构和组成单位产品的原材料和零部件的数量。只有定义了产品结构，才能通过采购计划运算得出物料需求计划和生产计划所需的材料数量。商业企业或没有产品结构的工业企业不需定义产品结构。

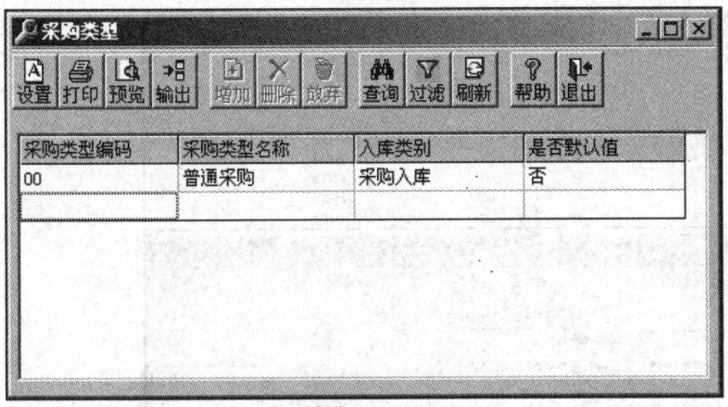

图 3-37

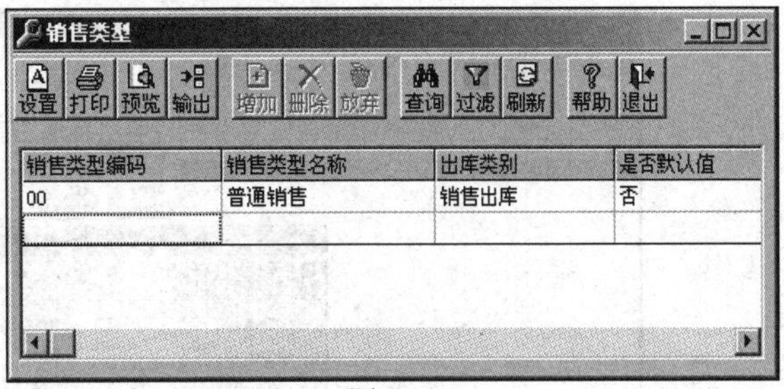

图 3-38

用友 T3 中的产品结构定义供配比出库、组装拆卸、消耗定额、产品材料成本、物料需求计划和成本核算等功能引用。

例3-20 在 001 账套中设置产品结构，如图 3-39 所示。

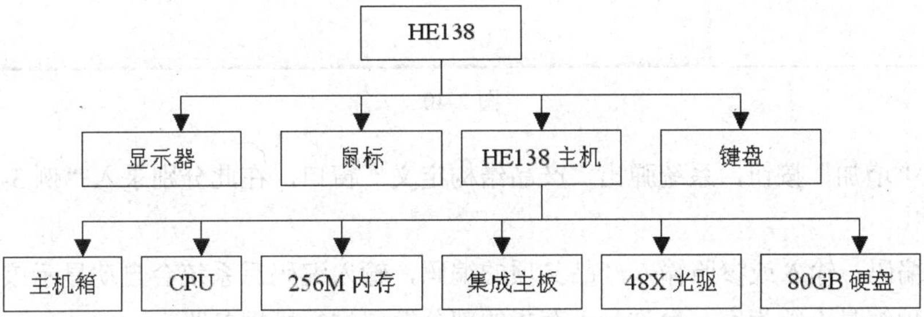

图 3-39

父项：存货编码 02001，存货名称“电脑主机”，生产部门“生产部”，子项如下：

子项编码	子项名称	规格型号	单　位	定额数量	存放仓库	库管员
005	主机箱		台	1	01	
006	CPU		只	1	01	
007	256M 内存条		条	2	01	
008	集成主板		块	1	01	
009	48X 光驱		只	1	01	
010	80GB 硬盘		只	1	01	

父项：存货编码 03001，存货名称“HE138”，生产部门“生产部”，子项如下：

子项编码	子项名称	规格型号	单　位	定额数量	存放仓库	库管员
002	显示器		台	1	01	
003	鼠标		只	1	01	
004	键盘		只	1	01	
011	HE138 主机		台	1	02	

（1）在“用友 T3”窗口中单击“基础设置”菜单，在下拉式菜单中选择“购销存”，然后选择“产品结构”命令，系统弹出“产品结构”设置窗口，如图 3-40 所示。

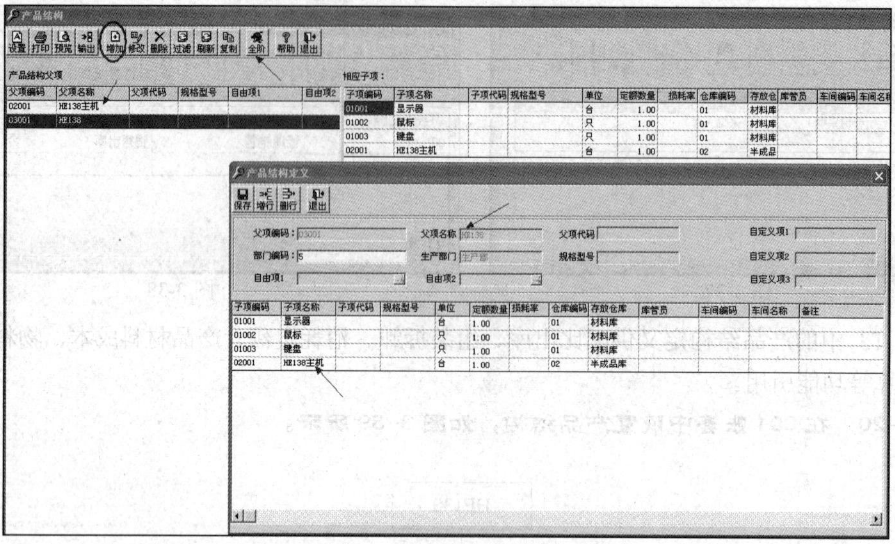

图 3-40

（2）单击“增加”按钮，系统弹出“产品结构定义”窗口，在此分别录入“例 3-20”中的产品结构数据。

- 父项编码：输入或参照输入产品父项的编码，输入编码后系统会自动显示该父项的名称、规格型号。父项编号不能为空。允许录入存货的部分编码进行模糊参照。
- 生产部门：在生产部门中输入或参照输入缺省的生产部门，生产部门可以为空。如果输入生产部门，产品结构中的生产部门在配比出库单中将作为缺省的领料部门。
- 子项编码：输入对应父项的子项编码，可以参照输入。子项编码不能为空。输入子项编码后系统会自动显示该子项的名称、规格型号。允许录入存货的部分编码进行模糊参照。
- 库管员：输入对应的库管员，可以参照职员档案，内容也可为空。
- 用料车间：输入对应的用料车间或参照部门档案，内容可以为空。
- 用料工序：输入对应的用料工序编号或参照用料工序档案，内容可以为空。
- 自由项：共有 2 个自由项，在“基础设置”的自定义项中定义，在此输入相应内容，可以为空。
- 定额数量：手工录入或根据“件数”和“换算率”自动计算。计算公式为：件数 × 换算率 = 定额数量。不允许为空。
- 损耗率：此项可输可不输，默认为空。如果输入损耗率，则在新增限额领料单时，根据产品结构展开时要按损耗率计算的损耗加到计划出库数中。
- 存放仓库：必须输入该子项的缺省存放仓库，存放仓库不可以为空。该信息将作为配比出库领料单中缺省的仓库。
- 辅计量单位：显示存货档案中用户定义的辅计量单位名称，不允许修改，如未定义则为空。
- 件数：手工录入或根据“定额数量”和“换算率”自动计算。计算公式为：定额数量 × 换算率 = 件数。允许为空。

- 换算率：显示存货档案中用户定义的换算率名称，不允许修改，如未定义则为空。
- 计划价：显示存货档案中用户录入的的“计划价/售价”数值，不允许修改，如未录入则为空。
- 主计量单位：显示存货档案中用户定义的主计量单位名称，不允许修改。

提示 如果BOM有多层，在查询时，可以单击“全阶”按钮进行BOM全阶查询，如图3-41所示。

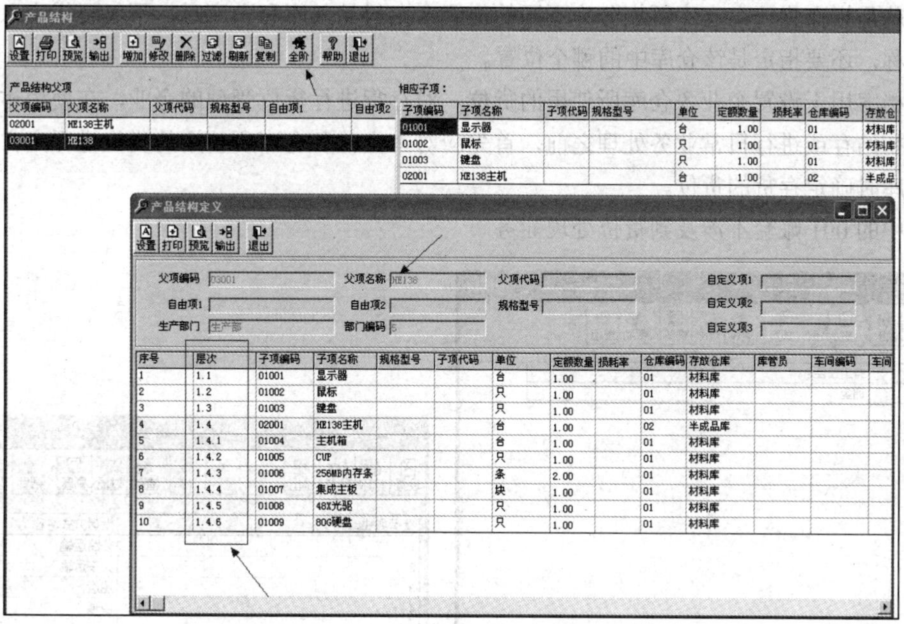

图3-41

6. 成套件

定义成套件的组成，以便于对成套件及其明细进行统计管理。主要用于库存管理和销售管理。对于没有成套件管理的企业，用户可以不设置。例如，小刀、中刀、叉、盘作为单独的商品也可以销售，5个小刀、5个中刀、5个叉、10个盘组装为一套也可以销售。这时可以定义一个成套件。

- 套装件：输入或参照输入成套件的编号，输入编号后系统会自动显示该套装件的名称、规格型号。套装件不能为空。
- 单件编号：输入对应成套件的子项编号，可以参照输入。单件编号不能为空。输入单件编号后系统会自动显示该子项的名称、规格型号。
- 单件数量：输入一个成套件所需该子项的数量，可输可不输。
- 单位：输入单件编号后系统自动显示该单件的主计量单位。
- 件数：可输可不输，件数是指对应辅助计量单位的数量。
- 单件成本：输入单件成本，便于计算成套件的成本。
- 单件价格：输入单件单价，单件单价是指单独销售时的单件价格。作为成套件销售时价格有可能要低一些。

7. 费用项目

用户在处理销售业务中的代垫费用和销售支出费用时，应先在本功能中设定这些费用项目。本功能完成对费用项目的设置和管理，用户可以根据业务的需要方便地增加、修改、删除、查询和打印运输方式。如图 3-42 所示。

8. 发运方式

用户在处理采购业务或销售业务中的运输方式时，应先在本功能中设定这些运输方式。本功能完成对运输方式的设置和管理，用户可以根据业务的需要方便地增加、修改、删除、查询和打印运输方式。如图 3-43 所示。

9. 货位档案

货位就是指在将一个仓库再划分为不同的位置，在料品入库和出库时，不仅要指定入（出）库的仓库名称，还要指定是该仓库中的哪个位置。

货位档案用于设置企业各仓库所使用的货位。对存货进行货位管理的企业，在使用本系统提供的录入期初结存或进行日常业务处理之前，首先应对本企业各仓库所使用的货位进行定义，以便在实物出入库时确定存货的货位。

本书中的 001 账套不涉及到货位处理业务。

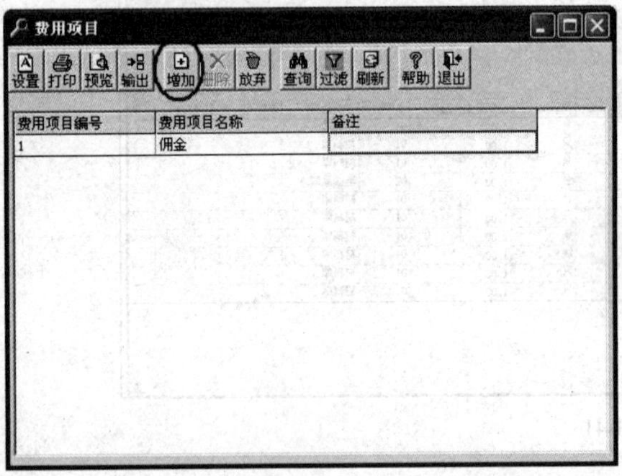

图 3-42

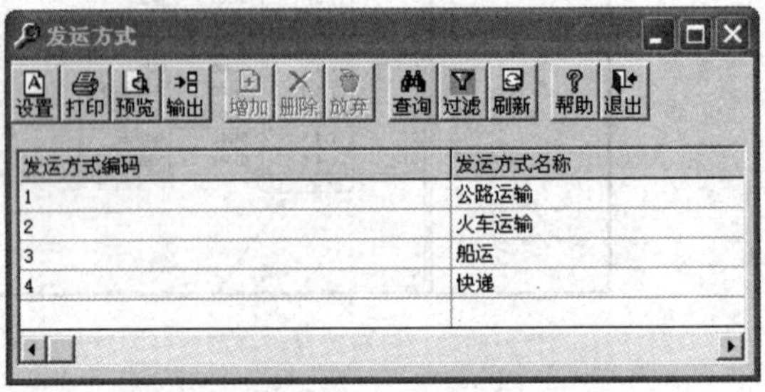

图 3-43

3.8 单据设置

在用友各产品中均提供了单据设计的功能。利用此功能可以对系统各主要单据的屏幕显示界面以及打印页面的格式进行设计，以符合企业应用的实际需要。

单据设计的内容包括单据头栏目和单据体栏目的增删及其布局。

在初次进入某单据的单据设计功能时，系统设置了该单据的默认屏幕显示格式和打印页面格式。

例3-21 在 001 账套中自定义一张采购订单单据格式，名称为“和氏有限公司采购订单”。

（1）在“用友 T3”窗口中单击“基础设置”菜单，在下拉式菜单中选择“单据设计”，然后选择需要进行设计的具体单据，系统将打开该单据，如图 3-44 所示。

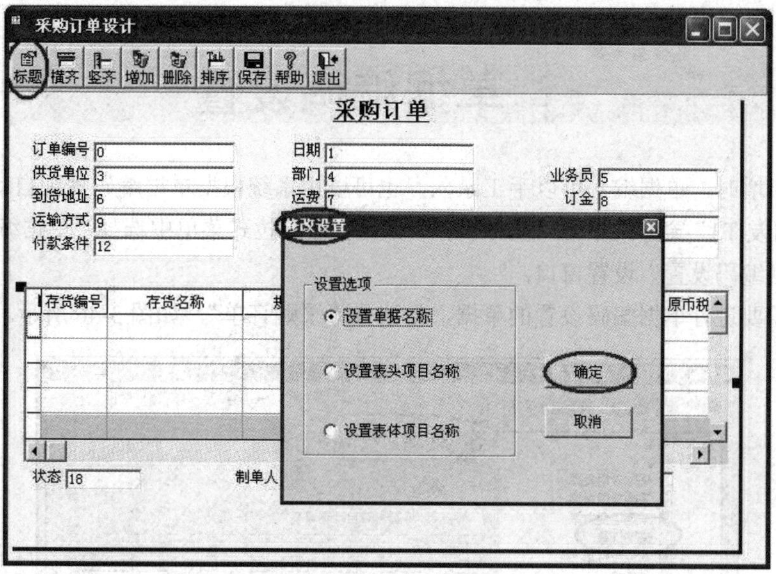

图 3-44

（2）选择需要进行单据格式设计的具体单据（在此选择“采购订单”）。

（3）单击“标题”按钮，系统弹出“修改设置”对话框，可分别选择“设置单据名称”“设置表头项目名称”和“设置表体项目名称”加以设置。在此选择“设置单据名称”，然后单击“确定”按钮。如图 3-45 所示。

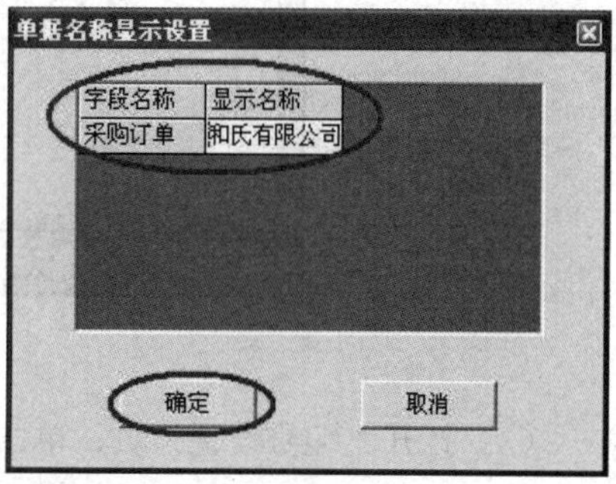

图 3-45

（4）双击“显示名称”栏可进行修改，然后单击“确定”按钮回到单据中，就可以看到修改后的效果。“设置表头项目名称”“设置表体项目名称”也是如此操作。

（5）在单据中单击“增加”或“删除”按钮，系统弹出一个窗体，列示单据中所有没有的项目或已有的项目，供用户选择，包括“表头项目”和“表体项目”两部分；用户可以选择一项，也可以选择多项。

提示　如果增加的表头项目在屏幕上看不见，可能该项目放在单据体的后面，您只要用鼠标移开表体，将新增项移至表头位置即可。还有可能是被已有的表头项目覆盖了的缘故，只要把表头项目移开（用鼠标单击其名称移动），即可看见新增加的项目。

（6）单击“保存”按钮保存经过设置后的结果，在进行单据操作时，系统将启用新的单据格式（如填制采购订单时就能看到效果了，请参阅本书第 7 章中的采购订货）。

说明　可以在窗口右上角的“套打格式”中勾选使用套打格式或取消打勾不进行套打。所有操作只有在鼠标单击“保存”按钮后方可生效，而且屏幕显示格式和打印页面格式需分别保存。单据设计作用的单据（包括这种单据的逆向单据，例如发货单的单据设计）对发货单及退货单均有效。本功能为独享功能，与系统中所有功能的操作互斥，即在操作本功能前，应确定其他功能均已退出，在网络环境下，要确定本系统所有的网络用户退出了所有的功能。

3.9 单据编码设置

业务单据新增时，单据编号可以手工录入，也可以由系统根据单据编码规则自动编号。

（1）在“用友 T3”窗口中单击“基础设置”菜单，在下拉式菜单中选择“单据编码设置”命令，系统弹出“单据编码设置”设置窗口。

（2）选择需要进行单据编码设置的单据，如选择“采购订单”，如图 3-46 所示。

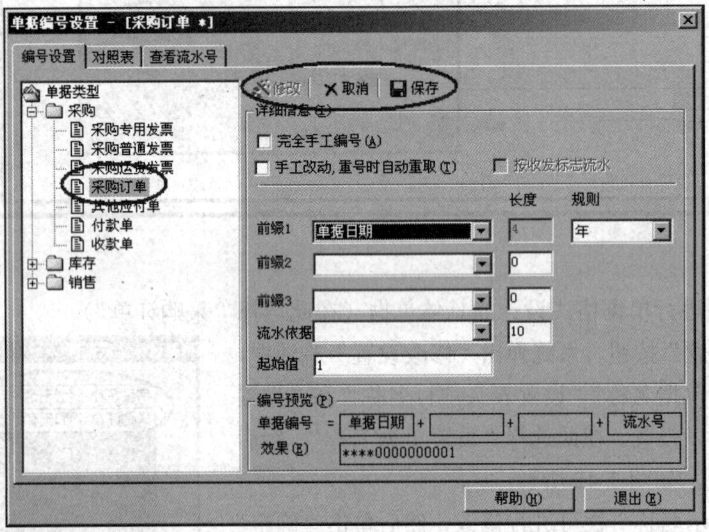

图 3-46

（3）打开“编号设置”页，单击“更改”按钮，可以重新设置采购订单的编码方式。

如果选择由系统自动编号，则可根据编号的前缀（如选择部门+流水号，则“部门”为前缀）到“对照表”页中设置前缀所对应的编码。如图 3-47 所示。

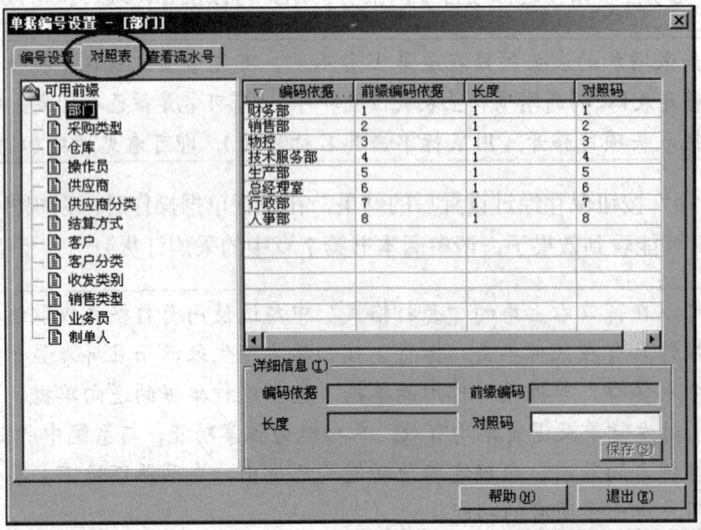

图 3-47

（4）当在用友的业务系统中增加该业务单据时（如采购订单），系统根据所设置好的单据编码规则，自动生成一个销售订单编码（如果编码规则选择的是“完全手工编号”，则需要手工录入单据编码）。

3.10 常用摘要

摘要是填凭证时对分录的说明，企业有很多业务都是重复发生的，其摘要部分相同。如果将常用摘要存储起来，在输入单据或凭证时直接调用，则会提高业务处理效率。调用时可以直接输入摘要代码或按“F2”键来参照输入。

例3-22 在001账套中设置常用摘要，设置内容如下。

01：投入资金；

02：银行借款；

03：还款；

04：业务招待费。

（1）在“用友T3”窗口中单击“基础设置”菜单，在下拉式菜单中选择“常用摘要”命令，系统弹出“常用摘要”设置窗口，如图3-48所示。

（2）单击“增加”按钮，弹出一个空白摘要信息，双击摘要编码栏并录入“01”，双击摘要内容栏并录入“投入资金”。

（3）单击“增加”按钮保存当前摘要并新增空白摘要信息，录入“例3-22”的其他数据。

如果某条常用摘要对应某指定科目，则可以在此输入科目名称，该科目在调用常用摘要的同时将被一同调入。

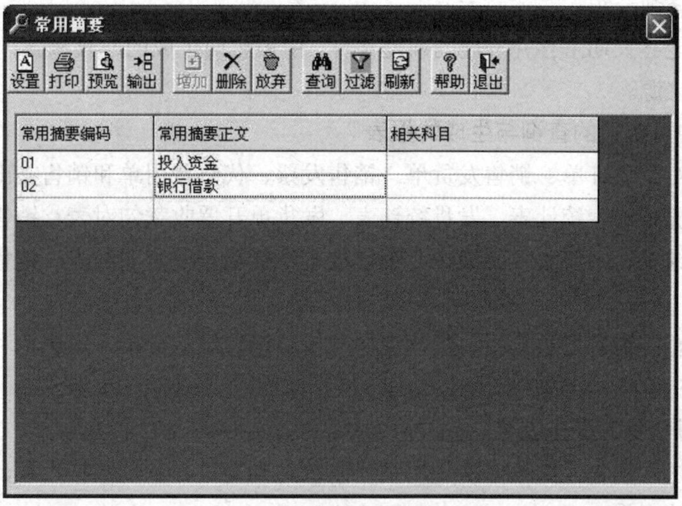

图3-48

常用摘要不具有对应性，可以随时删除或修改，也可以随时增加。录入最后一条新增的常用摘要信息时，直接单击“退出”即表示保存并退出。

第4章 模块初始化设置

本章重点

- 各模块业务参数设置
- 各模块期初数据录入

业务模块开始使用时，需要设置一些该模块的业务参数，业务参数的设置会影响到该模块的使用和控制流程。

业务模块开始使用时，还需要进行期初数据录入。

4.1 销售管理

销售是企业生产经营成果的实现过程，是企业经营活动的中心。用友 T3 提供了销售订货、销售发货、销售开票、销售收款结算的销售管理流程。

现在市场上专业的 CRM（客户关系管理系统）与本章所讲的销售管理系统有着很大的区别。CRM 系统是对销售的对象（即客户）进行详尽的管理，对售前的客户跟进、售中报价订单交货收款、售后服后等内容进行明细的记录、管理、分析，另外 CRM 还记录一些市场活动的处理等内容；而本章中所讲的销售管理只是对核算单位正在发生的销售动作进行记录。可以这样来理解，本章中所讲的销售管理是 CRM 中的一部份，如果要全面的对客户关系进行管理，则可以考虑使用用友的 CRM 系统，在此就不再详细介绍。

销售也是企业能够长期生存并发展的前提条件，由销售而生成的应收账款，经过收款处理之后，成为了企业的收入来源。

1. 销售系统中可执行的查询与生成的报表

销售系统中可对销售订单、销售发货单、销售发票、代垫费用单和销售支出单进行查询。可查询销售订单执行情况、销售统计表、发货统计表、发货单开票收款勾对表、销售综合统计表、发票日报、发票使用明细表、销售收入明细账、销售成本明细账、发货明细表、销售明细账和发货结算勾对表等。

可分析的账表有：销售增长分析、货物流向分析、销售结构分析、销售毛利分析、市场分析和货龄分析。

2. 销售系统每个月的操作流程

（1）首先注册进入销售，如第一次使用销售系统，则需进行基础数据设置、信用审批人、期初发货单、选项设置等工作。

（2）然后填制销售订单（可以理解为销售合同），销售订单经审核后，可由销售订单生成销售发货单（销售发货单可以理解为发货通知通单，销售发货单经过审核之后传递到库存管理系统通知库存发货，库存管理系统中正式发货时会生成库存中的销售出库单，正式扣减库存数量，请参阅本书

第 8 章库存管理）。

如果库存系统中的商品数量无法满足销售订单上的数量要求，则可以在生产管理系统中根据销售订单进行物料需求计算（根据销售订单要求，并考虑到库存物料可用量、安全库存、采购在途等因素，计算出采购需求和生产需求，请参阅本书第 6 章生产管理）。

可由销售订单或者销售发货单生成销售发票，销售发票经过审核之后形成应收账款，收到客户的付款之后，可以核销掉应收账款，这些单据都都会传递给核算系统，最后生成凭证传递给总账。

（3）最后可以查询到各种表单和账表，如图 4-1 所示。

销售系统与其他系统的数据流向，如图 4-2 所示。

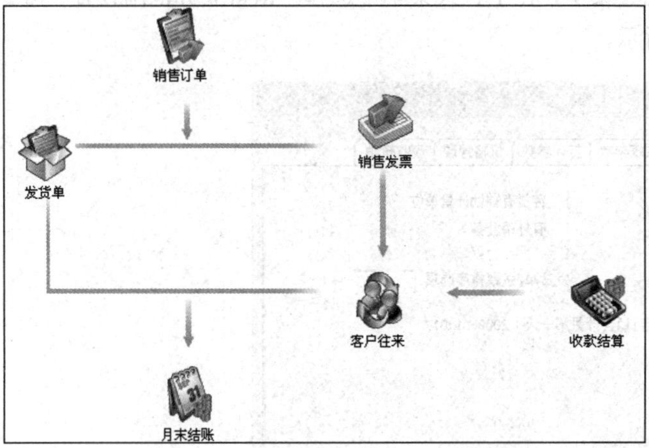

图 4-1

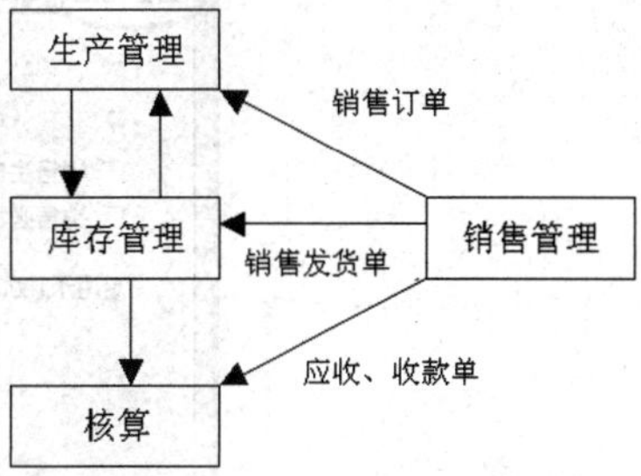

图 4-2

双击桌面上的“用友 T3”程序图标，打开控制台注册窗口，选择 001 账套，以操作员“02”（账套主管）的身份注册，进入“用友 T3”窗口，单击窗口左边的“销售”可以以图标命令方式执行销售业务的相关操作，或者单击窗口上面的横排菜单“销售”命令，可打开下拉式菜单，执行销售业务的相关操作，如图 4-3 所示。

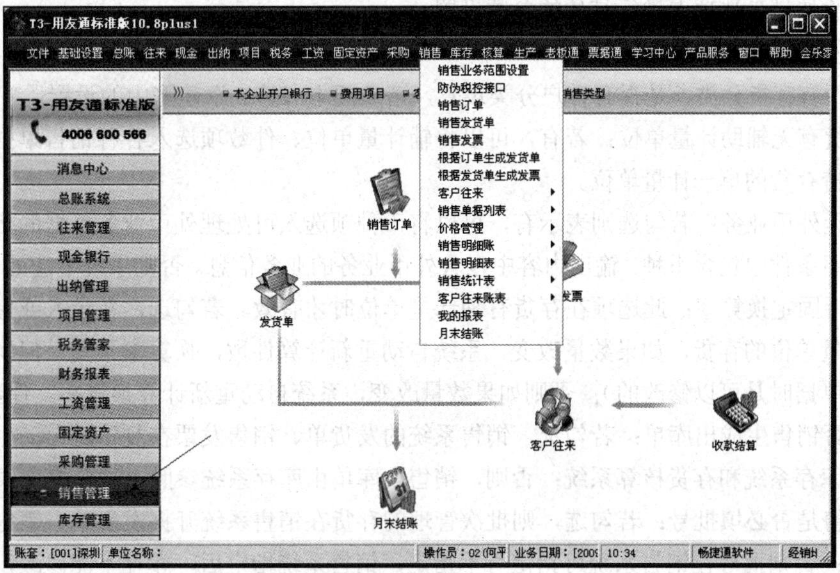

图 4-3

4.1.1 销售业务范围设置

企业可根据自身的销售管理模式和业务流程，通过本功能自行设定业务控制参数选项。

注意 在进行选项设置之前，一定要详细了解选项开关对业务处理流程的影响，并结合企业的实际业务需要进行设置。由于有些选项在日常业务开始后不能随意更改，用户最好在业务开始前进行全盘考虑，尤其一些对其他系统有影响的选项设置更要考虑清楚。

销售选项设置包括业务范围、业务控制、系统参数、打印参数、价格管理和应收核销。

（1）在“用友 T3”窗口中单击“销售”菜单，在下拉式菜单中选择“销售业务范围设置”命令，系统弹出“选项”设置窗口，如图 4-4 所示。

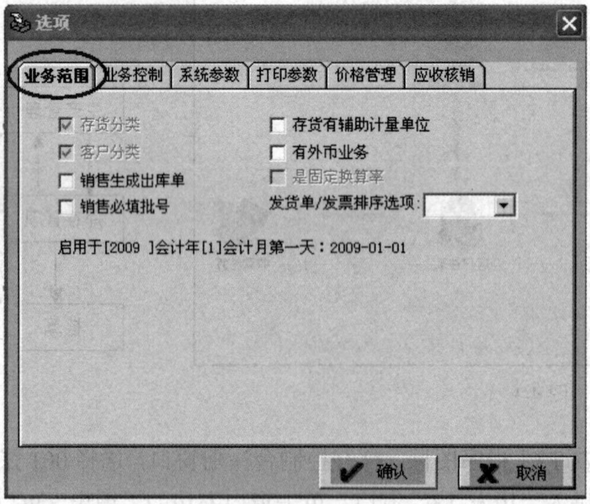

图 4-4

（2）在“选项”对话框中分别选择“业务范围”“业务控制”“系统参数”“打印参数”“价格管理”和“应收核销”选项卡进行具体的参数设置。

① “业务范围”选项卡。

- 是否有存货分类、是否有客户分类设置，请参阅本书第 2 章建账中的设置。
- 存货有无辅助计量单位：若有，可以将辅计量单位、件数项选入各种销售单据的格式；否则系统只支持存货的单一计量单位。
- 有无外币业务：若勾选则表示有，可以将币种项选入可处理外币业务单据的格式；相关账表查询的参照条件中包含币种，输出内容中包含外币业务的业务信息。否则系统不能处理外币业务。
- 是否固定换算率：此选项在存货有辅计量单位时才有效。若勾选，在录入或修改单据时，对于有辅计量单位的存货，如果数量改变，系统自动重新计算件数，换算率不变（但换算率本身在录入或修改单据时是可以修改的）；否则如果数量改变，系统自动重新计算换算率，件数不变。
- 是否销售生成出库单：若勾选，销售系统的发货单、销售发票在复核时自动生成销售出库单，并传到库存系统和存货核算系统；否则，销售出库单由库存系统参照上述单据生成。
- 销售是否必填批号：若勾选，则批次管理的存货在销售系统开据发货单、销售发票时，批号为必填项；否则批号在销售系统可指定可不指定，销售系统指定后，库存不能修改，未指定的由库存系统指定。

注意

在由库存系统生单向销售系统生单切换时，如果有已审/复核的发货单、销售发票未在库存系统生成销售出库单的，将无法生成销售出库单，因此应检查已审/复的销售单据是否均已全部生成销售出库单再切换。

② “业务控制”选项卡，如图4-5所示。

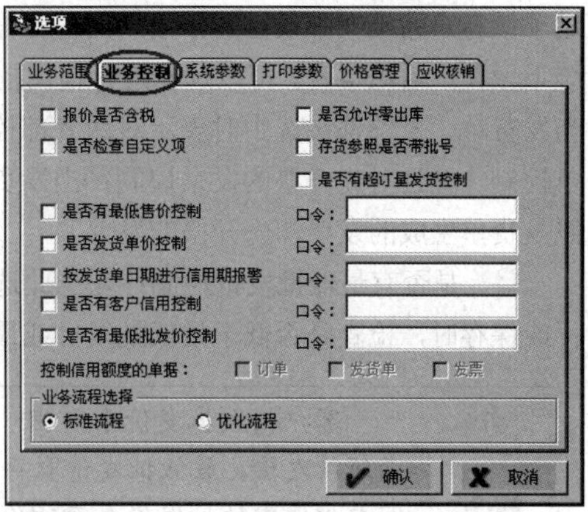

图4-5

● 报价是否含税：报价指填制销售单据时货物的本位币的参考售价。勾选此选项，报价作为单据的“含税单价”栏的默认值，货物的折扣金额等于报价金额减价税合计金额；否则，报价作为单据的“无税单价”栏的默认值，货物的折扣金额等于报价金额减无税金额。货物的最低售价是否含税也取决于这个选项。

● 是否检查自定义项：勾选此选项，用户在录入各种单据输入自定义项后，系统自动检查用户所录内容是否存在？如不存在，系统会提示用户“您输入的自定义项在档案中不存在，是否将其添加到档案中？”，如果用户选择“否”，则返回到单据上，让用户重新输入自定义项；如果用户选择“是”，系统会检查当前操作员是否有定义自定义项的权限，如有，则将新输入的自定义项添加到自定义项档案中，反之，系统会提示用户“您没有定义自定义项的权限，不能新增自定义项档案，请重新输入自定义项。”，返回到单据上，让用户重新输入。

● 是否允许零出库：是否有超现存量发货控制。勾选此选项，在增加、修改发货单、销售发票时，货物的发货数量（包括开票直接发货模式下的销售发票开票数量）必须小于等于该货物的库存现存量（与仓库、自由项有关），一笔发货业务不能使库存出现负结存；否则，在以上操作时，系统不与存货现存量作比较，可以出现负结存。

注意

如果存货有批次管理，不受此选项参数的控制，有批次管理的存货必然不能超批次现存量发货。在库存系统有与此相同的选项，此选项与库存系统的该选项互动。

● 是否有最低售价控制：勾选此选项，在增加、修改和审核销售订单、发货单、销售发票时，若货物的实际销售价格超过了存货档案中设定的最低售价（实际销售价格是含税单价还是无税单价由“报价是否含税”参数决定），需要输入口令方可确认相应操作；否则，在以上操作时，系统不做存货最低售价的检查。

● 是否有超订量发货控制：勾选此选项，在参照销售订单增加发货单、销售发票时，若货物的发货数量（包括开票直接发货模式下的销售发票开票数量）超过了该货物的受订量余额，需要输入口令方可确认相应操作；否则，在以上操作时系统不做货物受订量的检查。

● 按发货单日期进行信用期报警：如果客户档案上已经设置了信用期限，在服务器的日期减去信用期限以前的发货日期范围内，该客户的发货单应收款余额不为0时，发货单保存时进行报警，即超过发货单信用期限的报警。

● 是否发货单价控制：勾选此选项，在保存发货单时，系统进行判断。如果单据上的单价（价格是含税单价还是无税单价由“报价是否含税”参数决定）与客户价格/存货价格档案中的单价一致，则可以正常保存；如果不一致，则保存时要求用户输入口令，口令正确可以保存，否则不保存。

● 是否有客户信用控制：勾选此选项，在增加、修改和审核销售订单、发货单、销售发票时，若当前客户的应收账款余额超过了该客户的档案中设定的信用额度值，或者当前客户的信用期间超过了该客户的档案中设定的信用期间值，需要输入口令方可确认相应操作；否则，在以上操作时系统不做客户信用检查。可以选择进行信用控制的单据，可多选。请特别注意对发货单、发票的控制，当发货单、发票都被选中时表示对两者都控制；当发货单被选中而发票未被选中时表示对所有发货单控制，并且对先开票的发票控制；当发货单未被选中而发票被选中时表示只对发票控制（包括参照发货单生成的发票和先开票的发票）。

● 是否有最低批发价控制：勾选此选项，则销售业务单据销售订单、发货单、销售发票在增行或保存时，检查是否低于最低批发价或最低售价。

提示

客户档案批发价系列指：一级批发价、二级批发价、三级批发价、四级批发价和五级批发价。最低批发价取存货价格（不是存货档案中的最低售价）中的最低批发价。客户档案中的批发价和存货价格设置请参阅本章中的“4.1.3 价格管理”。

③ “系统参数”选项卡，如图 4-6 所示。

● 可查看其他操作员的单据：勾选此选项，则一个操作员可不受限制的查看另一个操作员填制的单据（销售系统所有单据），否则不可查看。

● 发票中存货参照排序依据：可以选择“编码”“名称”和“代码”。

● 可修改其他操作员的单据：勾选此选项，则一个操作员（修改人）可以修改或删除另一个操作员填制的单据，并将修改后的单据制单人改为修改人的姓名。否则，系统只允许修改或删除自己填制的单据，不准修改或删除其他操作员填制的单据，并给予提示：“这不是您填制的单据，您无权修改或删除！”

● 扣率小数位数：销售订单、发货单、销售发票上的扣率栏的小数位数，可在 0～2 位间随意定义。

● 单据按存货编码排序：勾选此选项，单据保存时将单据上的存货按存货编码升序调整；否则按录入的顺序保存。

● 审核（弃审）的单据数：批量审核和弃审时，一次能处理的最大张数。

● 新增单据时依据订单：勾选此选项，则新增发货单时首先弹出销售订单的参照界面，否则不弹出。

● 防伪税控输出文件路径：系统给出默认路径，用户可修改。

● 覆盖原输出文件：勾选此选项，新输出的防伪税控文件将原输出文件覆盖，否则不覆盖。

● 设置订单生成发货单时，是一张订单的全部记录生成一张发货单，还是一条记录生成一张发货单，可以自行设置。

④ “打印参数”选项卡，如图 4-7 所示。

● 是否在分页打印时将合计打印在备注栏：勾选此选项，分页打印时（一张单据因行次较多在一个页面打不下）将整单的合计金额（大写）作为备注说明打印在备注栏；否则不打印在备注栏。

● 报表显示打印行数：设置报表显示和打印的行数。

● 打印退补标志：选择不同的退补标志符号。如数量为 20，退补标志可设为（20）、[20]或{20}。

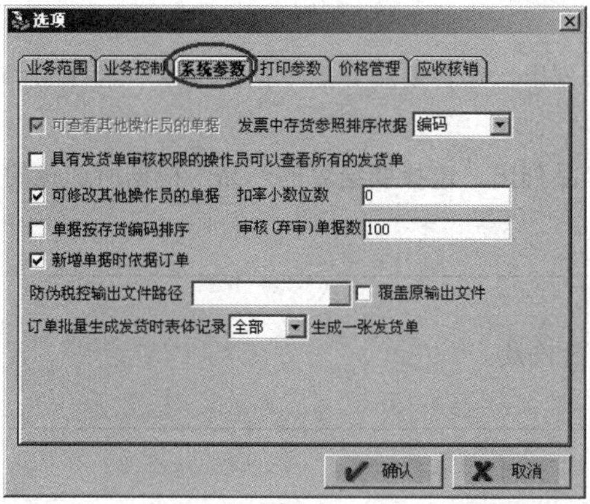

图 4-6

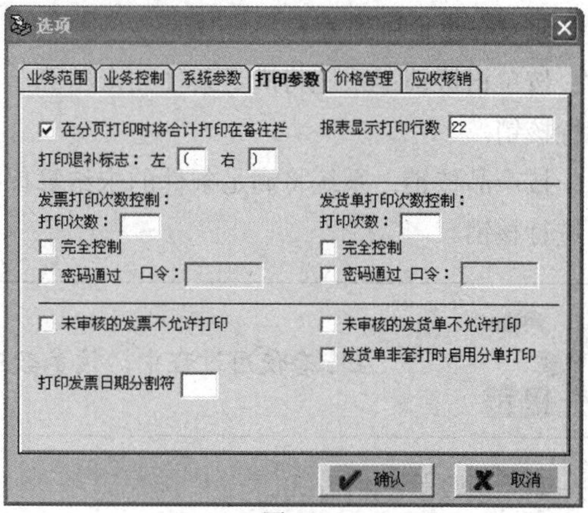

图 4-7

- 打印发票日期分割符：年月日间的分割符号，比如用“/”或“-”，则结果为“2001/3/11”或“2001-3-11”。
- 发票和发货单打印次数控制：勾选“完全控制”项，则可设置其打印次数，当打印次数超过时还需要打印，则需要输入正确的密码才能打印。
- 未审核的发货单不允许打印：勾选此选项，则未审核的发货单不允许打印。
- 未审核的发票不允许打印：勾选此选项，则未审核的发票不允许打印。
- 发货单非套打时启用分单打印：因为同一张发货单可以填写不同的仓库，在打印时可以选择分仓库打印。

⑤ “价格管理”选项卡，如图 4-8 所示。

注意 *如果只使用总账管理系统，而没有开启其他系统，则企业的所有业务处理都在总账管理系统中以填制凭证的方式完成，这是用友财务管理系统最简单的使用方式，适合于信息核算简单的单位使用。*

在填制销售订单、销售发货单、销售发票时，系统会根据此处所设置好的价格政策，自动取出所销售产品的价格。在此设置了价格政策的取价方式存货价格、客户价格或上次价格，存货价格和客户价格的设置方式请参阅本章的“4.1.3 价格管理”。

⑥ “应收核销”选项卡，如图 4-9 所示。

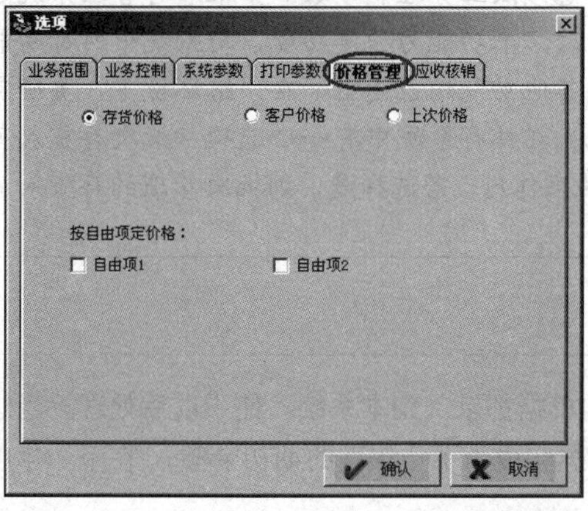

图 4-8

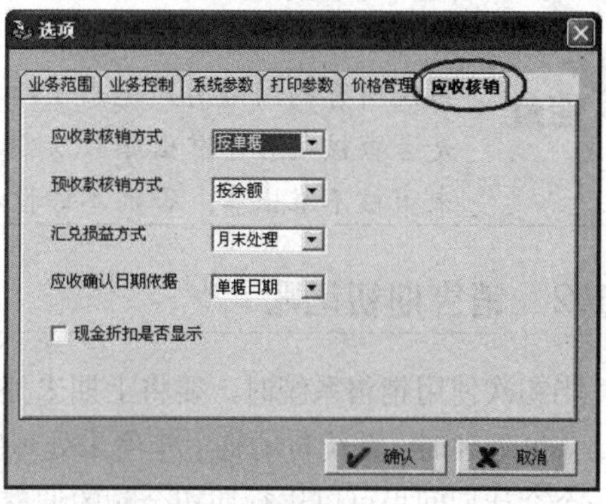

图 4-9

● 应收款核销方式。

按单据核销：系统将满足条件的未结算单据全部列出，选择要结算的单据，根据所选择的单据进行核销。

按产品核销：系统将满足条件的未结算单据按产品列出，选择要结算的产品，根据所选择的产品进行核销。

提示 在账套使用过程中，该参数可以随时修改。

● 预收款核销方式。

按单据核销：根据所选择的单据，对预收款一笔一笔地进行核销。

按余额核销：按预收款收到的日期从前往后进行核销。

● 汇兑损益方式。

外币余额结清时计算：仅当某种外币余额结清时才计算汇兑损益，在计算汇兑损益时，界面中仅显示外币余额为 0 且本币余额不为 0 的外币单据。

月末处理：每个月末计算汇兑损益，在计算汇兑损益时，界面中显示所有外币余额不为 0 或者本币余额不为 0 的外币单据。

● 应收确认日期依据。

单据日期：在应收确认（复核）功能中进行应收确认时，自动将单据的审核日期（即入账日期）记为该单据的单据日期。

业务日期：在应收确认（复核）功能中进行应收确认时，自动将单据的审核日期（即入账日期）记为当前业务日期（即登录日期）。

注意 在账套使用过程中，可以随时将选项从按单据日期改成按业务日期。若需要将选项从按业务日期改成按单据日期，则需要判断当前未审核单据中有无单据日期在已结账月份的单据。若有，则不允许修改，否则才允许修改。

● 现金折旧是否显示：可以选择显示现金折扣和不显示现金折扣两种方式。

注意 在相关业务已开始后，最好不要随意修改业务控制参数。如果库存管理系统已启用但尚未期初记账，该选项参数不能修改。本功能为独享功能，与系统中所有功能的操作互斥，即在操作本功能前，应确定其他功能均已退出，在网络环境下，要确定本系统所有的网络用户退出了所有的功能。在库存系统中有一个选项“批次存货入库单是否审核之后才准出库”，对本系统有约束作用。若选择是，则批次管理的存货入库单未审核不准出库；否则不作控制。

4.1.2 销售期初记账

当初次使用销售系统时，要将上期未处理完全的单据都录入到本系统，便于以后处理。当进入第二年度处理时，系统自动将上年度未处理完全的单据转成为下一年度的期初余额 。在下一年度的第一个会计期间里可以进行期初余额的调整。

销售系统中的期初数据指的是上期未处理完全的销售发票和预收款。

例4-1 增加一张销售期初单，预收客户“远东集团”10000元（人民币）。

（1）在“用友T3”窗口中单击“销售”菜单，在下拉式菜单中打开“客户往来”，然后选择“客户往来期初”命令，系统打开“期初余额—查询”窗口，如图4-10所示。

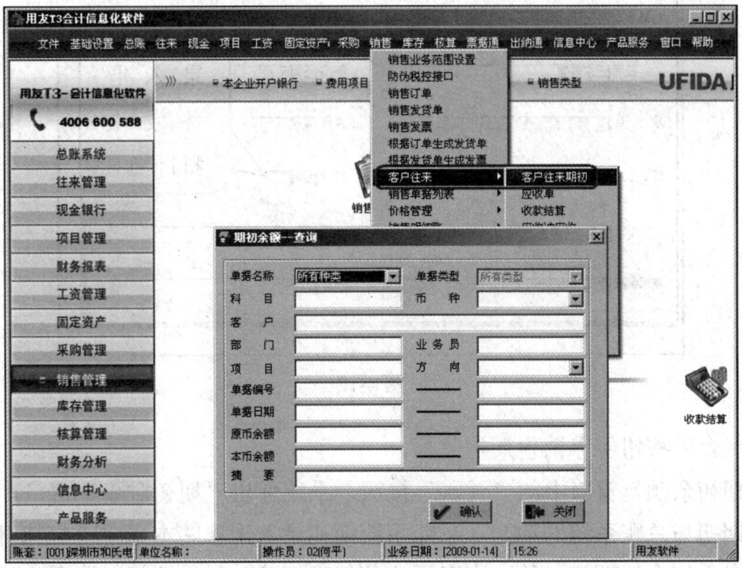

图4-10

（2）在此选择需要期初余额的查询条件，然后单击“确认”按钮，系统弹出“期初余额”窗口，如图4-11所示。

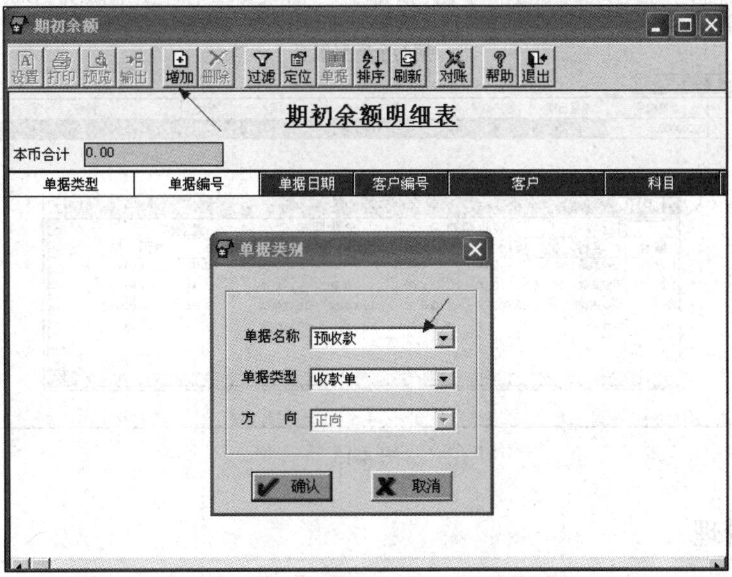

图4-11

（3）单击“增加”按钮，系统提示选择此次增加期初余额的单据名称（如选择“预收款”）、单据类型、方向，然后单击“确认”按钮，参照“例4-1”，系统弹出所选择单据名称（预收账）、类别、方向的空白单据，在此录入期初余额数据，如图 4-12 所示。

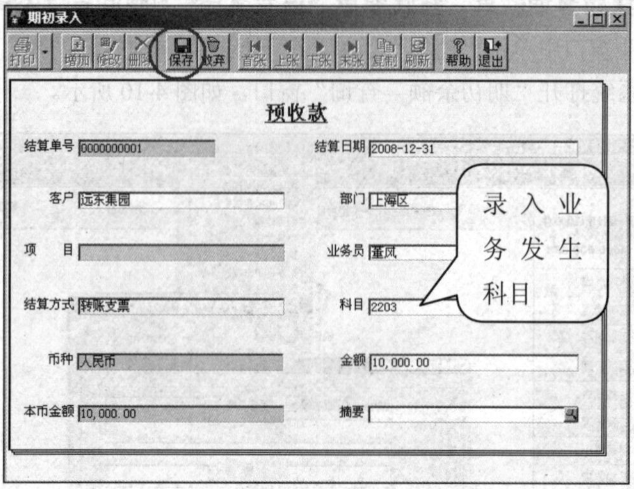

图 4-12

（4）单击“保存”按钮保存销售期初数据。

（5）单击“期初余额”窗口中的“对账”按钮，系统弹出“期初对账”窗口，如图 4-13 所示。将销售系统中的期初与总账系统的期初（总账系统期初录入请参阅本章中“4.7.2 初始化设置”）进行对账，如果两个系统中的期初一致，则表示业务处理正确，如果期初对账不一致，则需要仔细检查一下到底是销售期初录入有误，还是总账中的期初录入有误？需要更正到最终正确的结果，才能进行下一步的业务处理。

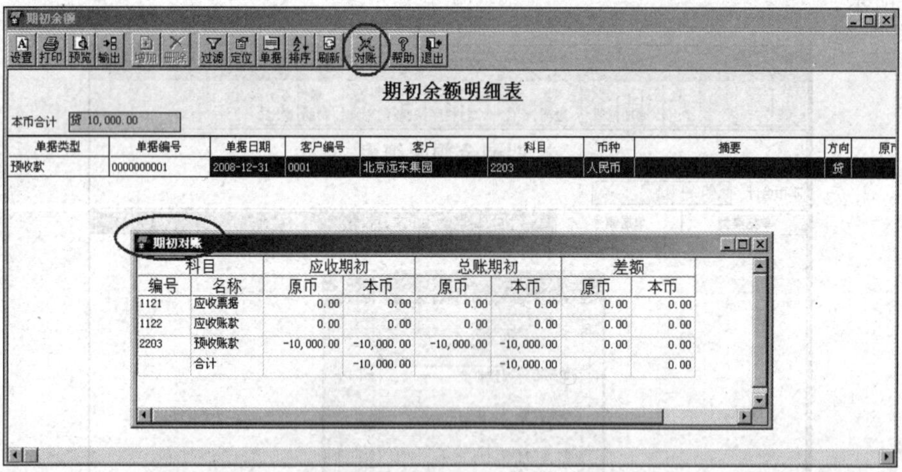

图 4-13

4.1.3 价格管理

填制销售订单时，可以手工填写销售单价，也可以根据预先定义好的销售价格政策，由系统自动取价。

用友销售管理系统中的价格管理为核算单位在执行销售商品时提供了灵活的价格管理，以便更适用各种不同销售业务的需要。

在“销售业务范围设置”中设置在处理销售业务时的价格管理模式，然后在此设置具体的价格内容（存货价格和客户价格）。

1. 存货价格

要使用存货价格时，首先需要在销售管理选项的“价格管理”中设置取价方式为“存货价格”。

货物的销售价格是销售业务过程中的重要环节。在货物报价及销售业务过程中，销售人员都要随时了解货物的价格，以便及时地解决用户最关心的价格问题；同时可以清楚地预估出每种货物的毛利，与市场上其他竞争对手作比较。

用户可以通过存货价格管理功能给存货制定多种价格，包括报价、一级批发价、二级批发价、三级批发价和零售单价；在客户档案中定义了每一客户可以拿到的价格级别（请参阅本书第3章中的客户档案设置），在填制销售单据时，系统会自动根据该客户的级别来寻找所销售存货在该级别中的价格，然后将其自动带出。比如该客户价格级别是“批发价一”，所销售存货A的“批发价一”所对应的价格是3元，则在填制单据时，系统会自动对该客户该存货的取价为3元，可以修改。本功能特别适用于企业为客户定级（如一级经销商、二级经销商等），从而定义出不同客户级别可以拿到的价格档。

在增加新存货之后，可通过本功能为该货物制定价格。货物价格的初次制定和根据市场变化的实际情况调整，均通过价格管理修改价目表的手段来实现。

（1）在“用友 T3”窗口中单击“销售”菜单，在下拉式菜单中选择“价格管理”，然后单击其“存货价格”，系统弹出“存货价格”设置窗口，如图4-14所示。

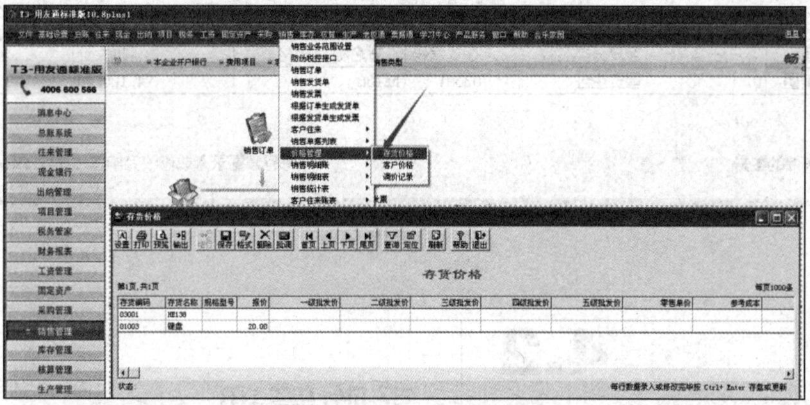

图 4-14

（2）在此可以调整具体存货的不同级别的价格。

（3）单击“保存”按钮保存设置。

注意

参考成本根据存货编码带入存货档案中的参考成本。

（4）如果需要批量调整存货价格，则单击“批调”菜单，系统弹出“自动定调价”窗口，如图4-15所示。在此可设置批量调整的参数，然后单击“确认”按钮完成批调。

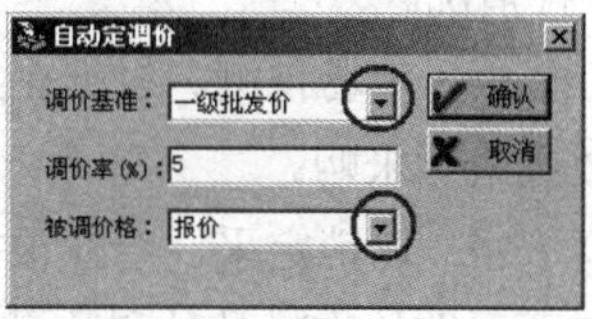

图 4-15

2. 客户价格

要使用客户价格时，首先需要在销售管理的选项的“价格管理”中设置取价方式为“客户价格”。

企业与每一个客户就所销售的产品进行单独议价，这样就可能形成不同的客户所销售的产品价格有可能不同，如果使用存货价格则无法处理，需要使用客户价格进行处理。

在填制销售单据时，系统会自动寻找为该客户所销售产品所设定好的价格，然后将其自动带出。

（1）在“用友 T3”窗口中单击“销售”菜单，在下拉式菜单中选择“价格管理”，然后单击其“客户价格”，系统弹出“客户价格”设置窗口，如图 4-16 所示。

（2）在此可对指定客户、指定存货进行价格设置。

（3）单击“增行”按钮，新增一条客户与一存货所对应的价格设置。

（4）单击“保存”按钮保存设置。

（5）如果需要批量调整客户价格，则单击“批调”菜单，系统弹出“自动定调价”窗口，在此可设置批量调整的参数，然后单击“确认”按钮完成批调。

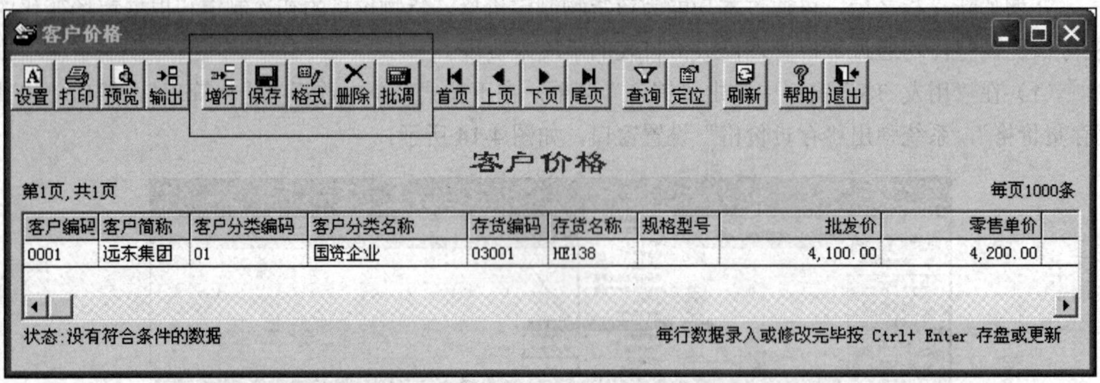

图 4-16

4.2 采购管理

采购管理是用友 T3 的重要产品，采购管理帮助企业对采购业务流程进行管理，提供订货、入库、开票和采购结算管理，用户可根据实际情况对采购流程进行定制。

本系统适用于各类工业企业和商业批发、零售企业、医药、物资供销、对外贸易、图书发行等商品流通企业的采购部门和采购核算的财务部门。

对于工业企业和商业企业，采购是企业维持正常生产经营活动的基础，企业的采购需求有以下3种情况。

- 市场预测。根据企业在未来一段时间内要维持正常的生产经营活动可能需要的物料品种和数量进行采购。
- 以销定采。企业根据接到的销售订单来推算，如果使这些销售订单在规定的时间正常交付需要采购的物料品种和数量。

● 根据物料的安全库存进行采购。存货的安全库存在本书的第 3 章中有介绍，当某一种存货的数量低于安全库存时，则表示需要对该物料进行采购以维持接下来的生产经营活动。

在企业的实际业务中，以上这三种采购情况都是交叉发生的，比如对于一些采购周期较长而且非常关键的物料则大多会采用第一种采购方式；对于一些采购周期短并且容易采购到的物料，为了避免库存资金积压，一般采用第二种方式进行采购；对于一些具有周期消耗性、价值低并且容易采购的物料（例如工人劳保手套、螺丝钉、电烙铁等），一般采用第三种方式进行采购。

1. 采购系统中可执行的查询与生成的报表

采购系统中可查询采购订单、采购入库单、采购发票、采购明细表、入库明细表、结算明细表、费用明细表、货到票未到明细表、票到货未到明细表和增值税抵扣明细表。

● 可进行统计的表：订单执行统计表、采购订货统计表、采购统计表、入库统计表、结算统计表、货到票未到统计表、票到货未到统计表、综合统计表和供应商催货函。

● 采购账簿：在途货物余额表和暂估入库余额表。

● 供应商往来账表：供应商往来总账、供应商往来余额表、供应商往来明细账和供应商往来对账单。

2. 采购系统每个月的操作流程

首先注册进入采购系统，如第一次使用采购系统，则需进行基础数据设置、期初入库单和选项设置等工作。

然后填制采购订单，审核之后传至供应商，供应商根据采购订单进行供货，到货之后，可根据采购订单生成采购入库单，供应商开具采购发票，在用友系统中录入采购发票（采购发票也可以由采购入库单参照生成），当付款给供应商时填制付款单，然后对采购发票进行核销。

接着进行采购结算，以确认采购入库存货的入库成本。

最后可查询各种采购单据和账表，如图 4-17 所示。

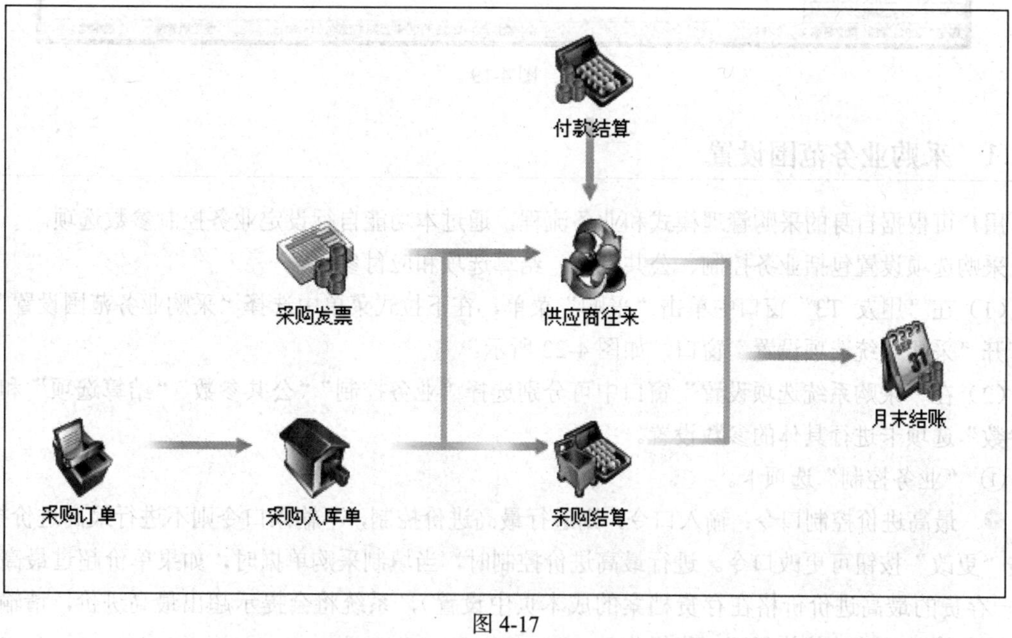

图 4-17

采购系统与其他系统的数据流向，如图 4-18 所示。

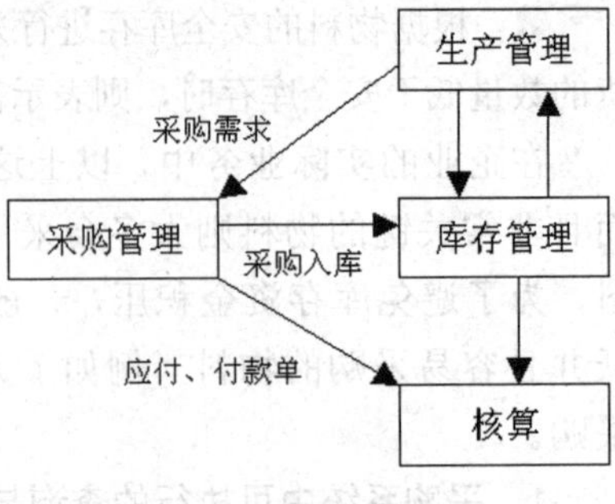

图 4-18

采购需求由生产管理系统传递过来，也可以在采购管理系统中直接填制采购订单；采购到货料品传至库存管理系统处理采购入库业务；采购系统中的应付业务单和付款单传递到核算系统中进行记账制单（生成凭证）处理。

双击桌面上的“用友 T3”程序图标，打开控制台注册窗口，选择 001 账套，以操作员“02”（账套主管）的身份注册进入“用友 T3”窗口，单击窗口左边的“采购”管理可以以图标命令方式执行采购业务的相关操作，或者单击窗口上面的横排菜单“采购”命令，可打开下拉式菜单，执行采购业务的相关操作。如图 4-19 所示。

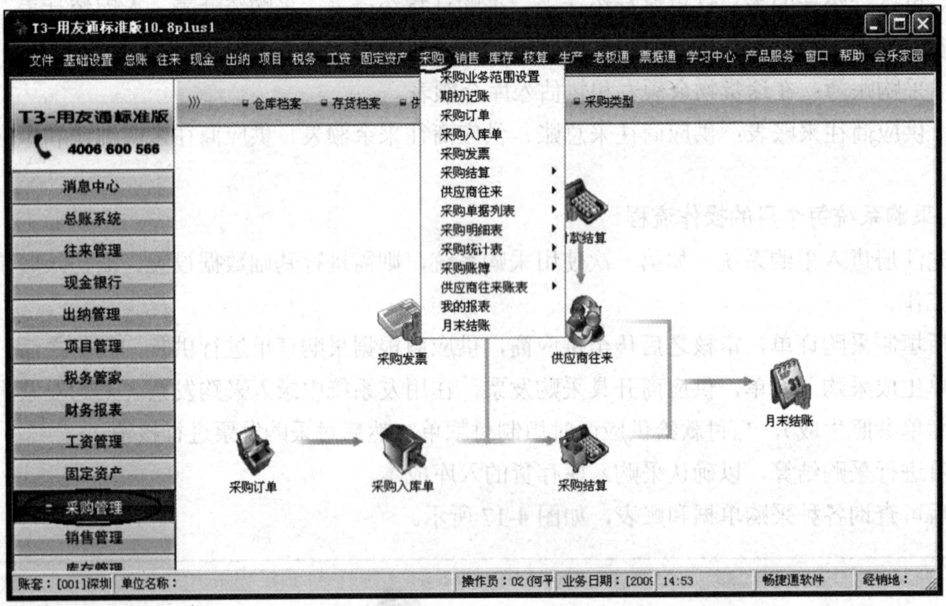

图 4-19

4.2.1 采购业务范围设置

用户可根据自身的采购管理模式和业务流程，通过本功能自行设定业务控制参数选项。

采购选项设置包括业务控制、公共参数、结算选项和应付参数。

（1）在“用友 T3”窗口中单击“采购”菜单，在下拉式菜单中选择“采购业务范围设置”，系统打开“采购系统选项设置”窗口，如图 4-20 所示。

（2）在“采购系统选项设置”窗口中可分别选择“业务控制”“公共参数”“结算选项”和“应付参数”选项卡进行具体的参数设置。

① “业务控制”选项卡。

- 最高进价控制口令：输入口令，则进行最高进价控制，不输入口令则不进行最高进价控制，单击“更改”按钮可更改口令。进行最高进价控制时，当填制采购单据时，如果单价超过最高进价（每一存货的最高进价价格在存货档案的成本页中设置），系统将会提示超出最高进价，请输入密码，密码输入正确才能执行下一步操作。

图 4-20

● 自定义项录入时检查合法性：如果企业需要在录入单据时检查表头或表体的自定义项是否正确，那么就勾选该项。在以后录入单据时，如果自定义项录入出现错误，系统将给予提示。

● 允许查看修改他人的单据：勾选此项，允许操作员可以查看和修改他人的采购单据。

● 专用发票默认税率：根据企业业务设定专用发票税率的默认值，默认为 17，可以更改。

● 采购入库单拷贝单据时不拷贝单价和金额：勾选此项，则采购入库单拷贝来源单据时不拷贝单价和金额。

● 采购入库单数量不能超采购订单：勾选此项，采购入库单拷贝采购订单生成时，采购入库数量不允许超采购订单上的订货数量，采购发票拷贝采购订单生成时，采购发票上的存货数量不允许超采购订单上的存货数量开票。

● 采购入库单单价不能超采购订单：勾选此选项，采购入库单拷贝采购订单生成时，采购入库单保存时增加判断，入库单单价（指无税单价）超过订单无税单价或者入库单含税单价超过订单含税单价保存时，系统会提示："第 x 行存货[存货名称]入库单单价不能大于订单允许的单价，请检查您的数据，谢谢！"。

● 采购订单、采购入库单默认税率：勾选此项，新增采购订单、采购入库单时，系统使用默认税率。

● 业务流程选择：一种是标准流程，一种是优化流程，默认与建账（请参阅本书第 2 章中的建立新账套）时选择的流程一致。

● 入库单单价录入方式：采购入库单新增存货时，单价的录入方式。可选择带入上次价格、参考成本、最新成本和手工录入。

② "公共参数"选项卡，如图 4-21 所示。

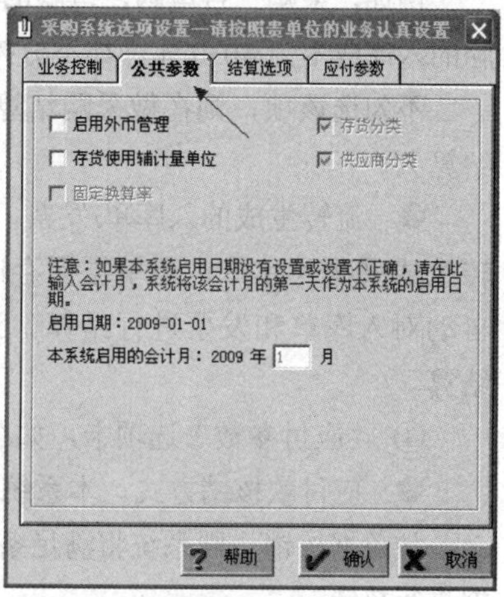

图 4-21

● 启用外币管理。企业如果有外币业务，则需勾选该项才能进行外币的业务处理。

● 存货使用辅计量单位。有些存货可以按两种计量单位，如文具店销售铅笔时，可以按“支”进行计算，也可以按“打”进行计算（1 打等于 12 支）。“支”指笔的计量单位，“打”则指笔的辅助计量单位。存货成本按计量单位核算，辅助计量单位只参与统计，不参与核算。

没有辅助计量单位时，存货档案中所有存货均不能设置辅助计量单位和换算率；在进行“单据设计”时所有单据表体的辅助计量单位和换算率均为不可选择项。

注意

只有勾选了“存货使用辅计量单位”项，才能对“固定换算率”进行设置。

● 固定换算率。存货有辅计量单位时此选项才有效。

件数、换算率、数量三者关系：件数×换算率＝数量。

单据录入时换算率是固定还是变动都可以。改件数，换算率不变，数量变；改换算率，件数不变，数量变。但改数量时，固定换算率与变动换算率是不同的，若是固定换算率，改数量，换算率不变，件数变；若是变动换算率，改数量，件数不变，换算率变。

提示

固定换算率并不是换算率不可改变，它与变动换算率的区别仅在于：单据录入改数量时，前者反算件数，后者反算换算率。

● 存货、供应商是否分类。该设置请参阅本书中的第 2 章 2.3 建立新账套。

● 本系统启用的会计月。录入本系统企业的会计月，如果有其他系统先于采购系统企业启用，则此处置灰，方框中显示的是最先启用系统的启用月份。

③ “结算选项”选项卡，如图 4-22 所示。

● 商业版费用是否分摊到入库成本。这是指如果本账套为商业性质时（请参阅本书第 2 章 2.3 建立新账套），可根据商业企业的特殊需求，由用户来决定采购费用是否要分摊到存货成本中。

例如，采购一台电脑，电脑的采购价格为 4000 元，运费 30 元，如果分摊进入库成本，则该电脑的入库成本为 4030 元，如不分摊，则入库成本被认定为 4000 元。

不勾选该项，则在做采购结算时，无法选定运费发票进行分摊（请参阅本书第 7 章中的采购结算）。

● 流转生成的入库单/发票，保存时自动结算。采购入库单流转生成采购发票和采购发票流转生成采购入库单，当单据保存时，系统判断是否符合自动结算的条件，当符合条件时，系统自动对入库单和发票进行结算。当单据供应商相同、存货记录相同、存货数量相同时进行自动结算。

④ “应付参数”选项卡，如图 4-23 所示。

● 应付款核销方式。本系统提供两种应付款的核销方式：按单据和按存货。

按单据核销，则系统将满足条件的未结算单据全部列出，选择要结算的单据，根据所选择的单据进行核销。

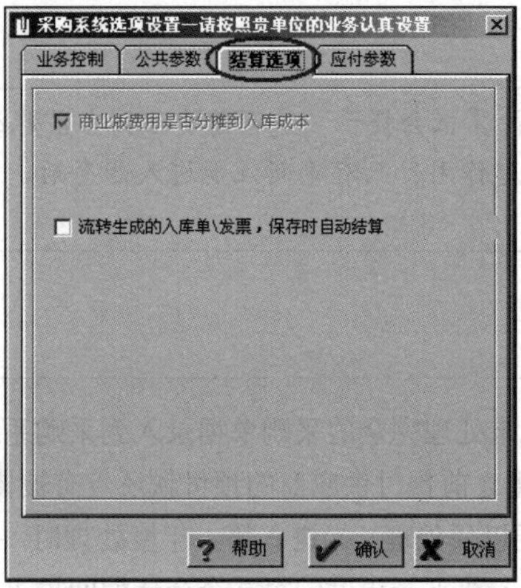

图 4-22

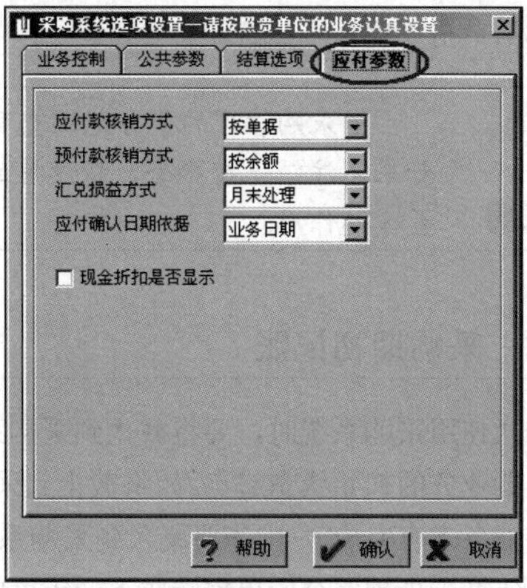

图 4-23

按产品核销，系统将满足条件的未结算单据按产品列出，选择要结算的产品，根据所选择的产品进行核销。

提示 在账套使用过程中，可以随时修改该参数的设置。

- 预付款核销方式。本系统为您提供两种预付款的核销方式。

按单据核销，则根据所选择的单据，对预付款一笔一笔地进行核销。

按余额核销，则按预付款收到的日期从前往后进行核销。

- 汇兑损益方式。外币余额结清时处理，即仅当某种外币余额结清时才计算汇兑损益，在计算汇兑损益时，界面中仅显示外币余额为 0 且本币余额不为 0 的外币单据。

月末处理，即每个月末计算汇兑损益，在计算汇兑损益时，界面中显示所有外币余额不为 0 或者本币余额不为 0 的外币单据。

- 应付确认日期依据。系统提供两种确认单据审核日期的依据，即单据日期和业务日期。

单据日期，则在应付确认功能中进行应付确认时，自动将单据的审核日期（即入账日期）记为该单据的单据日期。

业务日期，则在应付确认功能中进行应付确认时，自动将单据的审核日期（即入账日期）记为当前业务日期（即登录日期）。

提示 在账套使用过程中，可以随时将选项从按单据日期改成按业务日期，若需要将选项从按业务日期改成按单据日期，则需要判断当前未审核单据中有无单据日期在已结账月份的单据。若有，则不允许修改。

- 现金折旧是否显示，可以选择显示现金折扣和不显示现金折扣两种方式。

如果供应商提供了在信用期间内提前付款可以优惠的政策，则可以选择显示现金折扣，系统会在“单据结算”中显示“可享受折扣”和“本次折扣”，并计算可享受的折扣。

如果选择了“不显示现金折扣”，则系统既不计算也不显示现金折扣。

（3）单击“确认”按钮保存设置。

注意 当采购管理的业务范围重新设置后，计算机会提示“是否需要注销当前账套？”，如果不注销当前账套，新设置的参数将不起作用，只有重新注册进入账套后，新的设置才起作用。

4.2.2　采购期初记账

初次使用采购系统时，要将截止到采购系统启用时未处理完全的采购单据录入到采购系统中，作为采购业务的初始状态起点。如将截止到采购系统启用之前预付供应商的预付款还没有被核销（既表示该业务未有完成），则需要录入到采购系统中，以便以后处理。当进入第二年度处理时，系统自动将上年度未处理完全的单据转成下一年度的期初余额。在下一年度的第一个会计期间里可以进行期初余额的调整。

采购系统中的期初数据指的是上期未处理完成的采购发票和预付款。

例4-2　增加一笔期初预付款，供应商为“新元电子”，会计科目为“1123 预付款”，币种“人民币”，金额 20000 元。

（1）在“用友 T3”窗口中单击“采购”菜单，在下拉式菜单中打开“供应商往来”，然后选择“供应商往来期初”命令，系统打开“期初余额—查询”窗口，如图 4-24 所示。

图 4-24

（2）在此选择需要期初余额的查询条件，然后单击“确认”按钮，系统弹出“期初余额”窗口，如图 4-25 所示。

（3）单击“增加”按钮，系统提示选择此次增加期初余额的单据名称、单据类别和方向，然后单击“确认”按钮，系统弹出所选择单据名称、类别、方向的空白单据，在此录入期初余额数据。参照“例 4-2”录入采购期初余额，如图 4-26 所示。

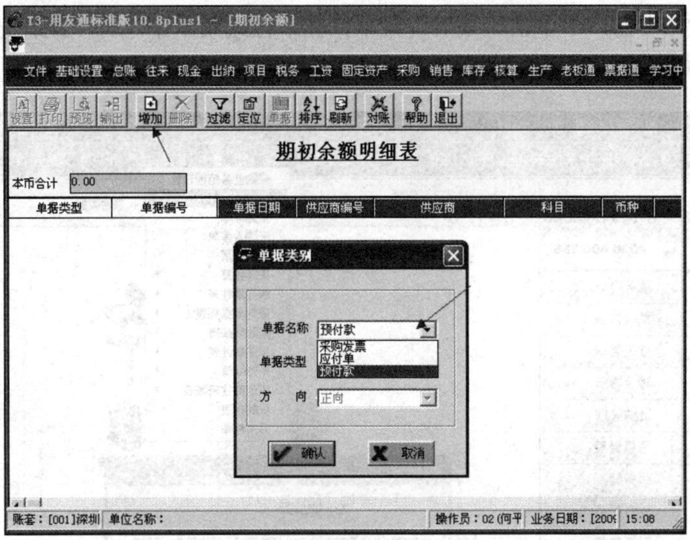

图 4-25

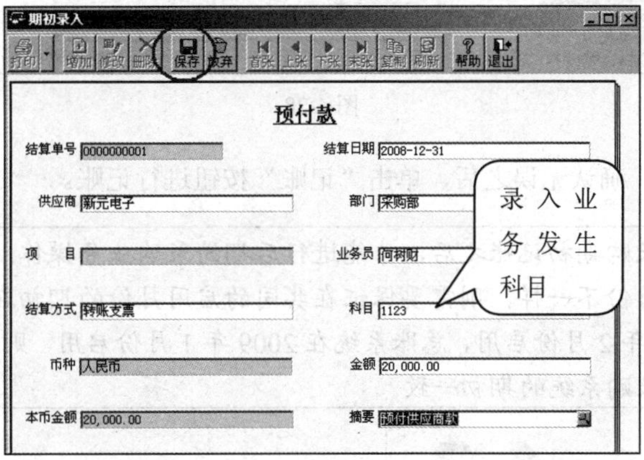

图 4-26

（4）期初余额录入完毕之后，单击“期初余额”窗口上的“对账”按钮，将采购系统中的期初与总账系统的期初进行对账，如果两个系统中的期初一致，则表示业务处理正确，如果期初对账不一致，则需要仔细检查一下到底是采购期初录入有误，还是总账中的期初录入有误？需要更正到正确的结果之后，才能进行下一步的业务处理。如图 4-27 所示。

图 4-27

（5）在“用友 T3”窗口中单击“采购”菜单，在下拉式菜单中选择“期初记账”命令，系统打开“期初记账”处理窗口，如图 4-28 所示。

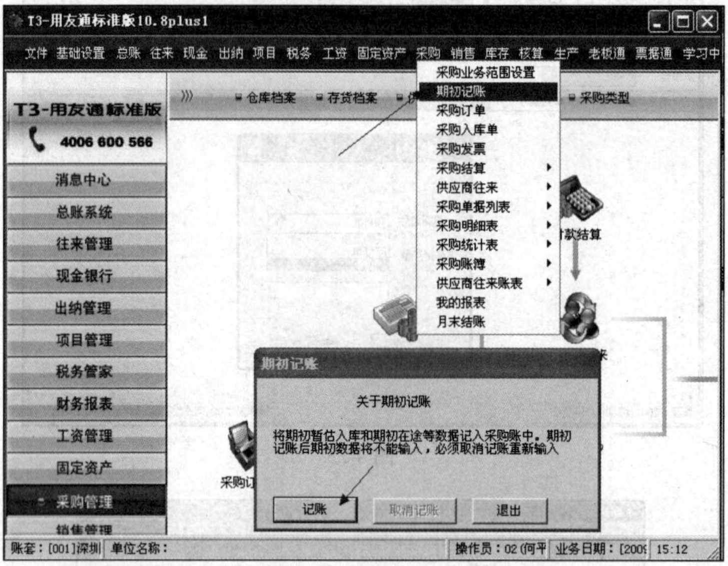

图 4-28

（6）仔细阅读提示，确认无误之后，单击“记账”按钮进行记账。

提示

只有采购期初记账之后，才能进行后期的采购业务操作。如果采购系统与总账系统的启用月份不一样，则需要保证在共同的启用月份的期初在当月一致，比如采购系统在 2009 年 2 月份启用，总账系统在 2009 年 1 月份启用，则需要保证在 2009 年 2 月份总账与采购系统的期初一致。

4.3 库存管理

库存管理是用友 T3 的重要产品，能够满足采购入库、销售出库、产成品入库、材料出库、其他出入库、调拨、盘点管理等业务需要，提供仓库货位管理、批次管理、保质期管理、可用量管理等全面的业务应用。库存管理可以单独使用，也可以与采购管理、销售管理集成使用。

库存管理适用于各种类型的工商业企业，如制造业、医药、食品、批发、零售、批零兼营、集团应用等。系统着重实现工商企业库存管理方面的需求，覆盖目前工业、商业的大部分库存管理工作。

1. 库存管理系统中可执行的查询与生成的报表

库存管理系统中可对采购入库单、产成品入库单、其他入库单、销售出库单、材料出库单、其他出库单、限额领料单、调拨单、盘点单、组装单、拆卸单、形态转换单、不合格品记录单、不合格品处理单和货位调整单进行查询。可查询库存账（现存量、流水账、库存台账、不合格品备查簿等）、批次账（批次台账、批次汇总表、保质期预警）、货位账（货位卡片、货位汇总表）、统计表（收发存汇总表、存货分布表、业务类型汇总表、限额领料汇总表、组装拆卸汇总表、形态转换汇总表）、储备分析（安全库存预警、短缺存货查询、库龄分析、缺料表）。

2. 库存管理系统每个月的操作流程

（1）首先注册进入库存管理系统，如第一次使用库存管理系统，则需进行基础数据设置，进行库存期初数据录入、选项设置等工作。

（2）然后根据业务发展进行日常的业务处理，对采购系统传递过来的采购入库单进行审核，再确认正式入库。对销售管理系统传递过来的销售出库单进行审核，进行销售发货业务处理。对于工业企业，还需要处理原材料发送到生产车间进行生产的材料出库业务，生产完成之后的产成品入库业务，填制其他出入库业务（如样品领用、赠品入库等），处理调拨、盘点业务等业务。各种出入库单据会传递到核算系统进行存货成本的处理，并由核算系统生成凭证传递到总账。

（3）最后可查询各种表单和账表，如图 4-29 所示。

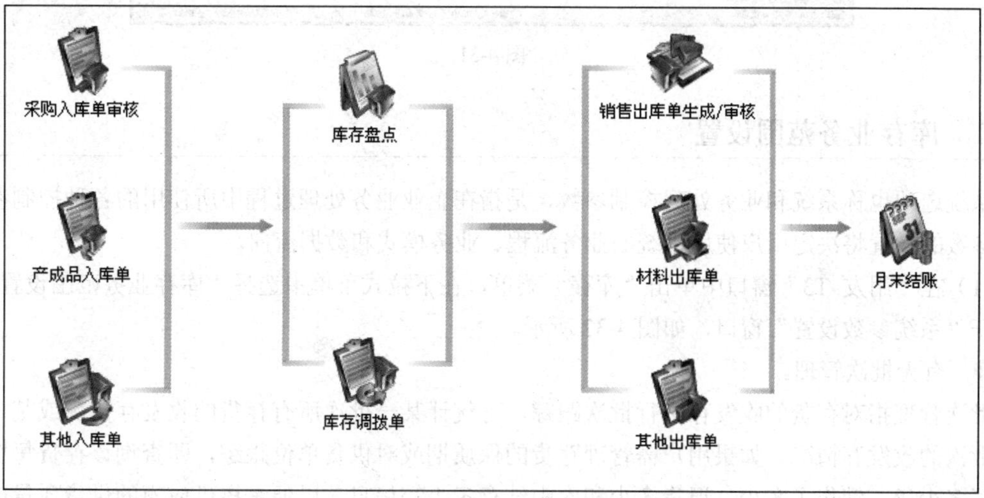

图 4-29

库存管理系统与其他系统的数据流向，如图 4-30 所示。

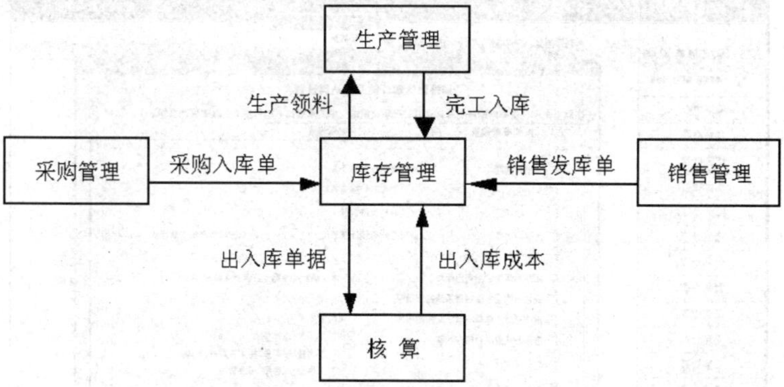

图 4-30

双击桌面上的“用友 T3”程序图标，然后打开控制台注册窗口，选择 001 账套，以操作员“02”（账套主管）的身份注册，进入“用友 T3”窗口，单击窗口左边的“库存管理”可以以图标命令方式执行库存业务的相关操作，或者单击窗口上面的横排菜单“库存”命令，可打开下拉式菜单，执行库存业务的相关操作，如图 4-31 所示。

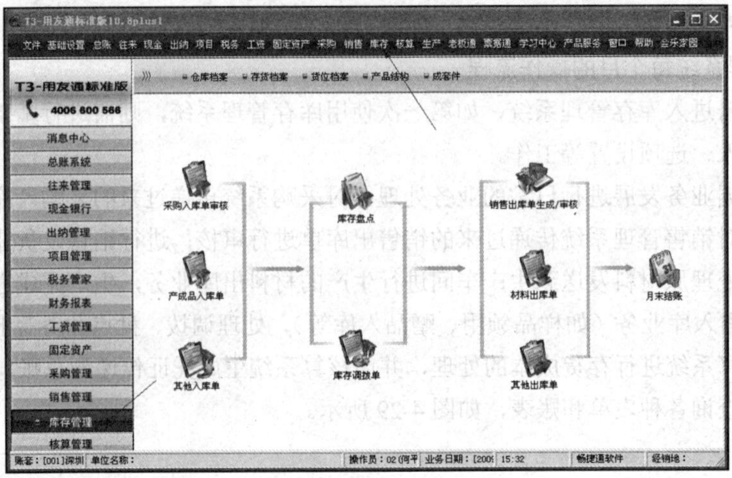

图 4-31

4.3.1 库存业务范围设置

系统选项也称系统和业务处理控制参数，是指在企业业务处理过程中所使用的各种控制参数，系统参数的设置将决定用户使用系统的业务流程、业务模式和数据流向。

（1）在“用友 T3”窗口中单击“库存”菜单，在下拉式菜单中选择“库存业务范围设置”，系统打开“系统参数设置”窗口，如图 4-32 所示。

- 有无批次管理。

批次管理指对存货的收发存进行批次跟踪，可统计某一批次所有存货的收发存情况或某一存货所有批次的收发存情况。如果用户需管理存货的保质期或对供货单位跟踪，即查询该存货每个供应商供了多少货、销售了多少、退货多少和库中结存多少等信息，以便考核供应商的供货质量或商品的畅销情况，可通过批次管理实现。在药品的管理过程中，也会常用到批次管理的情况，对于服装行业，因为同一种颜色的布料可能存在色差的情况，也可以使用批次管理。

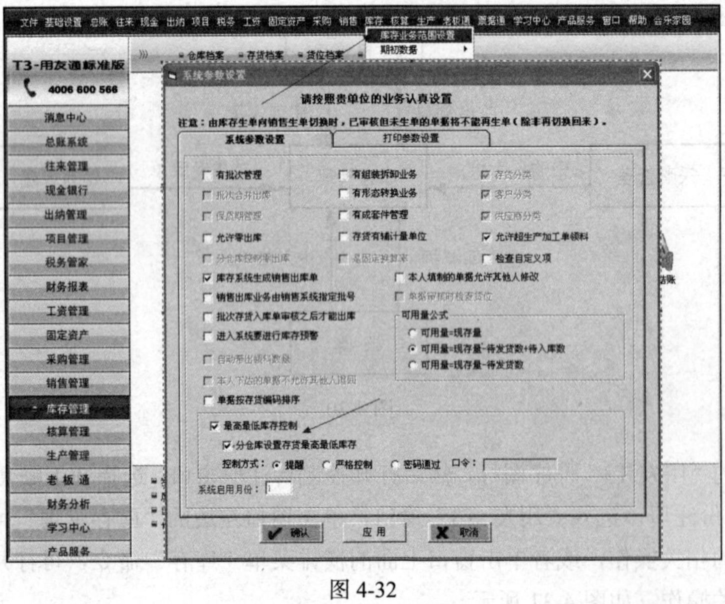

图 4-32

没有批次管理时，存货档案中所有存货均不能设置为批次管理；单据设计中所有单据表体的批号均为不可选择项；不能查询批次台账、批次存货汇总表和存货批次汇总表。

注意 如果某存货原来不是批次管理的存货，后来想改成批次管理的存货，必须在此存货结存数为零的情况下才能修改。

- 有无保质期管理。

保质期管理指对存货的失效日期进行监控，对过期、到期的存货进行报警，并对即将过期的存货进行预警（如食品行业）。

注意 只有批次管理时，才能进行保质期管理，即要想保质期管理必须先要批次管理。

没有保质期管理时，存货档案中所有存货均不能设置为保质期管理；单据设计中所有单据表体的失效日期均为不可选择项；不能执行库存管理中的“失效日期维护”业务；不能查询保质期预警。

- 有无组装拆卸业务。

某些企业的某些存货既可单独出售，又可与其他存货组装在一起销售。如单车销售公司既可将各种单车配件单独出售，又可整车销售，这时就需要对单车进行组装；如果企业库存中只存有组装好的单车，而客户只买零配件，需要将整车进行拆卸，然后将零配件销售给客户。

没有组装拆卸业务时，不能设计“单据设计”下的组装单和拆卸单；不能执行库存管理系统中“组装”和“拆卸”业务；不能查询“组装拆卸汇总表”。

- 是否允许零出库。

零出库指出库数量大于存货的结存数量时仍然出库，即超现存量出库。

勾选本选项，在执行出库单据时才允许零出库。

说明 允许零出库的情况一般是指所采购原材料到货之后，还没有来得及进行入库处理，因为业务紧急，所以先执行了出库业务（如材料领用等）。对于严格业务管理的企业，是严格控制零出库业务的。

- 是否检查自定义项。

勾选本选项，用户在录入各种单据输入自定义项后，系统自动检查用户所录内容是否存在。如不存在，系统会提示用户“您输入的自定义项在档案中不存在，是否将其添加到档案中？”如果用户选择否，则返回到单据上，让用户重新输入自定义项；如用户选择是，系统会检查当前操作员是否有定义自定义项的权限，如有，则将新输入的自定义项添加到自定义项档案中，反之，系统会提示用户“您没有定义自定义项的权限，不能新增自定义项档案，请重新输入自定义项。”，返回到单据上，让用户重新输入。

- 是否允许超生产加工单领料。

指生产加工单领料的累计出库数是否可以超过出库计划数。如允许，则分单出库对超过计划的材料不进行报警，如不允许，进行报警，则系统提示超过计划领料数，应修改出库数量。请参阅本书第6章中的生产加工领料。

- 生产加工单重复打印控制。

选择生产加工单重复打印控制，则口令不允许为空，以掩码显示。

选择生产加工单重复打印控制，在打印生产加工单打印时需要判断本张生产加工单是否已经执行过打印操作，如果已经打印，则出现如下提示“输入口令后校验口令是否正确”，如果正确执行打印操作，如果不正确，提示“无效的密码，再试一次”，连续 3 次密码不正确，退出输入口令对话框，回到生产加工单单据界面。

- 是否库存系统生成销售出库单。

该选项主要影响库存系统与销售系统集成使用的情况。如果选择库存系统生成销售出库单，则销售发货单或销售发票在销售系统审核时不自动生成销售出库单到库存系统，而是可以在库存系统参照销售发货单或销售发票生成销售出库单；如果不勾选该选项，则销售发货单或销售发票在销售系统审核时自动生成销售出库单传到库存系统。

- 销售出库业务是否由销售系统指定批号。

该选项主要影响库存系统与销售系统集成使用的情况。如果选择由销售系统指定批号，则销售系统开据发货单或发票时就必须指定批号，而且库存系统根据发货单或发票生成销售出库单时，不能修改此批号。如果用户选择否，则销售系统开据发货单或发票时批号可输可不输，如果不输批号则在库存系统根据发货单或发票生成销售出库单时指定批号。这种情况一般是指在销售时，客户已经明确指定了购买某一批号的商品。

提示

如果用户选择由销售系统生成出库单，则批号必须由销售系统指定。

- 批次存货入库单是否审核之后才能出库。

批次管理的存货入库单是否审核后才能出库，此选项为采购、库存和销售三个系统共用，用户可随时修改。如果用户选择批次管理的存货入库单审核后才能出库，则批次管理的存货出库参照入库批次时只将已审核的入库单参照出来，否则参照所有的入库记录（无论是否审核）。

- 进入系统是否要进行库存预警。

如果用户选择自动报警，则每次进入系统时，系统自动对超过最高或最低库存的存货进行报警。报警的信息为可用量大于最高库存量或低于最低库存的存货，介于最高和最低库存量之间的存货不显示。

- 单据按存货编码排序：勾选此项时，库存单据表体记录按存货编码升序显示，否则，库存单据表体记录按录入顺序显示。

- 有无形态转换业务。

由于自然条件或其他因素的影响，某些存货会由一种形态转换成另一种形态（如活海鲜由于缺氧变成了死的海鲜或者铁块因为加热变为铁水等），从而引起存货规格和成本的变化，因此库管员需根据存货的实际状况填制形态转换单（或叫规格调整单），报请主管部门批准后进行调账处理。

没有形态转换业务时，不能在“单据设计”下设计形态转换单；不能执行库存管理系统中的“形态转换”业务；不能查询“形态转换汇总表”。

- 有无成套件管理。

有些存货既是单独的商品可单独销售，又是其他商品的组成件，可随同其他商品一起销售，如服装销售中，套装指上衣和裤子一起称为一套，但是上衣或裤子都可以单独进行销售。这种管理方式与组装拆卸有异曲同工之意。

有成套件管理时，既可对成套件中每个单件进行统计，又可对成套件进行统计。

没有成套件管理时，存货档案中的所有存货均不能设置为成套件；不能在库存管理中进行“成套件”档案的设置；“收发存汇总表”“业务类型汇总表”和“收发类别汇总表”不能按成套件展开统计。

- 存货有无辅计量单位。

有些存货可以按两种计量单位计量，如文具店销售铅笔时，可以按“支”进行计算，也可以按“打”进行计算（1 打等于 12 支）。“支”指笔的计量单位，“打”则指笔的辅助计量单位。存货成本按计量单位核算，辅助计量单位只参与统计，不参与核算。

没有辅助计量单位时，存货档案中所有存货均不能设置辅助计量单位和换算率；在进行“单据设计”时所有单据表体的辅助计量单位和换算率均为不可选择项。

注意

只有勾选了“存货有无辅助计量单位”项，才能对“是否固定换算率”进行设置。

- 最高最低库存是否报警。

指单据录入时，如果存货当前现存量小于最低库存量或大于最高库存量，是否需要系统报警。勾选该项后，在进行所有单据录入时，如果存货当前现存量小于最低库存量或大于最高库存量，系统将报警。

报警方式可以选择“提示”（仅提示）、“严格控制”（不允许单据保存）、“密码通过”（录入正确密码后单据可保存）。

如果勾选“分仓库设置存货最高最低库存”项，则可以按每一个仓库分别设置存货的最高最低库存（因为一种存货可同时放到不同的仓库中），不同仓库存货的最低最高库存设置需要存货档案设置中，选择“分仓”命令处理，如图 4-33 所示。

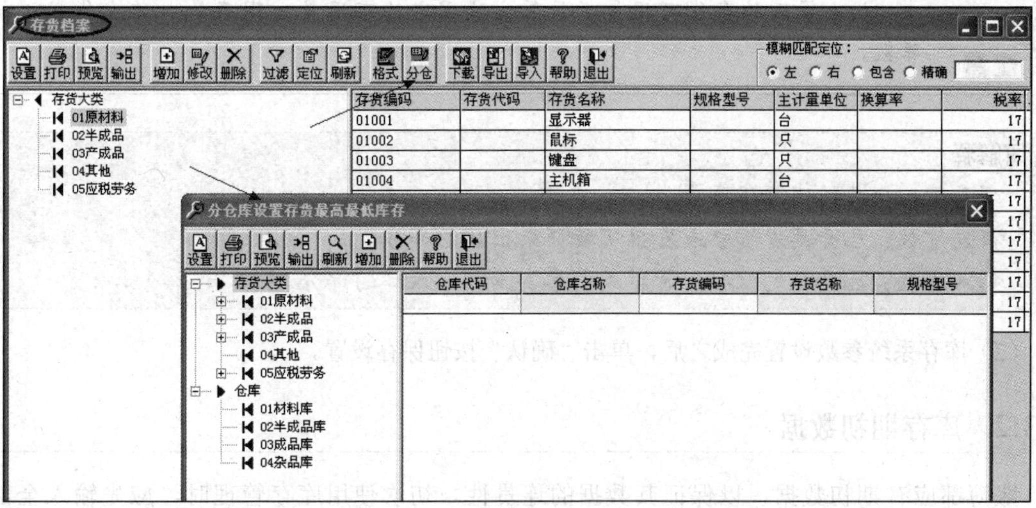

图 4-33

注意

每一种存货的最高库存、最低库存标准在进行存货档案设置时进行设置，请参阅本书第3章中的存货档案设置。

- 存货是否分类、客户是否分类、供应商是否分类。

无分类时，不能设置存货、客户、供应商分类。是否分类的设置是在进行建账时已经设置好的，在此不能修改。

- 本人填制的单据是否允许其他人修改。

如果不勾选该项，则用户修改或删除单据时，系统要检查当前操作员是否与制单人一致，如果一致才能修改或删除此单据，否则提示用户“这不是您填制的单据，您不能进行修改或删除！”。如果勾选该项，则对单据进行修改或删除时，系统不检查当前操作员是否与制单人一致，单据修改后自动将制单人改为当前操作员。

- 单据审核时是否检查货位。

选择是，单据审核时如果该仓库是货位管理，则该单据上的货位信息必须填写完整才能审核，否则不能审核；选择否，则审核单据时不进行任何检查。

- 系统启用月份。

启用月份为用户在引导建账中设置的启用月份，在此只能查看不能修改。

- 可用量公式。

可用量的计算方法是为库存出入库及销售发货时是否允许零出库的计算依据。系统根据现存量、待发货数和待入库数三个参数，设置了以下三种可用量的计算公式，用户可根据企业的需要进行选择。

① 可用量＝现存量。

② 可用量＝现存量－待发货数＋待入库数。

③ 可用量＝现存量－待发货数。

可用量的计算方法可随时更改。系统的默认值为可用量＝现存量－待发货数＋待入库数。

注意

批次管理的存货可用量的计算方法固定为可用量＝现存量－待发货数＋待入库数。

名词解释：

现存量：仓库的实际库存量。

待发货数：已开具发货单或发票实物并未出库的部分。

待入库数：已开具的红字发货单或发票实物并未入库的部分。

（2）库存系统参数设置完成之后，单击“确认”按钮保存设置。

4.3.2 库存期初数据

账簿都应有期初数据，以保证其数据的连贯性。初次使用库存管理时，应先输入全部存货的期初数据。如果系统中已有上年的数据，在使用结转上年后，上年度各存货结存自动结转本年。

1. 库存期初

用于录入使用库存管理前各仓库各存货的期初结存情况。不进行批次、保质期管理的企业，只需录入各存货期初结存的数量；进行批次管理、保质期管理、出库跟踪入库管理的企业，需录入各存货期初结存的详细数据（如批号、生产日期、失效日期和入库单号等）；进行货位管理的企业还需录入货位。

例4-3：001 账套中，各仓库期初结存数据如下。

01 材料库

存货编码	存货名称	计量单位	数量	单价	金额
01001	显示器	台	60.00	500.00	30 000.00
01002	鼠标	只	30.00	8.00	240.00
01003	键盘	只	10.00	14.00	140.00
01004	主机箱	台	50.00	100.00	5 000.00
01005	CPU	只	50.00	400.00	20 000.00
01006	256M 内存	条	100.00	80.00	8 000.00
01007	集成主板	块	90.00	300.00	27 000.00
01008	48X 光驱	只	60.00	60.00	3 600.00
01009	80G 硬盘	只	60.00	160.00	9 600.00
01010	包装纸箱	个	100.00	5.00	500.00
01011	螺丝钉	盒	10.00	15.00	150.00
合计:					104 230.00

02 半成品库

存货编码	存货名称	计量单位	数量	单价	金额
02001	HE138 主机	台	12.00	1 400.00	16 800.00
合计:					16 800.00

03 成品库

存货编码	存货名称	计量单位	数量	单价	金额
03001	HE138	台	6.00	2 050.00	12 300.00
合计:					12 300.00

（1）在“用友 T3”窗口中单击“库存”菜单，在下拉式菜单中选择“期初数据”，然后选择“库存期初”命令，系统打开“期初余额”处理窗口，如图 4-34 所示。

（2）参照“例 4-3”，依次选择录入期初结存的仓库，然后单击“增加”按钮，录入该仓库的期初数据，单击“保存”按钮保存期初余额。

（3）所有仓库的期初余额都录入完毕之后，单击“记账”按钮进行库存期初余额记账。

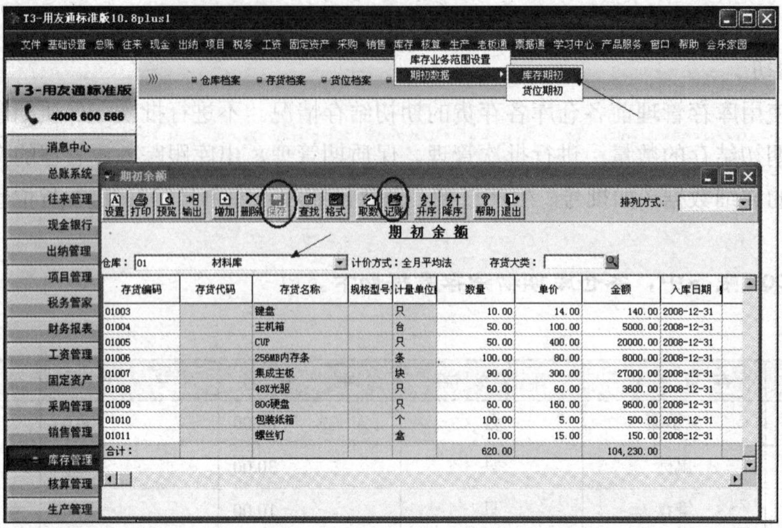

图 4-34

记账之后，“记账”按钮就转变为“恢复”按钮了，此时单击“恢复”按钮就可以返回到记账前状态（相当于是取消记账）。如果已输入日常单据，则不能再恢复记账。

注意

2. 货位期初

用于录入使用库存前的货位期初数据，只有进行了货位管理业务的情况，才能录入货位期初。

在“用友 T3”窗口中单击“库存”菜单，在下拉式菜单中选择“期初数据”，然后选择“货位期初”命令，系统打开“货位期初”处理窗口。

货位期初的处理方式与库存期初一样，在此不做详细介绍，本书中 001 账套没有设置货位管理。

4.4 生产

生产管理是用友 T3 的重要产品，生产管理帮助企业对生产业务流程进行管理，提供销售订单转生产加工单（也可以直接填制生产加工单）、采购需求分析（根据生产加工需求，再结合库存物料、物料占用、在途等计算）、生产领料、生产完工入库、生产业务报表查询等管理。

本系统适用于工业企业，特别是离散型（既多种物料组合在一起形成另一个料品）生产加工企业应用。

生产系统与其他系统的数据流向，如图 4-35 所示。

销售管理中的销售订单传递到生产管理系统中，进行销售订单投产处理；生产管理中的采购需求分析结果传递到采购管理系统中生成采购订单；库存管理系统根据生产加工单进行发料，根据生产加工单处理生产完工入库。

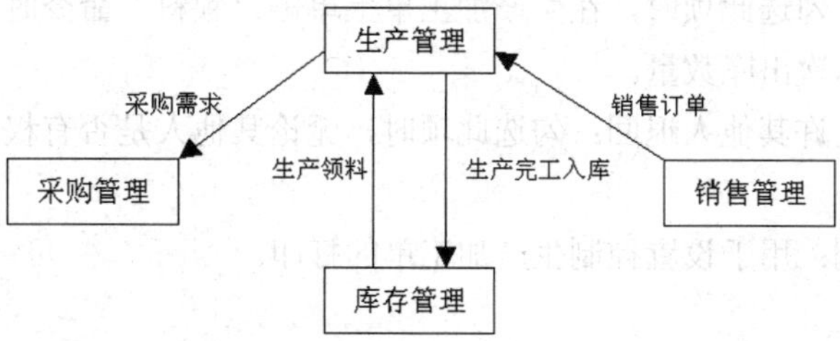

图 4-35

双击桌面上的“用友 T3”程序图标，打开控制台注册窗口，选择 001 账套，以操作员“02”（账套主管）的身份注册进入“用友 T3”窗口。单击窗口左边的“生产管理”可以以图标命令方式执行生产业务的相关操作，或者单击窗口上面的横排菜单“生产管理”命令，可打开下拉式菜单，执行生产业务的相关操作。如图 4-36 所示。

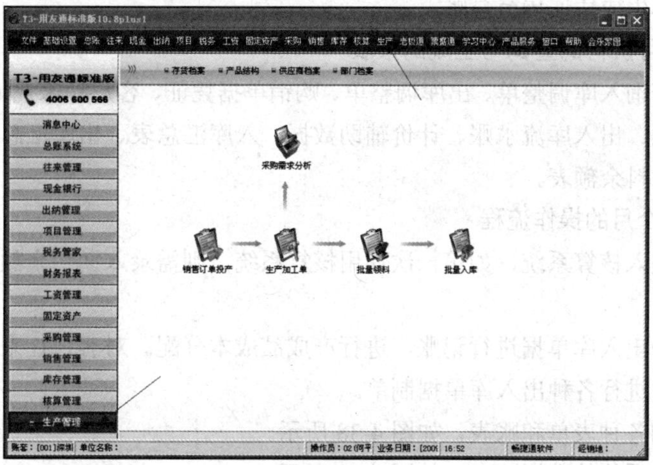

图 4-36

用户可根据自身的生产管理模式和业务流程，通过本功能自行设定业务控制参数选项。

在“用友 T3”窗口中单击“生产”菜单，在下拉式菜单中选择“生产业务范围设置”，系统打开“生产系统选项设置”窗口，如图 4-37 所示。

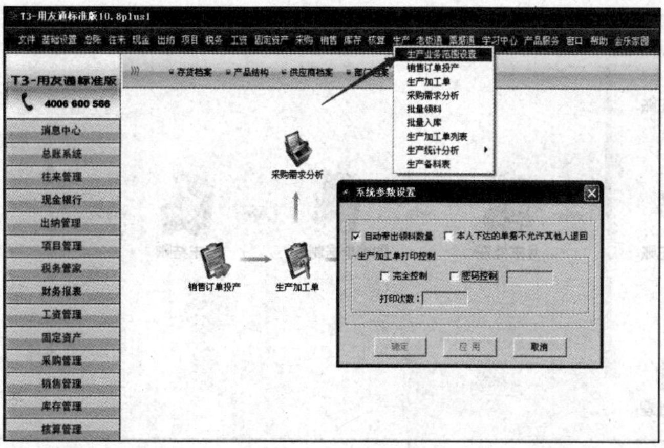

图 4-37

自动带出领料数量：勾选此项时，在生产加工单上单击“领料”命令时，如果该单据是第一次领料，则系统自动填写本次出库数量。

本人下达的单据不允许其他人退回：勾选此项时，无论其他人是否有权限，都不能退回制单人所做的单据。

生产加工单打印控制：用于设置控制生产加工单的打印。

4.5 核算系统

核算是企业业务与财务（即总账）的接口。将各种出入库单据进行记账，核算出出库成本，然后生成凭证传至总账；处理产成品成本分配业务；处理暂估业务等。将应收、应付、预收、预付和核销等业务单据制单生成凭证传至总账。

1. 核算系统中可执行的查询与生成的报表

核算系统中可查询入库调整单、出库调整单、购销单据凭证、客户往来凭证和供应商往来凭证。可查询明细账、总账、出入库流水账、计价辅助数据、入库汇总表、出库汇总表、差异分摊表、收发存汇总表和暂估材料余额表。

2. 核算系统每个月的操作流程

（1）首先注册进入核算系统，如第一次使用核算系统，则需录入期初余额和期初差异，进行核算业务范围设置。

（2）然后对各种出入库单据进行记账，进行产成品成本分配。对客户往来、供应商往来进行制单。进行月末处理，进行各种出入库单据制单。

（3）最后可查询各种表单和账表，如图 4-38 所示。

核算系统与其他系统的数据流向，如图 4-39 所示。

双击桌面上的“用友 T3”程序图标，然后打开控制台注册窗口，选择 001 账套，以操作员“02”（账套主管）的身份注册，进入“用友 T3”窗口。单击窗口左边的“核算管理”可以以图标命令方式执行采购业务的相关操作，或者单击窗口上面的横排菜单“核算”命令，可打开下拉式菜单，执行核算业务的相关操作，如图 4-40 所示。

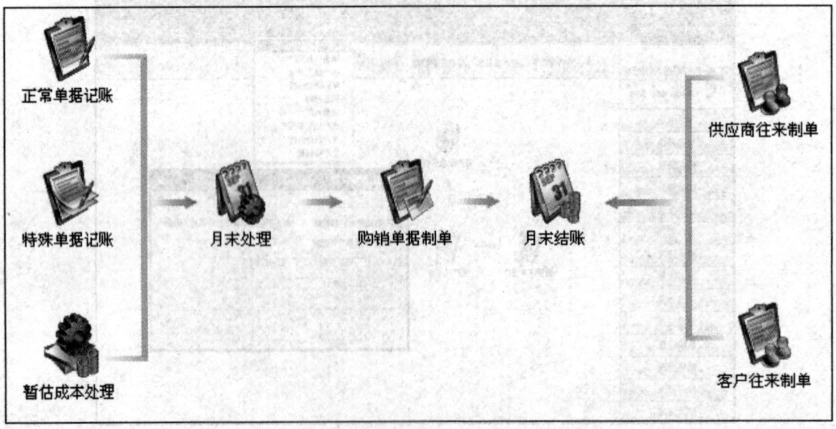

图 4-38

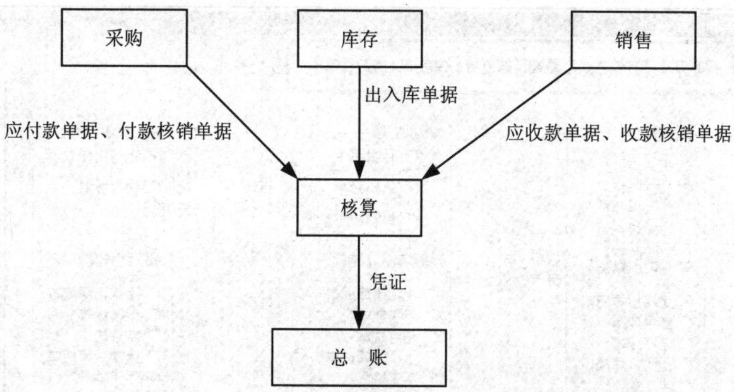

图 4-39

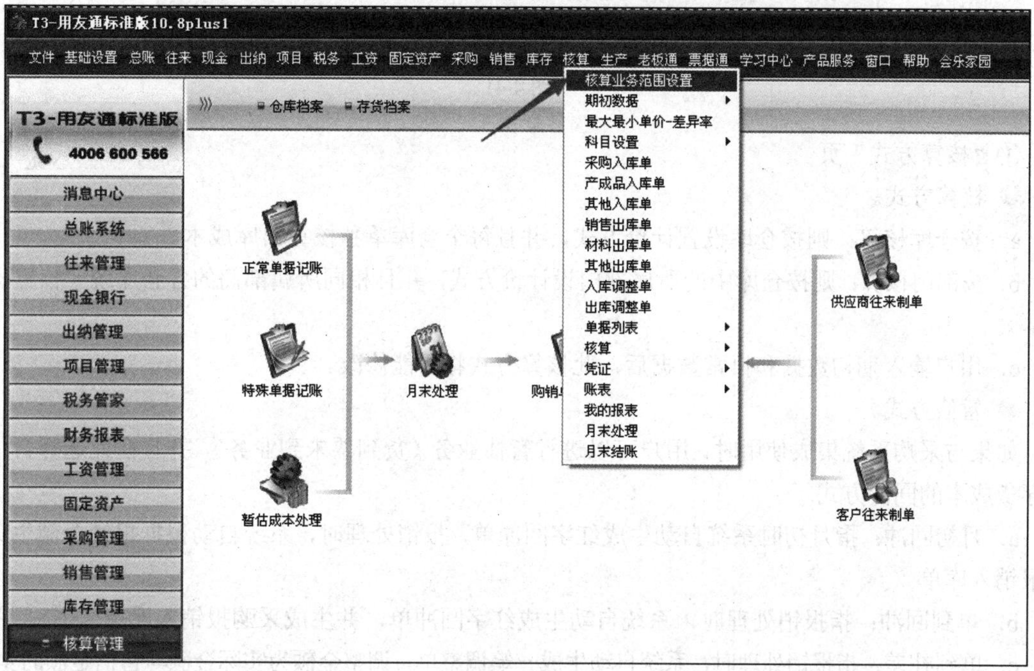

图 4-40

初始化设置是使用核算系统的前提条件，直接关系到核算系统的使用和业务点控制，并且录入期初余额和期初差异。

4.5.1 核算业务范围设置

核算业务范围设置是指在企业业务处理过程中所使用的各种控制参数，系统参数的设置将决定用户使用系统的业务流程、业务模式和数据流向。

库存选项设置包括“核算方式”“控制方式”、“最高最低控制”和“供应商、客户往来”4 个部分。

在“用友 T3”窗口中单击“核算”菜单，在下拉式菜单中选择“核算业务范围设置”，系统打开“基本设置”窗口，如图 4-41 所示。

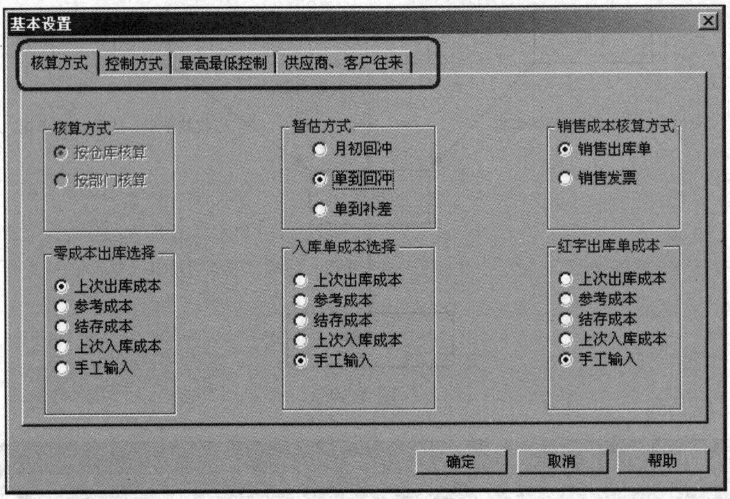

图 4-41

①“核算方式”页

● 核算方式。

a．按仓库核算：则按仓库设置计价方式，并且每个仓库单独核算出库成本。

b．按部门核算：则按仓库中的所属部门设计价方式，并且相同所属部门的各仓库统一核算出库成本。

c．用户输入期初数据和日常数据后，此核算方式将不能修改。

● 暂估方式。

如果与采购系统集成使用时，用户可以进行暂估业务（货到票未到业务），并且在此选择暂估入库存货成本的回冲方式。

a．月初回冲：指月初时系统自动生成红字回冲单，报销处理时，系统自动根据报销金额生成采购报销入库单。

b．单到回冲：指报销处理时，系统自动生成红字回冲单，并生成采购报销入库单。

c．单到补差：指报销处理时，系统自动生成一笔调整单，调整金额为实际金额与暂估金额的差额。

d．与采购系统集成使用时，如果明细账中有暂估业务未报销或本期未进行期末处理，此时，暂估方式将不允许修改。

● 销售成本核算方式。

销售出库成本核算方式选项修改的约束条件是在本月没有对销售单据记账前，并且在销售单据（发货单、发票）的业务全部处理完毕（即发货单已全部生成出库单和发票、发票全部生成出库单和发货单）方可修改。

● 零出库成本选择。

零出库成本选择是指先进先出或后进先出方式核算的出库单据记明细账时，如果出现账中为零成本或负成本，造成出库成本不可计算时，出库成本的取值方式。

a．上次出库成本：取明细账中此存货的上一次出库单价作为本出库单据的出库单价，计算出库成本。

b．参考成本：取存货目录中此存货的参考成本（即参考单价）作为本出库单据的出库单价，计算出库成本。

c．结存成本：取明细账中的此存货的结存单价作为本出库单据的出库单价，计算出库成本。

d．上次入库成本：取明细账中此存货的上一次入库单价作为本出库单据的出库单价，计算出库成本。

e．手工输入：提示用户输入单价作为本出库单据的出库单价，计算出库成本。

f．用户可以随时对零出库成本进行重新选择。

- 入库单成本选择。

入库单成本选择是指对入库单据记明细账时，如果没有填写入库成本即入库成本为空时，入库成本的取值方式。

a．上次出库成本：取明细账中此存货的上一次出库单价作为本入库单据的入库单价，计算入库成本。

b．参考成本：取存货目录中此存货的参考成本（即参考单价）作为本入库单据的入库单价，计算入库成本。

c．结存成本：取明细账中的此存货的结存单价作为本入库单据的入库单价，计算入库成本。

d．上次入库成本：取明细账中此存货的上一次入库单价作为本入库单据的入库单价，计算入库成本。

e．手工输入：提示用户输入单价作为本入库单据的入库单价，计算入库成本。

f．用户可以随时对入库成本进行重新选择。

- 红字出库单成本选择。

红字出库单成本选择是指对移动平均法核算、先进先出或后进先出方式核算的红字出库单据记明细账时，出库成本的取值方式。

a．上次出库成本：取明细账中此存货的上一次出库单价作为本红字出库单据的出库单价，计算出库成本。

b．参考成本：取存货目录中此存货的参考成本（即参考单价）作为本红字出库单据的出库单价，计算出库成本。

c．结存成本：取明细账中的此存货的结存单价作为本红字出库单据的出库单价，计算出库成本。

d．上次入库成本：取明细账中此存货的上一次入库单价作为本红字出库单据的出库单价，计算出库成本。

e．手工输入：提示用户输入单价作为本红字出库单据的出库单价，计算出库成本。

f．用户可以随时对红字出库成本进行重新选择。

② “控制方式”页，如图 4-42 所示。

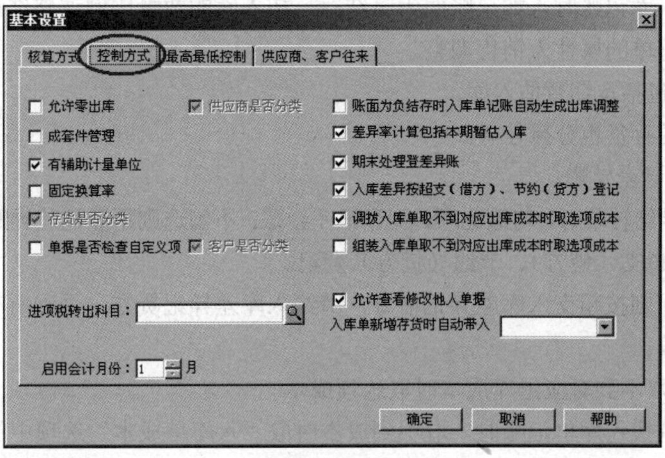

图 4-42

● 允许零出库。

零出库是指输入出库单时，单据上某存货的出库数量大于仓库中的此存货的剩余数量；如果允许零出库，则此出库单可以保存并记账；如果不勾选此项，则此张出库单系统将不允许保存，用户应修改出库数量或放弃此单据。

提示 *一般情况下应该严格控制零出库业务，用户可以随时对是否允许零出库进行重新设置。*

● 成套件管理。

成套件是指一种存货由其他几种存货组合而成；勾选此选项，既可以统计单件的数量金额，也可以统计成套件的数量金额；无成套件管理时，只统计组合件的数量金额。

用户可以随时对有无成套件管理进行重新设置。

● 有辅助计量单位。

辅助计量单位是指存货除了主计量单位外，可以还有一个计量单位，它可用于进行统计，而不参与成本核算；不勾选此项，则所有存货都不能设置辅计量单位。

用户可以随时对存货有无辅助计量单位进行重新设置。

● 固定换算率。

当勾选“有辅助计量单位”项时，系统要求确认存货的主计量单位与辅助计量单位之间是否有固定的换算关系，如“1 千克 = 1000 克”，类似于这样的主辅计量单位，它们之间就存在着固定的换算关系；但如 1 根钢管 = 10 千克，另 1 根钢管 = 9 千克，类似于这样的主辅计单位，则它们之间就没有固定换算率。

● 供应商、存货、客户是否分类请参阅本书第 2 章建立新账套。

● 启用会计月份。

对新建的账套，用户应输入启用会计月份，如果用户想从 6 月开始输入日常单据，则应设定启用会计月份为 6 月；设定启用会计月份后，启用会计月份以前的单据只能输入到期初余额中，而不能输入到日常单据中。

● 账面为负结存时入库单记账自动生成出库调整。

勾选此项，当入库记账时，如果账面为负结存，按入库的数量比例调整结存成本，并自动生成出库调整单，此调整单的属性为销售调整。

● 差异率计算包括本期暂估入库。

本期暂估入库的存货也分摊差异。

● 期末处理登记差异账。

期末生成差差异结转单时，勾选此项，则登记差异账；不勾选则不登记差异账，期末无差异结转。

● 入库差异按超支（借方）、节约（贷方）登记。

如果勾选该项，则按超支入库差异记借方，节约入库差异记贷方；否则所有入库差异全部记借方。此项可随时修改。

● 调拨入库单取不到对应出库成本时取选项成本。

勾选该项，则调拨入库单记账时，取不到成本时取“入库单成本”选项中的成本。

调拨单可按特殊单据记账也可按正常单据记账。全月平均、计划价（或售价）核算的仓库按特殊单据记账时，调拨单生成的其他出、入库单按存货上月的平均单价或差异率计算成本；按正常单据记账时，调拨单生成的其他出、入库单按当月的平均单价或差异率计算成本（但必须在其他出库单的仓库期末处理后，入库单再记账时才能按当月的平均单价或差异率计算成本）。如果其他入库单记账时，调拨单生成的其他出库单没有成本，即系统取不到成本时，用户可选择按入库单的默认成本进行记账。

不勾选该项，则调拨入库单记账时，取不到成本时需要用户手工输入。

- 组装入库单取不到对应出库成本时取选项成本。

勾选该项，则组装入库单记账时，取不到成本时取“入库单成本”选项中的成本。

组装单可按特殊单据记账也可按正常单据记账，全月平均、计划价（或售价）核算的仓库按特殊单据记账时，组装单生成的其他出入库单按存货上月的平均单价或差异率计算成本；按正常单据记账时，组装单生成的其他出入库单按当月的平均单价或差异率计算成本（但必须在其他出库单的仓库期末处理后，入库单再记账时才能按当月的平均单价或差异率计算成本）。如果其他入库单记账时，组装单生成的其他出库单没有成本，即系统取不到成本时，用户可选择按入库单的默认成本进行记账。

不勾选该项，则组装入库单记账时，取不到成本时需要用户手工输入。

- 进项税转出科目。

在此可以手工输入或参照输入进项税转出科目。在采购结算制单时，如果在结算时发生非合理损耗及进项税转出，在根据结算单制单时，系统可以自动带出该科目。

此项可随时修改。

- 单据是否检查自定义项。

如果勾选该项，则单据保存时会检查自定义项是否有效，否则不会检查。

- 入库单新增存货时自动带入参考成本、最新成本，或者不带入。

③ “最高最低控制”页，如图4-43所示。

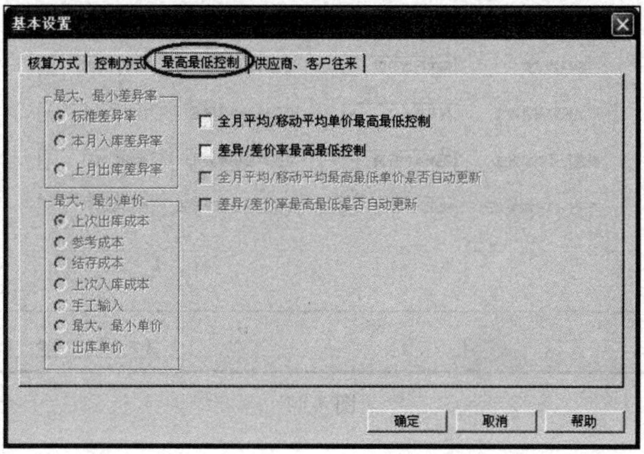

图4-43

- 最大最小差异率/差价率。

此选项只有在用户选择了“最高最低差异率（/差价率）控制”时才能勾选，此选项系统的默认值为“标准差异率/差价率”。该选项反映了计划价中出库差异率/差价率超过最高最低差异率时的取值。

● 最大、最小单价。

此选项只有在用户选择了“全月平均/移动平均单价最高最低控制”时才能勾选，此选项系统的默认值为“上次出库成本”。该选项反映全月平均/移动平均单价最高最低控制出库单价超过最高最低单价时的取值。

● 全月平均/移动平均单价最高最低控制。

如果设置了全月平均/移动平均核算方式进行最高最低控制，则计算出的全月平均单价或移动平均单价如果不在最高最低单价的范围内，系统自动取最高或最低单价进行成本计算。最高最低单价由系统根据入库单的单价进行维护，用户也可手工输入最高最低单价。

● 差异/差价率最高最低控制。

针对计划价（售价）核算，用户可自由选择，没有限制。系统默认值为不选择。如果勾选差异率/差价率最高最低控制，则设置一个标准的差异率及差异率允许的上下幅度，如果系统计算出的差异率超过此范围，用户可选择按标准差异率、当月入库差异率、上月出库差异率、最大、最小单价几种方法计算进行成本计算。最高最低差价率/差异率由系统根据入库单的单价进行维护，用户也可手工输入最高最低差价率/差异率。

● 全月平均/移动平均最高最低单价是否自动更新。

用户勾选“全月平均、移动平均最高最低单价是否自动更新”，则全月平均、移动平均记账时系统在最大最小单价/差异率设置中进行更新最高最低单价。

● 差异/差价率最高最低是否自动更新。

用户勾选“差异/差价率最高最低是否自动更新”，则计划价（/售价）核算时，入库单记账时在最大最小单价/差异率设置中进行更新最大、最小差异率/差价率。

④ “供应商、客户往来”页，如图4-44所示。

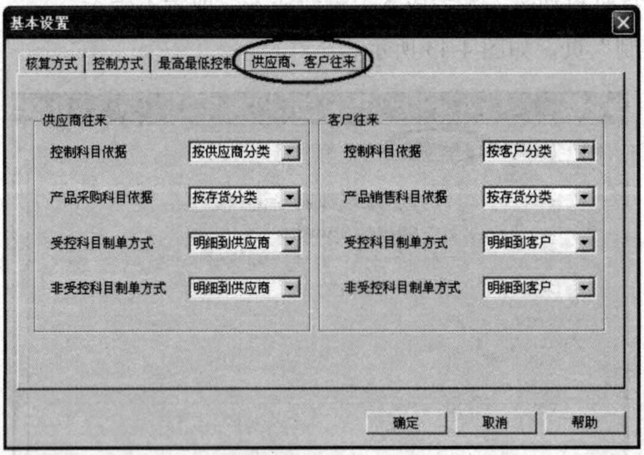

图4-44

● 控制科目依据。

a．按供应商分类：指根据一定的供应商属性将供应商分为几个大类，在不同的方式下，针对不同的供应商分类设置不同的应付科目和预付科目。

b．按供应商：指根据不同的供应商设置不同的应付科目和预付科目。

c．按地区分类：指针对地区分类的不同设置不同的应付科目和预付科目。

● 产品采购科目依据。

根据每个单一的存货或存货分类设置不同的存货采购科目。(一般情况会设置成为“存货分类”)

- 受控科目制单方式。

a. 明细到供应商：将一个客户的多笔业务合并生成一张凭证时，如果核算这多笔业务的控制科目相同，系统将自动将其合并成一条分录，这样在总账系统中就能够根据客户来查询其详细信息。

b. 明细到单据：将一个客户的多笔业务合并生成一张凭证时，系统会将每一笔业务形成一条分录，这样在总账系统中就能查看到每个供应商的每笔业务的详细情况，建议选择此种方式。

- 非受控科目制单方式。

a. 明细到供应商：当将一个供应商的多笔业务合并生成一张凭证时，如果核算这多笔业务的非受控制科目相同、且其所带辅助核算项目也相同，则系统将自动将其合并成一条分录。这种方式的目的是使您在总账系统中能够根据供应商来查询其详细信息。

b. 明细到单据：当将一个客户的多笔业务合并生成一张凭证时，系统会将每一笔业务形成一条分录。这种方式的目的是在总账系统中也能查看到每个供应商的每笔业务的详细情况。

c. 汇总制单：当将多个供应商的多笔业务合并生成一张凭证时，如果核算这多笔业务的非控制科目相同、且其所带辅助核算项目也相同，则系统将自动将其合并成一条分录。这种方式的目的是精简总账中的数据，在总账系统中只能查看到该科目的总发生额，而查不到明细的业务发生情况。

客户往来设置与供应商往来设置类似。

4.5.2 期初数据

账簿都应有期初数据，以保证其数据的连贯性。初次使用核算时，应先输入全部存货的期初数据。如果系统中已有上年的数据，在使用“接转上年”后，上年度各存货结存自动结转本年。

1. 期初余额

用于录入使用核算前各仓库各存货的期初结存情况。不进行批次、保质期管理的企业，只需录入各存货期初结存的数量；进行批次管理、保质期管理、出库跟踪入库管理的企业，需录入各存货期初结存的详细数据（如批号、生产日期、失效日期、入库单号等）；进行货位管理的企业还需录入货位。

(1) 在“用友 T3”窗口中单击“核算”菜单，在下拉式菜单中选择“期初数据”，然后选择“期初余额”命令，系统打开“期初余额”处理窗口，如图 4-45 所示。

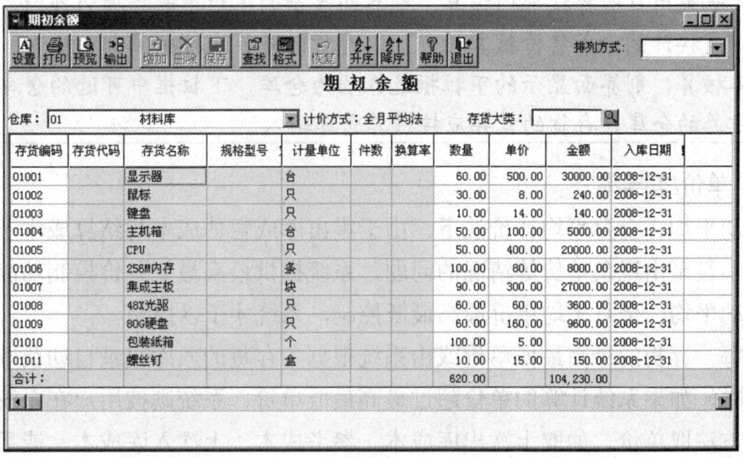

图 4-45

（2）首先选择录入期初余额的仓库，然后单击“增加”按钮，录入该仓库的期初数据。

（3）期初数据录入完毕之后，单击“记账”按钮才能进行正常的库存业务操作。

注意 核算系统中的期初余额与库存系统中的期初余额数据一致（请参阅本章中的库存期初数据），在其中任何一个系统中录入期初余额并记账之后，在另一个系统也有相同的期初数据，并且都不能进行修改，记账后，“记账”按钮就转变为“恢复”按钮了，此时单击“恢复”按钮就可以返回到记账前状态，相当于是取消记账。如果已输入日常单据，则不能再恢复记账。

---

2. 期初差异

按计划价或售价核算出库成本的存货都应有期初差异账或差价账，初次使用时，应先输入此存货的期初差异余额或期初差价余额。

（1）在“用友 T3”窗口中单击“核算”菜单，在下拉式菜单中选择“期初数据”，然后选择“期初差异”命令，系统打开“期初差异”处理窗口，如图 4-46 所示。

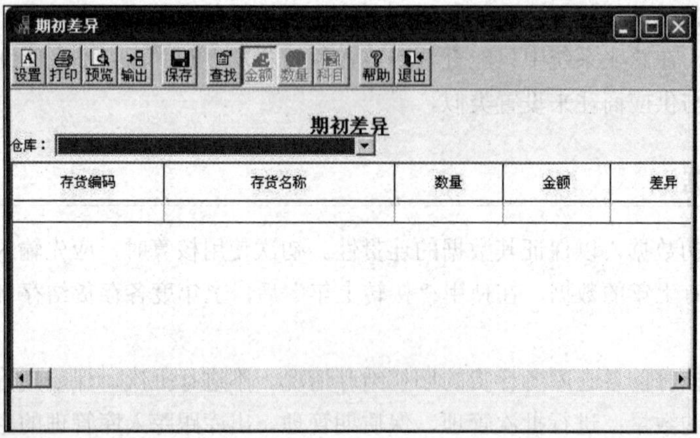

图 4-46

（2）选择要输入期初差异或期初差价的仓库或部门。

（3）输入此仓库的期初存货差异或期初存货差价并保存。

注意 如果用户选择按部门核算，则界面显示的下拉框选择项为部门，下拉框中可选的部门是按计划价或售价核算的部门，存货的差异应按核算部门输入；如果用户选择按仓库核算，则界面显示的下拉框选择项为仓库，下拉框中可选的仓库是按计划价或售价核算的仓库，存货的差异应按核算仓库输入。

---

3. 最大最小单价/差异率

为了解决移动平均、全月平均计价法下，由于零出库或暂估成本与结算成本不一致，造成的出库单价极大或极小甚至出现负单价等情况的问题，系统提供最高最低单价控制功能。用户只有在系统选项中选择移动平均、全月平均单价最高最低控制，系统才予以控制。

用户可设置每一存货的最高最低单价或由系统根据各存货的入库记录自动获取最高最低单价，记帐或期末处理时，如果系统计算的单价超过最高最低单价，系统则按用户在系统选项“最大、最小单价”选择的方法取单价，如取上次出库成本、参考成本、上次入库成本、或手工输入、结存成本、最大最小单价、出库单价。

为了解决计划价或售价计价法下，由于零出库或暂估成本与结算成本不一致，造成的差异率（或差价率）极大或极小等情况的问题，系统提供差异率（或差价率）控制功能。用户只有在系统选项中选择差价/差异最高最低控制，系统才予以控制。

用户可设置一个标准的差异率（或差价率）及差异率（或差价率）允许的上下幅度，如果系统计算出的差异率（或差价率）超过此范围，系统则按用户在系统选项“最大、最小单价”选择按标准差异率（或差价率）、当月入库差异率（或差价率）、上月出库差异率（或差价率）几种方法计算。

4.5.3 科目设置

在此可进行存货科目上、存货对方科目、非合理损耗科目上、客户往来科目和供应商往来科目设置。

1. 存货科目设置

此功能用于设置本系统中生成凭证所需要的各种存货科目及差异科目，因此用户在制单之前应先在此模块中将存货科目设置正确、完整，否则无法生成科目完整的凭证。

注意

仓库和存货分类不可以同时为空。

例4-4 材料库、半成品库、杂品库中的原材料、半成品、其他对应科目为 1403 原材料科目；成品库中的产成品对应科目为 1405 库存商品科目。

（1）在“用友 T3”窗口中单击“核算”菜单，在下拉式菜单中选择“科目设置”，然后选择“存货科目”命令，系统打开“存货科目”设置窗口，如图 4-47 所示。

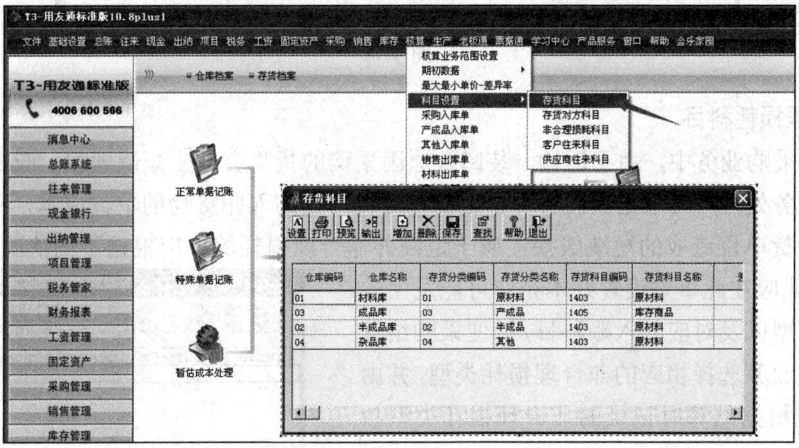

图 4-47

（2）单击“增加”按钮，新增一条存货科目设置记录，然后录入设置内容。

（3）单击“保存”按钮保存设置。

2. 存货对方科目设置

此功能用于设置本系统中生成凭证需要的存货对方科目（即收发类别）所对应的会计科目，因此用户在制单之前应先在此模块中将存货对方科目设置正确、完整，否则无法生成科目完整的凭证。

例4-5 在 001 账套存货管理系统中进行对方科目设置，设置数据如下。

收发类别编码	收发类别名称	对方科目编码	对方科目名称
11	采购入库	1401	材料采购
12	产成品入库	500101	基本生产成本
14	半成品库	500101	基本生产成本
22	材料领用出库	500101	基本生产成本
21	销售出库	6401	主营业务成本

（1）在“用友 T3”窗口中单击“核算”菜单，在下拉式菜单中选择“科目设置”，然后选择“存货科目”命令，系统打开“对方科目设置”窗口，如图 4-48 所示。

（2）单击“增加”按钮新增设置内容。

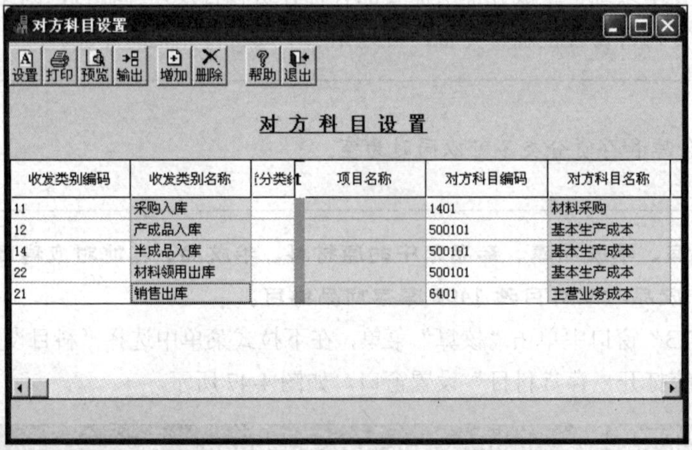

图 4-48

3. 非合理损耗科目

在企业的采购业务中，由于运输、装卸等原因采购的货物会发生短缺毁损，应根据不同情况，作出相应的账务处理。属于定额内合理损耗的，应视同提高入库货物的单位成本，不另作账处理；运输部门或供货单位造成的短缺毁损，属于定额外非合理损耗的，应根据不同情况分别进行账务处理。因此企业应在此事先设置好本企业可能发生的非合理损耗类型以及对应的入账科目，以便采购结算时根据具体的业务选择相应的非合理损耗类型，并由存货核算系统根据结算时记录的非合理损耗类型自动生成凭证。

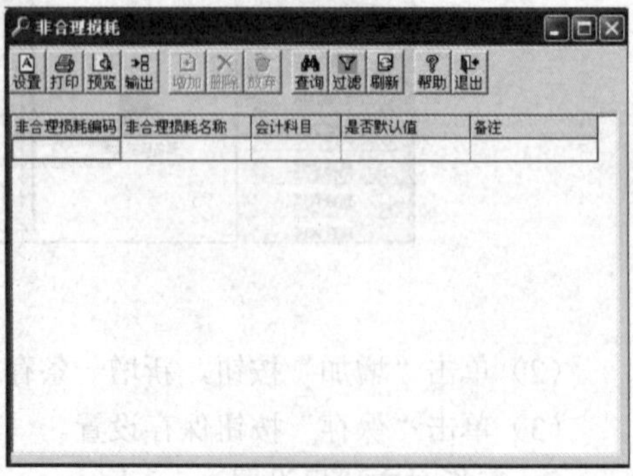

图 4-49

（1）在“用友 T3”窗口中单击“核算”菜单，在下拉式菜单中选择“科目设置”，然后选择“非合理损耗科目”命令，系统打开“非合理损耗”科目设置窗口，如图 4-49 所示。

（2）单击“增加”按钮新增设置内容。

4. 客户往来科目设置

由于本系统业务类型较固定，生成的凭证类型也较固定，因此为了简化凭证生成操作，可以在此处将各业务类型凭证中的常用科目预先设置好。

例4-6 应收科目本币：1121 应收账款；

销售收入科目：6001 主营业务收入；

应交增值税科目：22210102 销项税额；

销售退回科目：6001 主营业务收入；

现金折扣科目：6603 财务费用；

汇兑损益科目：6603 财务费用；

预收科目本币：2203 预收账款。

（1）在“用友 T3”窗口中单击“核算”菜单，在下拉式菜单中选择“科目设置”，然后选择“客户往来科目”命令，系统打开“客户往来科目设置”窗口，如图 4-50 所示。

（2）在此分别选择“基本科目设置”“控制科目设置”“产品科目设置”和“结算方式科目设置”，如图 4-51 所示。

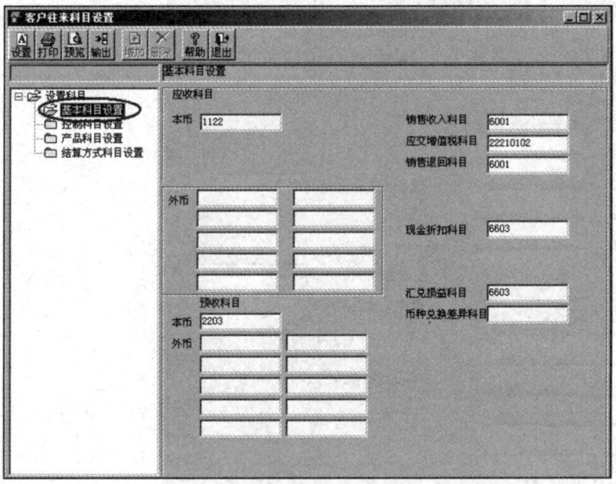

图 4-50

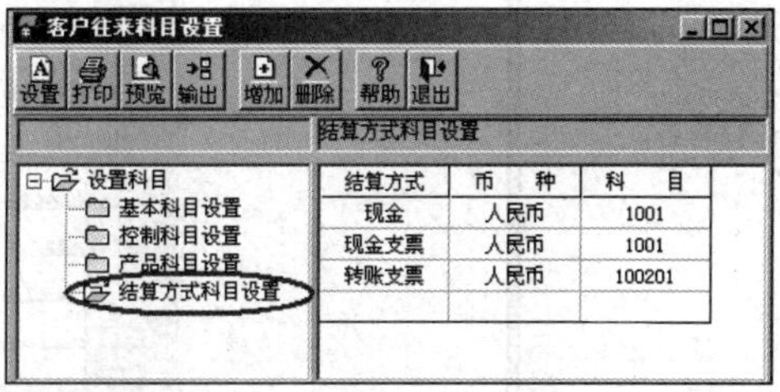

图 4-51

提示

如果为不同的客户（客户分类、地区分类）分别设置了应收款核算科目和预收款核算科目，则可以在此处不输入这些科目。系统提供了针对不同的客户（客户分类、地区分类）分别设置科目的功能。详细见“控制科目设置”。

如果用同一个科目核算应收账款和预收账款，则预收账款科目可以和应收账款科目相同。

应收和预收科目必须是已经在科目档案中指定为应收系统的受控科目。

如果为不同的存货（存货分类）分别设置了销售收入核算科目，则可以在此处不输入这些科目，系统提供了针对不同的存货（存货分类）分别设置科目的功能。详细见“存货销售科目设置”。

应收票据科目必须是已经在科目档案中指定为应收系统的受控科目，其他科目必须是非应收/应付的受控科目。

由于本系统只支持本位币票据，因此不能核算有外币辅助核算的科目。

币种兑换差异科目用来记异币种核销时产生的本币差异账。

以上科目必须是最明细科目。

5. 供应商往来科目设置

由于本系统业务类型较固定，生成的凭证类型也较固定，因此为了简化凭证生成操作，可以在此处将各业务类型凭证中的常用科目预先设置好。

例4-7　应付科目本币：2202 应付账款：

采购科目：1401 材料采购；

采购税金科目：22210101 进项税额；

现金折扣科目：6603 财务费用；

汇兑损益科目：6603 财务费用；

预付科目（本币）：1123 预付账款。

（1）在“用友 T3”窗口中单击“核算”菜单，在下拉式菜单中选择“科目设置”，然后选择“供应商往来科目”命令，系统打开“供应商往来科目设置”窗口，如图 4-52 所示。

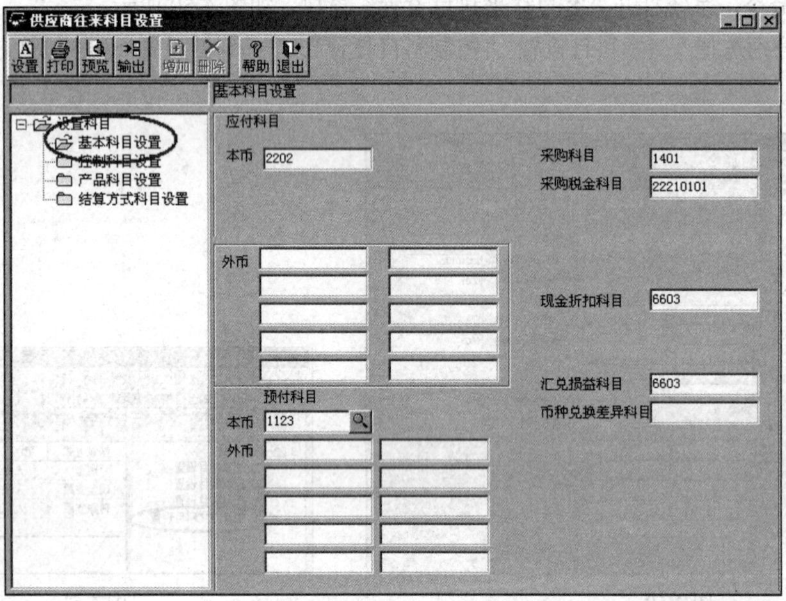

图 4-52

（2）在此分别选择“基本科目设置”、“控制科目设置”、“产品科目设置”和“结算方式科目设置”。

提示

应付科目的核算币种应不相同。

如果没有外币核算，可以不输入外币科目。

如果为不同的供应商（供应商分类、地区分类）分别设置了应付款核算科目和预付款核算科目，则可以在此处不输入这些科目。系统提供了针对不同的供应商（供应商分类、地区分类）分别设置科目的功能。详细见“控制科目设置”。

如果用同一个科目核算应付账款和预付账款，则预付账款科目可以和应付账款科目相同。

应付和预收付目必须是已经在科目档案中指定为应付系统的受控科目。

如果您为不同的存货（存货分类）分别设置了采购核算科目，则可以在此处不输入这些科目，系统提供了针对不同的存货（存货分类）分别设置科目的功能。详细见“存货采购科目设置”。

提示

应付票据科目必须是已经在科目档案中指定为应付系统的受控科目，其他科目必须是非应收/应付的受控科目。

由于本系统只支持本位币票据，因此不能核算有外币辅助核算的科目。

币种兑换差异科目用来记异币种核销时产生的本币差异账。

以上科目必须是最末级科目。

4.6 固定资产管理

固定资产是保证企业正常运作的物质条件。核算单位经常要为固定资产制作固定资产卡片，对其基本信息、附属设备、修理记录、转移、停用和原值变动等内容随时进行记录。

用友 T3 的固定资产管理系统中对固定资产以卡片形式登记，可以处理固定资产的维修、自动计提折旧、部门转移等业务。固定资产卡片还可以关联图片，生成固定资产的相关凭证（如固定资产购进、折旧、报费等）并将其传递到总账管理中。固定资产卡片还可以为成本核算系统提供资产的折旧信息。

1. 查询与报表

在固定资产管理系统中可以查询固定资产卡片、折旧清单、折旧分配表和凭证。

用户在固定资产管理系统中可以生成固定资产的分析表（部门构成分析表、价值结构分析表、类别构成分析表、使用状况分析表）、统计表（固定资产原值一览表、资产评估变动表、评估汇总表等）、账簿（类别明细账、固定资产总账等）和折旧表（部门折旧计提汇总表、固定资产折旧清单表等）。

2. 每个月的操作流程

（1）首先注册进入固定资产管理系统。如果是第一次使用固定资产管理系统，则需要进行基础数据设置（卡片项目、折旧方法、使用状况等）、选项设置、原始卡片录入。

（2）然后处理日常业务，主要包括资产增加、固定资产变动等业务。固定资产也可能涉及到部门转移、资产评估等工作。

（3）当月业务处理完毕后进行计提折旧、批量制单，生成凭证并将其传递到总账系统中。

月末进行对账、结账处理工作，然后进入下一个月的工作。具体如图 4-53 所示。

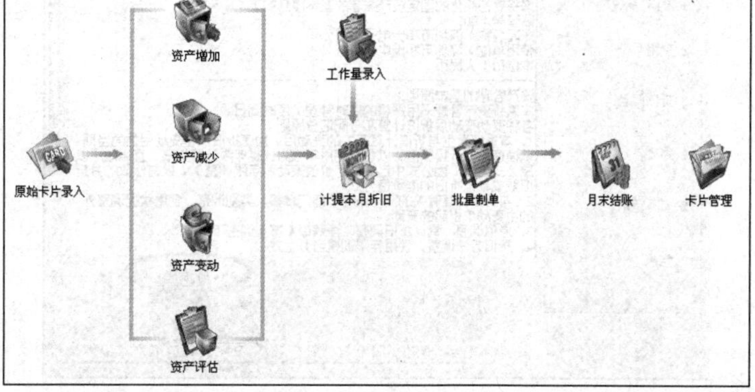

图 4-53

双击桌面上的“用友 T3”程序图标，然后打开控制台注册窗口，选择 001 账套，以操作员“02”（账套主管）的身份注册，进入“用友 T3”窗口，单击窗口左边的“固定资产”可以以图标命令方式执行固定资产业务的相关操作，或者单击窗口上面的横排菜单“固定资产”命令，可打开下拉式菜单，执行固定资产业务的相关操作，如图 4-54 所示。

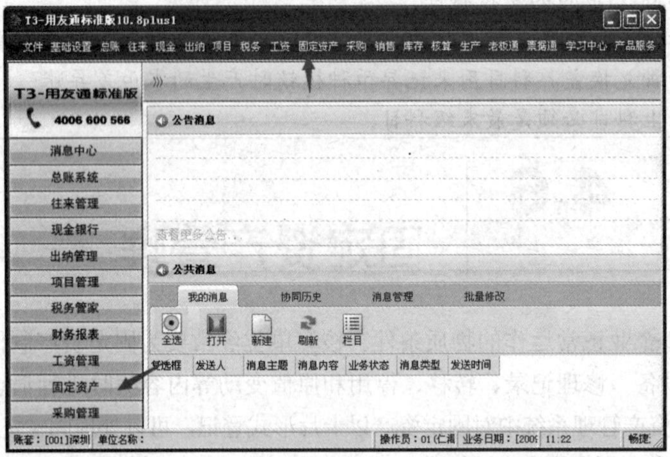

图 4-54

4.6.1 固定资产管理系统初始化设置

初始化设置是使用固定资产管理系统的前提条件，直接关系到固定资产管理系统的日后使用和业务点控制便利与否。初始化设置时要建立基础档案，将原始卡片录入到固定资产管理系统中。初始化设置是首次使用固定资产管理系统不可缺少的操作。

1. 进入固定资产

（1）第一次进入固定资产模块，系统将提示是否进行初始化，如图 4-55 所示。

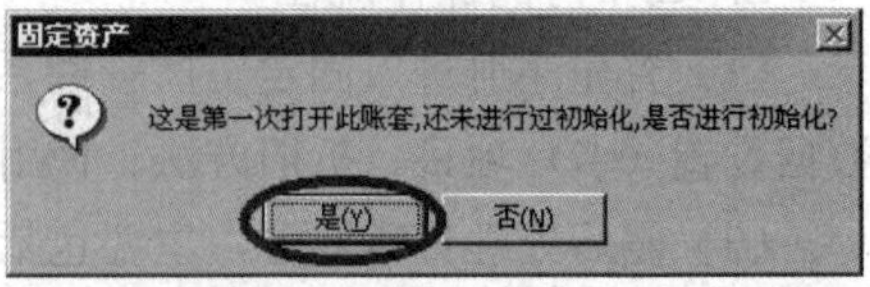

图 4-55

（2）单击“是”按钮，系统弹出“固定资产初始化向导”界面，进入“1. 约定及说明”界面，如图 4-56 所示。

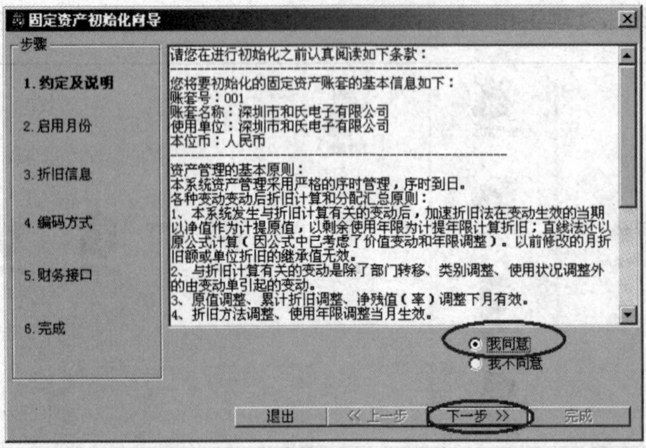

图 4-56

（3）单击“下一步”按钮进入“2.启用月份”界面，如图 4-57 所示，系统以账套启用月份开始计提折旧，以此月之前的固定资产作为期初值。账套启用月份的修改需要到固定资产系统启用设置中进行。

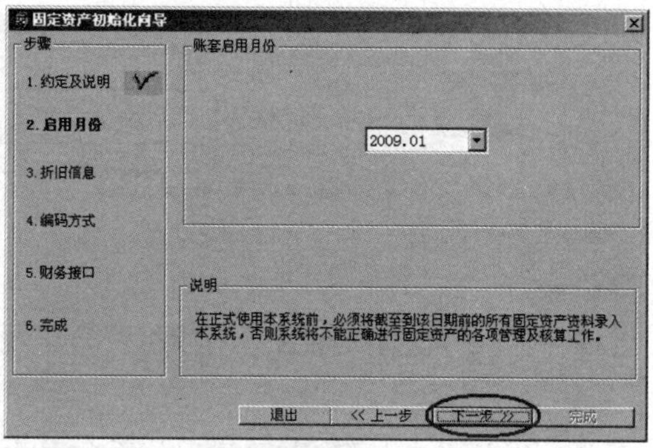

图 4-57

（4）单击“下一步”按钮进入“3.折旧信息”界面，如果不勾选“本账套计提折旧”系统将不予计提折旧（一般情况下，行政事业单位的固定资产不计提折旧），如果勾选本账套计提折旧，则要选择本账套主要折旧方法、折旧汇总分配周期（一般为1个月），用户还可以根据核算单位的实际情况来进行其他设置，如图 4-58 所示。

（5）单击“下一步”按钮进入“4.编码方式”界面，在此设置“资产类别编码方式”（如“2-1-1-2”）和“固定资产编码方式”（手工输入或自动编码），如图 4-59 所示。

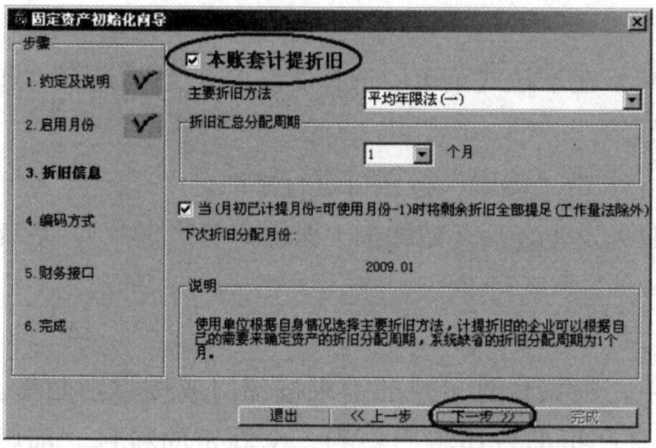

图 4-58

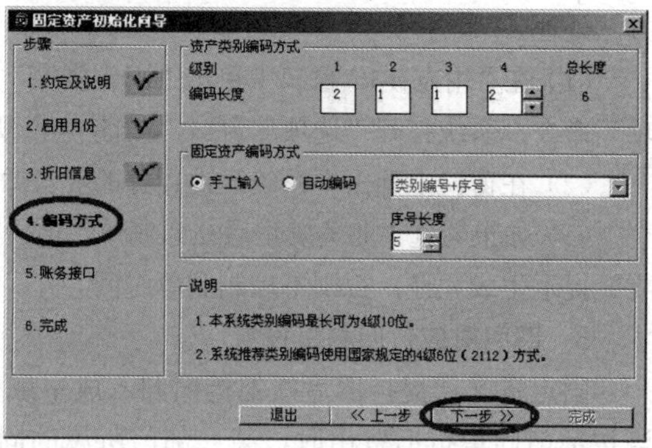

图 4-59

说明

类别编码方式设定后，如果某一级的编码在设置类别时被使用，则类别编码方式不能修改，未使用的类别可以修改。自动编码方式一经设定、使用，就不能再修改。

（6）单击“下一步”按钮进入“5.账务接口”界面，单击“固定资产对账科目”文本框和“累计折旧对账科目”文本框右侧按钮，便可向财务系统（总账）传输数据，这样可进行固定资产核算业务的自动转账工作。建议不勾选“在对账不平情况下允许固定资产月末结账”选项，如图 4-60 所示。

（7）单击“下一步”按钮进入“6.完成”界面，如图 4-61 所示。系统列出本次初始化结果。如果希望修改，单击“上一步”按钮，可重新进行设置。单击“完成”按钮，系统提示是否保存初始化设置，单击“是”按钮，系统进入到固定资产管理窗口。

注意

初始化设置完后，有些参数不能修改，所以一定要慎重，确认无误后方可保存设置。

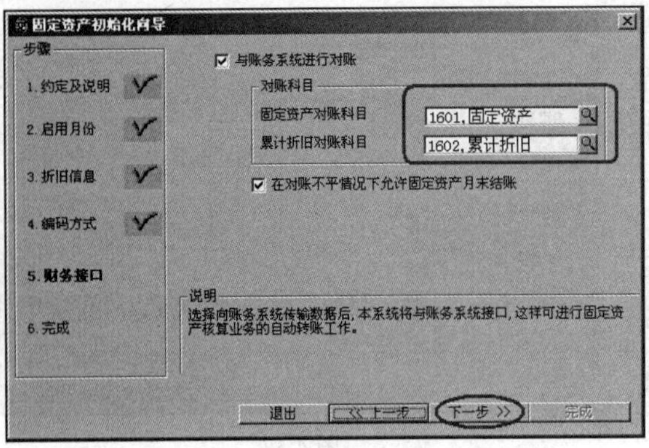

图 4-60

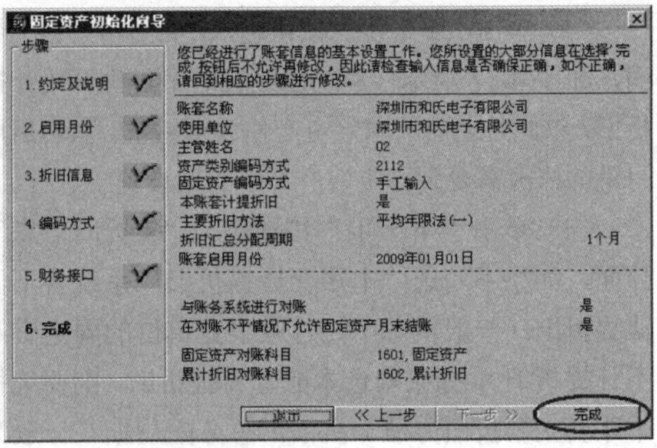

图 4-61

2．选项设置

选项设置中包括账套初始化时设置的参数和其他一些在账套运行中使用的参数或判断。在运行本系统前设置所需要的账套参数，以便系统使用过程中进行相应的处理（如与总账系统接口、折旧方法处理）。

（1）在“用友 T3”窗口中单击“固定资产”菜单，在下拉式菜单中选择“设置”，然后选择“选项”命令，系统打开“选项”窗口，如图 4-62 所示。

（2）在窗口中列出本系统已设置好的业务数据，单击“编辑”按钮可进行修改。

（3）如果勾选“业务发生后立即制单”项，则业务发生之后（如增加一张固定资产卡片），系统立即提示生成凭证，否则不控制制单时间。

3．部门对应折旧科目设置

固定资产计提折旧后须把折旧归入成本或费用，根据核算单位的需求按部门或按类别归集。当按部门归集折旧费用时，某一部门所属的固定资产折旧费用将归集到一个固定的科目。部门对应折旧科目设置就是为部门选择一个折旧科目，录入卡片时，该科目自动显示在卡片中，而不必一个个输入，这样可提高工作效率。在生成部门折旧分配表时，每一部门按折旧科目汇总，生成记账凭证。

（1）在“用友 T3”窗口中单击“固定资产”菜单，在下拉式菜单中选择“设置”，然后选择“部门对应折旧科目”命令，系统打开“部门编码表”窗口，如图 4-63 所示。

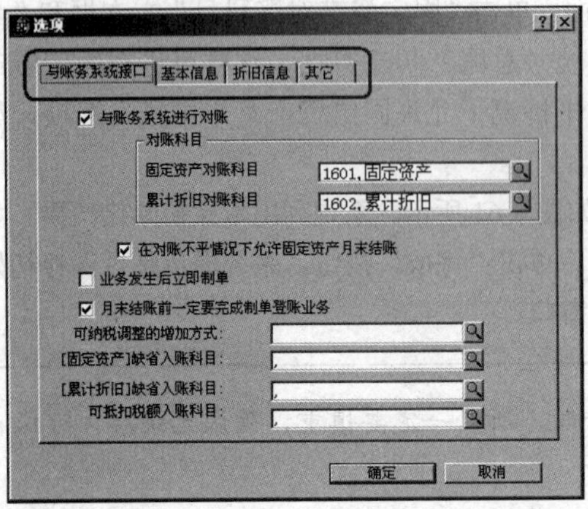

图 4-62

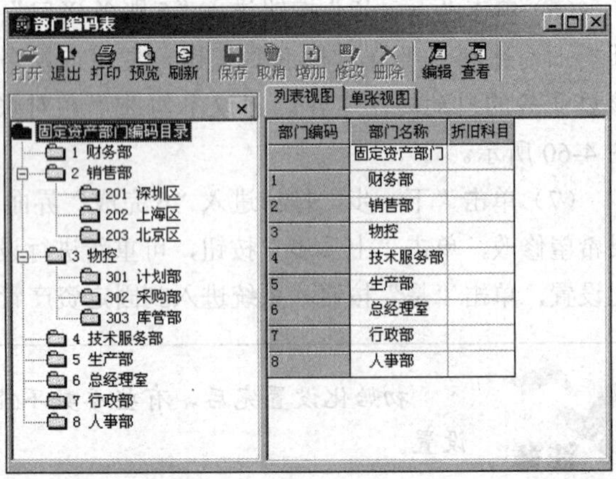

图 4-63

（2）在此设置每一个部门相对应的折旧科目，如果不设置部门的对应折旧科目，则所有的折旧都只归结为一个总的折旧科目（新会计制度中将累计折旧科目定义为1502）。

4. 资产类别设置

固定资产的种类繁多，规格不一，要加强固定资产管理，做好固定资产核算，必须建立科学的固定资产分类体系，为核算和统计管理提供依据。核算单位可根据自身的特点和管理要求，确定一个较为合理的资产分类方法。

（1）在“用友T3”窗口中单击“固定资产”菜单，在下拉式菜单中选择“设置”，然后选择“资产类别”命令，系统打开“类别编码表”窗口，如图4-64所示。

（2）单击工具栏中的“增加”按钮，增加新的资产类别（在此分别为001账套设置“电子”、“车辆”和“其他”类）。如果需要在已有的资产类别下再分类，则需要先单击选中该分类，再单击“增加”按钮。设置完毕，单击“保存”按钮保存新增数据。

注意　如果该类别在增加固定资产卡片时已引用，则其类别下不能再增加新类别。

5. 增减方式设置

增减方式分为增加方式和减少方式两类，用以确定资产计价和处理原则，明确资产的增加或减少方式，可以做到对固定资产增减的汇总管理条理化、明细化。

（1）在“用友T3”窗口中单击“固定资产”菜单，在下拉式菜单中选择“设置”，然后选择“增减方式”命令，系统打开“增减方式”窗口，如图4-65所示。

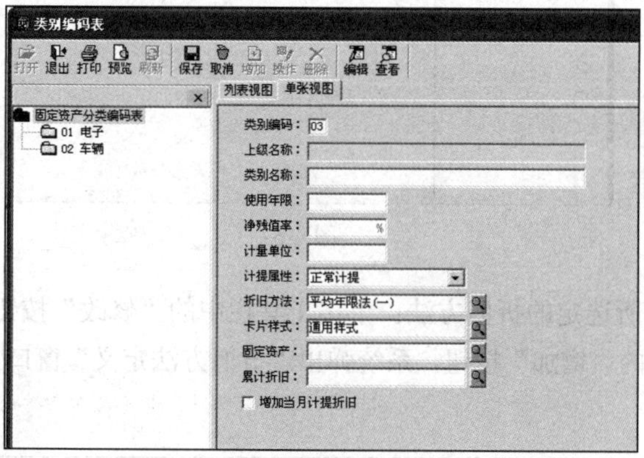

图4-64

图4-65

（2）可以选择系统默认的增减方式，也可以从“增减方式目录表”中选择“增加方式”或“减少方式”，然后单击工具栏中的“增加”按钮，输入新增方式的名称和对应入账科目。单击工具栏中的“删除”按钮可以删除原来已有的设置，单击工具栏中的“保存”按钮保存设置。

注意　不能删除已使用（被录入固定资产卡片时选用）的增减方式，不能删除非明细级方式，不能修改和删除系统默认的增减方式中“盘盈、盘亏、毁损”，因为本系统提供的报表中有固定资产盘盈、盘亏报告表。

6. 使用状况设置

明确资产的使用状况，可以正确地计算和计提折旧，另一方面也便于统计固定资产的使用情况、提高资产的利用效率。使用状况主要有在用、季节性停用、经营性出租、大修理停用、不需用和未使用等。

（1）在“用友 T3”窗口中单击“固定资产”菜单，在下拉式菜单中选择“设置”，然后选择“使用状况”命令，系统打开“使用状况”窗口，如图 4-66 所示。

（2）选定一种使用状况。可以是系统默认的使用状况，也可以单击“增加”“修改”或“删除”按钮进行重新设置，单击“保存”按钮保存设置。

7. 折旧方法设置

折旧方法设置是系统自动计算折旧的基础。系统给出了常用的 5 种方法——不提折旧、平均年限法（一和二）、工作量法、年数总和法和双倍余额递减法，并列出了它们的折旧计算公式。这几种方法是系统默认的折旧方法，不能删除和修改。核算单位也可以根据需要来自定义折旧方法。

（1）在“用友 T3”窗口中单击“固定资产”菜单，在下拉式菜单中选择“设置”，然后选择“折旧方法”命令，系统打开“折旧方法”窗口，如图 4-67 所示。

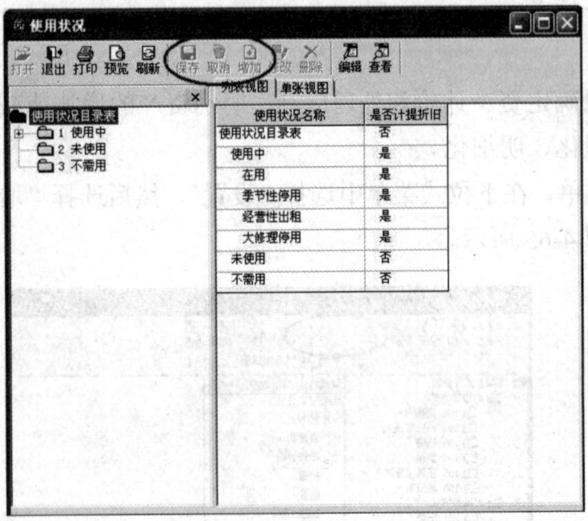

图 4-66

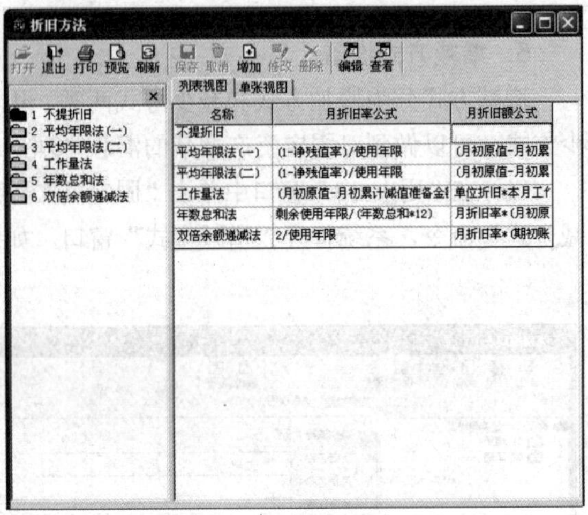

图 4-67

（2）单击工具栏中的“删除”按钮可以删除所选定的折旧方法；单击工具栏中的“修改”按钮可对所选定的折旧方法进行修改；单击工具栏中的“增加”按钮，系统弹出“折旧方法定义”窗口，在此可新增自定义折旧方法。

注意 自定义公式中所包含的项目只能是自定义窗口左侧给定的项目，定义月折旧率和月折旧额公式时必须有单向包含关系，即月折旧额公式中包含月折旧率项目或月折旧率公式中包含月折旧额项目，但不能同时互相包含。

4.6.2 卡片

固定资产卡片是固定资产的载体，用来记账固定资产信息。

1. 固定资产卡片项目设置

卡片项目包含资产卡片上用来显示资产资料的栏目（如原值、资产名称、使用年限、折旧方法等）。固定资产系统提供了一些常用卡片必须的项目，称为系统项目。

核算单位可以根据需要自定义卡片项目，系统项目和自定义项目构成卡片项目目录，定义方式如下。

（1）在“用友 T3”窗口中单击“固定资产”菜单，在下拉式菜单中选择“卡片”，然后选择“卡片项目”命令，系统打开“卡片项自定义”窗口，如图 4-68 所示。

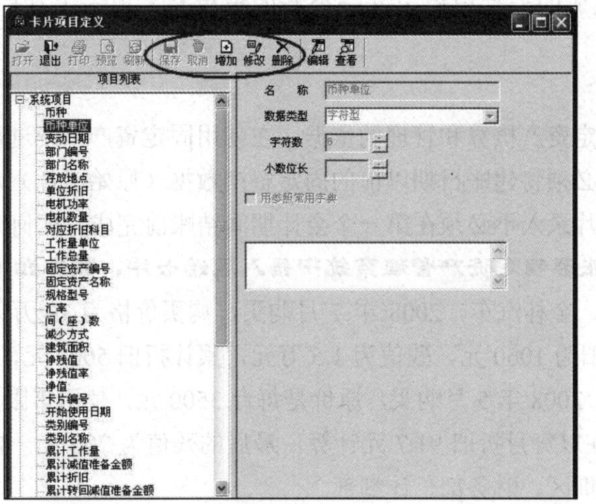

图 4-68

（2）单击工具栏上的“增加”按钮增加新项目，录入新增项目的名称、数据类型等信息。在“项目列表”中单击选中项目，然后单击工具栏上的“修改”按钮可对项目进行修改，单击工具栏上的“删除”按钮可以删除选中的项目。

（3）单击“保存”按钮保存设置。

2. 卡片样式定义

卡片样式指固定资产卡片的整体外观，包括格式（表格线、对齐形式、字体大小、字型等）、项目和项目的位置。各核算单位需求不同，所要求的卡片样式可能也不同，所以系统提供卡片样式定义功能（也可以修改默认的样式）。

（1）在“用友 T3”窗口中单击“固定资产”菜单，在下拉式菜单中选择“卡片”，然后选择“卡片样式”命令，系统打开“卡片样式管理”窗口，如图 4-69 所示。

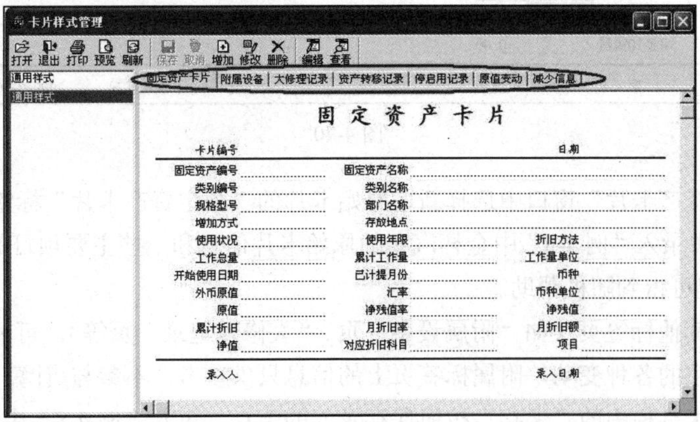

图 4-69

（2）系统提供一个通用样式，可以单击工具栏中的“修改”按钮进行修改。

（3）单击工具栏中的“增加”按钮增加新的卡片样式。系统提示“是否以当前卡片样式为基础建立新样式”，单击“是”即可按照通用格式增加新的卡片样式。

（4）单击工具栏上的“编辑”按钮对卡片上的项目进行修改。也可以选定具体的卡片项目，然后单击鼠标右键，在弹出的菜单列表中对该卡片项目进行具体设置。

（5）最后给修改完成的卡片模板定义一个新的模板名，单击工具栏上的“保存”按钮保存模板。

3. 录入原始卡片

固定资产卡片是固定资产核算和管理的依据，在使用固定资产系统进行核算前，除了前面必要的基础设置工作外，还必须将建账日期以前的固定资产数据（原始卡片）录入到系统中，保持历史资料的连续性。原始卡片录入不必须在第一个会计期间结账前完成，任何时候都可以录入。

例 4-8 在 001 账套固定资产管理系统中录入原始卡片，数据如下。

- 公司汽车一辆，金杯汽车，2008 年 7 月购买，购买价格为 10 万元，使用年限为 7 年半，现价为 9.5 万元，月折旧为 1060 元，残值为 1.5 万元，累计折旧 5000 元，使用部门为财务部。
- 3 台台式电脑，2008 年 5 月购买，原价是每台 3500 元，使用年限为 3 年，到现在为止，价值为每台 3000 元，现在以每月折旧 91.7 元计算，最后的残值为 200 元一台，累计折旧 500 元，使用部门分别为销售部深圳区、财务部、计划部。

（1）在“用友 T3”窗口中单击“固定资产”菜单，在下拉式菜单中选择“卡片”，然后选择“录入原始卡片”命令，系统打开“固定资产卡片”窗口，如图 4-70 所示。

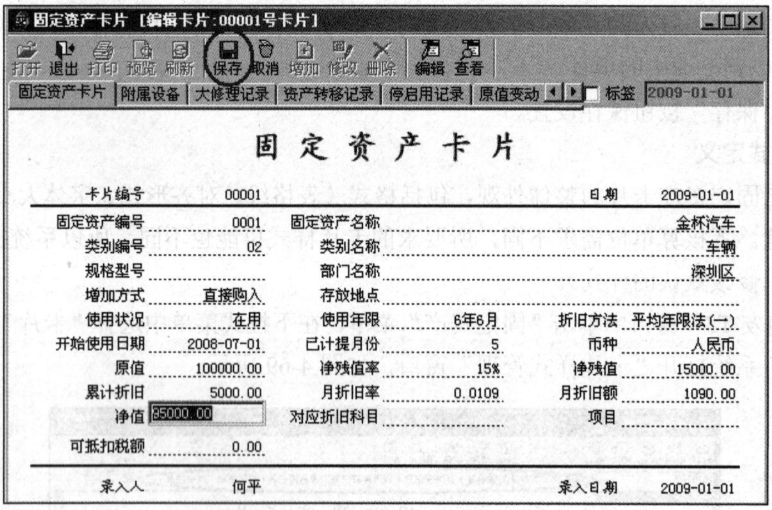

图 4-70

（2）在“固定资产卡片”窗口中选择新增原始卡片的“固定资产卡片”标签。

（3）在各项目中录入“例 4-8”中金杯汽车的原始卡片信息和一些主要项目的说明，在光标位于该项目时，按 F1 键可得到随机帮助。

（4）单击选择其他标签页（如“附属设备”页、“大修理记录”页等），可输入该资产的附属设备和该资产以前发生的各种变动，附属标签页上的信息只供参考，不参与 计算。

（5）最后单击工具栏中的“保存”按钮保存录入的卡片，录入“例 4-8”中的其他数据。

提示

如果多个固定资产信息都类似，则可以在录入第一个固定资产卡片并保存后，单击“编辑”命令，选择“复制”命令将当将固定资产卡片的内容进行固定资产复制，如图 4-71 所示。

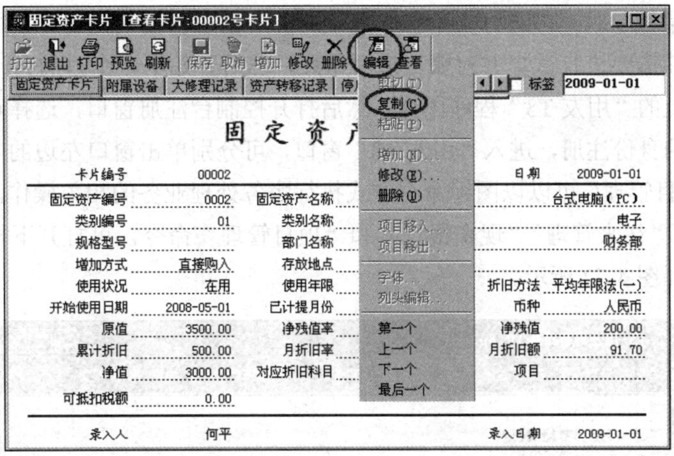

图 4-71

注意

系统根据初始化时设置的编码方案对卡片自动编号，不能修改，如果删除了其中一张卡片且不是最后一张，则系统将保留其空号。与计算折旧有关的项目录入后，系统会按照输入的内容将本月应提的折旧额显示在“月折旧额”项目内，可将该值与手工计算的值比较，看是否有录入错误。

其他标签页的内容只是为了管理卡片，不参与计算。除附属设备外，其他内容除“备注”外，均由系统自动生成在录入月结账后不能修改和输入。

原值、累计折旧、累计工作量中录入的一定是卡片录入月月初的价值，否则会出现计算错误；已计提月份必须严格按照该资产已经计提的月份数填写，不应包括使用期间停用等不计提折旧的月份，否则不能正确计算折旧。

4.7 账务处理

账务包括总账、往来管理、现金银行和项目管理。账务处理是用友 T3 的核心，在总账中可以填制凭证，接收来自其他系统（如工资、固定资产、核算）传送的凭证，并进行审核、记账和自动转账等工作；往来管理对企业同客户和企业同供应商的往来账款进行查询、对账、账龄分析处理；现金银行为出纳人员提供了一个集成的办公环境，有利于出纳人员对现金、银行账进行管理、进行银行对账、支票登记；项目管理中可以查询到企业的项目账表。

1. 账务处理中可查询内容

可查询内容包括凭证查询、现金日记账查询、银行日记账查询、科目账查询、客户往来辅助账查询、供应商往来辅助账查询、个人往来账查询、部门辅助账查询、项目辅助账查询和现金流量表查询。

2. 账务处理操作流程

（1）如是第一次使用总账系统，则需进行基础数据设置、选项设置、录入会计科目的期初余额等工作，在现金银行中进行银行期初录入。

（2）然后填制业务凭证，对凭证审核记账。之后可以随时查询各种财务账簿，出纳人员可进行银行对账等，有支票领取时，可进行支票领取登记业务，也可以查询现金、银行账。月末时，系统可自动转账，结账前需要进行试算并对账，最后结账，然后开始下一个月的会计业务工作。

（3）双击桌面上的“用友 T3”程序图标，然后打开控制台注册窗口，选择 001 账套，以操作员“02”（账套主管）的身份注册，进入“用友 T3”窗口，可分别单击窗口左边的“总账”“往来管理”“现金银行”和“项目管理”可以以图标命令方式执行账务处理业务的相关操作，或者单击窗口上面的横排菜单“总账”“往来管理”“现金银行”和“项目管理”命令，可打开下拉式菜单，执行账务处理的相关操作，如图 4-72 所示。

图 4-72

4.7.1 总账系统应用流程

总账系统应用流程如图 4-73 所示。

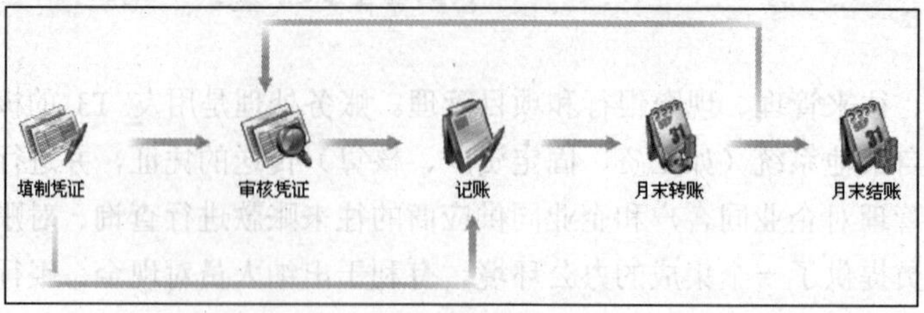

图 4-73

4.7.2 初始化设置

初始化设置是使用总账系统的第一步，直接关系到系统的日后使用和业务点控制便利与否，初始化设置时要建立基础档案，并且录入会计科目的期初余额。

1. 选项设置

建立新的账套后，业务变更或发生其他情况，有可能账套信息与核算单位所要求的内容不符，此时可以通过选项设置功能进行查看和调整，如改变“制单控制”和“凭证编号方式”、转换“固定汇率”和“浮动汇率”、改变账簿打印格式等。

（1）在“用友 T3”窗口中单击“总账”菜单，在下拉式菜单中选择“设置”，然后打开“选项”命令，系统打开“选项”窗口，如图 4-74 所示。

图 4-74

（2）在“选项”窗口中包含“凭证”“账簿”“会计日历”和“其他”选项卡。

①“凭证”选项卡，用于设置与凭证相关的控制项。

- “制单序时控制”：表示填制凭证时，凭证日期只能由前往后填。例如，填制了 2009 年 1 月 5 日的凭证就不能填制 2009 年 1 月 4 日的凭证。
- “支票控制”：表示在制单时录入了未在支票登记簿中登记的支票号，系统将提供登记支票登记簿的功能。
- “资金及往来赤字控制”：表示在资金和往来科目制单时，如果最新余额出现负数，系统将予以提示。
- “制单权限控制到科目”：表示在制单时，只有具有相应制单权限的科目才能制单。只有在系统管理的“功能权限”：中设置科目权限，此项才有效。
- “允许修改、作废他人填制的凭证”：表示在制单时可修改或作废别人填制的凭证。
- “允许查看他人填制的凭证”：不勾选时，非帐套主管只可以查看到本人填制的凭证。
- “可以使用其他系统受控科目”：如果某科目为其他系统的受控科目（如客户往来科目为应收、应付系统的受控科目，受控科目设置请参阅本书第 3 章中的会计科目设置），为了防止重复制单，应只允许其受控系统使用该科目制单，总账系统不能使用此科目制单，如果勾选该项，则表示可以使用。

● “现金流量项目必录”：若勾选此项，当前是现金流量科目时必须录入现金流量项目（现金流量科目设置请参阅本书第 3 章中的会计科目设置）。

● 凭证编号方式：可自选，建议选择系统编号。

● “凭证审核控制到操作员”：是为了明细审核的权限，设置操作员只能审核与其同部门的操作员填制的凭证，而不能审核其他部门操作员填制的凭证（其他部门的操作员可同时拥有填制凭证的权限）。

● “外币核算”：在此选择相应的汇率方式——固定汇率、浮动汇率。“固定汇率”是指在制单时，一个月只按一个固定的汇率折算本位币金额。“浮动汇率”是指在制单时，按当日汇率折算本位币金额（001 账套没有设置外币核算）。

● “未审核的凭证允许记账”：如勾选此项，则未经过审核的凭证可以进行记账。

● “打印凭证页脚姓名”：表示在打印凭证时，自动打印制单人、出纳、审核人和记账人的姓名。

● “自动填补凭证断号”：表示凭证编号方式为系统编号，在新增凭证时，系统按凭证类别自动查询本月的第一个断号，并将其作为本次新增凭证的凭证号。如无断号则使用新号，编码规则不变。

● “出纳凭证必须经由出纳签字”：是指公司含有现金、银行科目的凭证必须由出纳人员通过“出纳签字”功能对其核对，并使用系统提供的签字功能签字后才能记账。

● “新增凭证时，自动带入的凭证日期”：可以选择最后一次录入凭证的日期，也可以选择当前登录用友系统的日期。

② “账簿”选项卡，用来设置凭证、账簿的打印格式。单击“编辑”按钮可进行修改，如图 4-75 所示。“凭证、账簿套打”选项设置是指可将凭证或账页打印在普通白纸上，也可打印在用友公司提供的套打纸上。

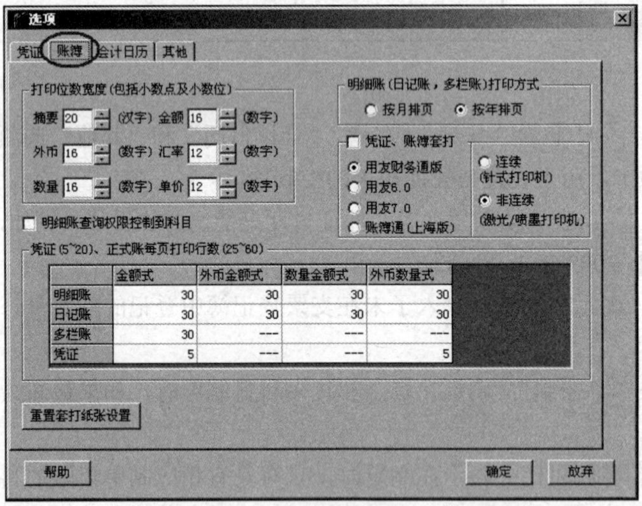

图 4-75

③“会计日历”选项卡，可以查看各会计期间的开始日期与结束日期、启用会计年度和启用日期，如图 4-76 所示。

修改设置需要在系统管理中进行操作（会计期间可以任意位置，如可以是本月的 25 日到下个月的 24 日）。总账系统的启用日期不能在系统的启用日期之前，录入汇率后不能修改总账启用日期，总账中若已录入期初余额（包括辅助期初），则不能修改总账启用日期；总账的启用日期不能修改为总账中已制单的月份，总账的启用日期不能修改为其他系统中已制单的月份，第二年进入系统，不能修改总账的启用日期。

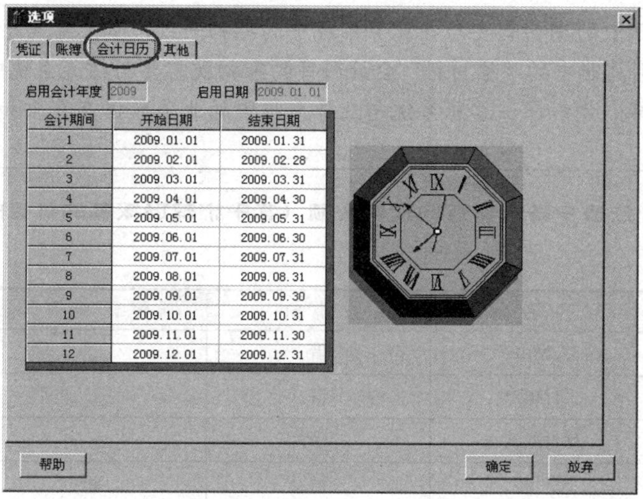

图 4-76

注意 要修改账套设置，需在系统管理中以账套主管的身份注册，而不是以 Admin 的身份注册。请参阅本书第 2 章系统管理。

④“其他”选项卡，可以查询本套账的账套名称、单位名称、账套路径、行业性质和科目级长，可以更改数量小数位、单价小数位和本位币精度，可以设置部门、个人、项目的排序方式以及数量、单价、本位币的小数位，如图 4-77 所示。

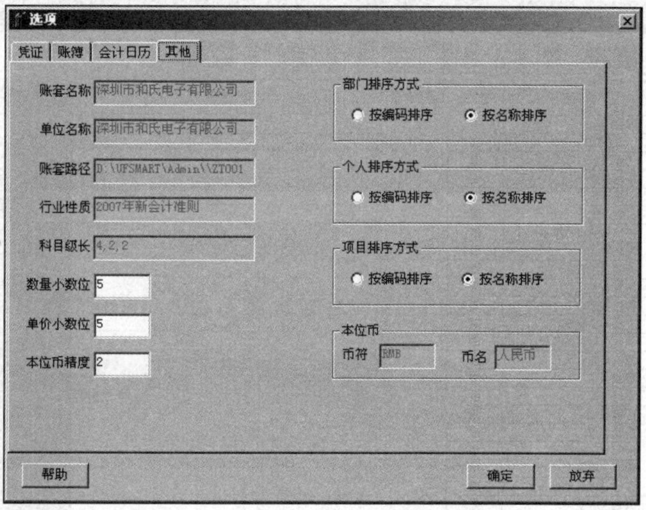

图 4-77

2. 录入期初余额

初次使用总账系统时，要将启用前的期初数据状态录入到总账中，以此数据为开始节点，进行后期发生业务的数据起始点。总账系统中的期初余额就是指各会计科目的期初余额。

当进入第二年度处理时，系统自动将上年度未处理完全的单据转成为下一年度的期初余额 。在下一年度的第一个会计期间里，可以进行期初余额的调整。

提示 总账中的期初需要与各业务系统中的期初一致，如总账与仓库都是在同一个月启用的，则总账中的“原材料”会计科目的期初就需要与核算系统中的原材料金额一致，只有这样，才能保证总账系统与业务系统中的业务数据在期初和后期业务发生时都保持一致。

例4-9　在 001 账套中录入科目的期初余额（其中带辅助核算的科目的期初余额需要明细录入），数据如下。

科目编码	科目名称	方　　向	累计贷方	期初余额
100101	人民币	借	0	30,000.00
100201	工行账户	借	0	200,000.00
1123	预付账款	借	0	20,000.00
1403	原材料	借	0	104,230.00
1405	库存商品	借	0	29,100.00
1601	固定资产	借	0	110,500.00
1602	累计折旧	贷	0	6,500.00
2203	预收账款	贷	0	10,000.00
4001	实收资本	贷	0	777,330.00

（1）在“用友 T3”窗口中单击“总账”菜单，在下拉式菜单中选择“设置”，打开“期初余额”命令，系统弹出“期初余额录入”窗口，如图 4-78 所示。

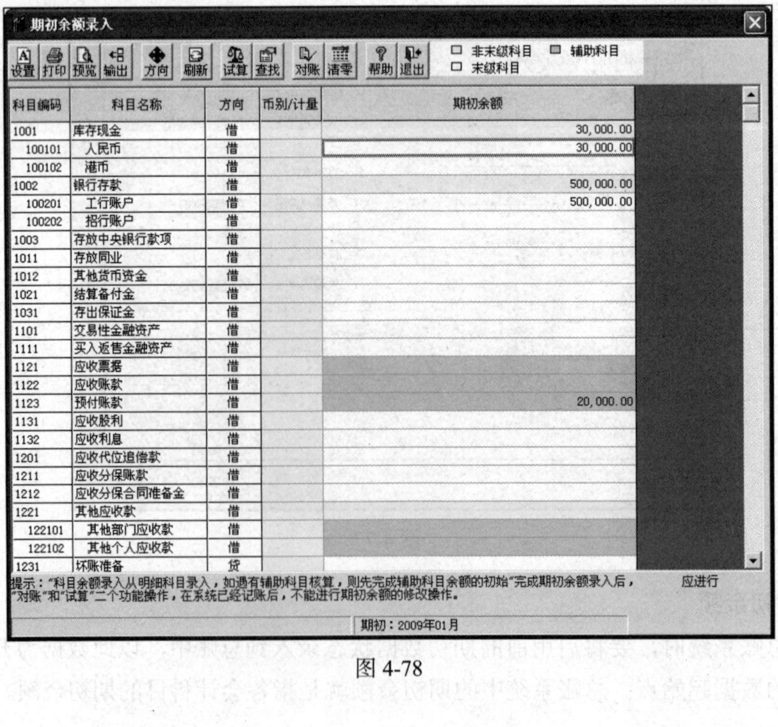

图 4-78

（2）双击“期初余额”栏，录入该科目的期初余额（以表10-1数据为例，科目为“现金”的期初余额栏录入30000）；如果该科目有下级明细科目，只录入末级明细科目的余额即可，上级科目的余额由系统自动汇总之后填入（以表例4-9数据为例，就只需在下级科目“工行账户”期初余额栏录入200000，“招行账户”期初余额栏为0，则科目“银行存款”的期初余额由系统自动计算，结果为200000）；有红字余额则先转入负号“–”，然后再输入余额；外币核算先录入的是本币金额，而后录入外币金额。

科目设置中有5种辅助核算方式（会计科目的辅助核算方式设置请参阅本书第3章会计科目设置），下面分别介绍这5种辅助核算的期初余额的录入方式（在窗口中，带辅助核算的会计科目是用淡蓝色来标识的），即客户往来辅助核算、供应商往来辅助核算、个人往来辅助核算、部门辅助核算和项目辅助核算。

如双击“应收账款”会计科目（“应收账款”会计科目被设置成了客户、部门往来核算），系统打开“客户部门往来期初”录入窗口。单击“增加”菜单，系统增加一空白应收账款记录，在此录入该会计科目的明细辅助核算期初余额，如图4-79所示。

提示

如果往来科目在业务系统已经设置好了期初（如采购管理系统中的采购期初，请参阅本书第4章中的采购期初记账），则可以单击“引入”按钮将业务系统中的期初引到总账中作为会计科目的期初。

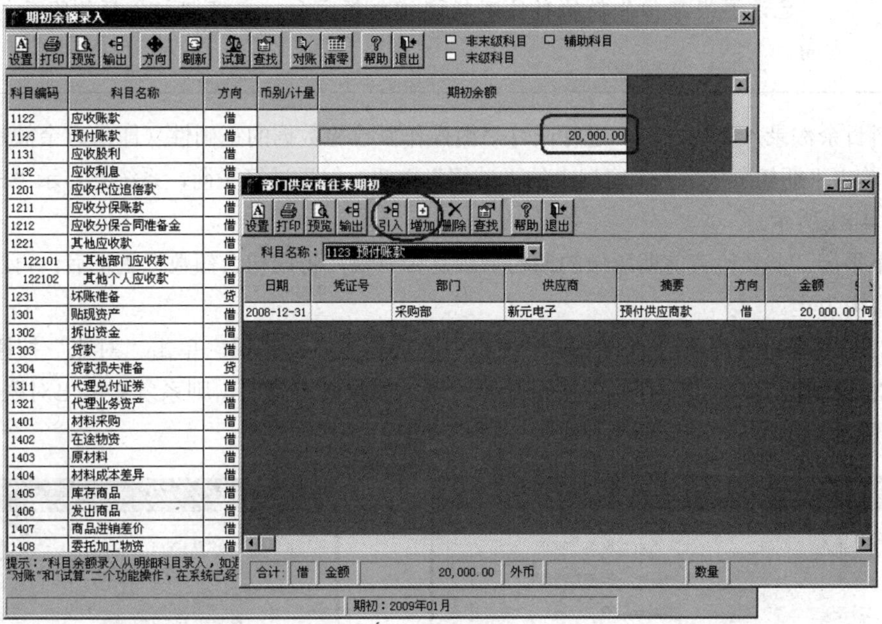

图4-79

录入完毕，单击“退出”按钮即保存退出辅助核算录入窗口，系统将录入的明细期初余额累加之后放入到该会计科目中。

（3）系统会为科目余额指定余额方向，用户也可以调整科目的余额方向。选定需要调整余额方向的科目，然后单击“期初余额录入”窗口上的“方向”按钮，系统提示是否需要调整余额方向窗口，需要调整则单击“是”按钮，如图4-80所示。

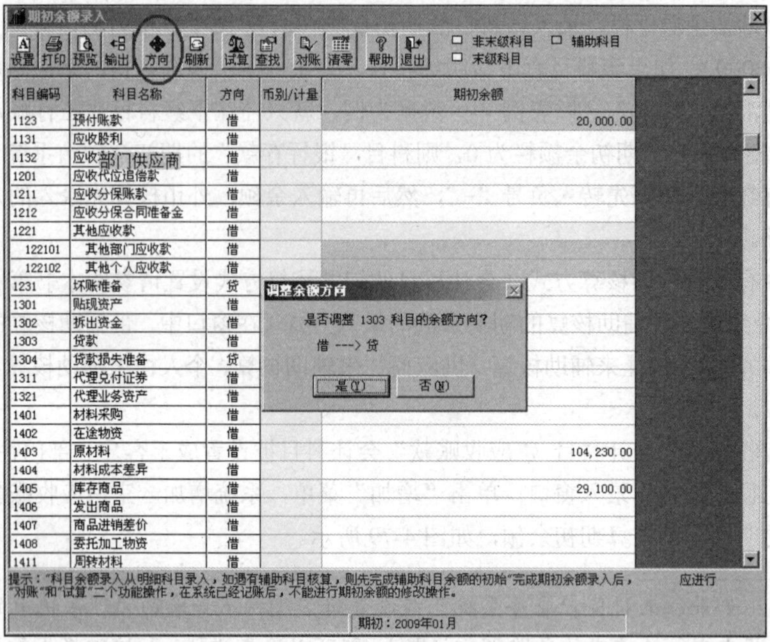

图 4-80

已设置好期初余额的科目不能调整余额方向，需将期初余额删除后再调整余额方向。

（4）科目余额录入完毕之后，进行试算平衡操作以检验数据的正确性（即借方余额是否等于贷方余额）。单击“期初余额录入”窗口上的“试算”按钮，如果试算平衡，系统会显示“试算结果平衡”，如图 4-81 所示。

试算不平衡，需要检查前期所做的期初余额是否有误，将期初余额数据更正后，再运行试算功能，直到平衡为止。

（5）对账用来检查总账与辅助账或明细账中的数据是否有错误。单击“对账”按钮，系统弹出“期初对账”窗口，单击“开始”按钮开始对账，如果没有错误，则系统会给出对账成功信息，如图 4-82 所示。

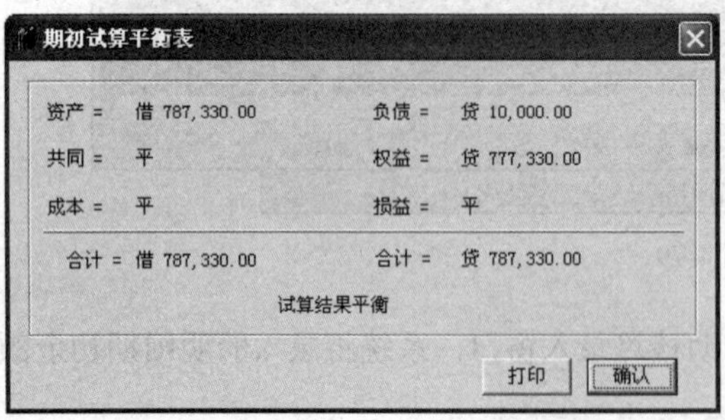

图 4-81

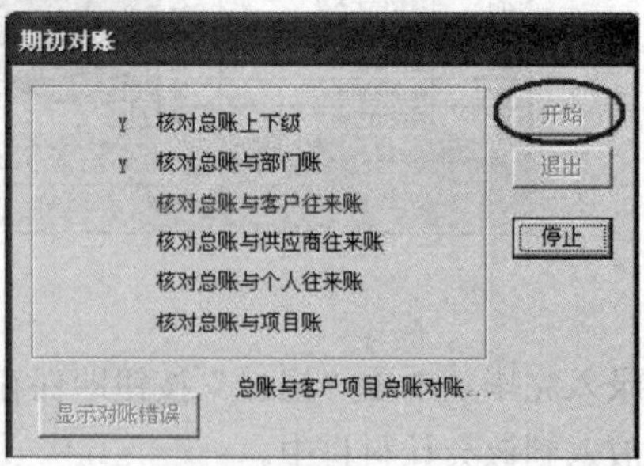

图 4-82

如果出现对账错误，系统会给出对账错误提示，可以单击“显示对账错误”按钮查看对账错误信息。

“清零”是用来处理指定科目的下级科目的期初余额互相抵消使本科目的期初余额为零时（如1002银行科目下面有两个明细科目，期初余额相等，但是方向一正一负，则正好互相抵消，则1002的期初余额为0），清除此科目的下级科目的期初余额，使其置为零。

注意

清零功能只能在没有已记账的凭证时使用，清零之后不能恢复操作，切记慎用。

（6）单击“退出”菜单，退出期初余额录入窗口。

注意

如果是年初建账（本书中的001账套选择的是年初建账），可以直接录入年初余额。如果是年中建账（如3月建账），需要录入所建账月份的期初余额和从该年年初到该月份的借、贷方累计的发生额，之后系统会自动计算年初余额；凭证记账后，期初余额只能浏览，不能修改，如果修改，需将所有记账的凭证取消记账方可。

3. 明细权限设置

本功能用来设置明细账科目查询权限、凭证审核权限和制单科目使用权限。

（1）在“用友T3”窗口中单击“总账”菜单，在下拉式菜单中选择“设置”，然后再选择“明细账权限”，系统打开“明细权限设置”窗口，如图4-83所示。

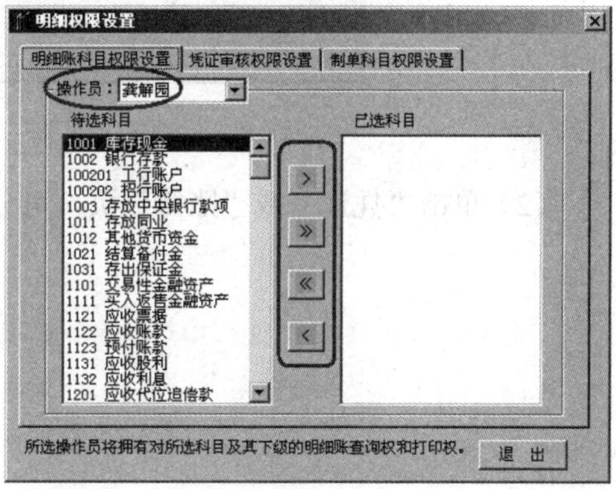

图4-83

（2）“明细账科目权限设置”功能是查询和打印明细账权限的一个补充。一般情况下，凡是拥有查询明细账权限的操作员都可以查询所有科目的明细账，但是有些时候，希望对查询和打印权限作进一步细化，如只允许某操作员查询或打印某科目明细账，而不能查询或打印其他科目的明细，则可通过此功能进行设置。首先选择需要进行设置的操作员，然后通过单击箭头键，将可以进行查询的科目从“待选科目”中选择进入到“已选科目”中，单击“退出”即保存并退出。

“凭证审核权限设置”是凭证审核权限的一个补充。一般情况下，凡是拥有凭证审核权限的操作员都可以审核其他所有操作员填制的凭证，但是有些时候，希望审核权限作进一步细化，如只允许某操作员审核其本部门的操作员填制的凭证，而不能审核其他部门操作员填制的凭证，则可通过此功能进行设置。

“制单科目权限设置”是制单权限的一个补充。一般情况下，凡是拥有制单权限的操作员都可以使用所有科目填制凭证，但是有些时候，希望对制单权限作进一步细化，如只允许某操作员使用某些科目填制凭证，则可通过此功能进行设置。

凭证审核权限设置和制单科目权限设置方式与明细账科目权限设置操作方式类似。

4. 总账套打工具

当凭证或账簿处理完成之后进行打印时，可以用普通白纸进行打印，也可以选择用友公司提供的专用凭证或账簿打印纸进行打印，因为该种凭证或账簿打印纸是印好表格线的专用打印纸，所以在打印时只需要打印凭证或账簿中的内容，效果非常美观。在打印过程中可能有打印结果与表格线对不准确的情况，需要用到总账套打工具进行设置。

（1）在“用友 T3”窗口中单击“总账”菜单，在下拉式菜单中选择“设置”，然后再选择“总账套打工具”，系统打开“总账套打工具”窗口，如图 4-84 所示。

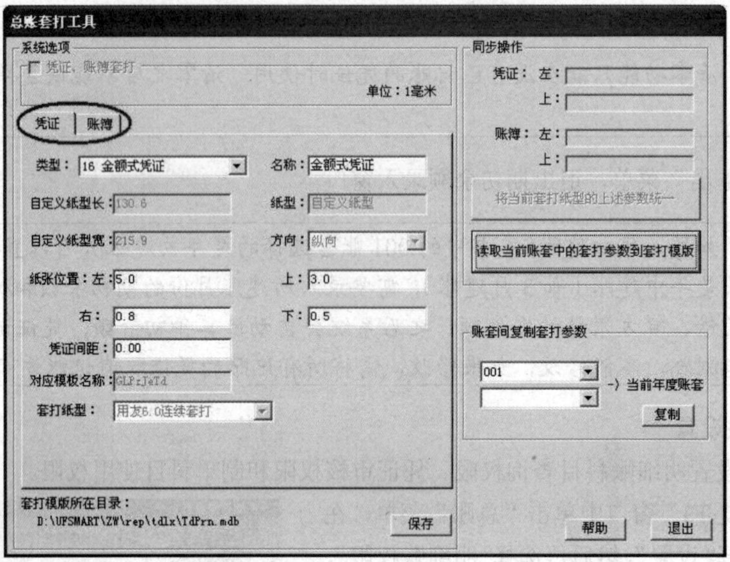

图 4-84

（2）单击“凭证”或“账簿”页，可分别对凭证或账簿套打进行设置。

销售与应收 第5章

本章重点

- 如何处理销售订货业务
- 如何处理销售发货或销售退货
- 如何处理销售结算
- 如何进行相关销售账表查询

5.1 日常业务

销售中的日常业务主要包括销售订货、销售发货、销售开票、代垫费用和销售支出等。

5.1.1 销售订货

销售订货是指由购销双方确认、客户要货需求的过程，用户根据销售订单组织货源，并对订单的执行进行管理、控制和追踪。

销售订单是反映由购销双方确认的客户要货需求的单据，它可以是企业销售合同中关于货物的明细内容，也可以是一种订货的口头协议。

销售订单对应于企业的销售合同中订货明细部分的内容，但不能完全代替销售合同，因为销售订单中没有关于合同其他文字性叙述的内容。

例5-1 新增一张销售订单，客户为北京远东集团，货物“HE138”10 台，含税单价 4150 元（税率为 17%）。

(1) 在“用友 T3”窗口中单击“销售”菜单，在下拉式菜单中选择“销售订单”，系统打开“销售订单”处理窗口，如图 5-1 所示。

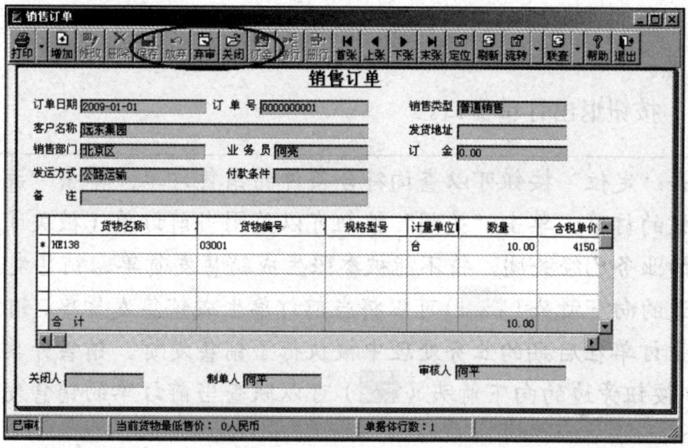

图 5-1

（2）单击“增加”按钮，以“例 5-1”数据为例新增一张销售订单，然后单击“保存”按钮保存该张新增订单。单击“审核”按钮可对新增加的订单进行审核。

（3）在销售订单的表体中单击鼠标右键，系统会弹出一个小菜单界面，可查看与本张订单相关的业务信息，如可以“查看现存量”，查看库存中存货的现存量情况，用来在做销售订单时就可以直接查询到该存货现在库存中还有的数量情况；如果该订单在后期被执行了销售开票或销售发货，则“查看当前订单的累积开票情况”用来查看当前订单的累计开发票情况，因为有可能是一张订单分次开票的情况；“查看当前订单的累积发货情况”用来查看当前订单的累计发货情况，因为有可能是一张订单分次发货的情况；“当前订单预估毛利”用来预测当前订单的预估毛利，预估毛利（本币）=无税金额（本币）−参考成本（请参阅本书第 3 章中的存货档案设置）× 数量；“查看当前订单对应的发货单”用来查看当前订单所对应的发货单；“查看当前订单对应的发票”用来查看当前订单所对应的发票，如图 5-2 所示。

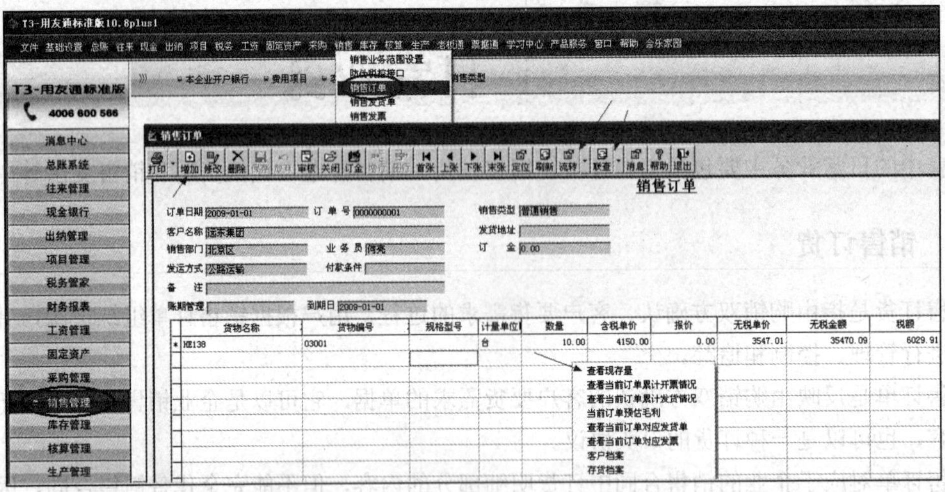

图 5-2

注意

订单的发货情况、开票情况都是指后期参照该张订单而生成了发货单、销售发票之后，才能够查询的结果。请参阅本章的发货和开票业务。

（4）销售订单未审核时，可以单击“订金”按钮来处理订单上客户的订金收取业务，该笔订金会转为收款单进行处理。

（5）单击“退出”按钮退出订单窗口。

注意

单击“定位”按钮可以查询符合条件的销售订单；单击“弃审”按钮可以弃审当前已审核的订单；单击“关闭”按钮可以关闭当前订单（被关闭之后的订单即表示该张订单的业务已经关闭，将不能被参照生成销售发货单、销售发票等）；单击“流转”按钮旁边的向下箭头（流转）可以将当前订单生成销售发货单、销售发票、订单复制等；如果该张订单在后期的业务处理中被执行了销售发货、销售开票、订金操作，则单击“联查”按钮旁边的向下箭头（联查）可以联查当前订单的销售发货、销售开票、销售订金。

销售订单是销售业务的起源，在填制销售订单时，可以联查仓库是否有足够货物可供销售？如果不够，则需要执行材料采购、生产加工等处理，以满足销售订单上要求的货物在指定的预发货期（销售订单表体中有预发货日期）发货。销售订单可以被库存管理系统的“生产加工单”引用，用来计算如果要完成这张销售订单业务，需要采购、生产的具体业务信息，以此为公司各部门的业务进行指导（“生产加工单”业务请参阅本书第 6 章中的生产加工单）。

注意 销售订单在销售系统中是一个可选单据，核算单位可以根据自己的实际业务需要，考虑是否需要填制销售订单。

5.1.2 发货单

销售发货是企业执行与客户签订的销售合同或销售订单，将货物发往客户的行为，是销售业务的执行阶段。

发货单是销售方作为给客户发货的凭据，是销售发货业务的执行载体。无论工业企业还是商业企业，发货单都是销售管理的核心单据。销售发货单由销售部填制之后传递给仓库，则仓库备货并将货物发送给客户（在库存管理系统中叫做销售出库单，请参阅本书第 8 章中的销售出库）。

例 5-2 以“例 5-1”的销售订单为例执行销售发货，发货数量为 5 台（尚有 5 台未发）。

（1）在“用友 T3”窗口中单击“销售”菜单，在下拉式菜单中选择“销售发货单”，系统打开“销售发货单”处理窗口，如图 5-3 所示。

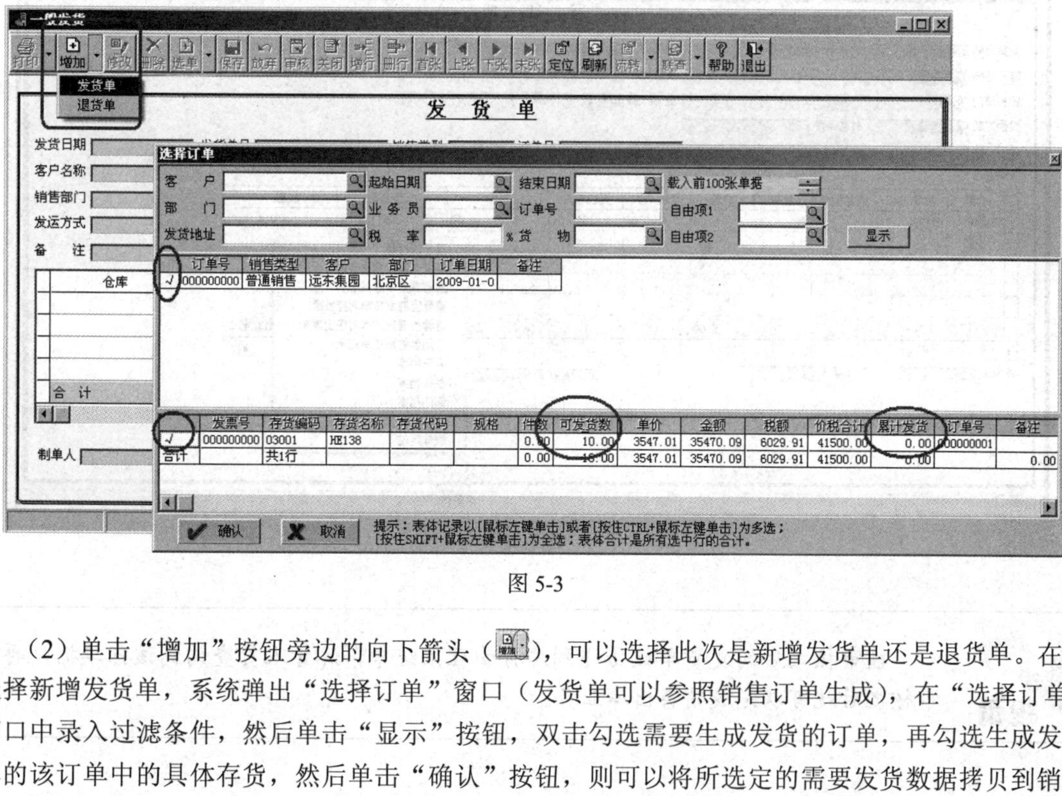

图 5-3

（2）单击“增加”按钮旁边的向下箭头（增加），可以选择此次是新增发货单还是退货单。在此选择新增发货单，系统弹出“选择订单”窗口（发货单可以参照销售订单生成），在“选择订单”窗口中录入过滤条件，然后单击“显示”按钮，双击勾选需要生成发货的订单，再勾选生成发货单的该订单中的具体存货，然后单击“确认”按钮，则可以将所选定的需要发货数据拷贝到销售发货单中。

注意 只有参照销售订单生成销售发货单，才能建立起销售订单与销售发货单之间的链接，也才能在销售订单执行统计表中查询到该张订单的执行情况（请参阅本章中的销售统计表）。

在进行销售订单过滤时，有一项叫做“可发货数”，这是表示该张销售订单被多次参照生成销售发货单（每次的发货数量可以修改），即一张订单多次发货的情况，如果在销售选项（请参阅本书第4章中的销售业务范围设置）中选择了“是否有超订单发货”项，则每次发货之后，系统都会倒扣可发货数量，避免了超出订单数量发货的情况。

如果在销售选项中没有勾选“是否有超订单发货”项，则每次的可发货数量都与销售订单数量一致，不管以前该张销售订单是否有参照而生成过发货单。如果在销售选项中选择了“允许零出库”，如果所销售的存货数量大于当前库存中的存货数量，则系统不会提示，否则会给出存货数量不够的提示。

（3）销售发货单参照销售订单生成之后，可以手工修改此次发货数量，单击“保存”按钮保存数量，单击“审核”按钮可对该张发货单进行审核。

（4）在销售发货单的表体中单击鼠标右键，则系统会弹出一个小菜单界面，可以查看现存量、查看当前发货单开票情况、当前发货单预估毛利、查看当前发货单对应发票、查看当前发货单对应出库单、关闭当前发货单，如图5-4所示。

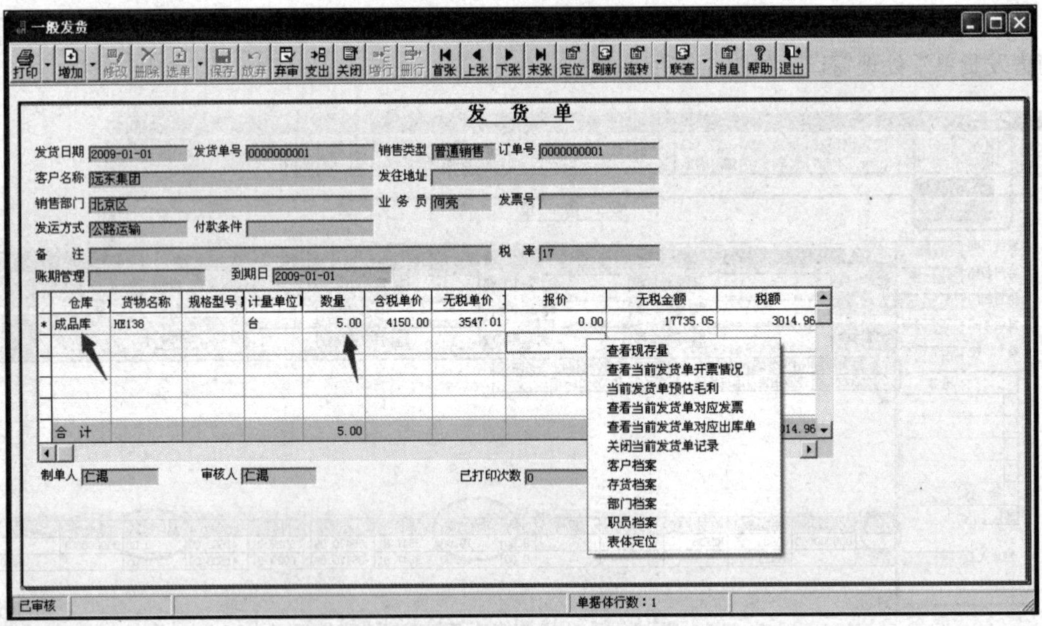

图 5-4

提示 被审核之后的发货单被传递到库存管理系统中，库管人员查询到该张单据，再次审核之后就可以完成销售出库业务。

5.1.3 销售发票

销售发票是指企业给客户开具的增值税专用发票、普通发票及其所附清单等原始销售票据。销售发票可以由销售部门参照发货单生成（即先发货后开票业务模式），也可以参照销售订单生成或直接填制（即开票直接发货业务模式）。本系统中先发货后开票和开票直接发货这两种模式可以同时存在。参照订单生成或直接填制的销售发票经复核后自动生成发货单，并根据参数设置生成销售出库单，或由库存系统参照已复核的销售发票生成销售出库单。一张订单/发货单可以拆单或拆记录生成多张销售发票，也可以用多张订单/发货单汇总生成一张销售发票。销售发票经复核后通知财务部门核算应收账款。客户通过发票取得货物的实物所有权。

例5-3 以“例 5-2”中的销售发货单为例，向客户开具一张全额销售发票。

（1）在“用友 T3”窗口中单击“销售”菜单，在下拉式菜单中选择“销售发票”，系统打开“销售发票”处理窗口，如图 5-5 所示。

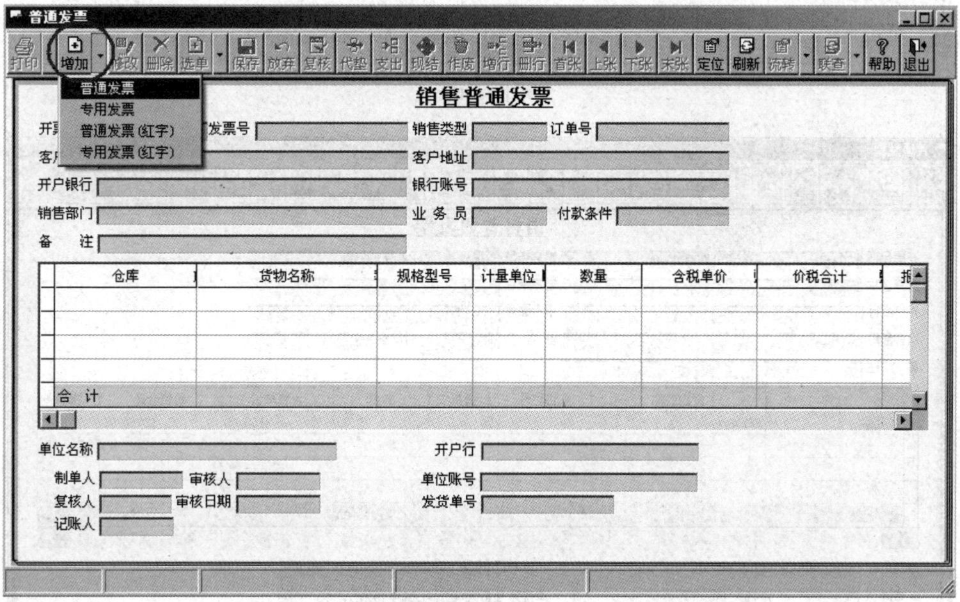

图 5-5

（2）单击“增加”按钮，可新增一张销售发票。也可以参照销售订单生成发票，或者参照销售发货单生成发票。

> **注意** 单击“增加”按钮旁边的小按钮（增加），可以选择增加发票的种类（蓝字普通发票、蓝字专用发票、红字普通发票、红字专用发票）。

（3）单击“选单”按钮旁边的小按钮（选单），选择销售发票参照销售订单或者销售发货单生成，如图 5-6 所示。

（4）如选择销售发票参照销售发货单生成，则系统弹出“选择发货单”窗口，录入过滤条件，单击“显示”按钮，系统列出符合条件的发货单，勾选需要生成销售发票的发货单，然后单击“确认”按钮，系统将选中的发货单记录拷贝到销售发票中，如图 5-7 所示。

（5）单击“保存”按钮保存销售发票，单击“复核”按钮审核该张销售发票。

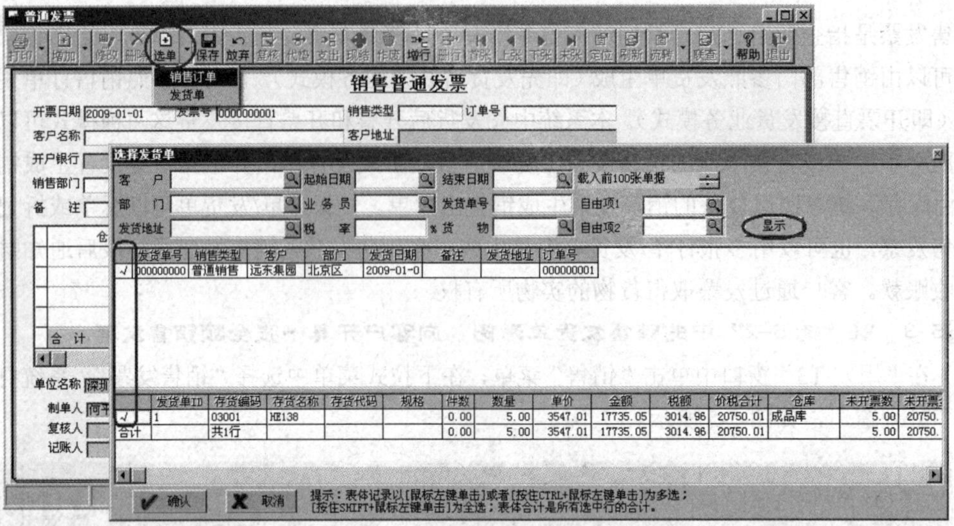

图 5-6

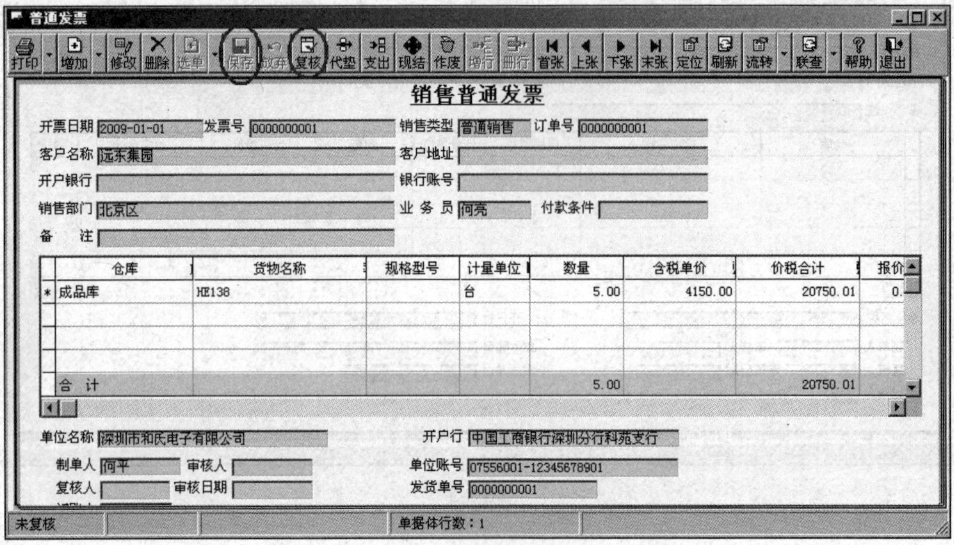

图 5-7

（6）单击“代垫”按钮则新增代垫费用单，如图 5-8 所示，表头记录根据当前发票带入，表体记录由用户录入。

在销售业务中，代垫费用指随货物销售所发生的、不通过发票处理而形成的暂时代客户垫付将来需向客户收取的费用（如运杂费、保险费等），这些费用本应由客户来支付，但由企业先垫付，然后再向客户收回，实际上形成了本企业对客户的应收款。本系统仅对代垫费用的发生情况进行登记。

代垫费用单可以直接录入，也可以在销售发票中录入，以便用户能将代垫费用单和销售发票关联起来，即确定代垫费用是随同哪张发票发生的。另外，代垫费用金额还可以分摊到各货物中。

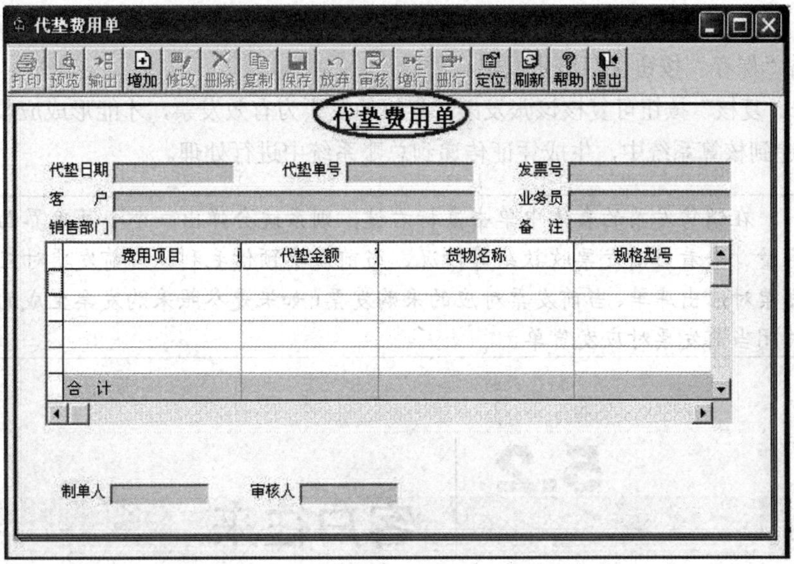

图 5-8

注意

代垫费用单的税额为 0，不能做现结处理。红字发票中也可输入负数的代垫费用。

（7）单击“支出”按钮则新增销售支出单，表头记录根据当前发票带入，表体记录由用户录入。

销售支出指在销售业务中，随货物销售所发生的为客户支付的业务执行费、现金折扣让利等费用，货物赠送也可按其成本价进行登记。

销售支出处理的目的在于让企业掌握用于某客户费用支出的情况，以及承担这些费用的销售部门或业务员的情况，作为对销售部门或业务员的销售费用和经营业绩的考核依据。与其他产品没有传递或关联关系，如给客户的佣金（俗称回扣）因为在账务处理上肯定不能正常的作账，但又为了记录和统计所产生的费用，则可以用销售支出业务来处理。

销售支出单在销售管理中仅作为销售费用的统计单据。销售支出单不需要审核。销售支出单可以在“销售支出单”直接录入，可分摊到具体的货物，不与发票发生关联；也可以在销售发票功能中单击“支出”按钮录入，与发票建立关联，可分摊到具体的货物。

（8）未复核的发票可单击“现结”进行现结，现结后可以弃结。

现结是在款货两讫的情况下，在销售结算的同时向客户收取货币资金。

在销售发票收到货款后可以随时对其单据进行现结处理，现结操作必须在单据复核操作之前。一张销售单据可以全额现收，也可以部分现收，结算金额不得大于应收金额。

在销售发票复核前进行现结/弃结，已复核的发票不能再现结/弃结；现结处理后系统做收款核销处理。

注意

现结的发票在核算系统中进行现结制单生成凭证传递到总账。

（9）单击“作废”按钮可对未复核的发票作废，取消作废可以单击“弃废”按钮。

（10）单击“保存”按钮保存该张发票。

（11）单击“复核”按钮可复核该张发票。复核的发票为有效发票，才能形成应收账款，进行收款结算，并传递到核算系统中，生成凭证传递到总账系统中进行处理。

> **提示** 在销售发票的表体中单击鼠标右键，则系统会弹出一个小菜单界面，可以查看现存量、查看当前发票收款结算情况、当前发票预估毛利、当前发票对应发货单、当前发票对应出库单、当前发票对应的采购发票（如果是参照采购发票生成的情况才方可）、关闭当前发票对应发货单。

5.2 客户往来

客户往来可以处理客户往来期初、应收单、收款结算、应收冲应收、预收冲应收、应收冲应付、红票对冲、汇兑损益、取消操作和收款结算单列表。

客户往来期初在本章的6.3节销售期初记账中有介绍，在此就不再介绍了。

5.2.1 应收单

企业的应收款一部分由销售发票组成，一部分由应收单组成（如客户向企业借款）。

（1）在“用友T3”窗口中单击“销售”菜单，在下拉式菜单中选择“客户往来”，然后选择“应收单”，系统打开“应收单”列表，如图5-9所示。

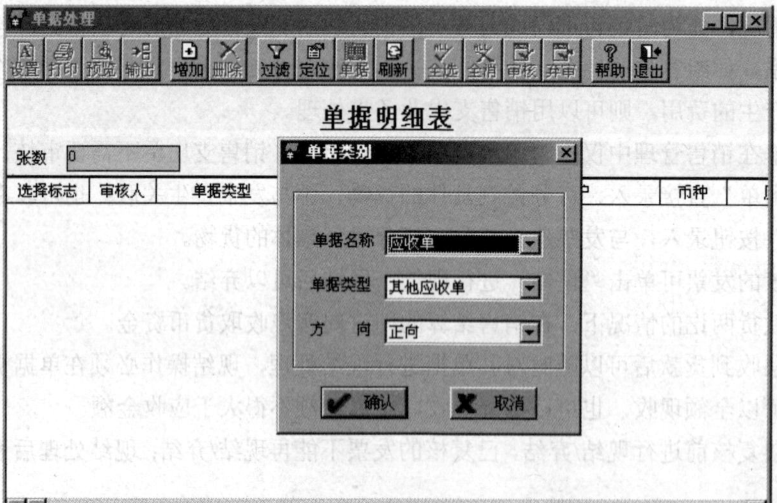

图5-9

（2）单击“增加”按钮，选择要增加的单据类别，由于销售发票是由销售系统生成，所以在此只能增加单据名称“应收单”，单击“确认”按钮，系统打开应收单录入窗口，如图5-10所示。

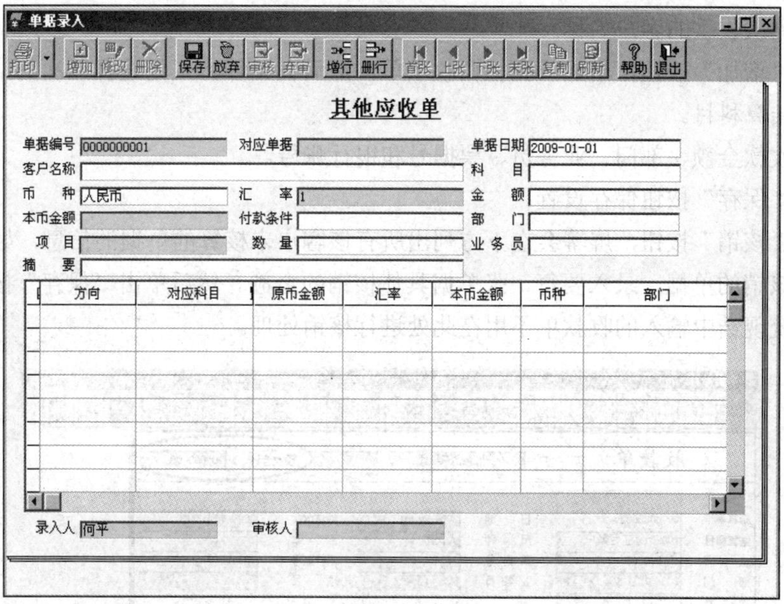

图 5-10

（3）在此增加应收单内容，单击“保存”按钮保存应收单，单击“审核”按钮审核当前应收单。

5.2.2 收款结算

收款结算就是指确定收款单与原始的发票、应收单之间对应关系的操作。需要指明每一次收款是收的哪几笔销售业务的款项，而且可以进行异币种之间的核销处理。明确核销关系后，更好地管理应收账款。

例5-4 收到客户北京远东集团 10000 元，对“例 5-3”的销售发票所形成的应收款进行收款结算，结算 9000 元，另外 1000 元做预收处理。

（1）在“用友 T3”窗口中单击“销售”菜单，在下拉式菜单中选择“客户往来”，然后选择“收款结算”，系统打开“收款单”处理窗口，如图 5-11 所示。

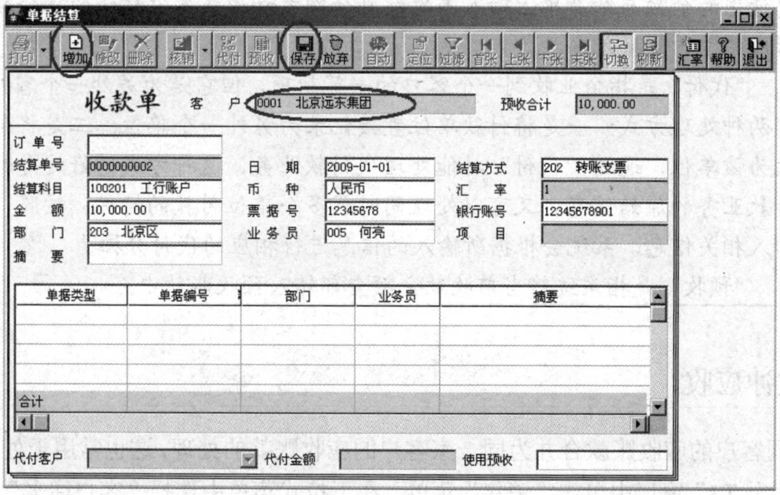

图 5-11

（2）选择此次收款的客户名称。

（3）单击“增加”按钮，增加一张空白收款单，然后在结算方式处选择此次的结算方式，根据结算方式选择结算科目。

（4）录入收款金额、部门、业务员、票据号和银行账号。

（5）单击“保存”按钮保存设置。

（6）单击“核销”按钮，屏幕会在下方列出所有该客户未核算的单据的信息，如图5-12所示，可以选择所要核销的单据，录入要每一张单据具体核销的金额。然后单击“保存”按钮完成核销工作。在销售系统现结中输入的收款单不用在此处进行核销处理。

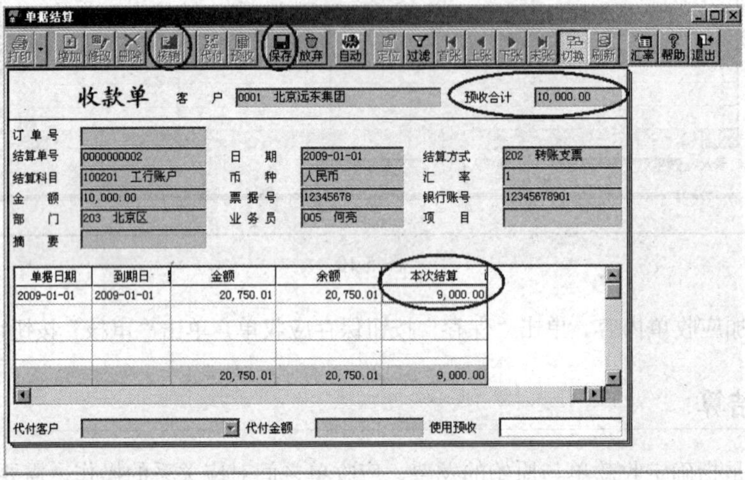

图 5-12

如果要取消核销处理，请参阅本章中的“取消操作”业务。

同币种核销时，如果结算的金额小于收款单金额与预收款的使用金额之和，则系统优先使用收款单的金额。例如收款单金额100，本次使用预收款100，但本次结算150；则收款单结算100，预收款仅使用50。

异币种核销时，可使用的预收款币种必须与结算单币种相同，在使用时，输入需要使用的金额与结算单上输入本次结算金额之和形成本次核销的总金额，以此来结算形成的币种兑换差异。

提示

“代付”是指企业收到一个客户的一笔款项，但它是为另外一个客户付的款，这时有两种处理方式：一是将付款单位直接记录为另外一个单位；二是将付款单位仍然记录为该单位，通过“代付”功能处理代付款业务，这种方式的好处是既可以保留该笔付款业务的原始信息，又可以处理同时代多个单位付款的情况。按照“各栏目说明”输入相关信息，系统会根据所输入的信息进行相应的代付分摊。

“预收”是指系统将当前收款金额全部转入预收账款中。

5.2.3 应收冲应收

将两笔不同客户的应收账款合并为同一家客户的应收账款的处理，这也常用于处理三角款关系。

（1）在“用友T3”窗口中单击“销售”菜单，在下拉式菜单中选择“客户往来”，然后选择“应收冲应收”，系统打开“应收冲应收”处理窗口，如图5-13所示。

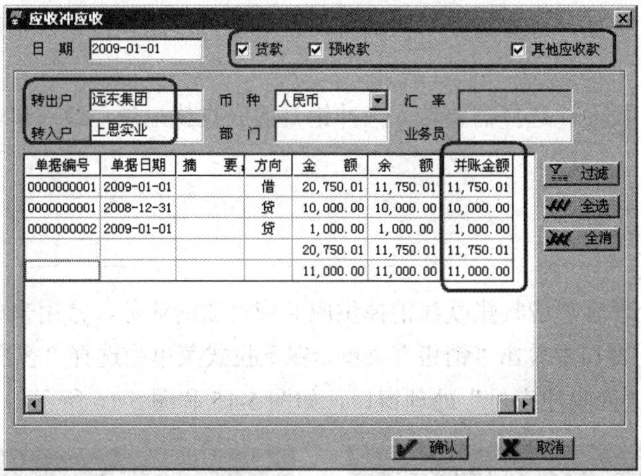

图 5-13

（2）首先选择需要进行处理的单据（货款、预收款、其他应收款）。

（3）然后选择“转出户”和“转入户”。

（4）单击“过滤”按钮，系统列出所有符合条件的记录。

（5）双击“并账金额”栏，在此录入具体需要从转出户并账到转入户的金额。

（6）单击“确认”按钮，系统完成应收冲应收处理。

注意 每一笔应收款的转账金额不能大于其余额，每次只能选择一个转入单位。

5.2.4 预收冲应收

将指定客户的预收账款用于核销该客户的应收账款。

（1）在“用友 T3”窗口中单击“销售”菜单，在下拉式菜单中选择“客户往来”，然后选择“预收冲应收”，系统打开“预收冲应收”处理窗口，如图 5-14 所示。

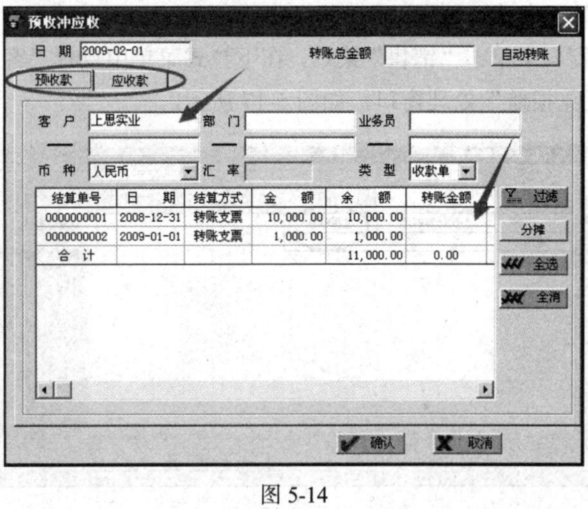

图 5-14

（2）在“预收款”页面，选择需要转账的客户，单击“过滤”按钮，筛选需要转账的记录，录入转账金额。

（3）在“应收款”页面，选择需要转入（冲销）的应收款记录，最后单击“确认”按钮完成预收冲应收动作。

5.2.5 应收冲应付

应收冲应付用来处理客户应收账款核销掉供应商应付款的业务，常用来处理三角款的业务。

（1）在“用友 T3”窗口中单击“销售”菜单，在下拉式菜单中选择“客户往来”，然后选择“应收冲应付”，系统打开“应收冲应付”处理窗口，如图 5-15 和图 5-16 所示。

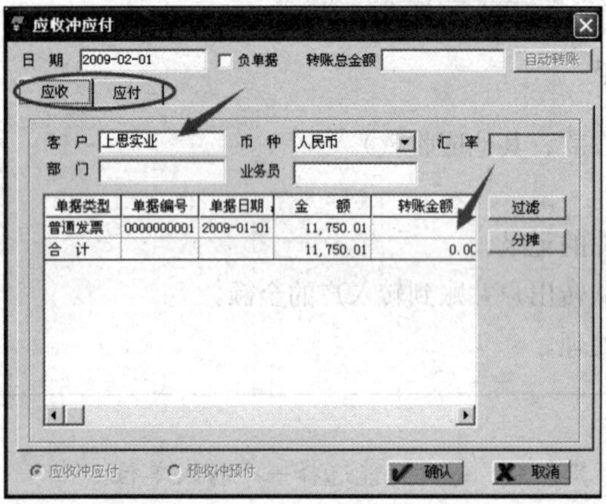

图 5-15

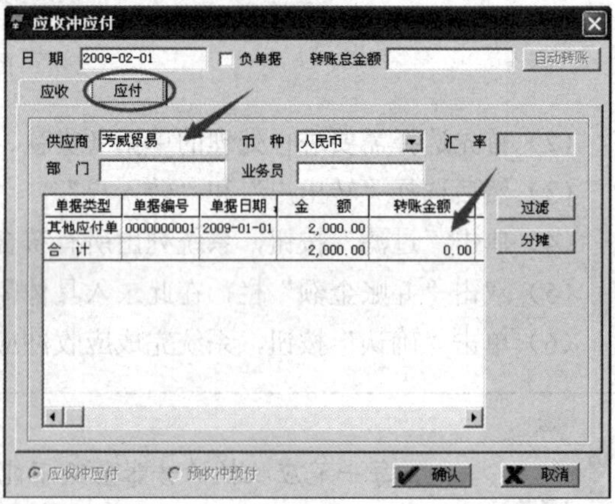

图 5-16

（2）在“应收”页选择客户的应收款，在“应付”页选择供应商的应付款，录入转账金额，最后单击“确认”转账。

5.2.6 汇兑损益

可以在此计算外币单据的汇兑损益并对其进行相应的处理。在使用本功能之前，应首先在系统选项中选择汇兑损益的处理方法。

（1）在“用友 T3”窗口中单击“销售”菜单，在下拉式菜单中选择“客户往来”，然后选择“汇兑损益”，系统打开“汇兑损益”处理窗口，如图 5-17 所示。

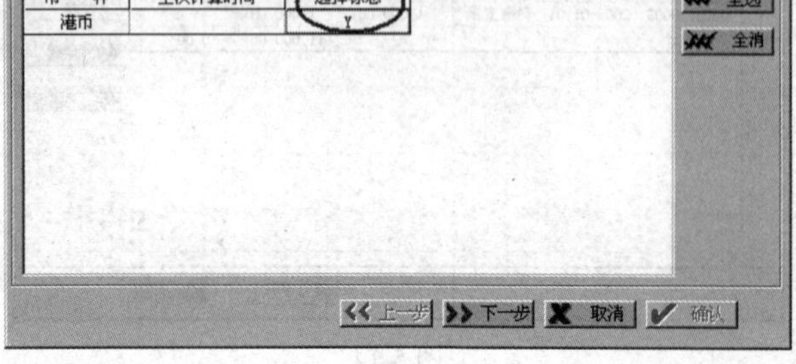

图 5-17

（2）双击需要进行汇总损益的币种的“选择标志”栏，使其变为“Y”字样，然后单击“下一步”按钮执行汇总损益处理。

5.2.7 取消操作

如果误处理或其他原因，在此可以取消操作（取消核销、取消转账、取消汇兑损益、取消并账操作）。

（1）在“用友 T3”窗口中单击“销售”菜单，在下拉式菜单中选择“客户往来”，然后选择“取消操作”，系统打开“取消操作”处理窗口。选择需要取消操作的操作类型和其他过滤条件，然后单击“确认”按钮，系统列出所有符合条件的记录，如图 5-18 所示。

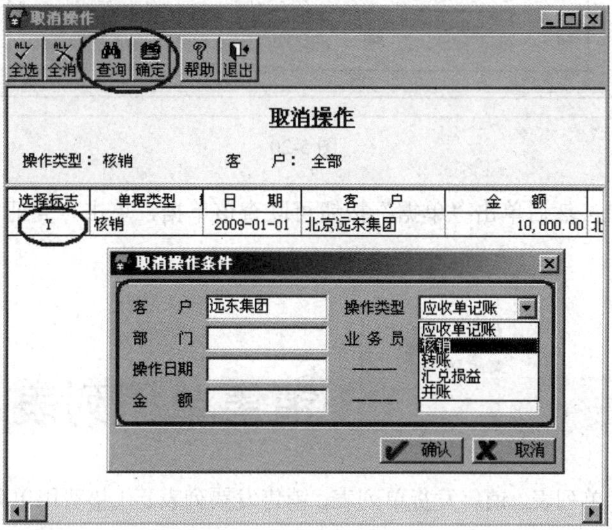

图 5-18

（2）双击需要取消操作记录的“选择标志”栏，使其变为“Y”字样。

（3）单击“确定”按钮完成该业务的取消处理。

5.2.8 收款结算单列表

单据的查询包括发票、应收单、结算单和凭证的查询。可以查询已经审核的各类型应收单据的收款情况、结余情况；也可以查询结算单的使用情况；还可以查询本系统所生成的凭证，并且对其进行修改、删除和冲销等操作。

（1）在“用友 T3”窗口中单击“销售”菜单，在下拉式菜单中选择“客户往来”，然后选择“收款单列表”，系统打开“结算单查询”条件过滤窗口，如图 5-19 所示。

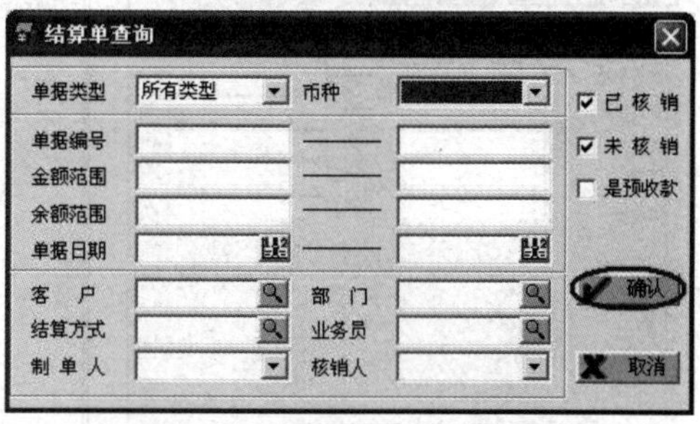

图 5-19

（2）在此录入过滤条件，然后单击“确认”按钮，系统列出所有符合条件的记录，如图 5-20 所示。

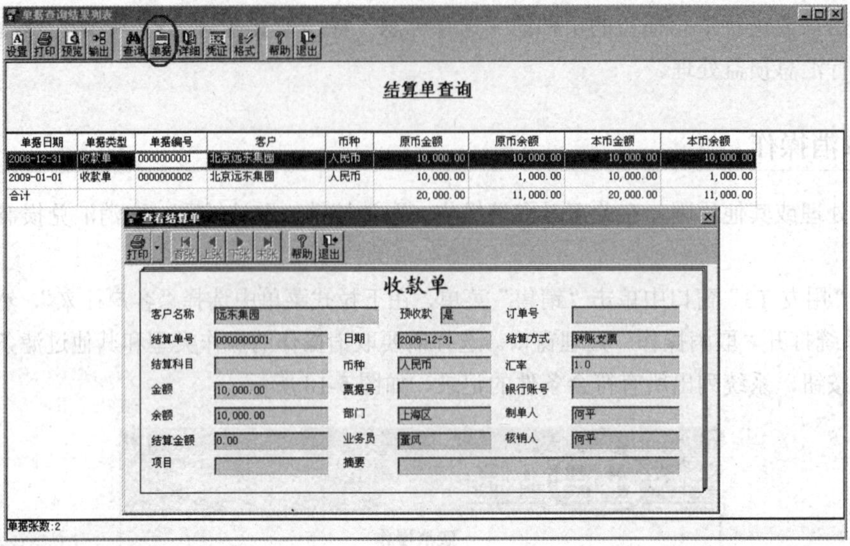

图 5-20

（3）选中具体记录，然后单击“单据”按钮可联查该单据，单击“凭证”按钮，可联查到该记录生成的凭证。

5.3 销售单据列表

在此可查询销售订单列表、销售发货单列表、销售发票列表、代垫费用单列表和销售支出单列表。以销售发货单列表为例。

（1）在“用友 T3”窗口中单击“销售”菜单，在下拉式菜单中选择“销售单据列表”，然后选择“销售发货单列表”，系统打开“单据过滤条件”窗口，如图 5-21 所示。

（2）在此进行过滤条件设置，然后单击“确认”按钮，系统列出所有符合条件的记录，如图 5-22 所示。

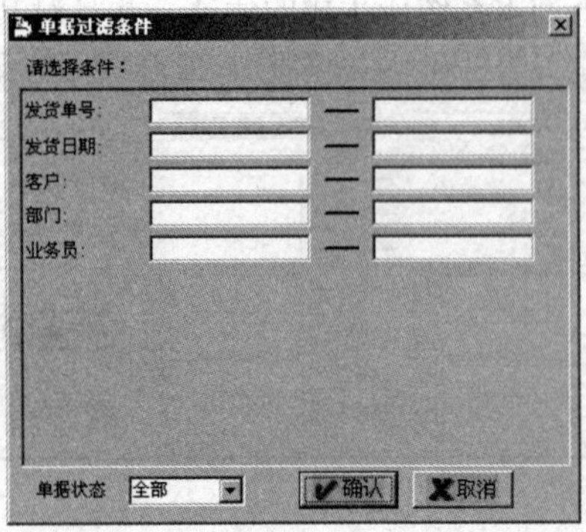

图 5-21

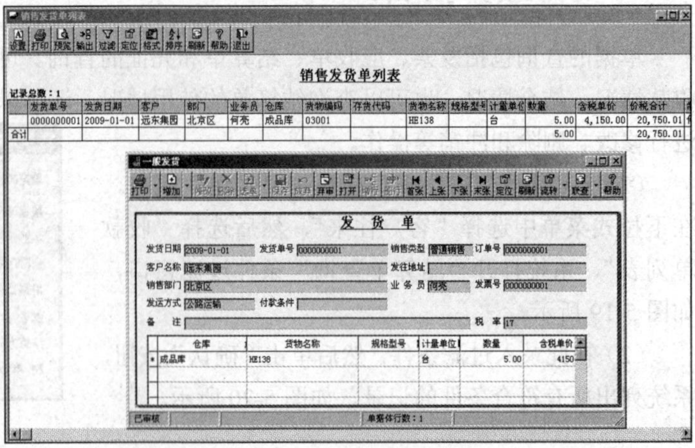

图 5-22

（3）双击具体的记录，系统可显示生成该记录的原始单据。

5.4 销售明细账

在此可查询销售收入明细账、销售成本明细账、销售明细账、发货结算勾对表和劳务收入明细账。

以销售明细账为例。

（1）在“用友 T3”窗口中单击“销售”菜单，在下拉式菜单中选择“销售明细账”，然后选择“销售明细账”命令，系统打开“销售明细账”窗口，如图 5-23 所示。

（2）在此录入分组条件和过滤条件，然后单击“确认”按钮，系统列出所有符合条件的记录，如图 5-24 所示。

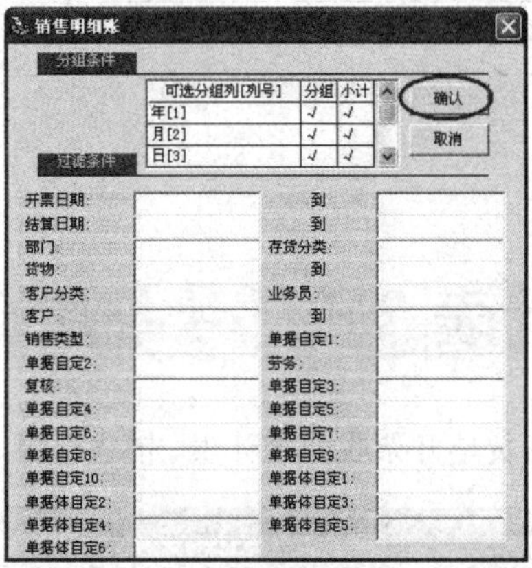

图 5-23

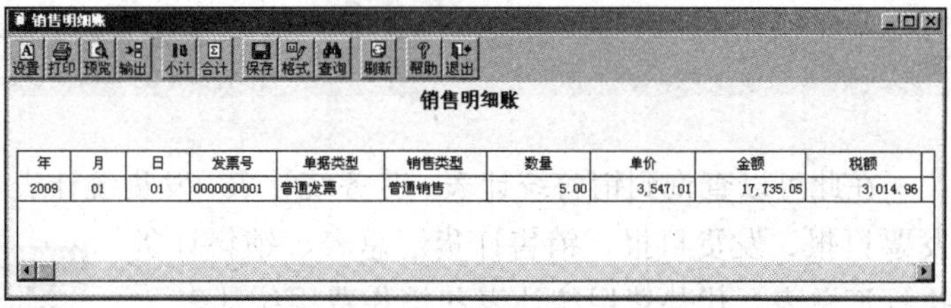

图 5-24

（3）双击具体的记录，可显示生成该记录的原始单据。

5.5 销售明细表

在此可查询销售订货明细表、销售明细表、销售发货明细表、退货明细表、现收款明细表、普通发票使用明细表、专用发票使用明细表、代垫费用明细表和销售费用明细表。

以普通发票使用明细表为例。

（1）在“用友 T3”窗口中单击“销售”菜单，在下拉式菜单中选择“销售明细账”，然后选择“普通发票使用明细表”命令，系统打开“发票使用明细表（普通）”条件过滤窗口，如图 5-25 所示。

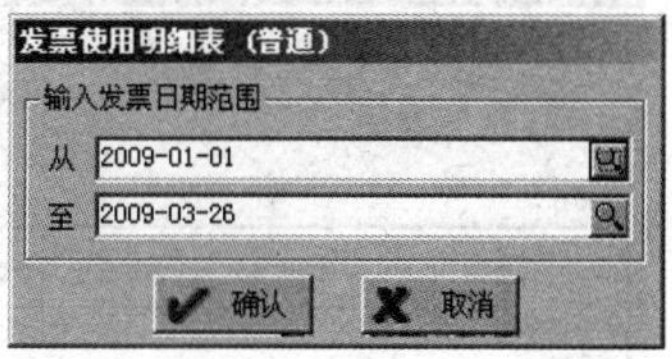

图 5-25

（2）在此选择所查询的发票日期范围，然后单击“确认”按钮，系统列出所有符合条件的记录，如图 5-26 所示。

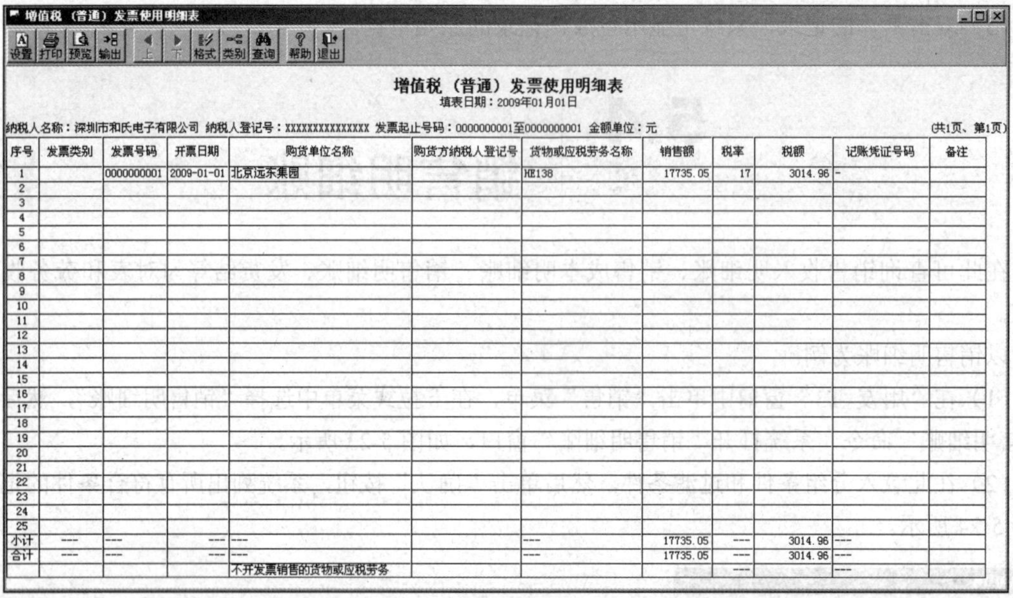

图 5-26

5.6 销售统计表

在此可以查询到销售统计表、劳务统计表、发货统计表、发货单开票收款统计表、销售日报、发票日报、发货日报、销售订货汇总表、销售订货执行汇总表、代垫费用统计表和销售费用统计表。

以销售订货执行汇总表为例。

（1）在“用友T3”窗口中单击“销售”菜单，在下拉式菜单中选择“销售统计表”，然后选择“销售订货执行汇总表”命令，系统打开“销售订货执行汇总表”汇总方式和条件过滤窗口，如图5-27所示。

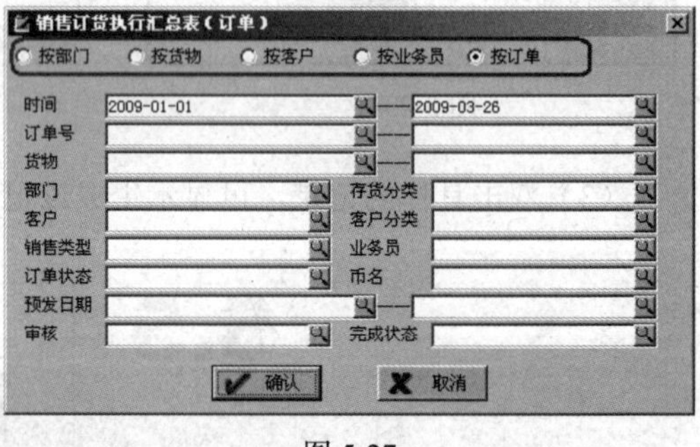

图 5-27

（2）在此选择具体的汇总方式和查询条件，然后单击“确认”按钮，系统列出所有符合条件的记录，如图5-28所示。

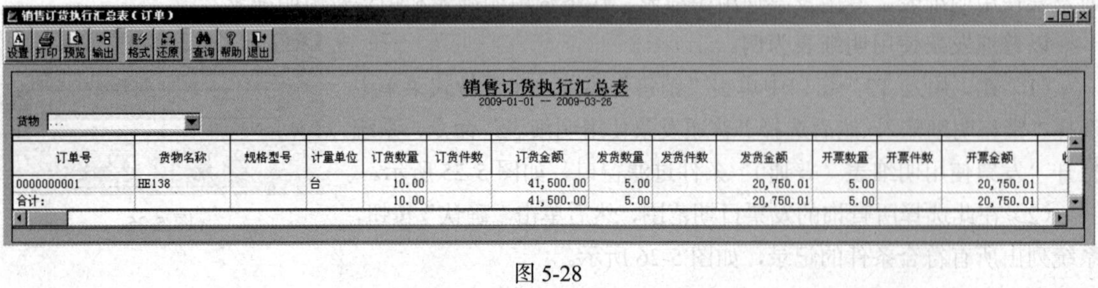

图 5-28

（3）比如以销售订单为汇总统计方式，则可以查询到每一张销售订单的订货数量、订货金额、发货数量、发货金额、开票数量、开票金额和收款金额。这样的一张表也是在进行销售查询分析时使用得最多的一张表。它对每一张订单的执行过程进行了全程跟进。

要查询到每一张订单的详细执行情况，需要单据之间参照生成才可以，如销售发货单参照销售订单生成，销售发票参照销售订单或发货单生成。

5.7 客户往来账表

在此可以查询客户往来总账、客户往来余额表、客户往来明细账和客户对账单。

以客户对账单为例。

（1）在“用友 T3”窗口中单击“销售”菜单，在下拉式菜单中选择“客户往来账表”，然后选择“客户对账单”命令，系统打开“对账单查询条件”窗口，如图 5-29 所示。

（2）在此选择查询客户。

（3）在函证信息中录入对账单中需要文字表述的内容。

（4）单击“确认”按钮，系统列出所有符合条件的记录，如图 5-30 所示。

（5）单击“预览”按钮可以看到打印出来的对账单格式，先前录入的函证信息只有在打印时才会显示出来。

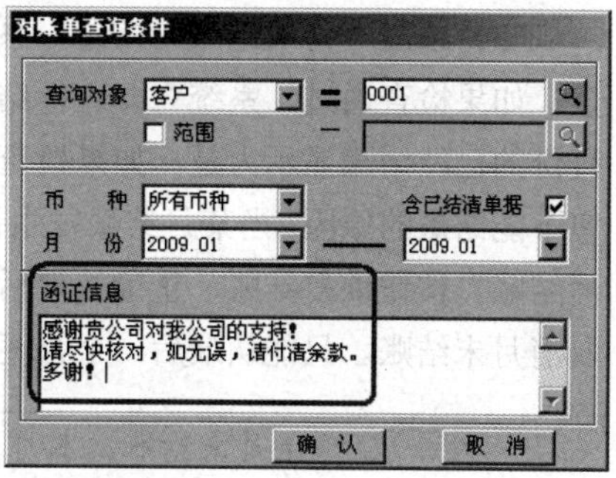

图 5-29

注意 如果在查询时不输入具体的客户名称，则可以将全部客户的对账信息显示出来，然后单击工具栏上的“连打”图标，按客户进行连续打印，打印时，系统自动会按每一个客户进行连续分页打印。

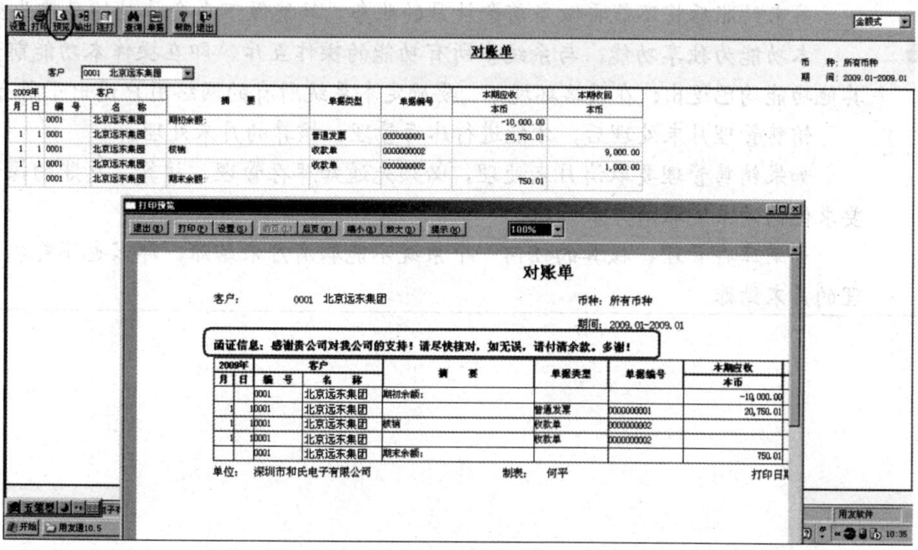

图 5-30

5.8 月末结账

销售管理系统的月末结账是将每月的销售单据逐月封存，并将当月的销售库数据记入有关账表中。

在手工会计处理中都有结账的过程，在电算化会计处理中也有这一过程，以符合会计制度的要求。

（1）在“用友 T3”窗口中单击“销售”菜单，在下拉式菜单中选择“月末结账”命令，系统打开“月末结账”窗口，如图 5-31 所示。

（2）单击“月末结账”按钮，系统开始进行合法性检查，如果检查通过，系统立即进行结账操作，结账后结账月份的已经结账显示为是；如果检查未通过，系统会提示您不能结账的原因。当某月结账发生错误时，可以单击“取消结账”按钮恢复结账，正确处理后再结账。不允许跳月取消月末结账。只能从最后一个月逐月取消。

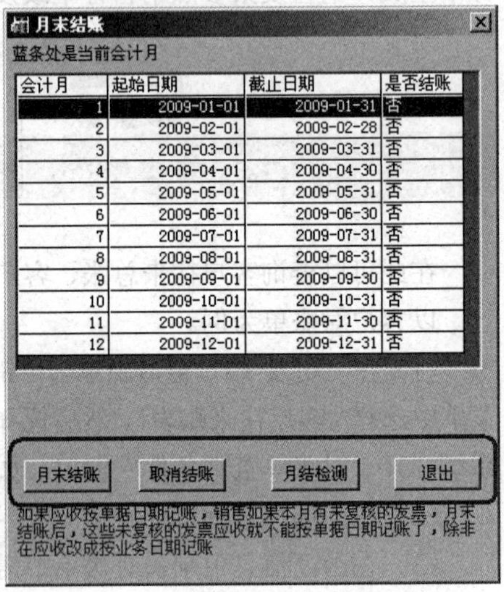

图 5-31

注意

上月未结账，本月单据可以正常操作，不影响日常业务的处理，但本月不能结账。

本月还有未审/复核单据时，结账时系统提示“存在未审核的单据，是否继续进行月末结账？”，用户可以选择继续结账或取消结账，即有未审核的单据仍可月末结账；但年底结账时，所有单据必须审核才能结帐。

只有在当前会计月所有工作全部完成的前提下，才能进行月末结账。月末结账做好数据备份。

只能对当前会计月进行结账，即只能对最后一个结账月份的下一个会计月进行结账。

月末结账后将不能再做当前会计月的业务，只能做下个会计月的日常业务。

本功能为独享功能，与系统中所有功能的操作互斥，即在操作本功能前，应确定其他功能均已退出；在网络环境下，要确定本系统所有的网络用户退出了所有的功能。

销售管理月末处理后，才能进行库存管理、核算的月末处理。

如果销售管理要取消月末处理，必须先通知库存管理、核算、总账的操作人员，要求他们的系统取消月末结账。

如果库存管理、核算的任何一个系统不能取消月末结账，那么也不能取消销售管理的月末结账。

生产管理　第6章

本章重点

- 如何处理销售订单投产
- 如何处理生产加工单
- 如何进行采购求分析
- 如何查询与生产相关的报表

6.1 销售订单投产

生产加工类企业，当需要把多张销售订单一起生产时，一张张地做生产加工单非常烦琐，可以通过销售订单处理。销售订单投产可以对多张销售订单进行投产，生成多张生产加工单。

例6-1　将第5章中的新增的销售订单进行投产处理。

（1）在“用友T3”窗口中打开“生产管理”系统，选择“销售订单投产”命令，打开“销售订单投产”窗口，如图6-1所示。

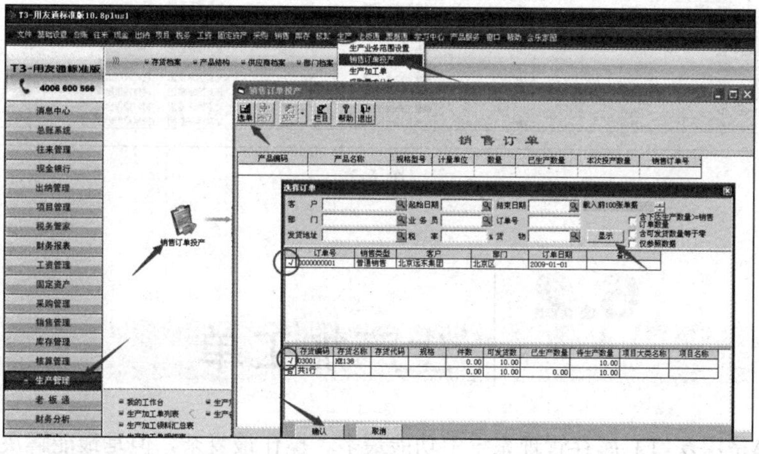

图6-1

（2）在“销售订单投产”窗口中，单击“选单”按钮选择需要投产的销售订单，录入过滤条件，单击“显示”按钮显示所有未投产的销售订单，勾选需要投产的销售订单，最后单击“确认”按钮回到“销售订单投产”窗口中。

> **提示**　只有销售订单上有产品结构的存货才能被查询出来。

（3）可手工修改本次投产数量，在“投产”命令的下拉按钮中，选择“二层投产”，勾选需要生单的产品，如图 6-2 所示，然后单击“生单”按钮生成生产加工单，系统列出生产加工单列表，如图 6-3 所示。

- 单层投产：把选择的销售订单的存货生成到生单准备界面。
- 二层投产：把选择的销售订单的存货及其直接下级有 BOM 的且存货属性有自制的存货生成到生单准备界面。

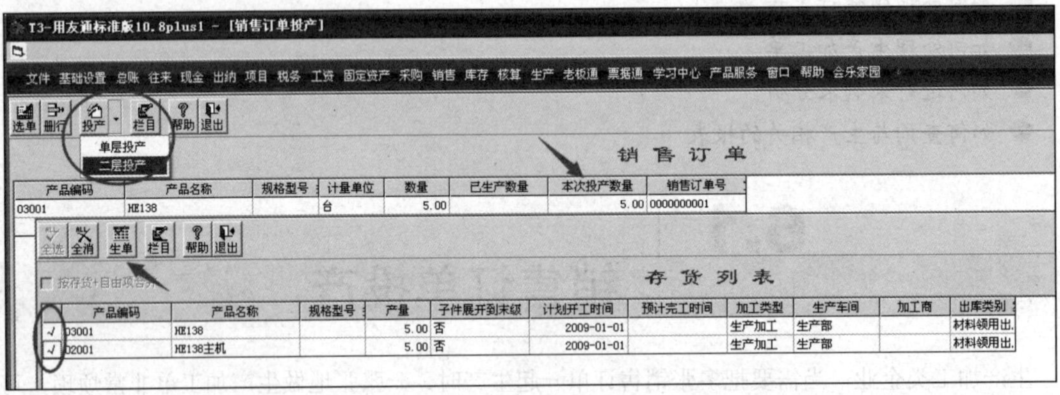

图 6-2

图 6-3

6.2 生产加工单

生产加工单是用友 T3 库存管理系统中功能最多、操作最复杂，但是最能解决生产型企业实际业务的一张单据。

生产加工单可以由销售订单投产生成过来，也可以直接手工录入生成，并根据产品结构（BOM，请参阅本书第 3 章中的产品结构设置）自动生成材料出库单；它还可以为采购部提供如果要完成这张生产加工单的采购建议；另外，它还可以直接流转生成成品入库单（前提是生产加工完成之后）。

例 6-2　根据销售订单投产生成的生产加工单进行生产加工处理。

（1）在“用友 T3”窗口中打开“生产管理”窗口，选择“生产加工单”，系统打开“生产加工单”处理窗口，系统显示从销售订单投产过来的生产加工单，如图 6-4 所示。

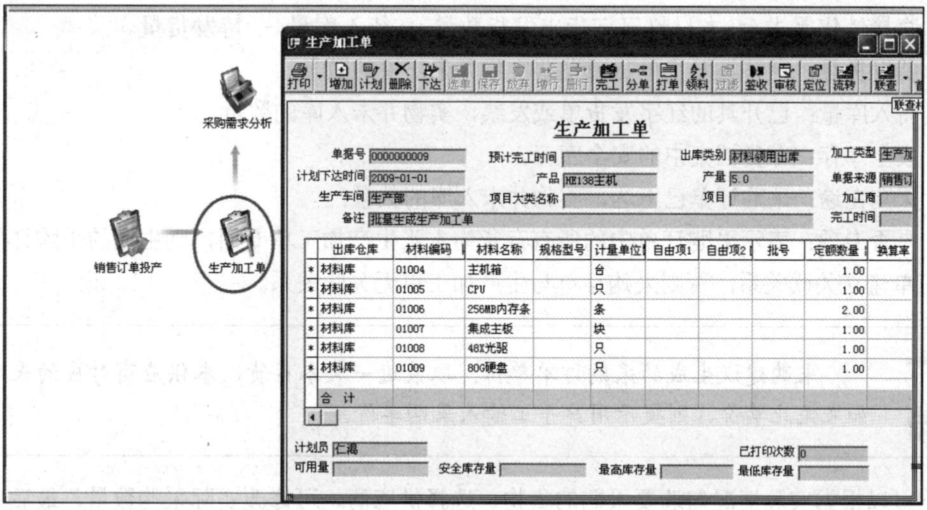

图 6-4

提示 在“生产加工单”窗口，单击“增加”按钮可以手工填写生产加工单，也可以单击“选单”按钮，可以处理生产加工单参照销售订单生成，此方案与销售订单投产意思一样，就不做详细讲解（销售订单请参阅本书第5章中的销售订货）。

（2）选择“流转”旁边的下拉按钮，选择“采购建议”命令，系统弹出“采购建议”窗口，如图6-5所示。

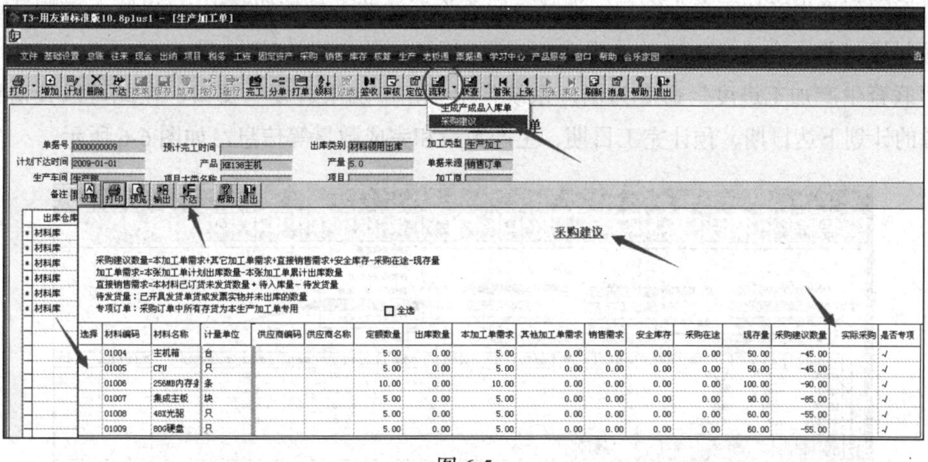

图 6-5

- 采购建议数量 = 本加工单需求 + 其他加工单需求 + 直接销售需求+安全库存 - 采购在途 - 现存量。

提示 采购建议数量如果小于0，则表示本次不建议采购，小于0的数量表示为在满足当前物料数量需求的前提下，还多余的数量；采购建议数量大于0的数量，才表示需要采购的数量。

- 加工单需求 = 本张加工单计划出库数量 - 本张加工单累计出库数量，如果计算结果小于零，则本加工单需求 = 0。

- 直接销售需求 = 本材料已订货未发货数量 + 待入库量 − 待发货量。
- 待发货量：已开具发货单货或发票实物并未出库的数量。
- 待入库量：已开具的红字发货单或发票，实物并未入库的数量。
- 安全库存：存货档案中的安全库存。
- 采购在途：采购订单已下达，实物并未入库的数量。
- 是否专项：表示采购订单中的所有存货为本张生产加工单专用，则生成的采购订单与本张生产加工单建立关联关系，否则采购订单与生产加工单无关联关系。

提示

采购建议生成的采购订单单价：取最近一次本存货、本供应商对应的采购单价，如果无此单价，则提示用户手工输入采购单价。

用户可以根据实际情况勾选要采购的货物、选择供应商、可修改实际采购数量，最后单击“下达”按钮，系统自动生成采购订单。采购订单查询请参阅本书第 7 章中的采购订货业务。

生产加工单中的采购建议可以被工业企业的物料计划部门灵活使用，达到类似于 MRP 的功能。

提示

如果系统建议需要进行物料采购，则需要先执行采购业务处理，否则后期在生产领料时，会因为物料不够，无法执行领料处理（当然也可以分次领料）。

（3）生产加工单的生产领料和完工入库请参阅本书第 8 章中的材料出库业务和产成品入库业务。

（4）返回到“生产加工单”窗口，选择“联查”旁边的下拉按钮，可以联查采购订单、销售订单、领料退料单、产成品入库单、生产加工进度和生产加工明细等内容。

以“联查生产加工进度”命令为例，系统弹出“生产加工进度”窗口，在此可以查询到本张生产加工单的计划下达日期、预计完工日期、生产数量和完成数量等信息，如图 6-6 所示。

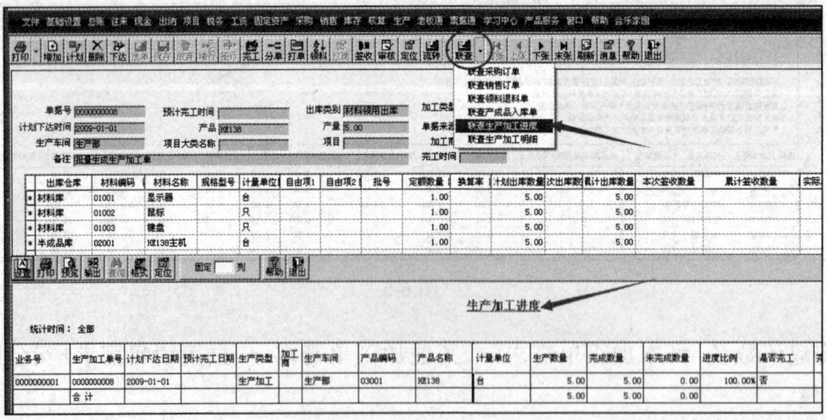

图 6-6

以“联查生产加工明细”命令为例，系统弹出“生产加工明细表”窗口，如图 6-7 所示。

在此可以分别选择生产加工明细表中的“采购执行”“生产领料”和“完工情况”进行查看。

生产加工单都完成之后，则单击“完工”按钮以表示该张生产加工单完工。

参照以上步骤将完成所有生产加工单所有物料的领用出库，到最终产成品完全入库操作。

注意 如果在库存管理系统的"库存业务范围设置"中没有勾选"是否允许超生产加工单领料"，则当前出库数量+累计出库数量（即已出库数量）>计划出库数量时，系统将提示超额领料，不予执行。

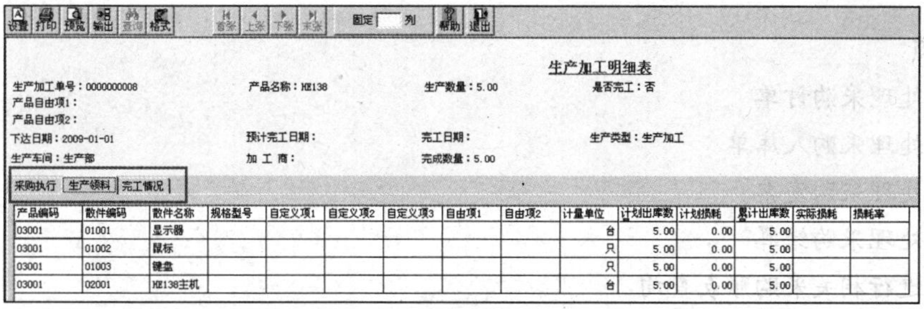

图 6-7

6.3 采购需求分析、批量领料、批量入库

采购需求分析、批零领料、批量入库流程如图 6-8 所示。

- 采购需求分析：当需要把多张生产加工单一起进行采购建议时，可以通过采购需求分析处理。采购需求分析可以对多张生产加工单材料进行采购建议；采购需求分析功能请参照生产加工单中的"采购建议"功能。
- 批量领料：当需要把多张生产加工单一起领料时，一张张做材料出库单烦琐，可以通过批量领料处理。批量领料可以对多张生产加工单领料，生成多张材料出库单；批量领料功能请参照生产加工单中的"领料"业务。
- 批量入库：当需要把多张生产加工单产品一起入库时，一张张做产成品入库单烦琐，可以通过批量入库处理。批量入库可以对多张生产加工单做产成品入库，生成多张产成品入库单；批量入库功能请参照生产加工单中的"产成品入库"业务。

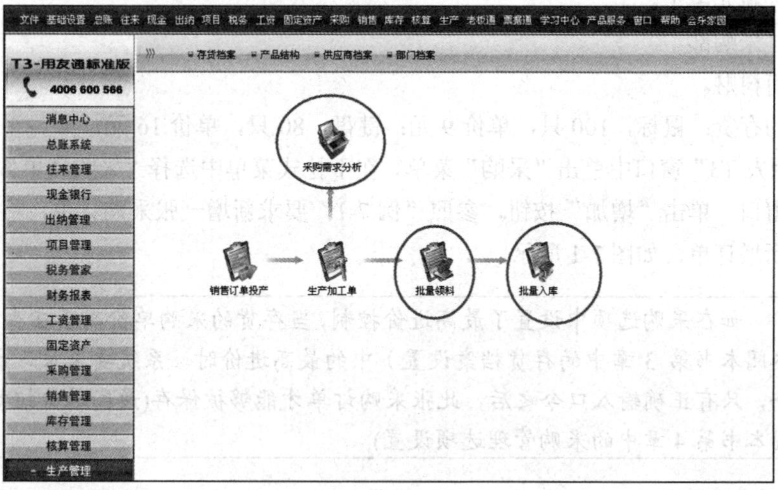

图 6-8

第7章 采购与应付

本章重点

- 如何处理采购订单
- 如何处理采购入库单
- 如何处理采购发票
- 如何处理采购结算
- 如何进行相关采购账表查询

7.1 日常业务

采购中的日常业务包括采购订货、采购入库、采购发票和采购结算。

7.1.1 采购订货

采购订货是指企业和供应商共同确认，由企业向供应商要货需求的过程，供应商根据采购订单组织货源，企业对采购订单的执行进行管理、控制和追踪。

采购订单是反映由企业和供应商双方确认的向供应商要货需求的单据，它可以是采购合同中关于货物的明细内容，也可以是一种订货的口头协议。采购订单对应采购合同中订货明细部分的内容，但不能完全代替采购合同，因为它没有关于合同中其他的合同条款叙述。

例7-1 增加一张采购订单。

采购日期：2009-1-1。

供货单位：新元电子。

采购部门：采购部。

业务员：何树财。

要求供应的存货：鼠标，100 只，单价 9 元；键盘，80 只，单价 16 元。

（1）在“用友 T3”窗口中单击“采购”菜单，在下拉式菜单中选择“采购订单”，系统打开“采购订单”处理窗口。单击“增加”按钮，参照“例 7-1”要求新增一张采购订单，然后单击“保存”按钮保存该张新增订单，如图 7-1 所示。

提示

如在采购选项中设置了最高进价控制，当存货的采购单价高于在存货档案设置(请参阅本书第 3 章中的存货档案设置）中的最高进价时，系统要求录入最高进价控制口令，只有正确输入口令之后，此张采购订单才能够被保存(最高进价控制口令设置请参阅本书第 4 章中的采购管理选项设置)。

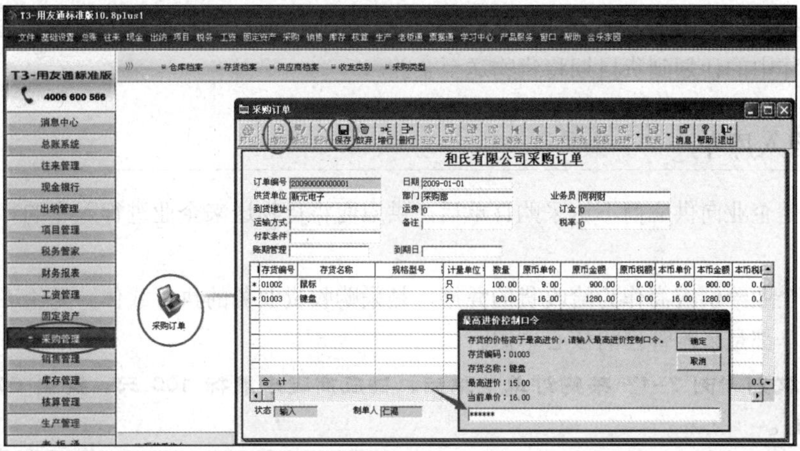

图 7-1

（2）单击“审核”按钮可对订单进行审核，只有经过审核后的订单才被确认有效。

（3）在采购订单的表体中单击鼠标右键，系统会弹出一个小菜单界面，可以选择“查看现存量”命令，如图 7-2 所示，查看仓库中存货的现存量情况，以便在填制采购订单时可以直接查询到指定存货现在库存中的数量情况，为下采购订单做参考。

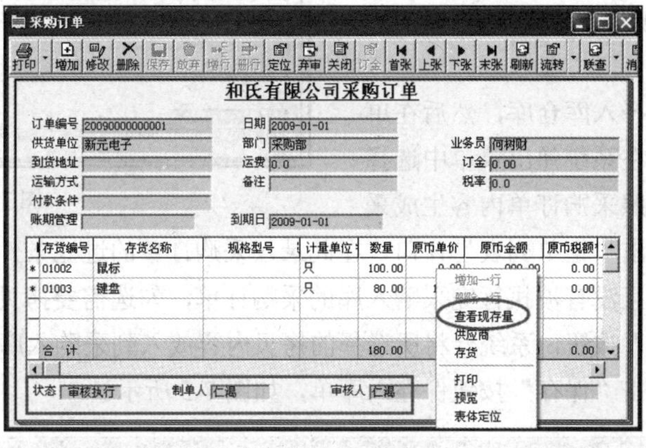

图 7-2

（4）单击“退出”退出订单窗口。

注意

此时所看到的单据头为“和氏有限公司采购订单”，这是因为我们进行了单据设计，请参阅本书第 3 章单据格式设置。单击“定位”按钮可以查询符合条件的采购订单；单击“弃审”按钮可以弃审当前已审核的订单；单击“关闭”按钮可以关闭当前订单（被关闭之后的订单既表示该张订单的业务已经关闭，将不能被参照生成采购入库单、采购发票等）；单击“流转”按钮旁边的向下箭头（流转）可以将当前订单生成采购入库单、采购发票等；如果该张订单在后期的业务处理中被执行了采购入库、采购发票等操作，则单击“联查”按钮旁边的向下箭头（联查）可以联查与当前订单的采购入库单和采购发票。

注意

采购订单在采购系统中是一个可选单据，企业可以根据自己的实际业务需要，考虑是否需要填制采购订单。

采购订单打印出来之后，即可以传真给供应商，要求供应商指照订单上的要求进行备货，并按照采购订单表体中的计划到货日期将货物送至企业。

7.1.2 采购入库单

采购入库是企业向供应商下达采购订单后，供应商将货物送来企业进行入库的行为，是采购业务的执行阶段。

入库单是企业给供应商作为给收货的凭据，是采购收货业务的执行载体。无论工业企业还是商业企业，入货单都是采购管理的核心单据。

例7-2 收到“例 7-1”采购订单下单后，供应商送来鼠标 100 只，键盘 50 只（还有 30 只键盘未送到）。

（1）在“用友 T3”窗口中单击“采购”菜单，在下拉式菜单中选择“采购入库单”，系统打开“采购入库单”处理窗口，如图 7-3 所示。

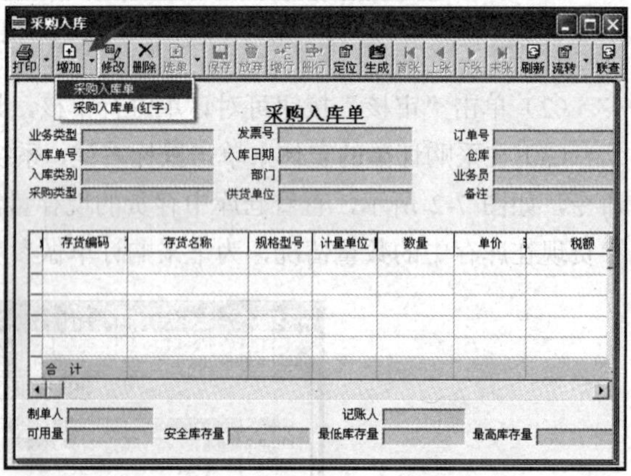

图 7-3

（2）单击“增加”按钮旁边的向下箭头（增加），可以选择此次是新增蓝字采购入库还是红字采购入库单（红字入库单即为退货单），在此选择新增一张蓝字采购入库单，参照“例 7-2”录入新增的入库内容。

也可以在此首先选择入库仓库，然后在单据体中单击鼠标右键，在系统弹出菜单中选择“拷贝订单”命令，将参照采购订单内容生成采购入库单，此时系统弹出“订单列表”窗口，在此录入采购订单的过滤条件，然后单击“过滤”按钮，系统列出符合条件且没有被执行完采购入库的采购订单，勾选需要拷贝生成采购入库单的采购订单，然后单击“确认”按钮，系统会将所选择的拷贝内容放入到采购入库单中，如图 7-4 所示。修改采购入库数量，单击“保存”按钮保存入库单，如图 7-5 所示。

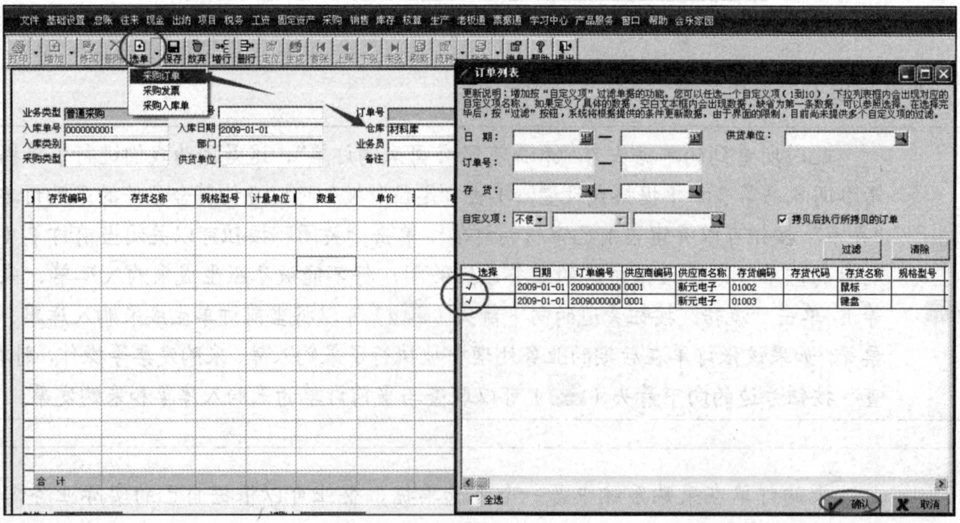

图 7-4

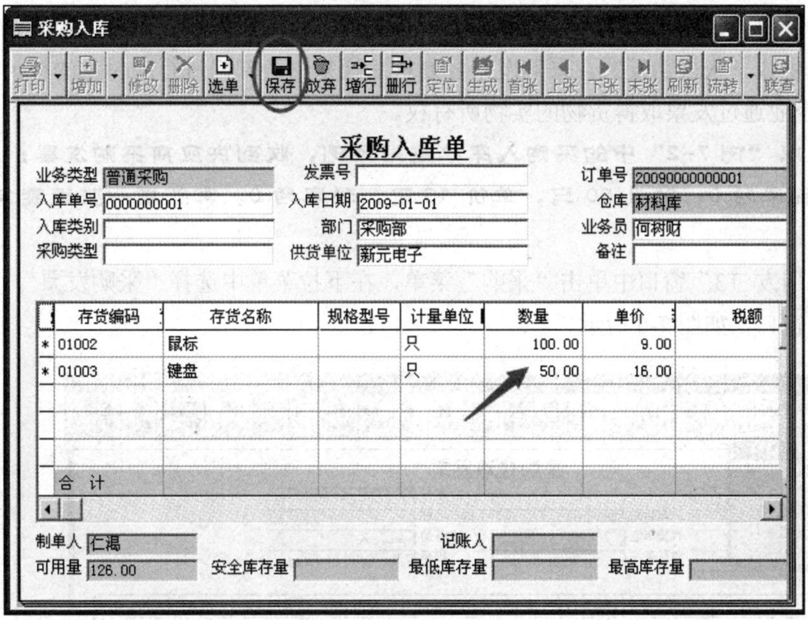

图 7-5

只有使用“拷贝订单”功能，才能建立起采购订单与采购入库单之间的链接，也才能在采购订单执行统计表中查询到该张订单的执行情况（即该订单入库情况，请参阅本章中采购统计表）。

注意

在采购订单列表中，数量是指该张采购订单被参照成采购入库单的数量（如图 7-5 所示）。如果在采购选项设置中勾选“采购入库数量不能超过采购订单”，则当该张采购订单被再次参照生成采购入库单时的入库数量就不能大于采购订单数量减去累计入库数量的值，如本例中，当下次采购入库单再参照采购订单生成时，键盘的入库数量则不能大于 30（80−50=30）。

（3）在采购发货单的表体中单击鼠标右键，系统会弹出一个小菜单界面，可以查看现存量。

（4）可更改入库存货和入库数量，单击“保存”按钮保存数量。如果启用了库存管理系统，经过保存后的采购入库单就被传递到库存管理系统中的“采购入库单”中，并且在库存管理系统中对该单据进行“审核”后，表示正式入库（请参阅本书第 8 章中的采购入库业务）。

在采购管理系统的采购入库单中没有“审核”命令，这是因为此处的采购入库数据只是由采购部门填写，至于是否真正入库，要将这张采购入库单保存之后，传递到库存管理系统中，由仓库人员进行审核，才能确认入库。如果仓库人员发现这批入库存货可能有质量或其他问题，则不作审核，那么就需要在此新增红字采购入库单进行退货处理。

注意

7.1.3 采购发票

采购发票是指供应商开具给企业的增值税专用发票、普通发票及其所附清单等原始采购票据。采购发票可以参照采购订单或采购入库单生成。

一张采购订单或采购入库单可以拆单或拆记录生成多张采购发票，也可以用多张采购订单或采购入库单汇总生成一张采购发票。采购发票经复核后通知财务部门进行应付款的核销处理（即通知财务付款）。企业通过发票取得货物的实物所有权。

例7-3　以“例 7-2”中的采购入库单数据为例，收到供应商采购发票：鼠标 100 只，单价 9 元，税率为 0；键盘 50 只，单价 16 元，税率为 0。再新增一张运费发票，金额为 50 元。

（1）在“用友 T3”窗口中单击“采购”菜单，在下拉菜单中选择“采购发票”，系统打开“采购发票”处理窗口，如图 7-6 所示。

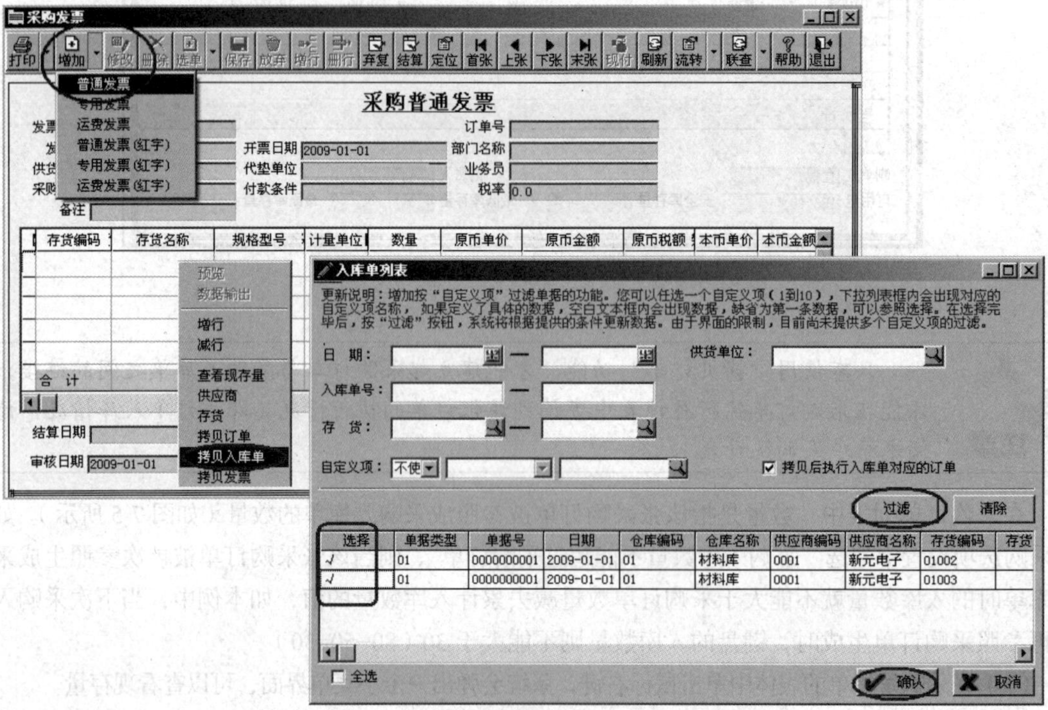

图 7-6

（2）单击“增加”按钮旁边的向下箭头（增加），可以选择新增的发票类型，然后填制新增的发票内容。参照“例 7-3”数据新增一张采购发票，也可以在单据体中单击鼠标右键，在系统弹出菜单中选择“拷贝入库单”，系统弹出“入库单列表”窗口。在此录入采购入库单的过滤条件，然后单击“过滤”，系统列出符合条件并且没有被执行完采购开票的采购入库单，然后勾选需要拷贝生成采购发票的采购入库单，单击“确认”按钮，系统会将所选择的复制内容放到采购发票中。

注意　只有使用了“拷贝订单”或“拷贝入库单”命令，才能建立起采购发票与采购订单或采购入库单之间的链接，便于查询采购订单或采购入库单的执行情况。

（3）单击“保存”按钮保存采购发票，如图 7-7 所示。

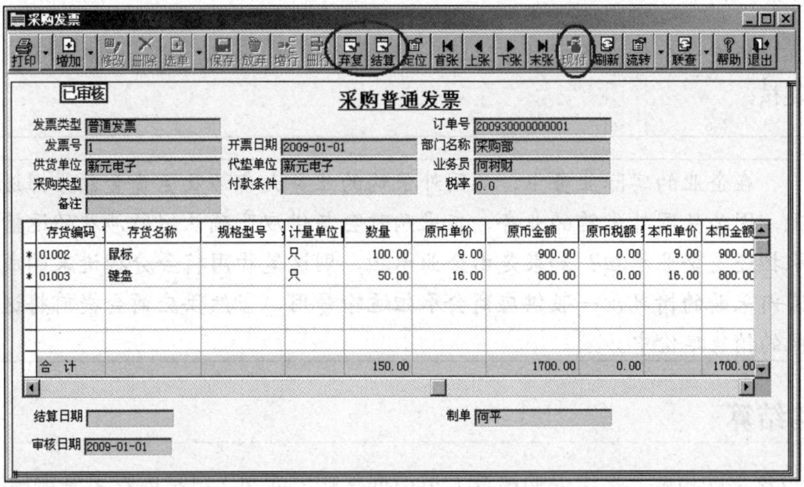

图 7-7

提示

如果在采购选项中设置了最高进价控制，当存货的采购单价高于在存货档案设置中的最高进价时，系统要求录入最高进价控制口令，只有正确输入口令之后，此张采购发票才能够被保存。

（4）单击“结算”按钮可以对本张采购发票进行结算（即对该张发票对应的采购入库单进行入库成本结算，采购结算请参阅本章中的 7.1.4 节采购结算）；单击“复核”按钮审核本张采购发票，以确认其应付款；在未复核之前，可以单击“现付”按钮，对本张采购发票进行现付处理。经过结算、应付或现付处理的结果都会传递到核算系统中进行制单处理，请参阅本书第 9 章中往来制单业务。

现付的处理是在总账系统中直接填入付款凭证。

只有经过“复核”处理的单据才能正式确认为有效的应付款，才能被传递到核算系统中生成凭证传递到总账系统中。

以同样的操作方式增加“例 7-3”中的运费发票，如图 7-8 所示。

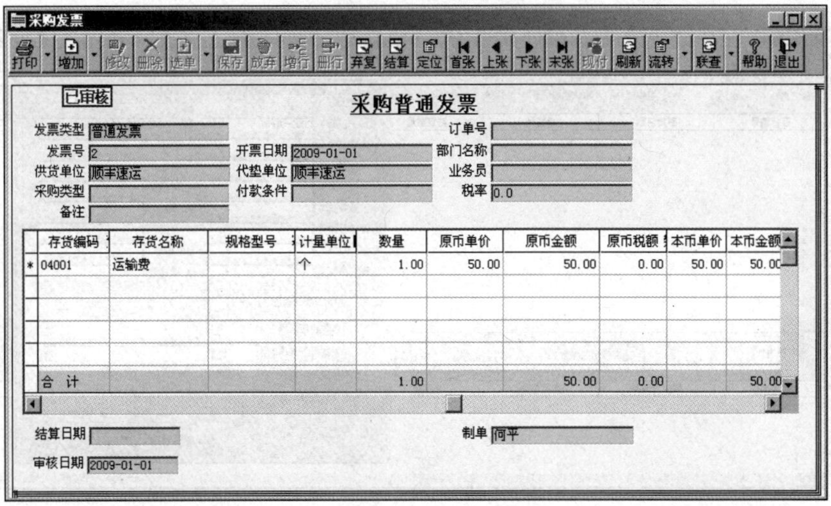

图 7-8

提示

新增一个供应商“顺丰速运”，存货名称为“运输费”，对本张运输费发票保存并复核。

提示

在企业的实际业务中，从国外采购的业务大都涉及运费金额分摊进采购成本的情况，因为从国外采购的业务，在采购时会与供应商确认好所涉及的运输费是由供应商承担还是企业承担？如果是由企业承担，则这笔费用将会分摊进采购成本中。而对于国内采购的情况，一般供应商会承担运输费用，当然供应商会提前将这笔费用计算进他的销售单价中。

7.1.4 采购结算

采购结算也称采购报账，是指采购核算人员根据采购入库单（已被库存系统审核）、采购发票核算采购入库成本；采购结算的结果是采购结算单，它是记载采购入库单记录与采购发票记录对应关系的结算对照表。

提示

采购结算后的存货入库成本单价会自动填写回库存管理系统的采购入库单中的存货单价，如果原采购入库单中存货有单价，则覆盖其原来的存货单价。比如原采购入库单中的存货采购单价是50元，如果在采购执行中有费用（如运输费）发生并且是由企业自己承担，则此次结算时，需要将这笔费用一起分摊进存货的入库成本中，则存货的入库成本单价会增加。经过结算后的入库成本会经库存管理系统中的采购入库单传递到核算系统的采购入库单中，为核算系统中核算材料出库成本（即成本结转，如先进先出、后进后出等做准备）使用。

采购结算从操作处理上分为自动结算和手工结算两种方式；运费发票可以单独进行费用折扣结算。

例7-4　将“例7-2”中的采购入库单与“例7-3”中的采购发票和采购运费发票执行手工结算。

（1）在“用友 T3”窗口中单击“采购”菜单，在下拉式菜单中选择“采购结算”，然后再选择“手工结算”，系统打开“手工结算”处理窗口。如图 7-9 所示。

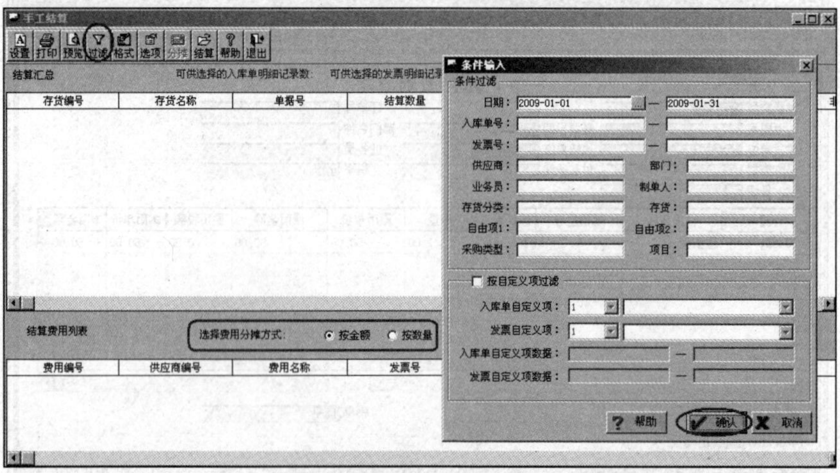

图 7-9

(2) 如果有费用分摊，则选择费用的分摊方式：按金额分摊或按数量分摊。

例7-5 采购入库单上有货物A，数量1，价值90000元，货物B，数量也是1，价值10000元，采购时共用去运输费1000元。如果选择按数量分摊，则存货A的入库成本为90500元，存货B的入库成本为10500元；如果选择按金额分摊，则存货A的入库成本为90900元，存货B的入库成本为10100元。像这种金额相差较大的情况，最好还是按金额分摊。

(3) 单击"过滤"按钮，系统弹出"条件输入"窗口，在此输入单据的过滤条件，然后单击"确认"按钮，系统打开"入库单和发票选择"窗口，如图7-10所示。

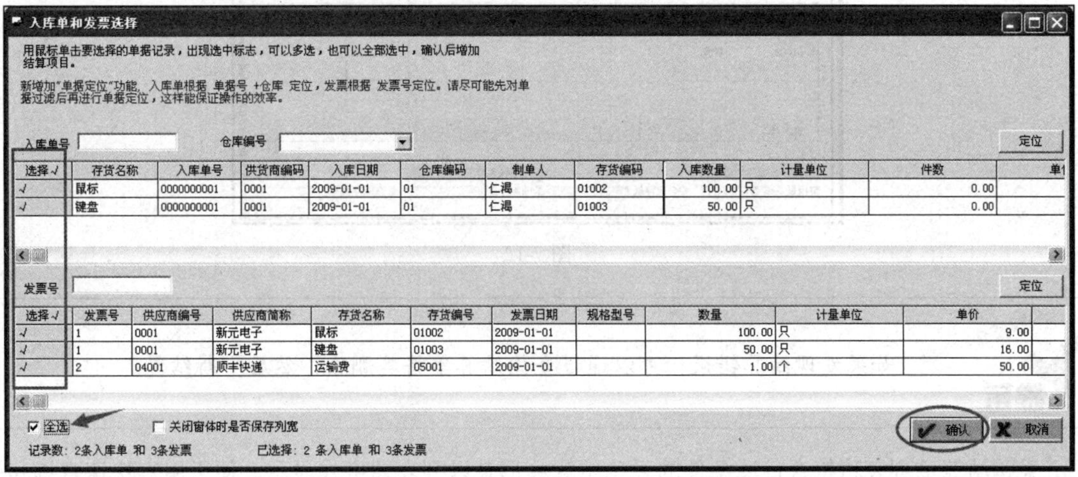

图7-10

(4) 勾选需要进行结算的采购入库单（勾选0000000001号入库单中的所有入库存货）和勾选需要结算的采购发票（勾选"1"和"2"号发票上的所有记录），单击"确认"按钮，系统返回到"手工结算"窗口，如图7-11所示。

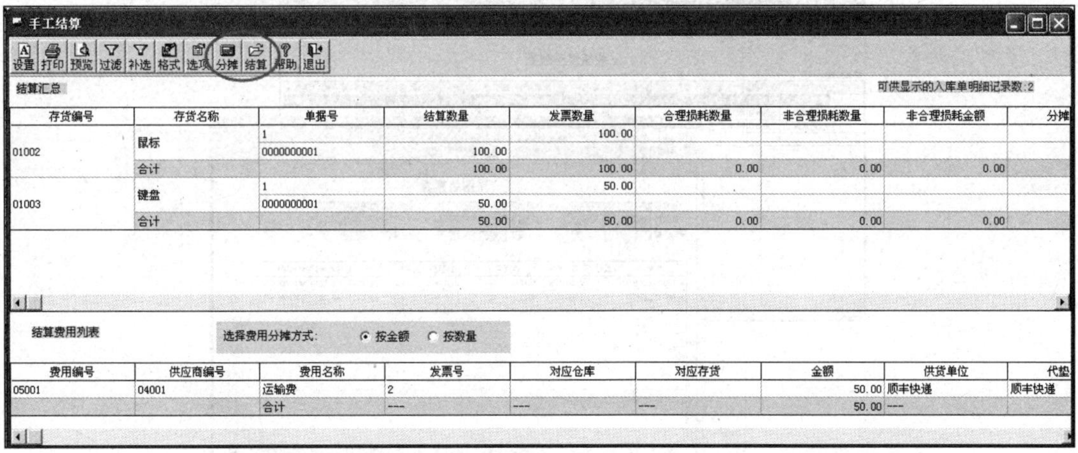

图7-11

(5) 单击"分摊"按钮，将运费发票上的金额按分摊方式分摊到采购入库单中，然后单击"结算"按钮，完成采购发票与入库单的结算。采购结算完成后，可以打开已结算完成的采购入库单，如图7-12所示。鼠标的单价为9.26元，键盘的单价为16.47元。

该张采购入库单已被标上“已结算”字样，并且被结算后的存货单价因为运费的分摊，单价已发生了变化。这个单价就是该存货的入库成本单价。

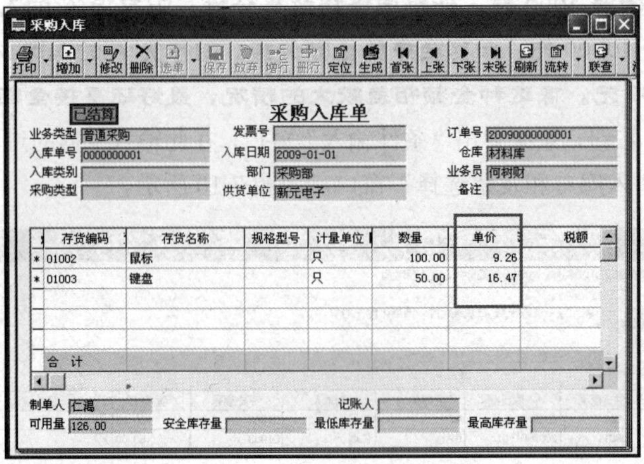

图 7-12

提示

如果发现结算错误，可以通过查询结算单将其删除，然后重新结算。

采购结算单列表将符合过滤条件的采购结算单记录以列表的格式显示，便于用户快速查询和操作单据。

在“用友 T3”窗口中单击“采购”菜单，在下拉式菜单中选择“采购结算”，然后再选择“结算单明细列表”，系统打开“单据过滤条件”窗口，在此录入过滤条件，然后单击“过滤”按钮，系统列出所有符合条件的结算单，如图 7-13 所示。

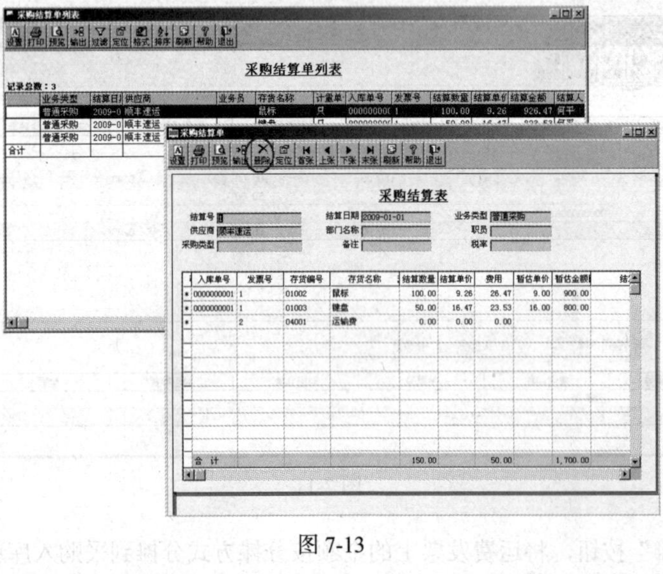

图 7-13

双击具体的记录，可以打开该张结算单进行详细查询，如果结算有误，可以单击“删除”按钮删除该张结算单，然后进行重新结算。

7.2 供应商往来

供应商往来中可以处理供应商往来期初录入、应付单、付款结算、应付冲应付、预付冲应付、应付冲应收、红票对冲、汇兑损益以及取消以上的操作。

供应商往来期初是指供在启用采购系统时的供应商期初余额，具体内容可参阅本书第 4 章中的采购期初记账业务。

7.2.1 应付单

企业的应付款一部分由采购发票组成，另一部分由应付单组成（比如向供应商借款）。

例 7-6 增加一张应付单，采购部向供应商“芳威贸易”暂借款 2000 元。

（1）在“用友 T3”窗口中单击“采购”菜单，在下拉式菜单中选择“供应商往来”，然后选择“应付单”，系统打开“单据录入”窗口，如图 7-14 所示。

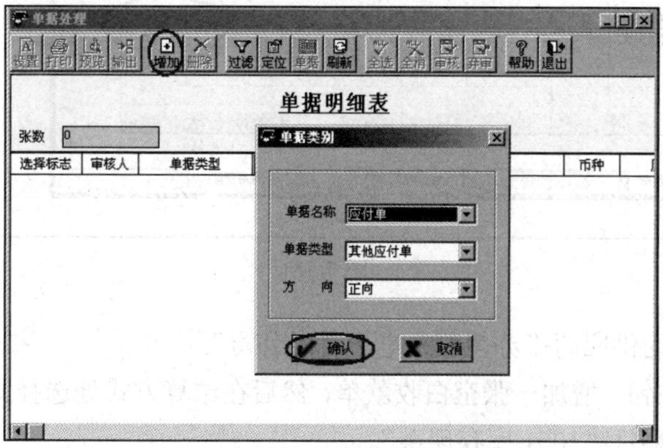

图 7-14

（2）单击“增加”按钮，选择要增加的单据类别，由于采购发票是由采购系统生成，所以在此只能增加单据名称“应付单”，单击“确认”按钮，系统打开“单据录入”窗口，如图 7-15 所示。

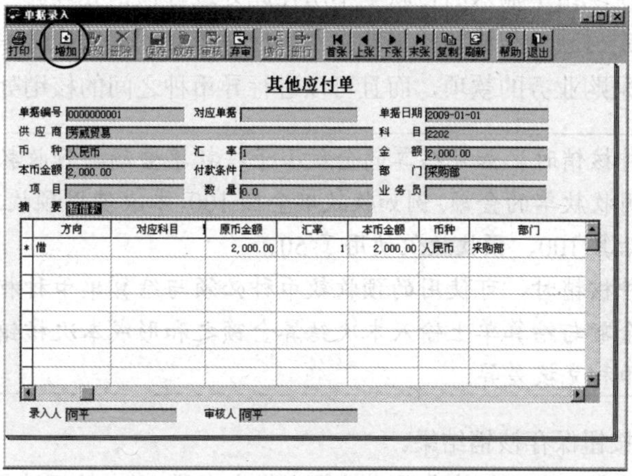

图 7-15

（3）参照“例 7-5”增加应付内容，单击“保存”按钮保存应付单，单击“审核”按钮审核当前应付单。

7.2.2 付款结算

核销供应商应付款的过程叫做付款结算。

例7-7 增加一张付款单，供应商为苏州新元电子，付给其现金 20000 元，核销其应付款 1500 元，剩下的 500 元做为预付款。

（1）在“用友 T3”窗口中单击“采购”菜单，在下拉式菜单中选择“供应商往来”，然后选择“付款结算”，系统打开“付款单”处理窗口，如图 7-16 所示。

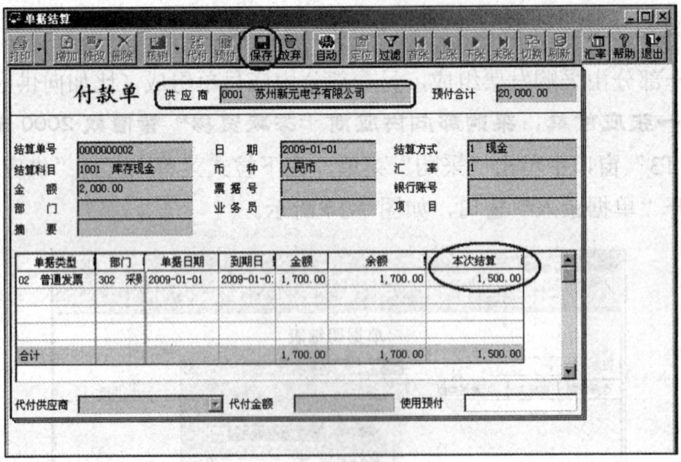

图 7-16

（2）选择此次付款的供应商“苏州新元电子有限公司”。

（3）单击“增加”按钮，增加一张空白收款单，然后在结算方式处选择此次的结算方式“现金”，根据结算方式选择结算科目“1001 库存现金”。

（4）录入收款金额 2000 元。

（5）单击“保存”按钮保存设置。

（6）单击“核销”按钮，屏幕会在下方列出所有该供应商未核算的单据的信息，可以选择所要核销的单据。在采购系统现结中输入的付款单不用在此处进行核销处理。

应付核销就是指确定付款单与原始的采购发票、应付单之间的对应关系的操作。即需要指明每一次付款是付的哪几笔采购业务的款项，而且可以进行异币种之间的核销处理。

提示

同币种核销时，如果结算的金额小于收款单金额与预收款的使用金额之和，则系统优先使用收款单的金额。例如收款单金额 100，本次使用预收款 100，但本次结算 150；则收款单结算 100，预收款仅使用了 50。

异币种核销时，可使用的预收款币种必须与结算单币种相同。在使用时，输入需要使用的金额与结算单上输入本次结算金额之和形成本次核销的总金额，以此来结算时形成的币种兑换差异。

（7）单击“保存”按钮保存核销结果。

（8）单击“采购”菜单，在下拉式菜单中选择“供应商往来”，然后选择“付款结算单查询”命令，可以查看到付款结算单列表，如图 7-17 所示。

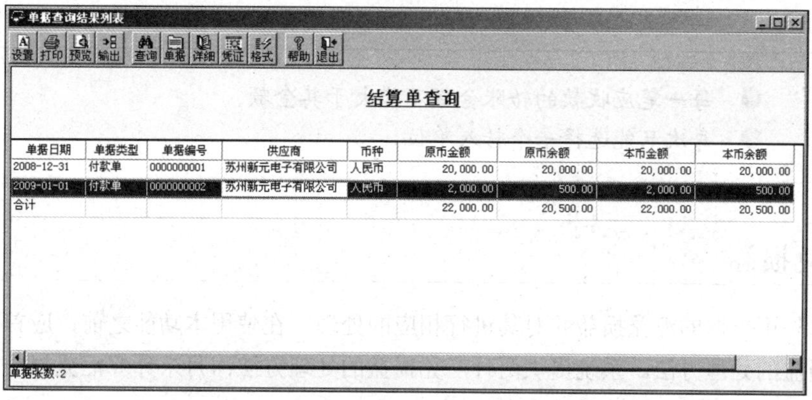

图 7-17

7.2.3 应付冲应付、预付冲应付、应付冲应收、红票对冲

- 应付冲应付：将指定供应商的应付款转款到其他供应商之中。
- 预付冲应付：将某供应商的预付款来核销其应付款。
- 应付冲应收：将某供应商的应付款用来核销某客户的应收款（这种情况常用于该单位既是企业的供应商又是客户的情况，用来处理三角款关系）。
- 红票对冲：红字单据冲销正向单据的处理。

例 7-8 预付冲应付，将供应商“新元电子”的期初预付款 20000 元中的 200 元冲销掉“新元电子”的 200 元应付账款。

（1）在“用友 T3”窗口中单击“采购”菜单，在下拉式菜单中选择“供应商往来”，然后选择“预付冲应付”，系统打开“预付冲应付”处理窗口，如图 7-18 所示。

（2）在“预付款”设置页中选择供应商“新元电子”，单击“过滤”按钮，系统列出“新元电子”符合过滤条件的预付款单据。

（3）选择“新元电子”的期初应付款单据，录入转账金额 200 元。

（4）在“应付款”设置页中选择供应商“新元电子”，单击“过滤”按钮系统列出符合条件的应付款单据，如图 7-19 所示。

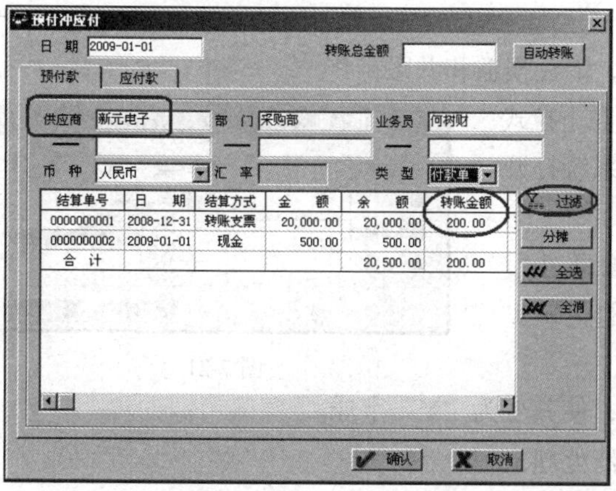

图 7-18

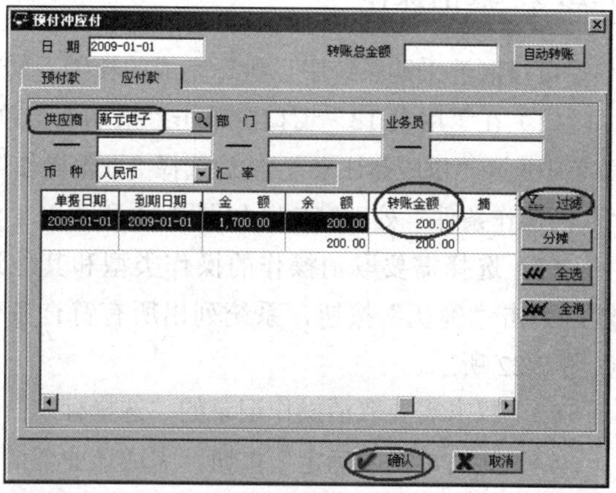

图 7-19

（5）在应付款金额处录入转账金额 200 元，然后单击“确认”按钮，系统提示操作成功，表示转账完成。

注意

- 每一笔应收款的转账金额不能大于其金额。
- 每次只能选择一个转入单位。

7.2.4 汇兑损益

在此计算外币单据的汇兑损益并对其进行相应的处理。在使用本功能之前，应首先在系统选项中选择汇兑损益的处理方法。系统提供两种汇兑损益的处理方法：月末计算汇兑损益和单据结清时计算汇兑损益，可以根据自己的需要作出选择。

（1）在“用友 T3”窗口中单击“采购”菜单，在下拉式菜单中选择“供应商往来”，然后选择“汇兑损益”，系统打开“汇兑损益”处理窗口，如图 7-20 所示。

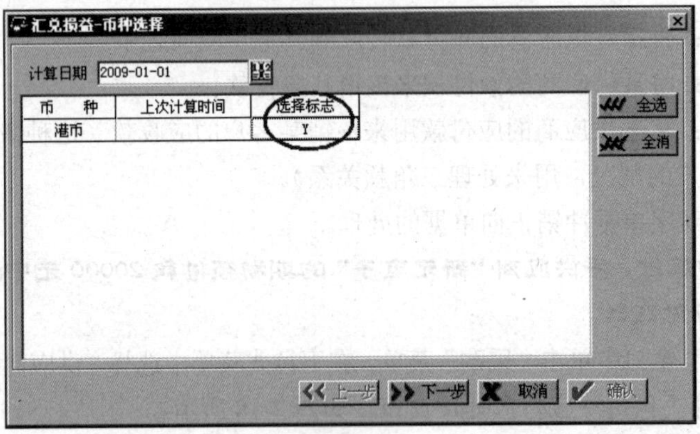

图 7-20

（2）双击需要进行汇总损益的币种的“选择标志”栏，使其变为“Y”字样，然后单击“下一步”按钮，执行汇总损益处理。

7.2.5 取消操作

可以取消采购系统中已执行完成的核销、转账、汇兑损益和并账操作。

（1）在“用友 T3”窗口中单击“采购”菜单，在下拉式菜单中选择“供应商往来”，然后选择“取消操作”，系统打开“取消操作条件”处理窗口。如图 7-21 所示。

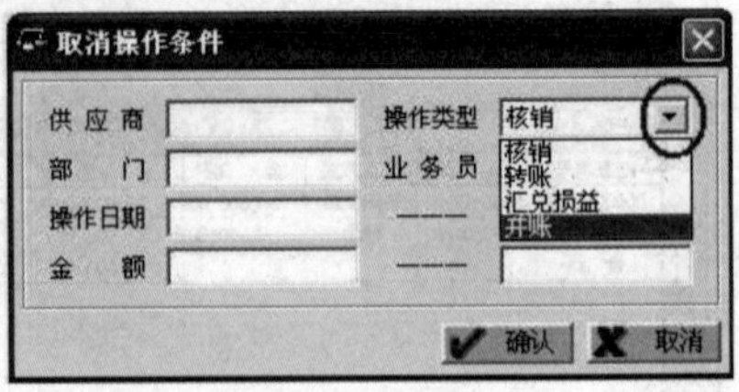

图 7-21

（2）选择需要取消操作的操作类型和其他过滤条件，然后单击“确认”按钮，系统列出所有符合条件的记录。如图 7-22 所示。

（3）双击需要取消操作记录的“选择标志”栏，使其变为“Y”字样。

（4）然后单击“确定”按钮，完成该业务的取消处理。

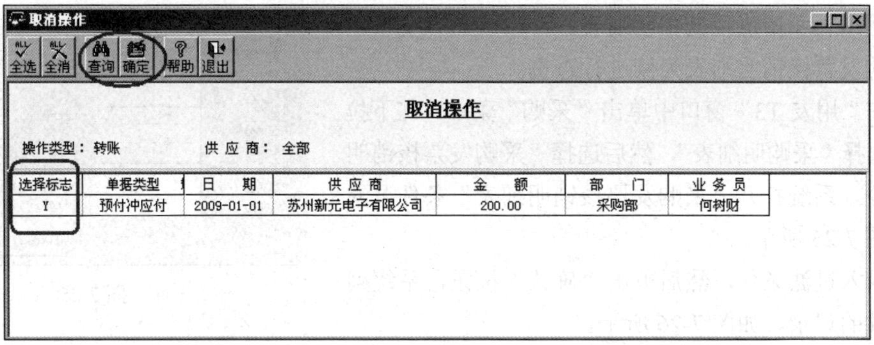

图 7-22

7.3 采购单据列表

在此可查询采购订单列表、采购入库列表和采购发票列表。

以采购入货单列表为例进行查询。

（1）在“用友 T3”窗口中单击“采购”菜单，在下拉式菜单中选择“采购单据列表”，然后选择“采购入库单列表”，系统打开“单据过滤条件”窗口，如图 7-23 所示。

（2）在此进行过滤条件设置，然后单击“确认”按钮，系统列出所有符合条件的记录，如图 7-24 所示。

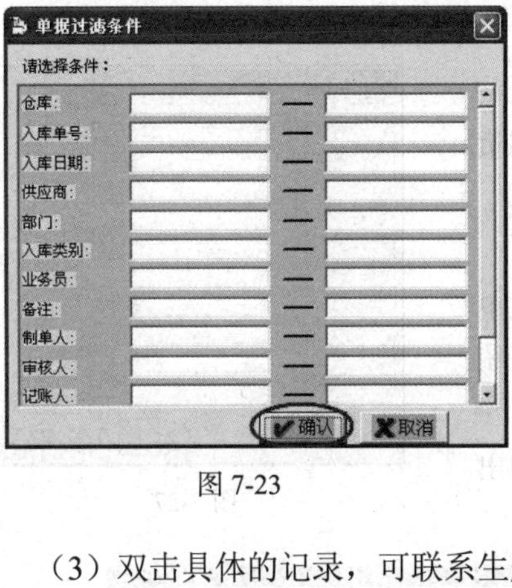

图 7-23

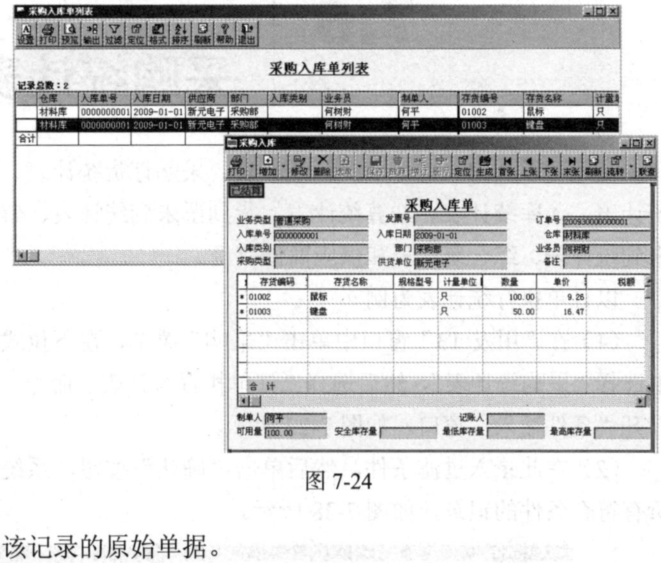

图 7-24

（3）双击具体的记录，可联系生成该记录的原始单据。

7.4 采购明细表

在此可查询采购明细表、入库明细表、采购结算明细表、费用明细表、货到票未到明细表、票到货未到明细表和增值税抵扣明细表。

以采购发票核销明细表为例进行查询。

（1）在“用友 T3”窗口中单击“采购”菜单，在下拉式菜单中选择“采购明细表”，然后选择“采购发票核销明细表”命令，系统打开“采购发票核销明细表”条件过滤窗口，如图 7-25 所示。

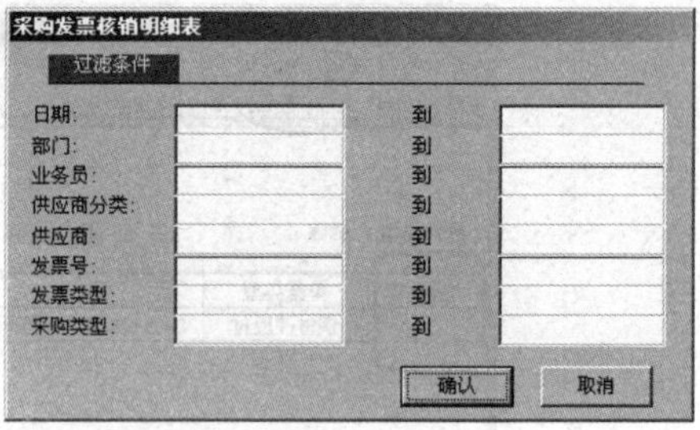

图 7-25

（2）录入过滤条件，然后单击“确认”按钮，系统列出符合条件的记录，如图 7-26 所示。

采购发票核销明细表

发票类型	开票日期	发票号	部门名称	业务员	供应商名称	价税合计	核销日期	核销方式	单据类型	单据号	备注	本币结算金额	未核销金额
普通发票	2009-01-01	2			顺丰速运	50.00							
		(2)小计				50.00						0.00	50.00
普通发票	2009-01-01	1	采购部	何树财	苏州新元电子有限公司	1,700.00	2009-01-01	预付冲应付	付款单	0000000001	预付供应商款	200.00	
							2009-01-01	核销	付款单	0000000002		1,500.00	
		(1)小计				1,700.00						1,700.00	0.00
合 计						1,750.00						1,700.00	50.00

图 7-26

在此可以查看到供应商“顺丰速运”的运费发票 50 元尚未核销，还有余额 50 元；供应商“新元电子”的采购发票 1700 元分别通过两次核销之后，余额为 0。

7.5 采购统计表

在此可以查询采购订单执行统计表、采购订货统计表、采购统计表、入库统计表、结算统计表、货到票未到统计表、票到货未到统计表、综合统计表和供应商催货函。

以订单执行统计表为例。

（1）在“用友 T3”窗口中单击“采购”菜单，在下拉式菜单中选择“采购统计表”，然后选择“订单执行统计表”命令，系统打开“条件输入”窗口，如图 7-27 所示。

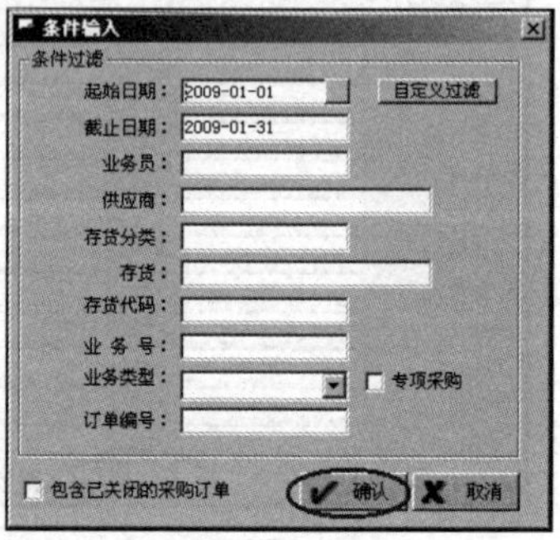

图 7-27

（2）在此录入过滤条件，然后单击“确认”按钮，系统列出所有符合条件的记录，如图 7-28 所示。

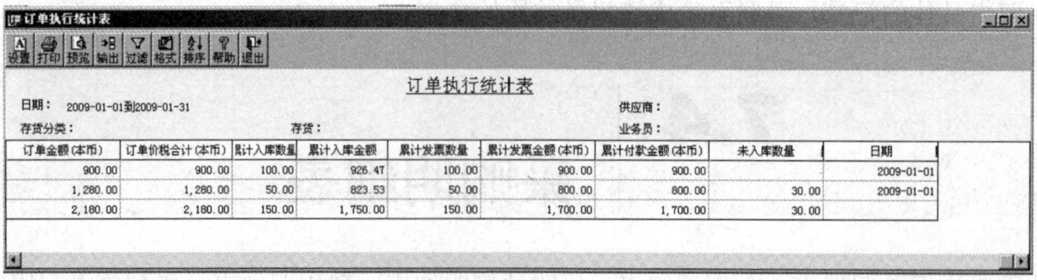

订单执行统计表

日期： 2009-01-01到2009-01-31　　供应商：

存货分类：　　存货：　　业务员：

订单金额(本币)	订单价税合计(本币)	累计入库数量	累计入库金额	累计发票数量	累计发票金额(本币)	累计付款金额(本币)	未入库数量	日期
900.00	900.00	100.00	926.47	100.00	900.00	900.00		2009-01-01
1,280.00	1,280.00	50.00	823.53	50.00	800.00	800.00	30.00	2009-01-01
2,180.00	2,180.00	150.00	1,750.00	150.00	1,700.00	1,700.00	30.00	

图 7-28

（3）在此可以查询到每一张采购订单的订货数量、订货金额、入库数量、入库金额、开票数量、开票金额、付款金额和未入库数量等内容。这样的一张表也是我们在进行采购查询分析时使用得最多的一张表，它对每一张订单的执行过程进行了全程跟进。当然，要查询到每一张订单的详细执行情况，需要生成单据时执行参照前业务单据生成才可以，如采购发货单参照采购订单生成，采购发票参照采购订单或入库货单生成，只有这样，才能形成单据之间的链接。

供应商催货函是根据采购订单上的预计到货日期但尚未到货的情况，向供应商发出的一张要求尽快到货的联络函，在此就不再详细叙述了。

7.6 采购账簿

在此可以查询在途货物余额表和暂估入库余额表。

- 在途货物：指已下采购订单，但是还没有到货的货物。
- 暂估货物：指已到货，但是尚未有进行采购结算的货物。

以查询在途货物余额表为例。

（1）在“用友 T3”窗口中单击“采购”菜单，在下拉式菜单中选择“采购账簿”，然后选择“在途货物余额表”命令，系统打开“条件输入”窗口。如图 7-29 所示。

（2）在此录入过滤条件，然后单击“确认”按钮，系统列出所有符合条件的记录，如图 7-30 所示。

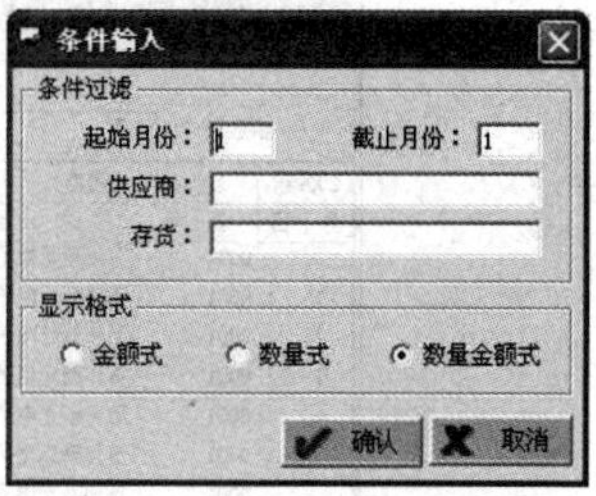

图 7-29

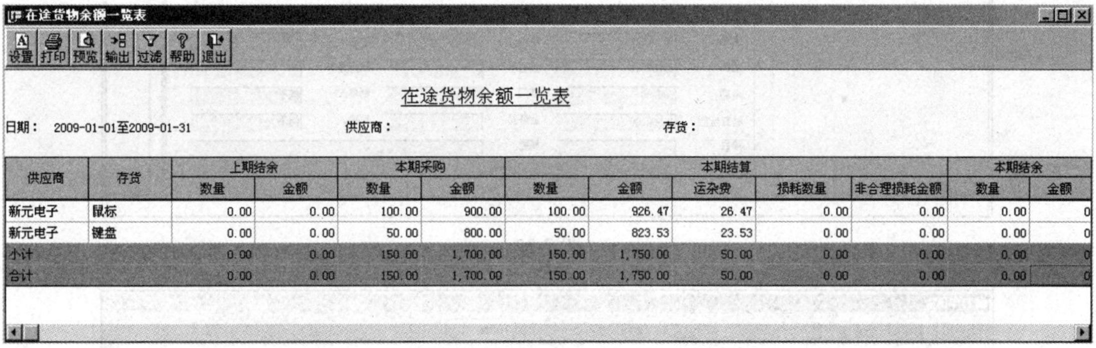

图 7-30

7.7 供应商往来账表

在此可以查询供应商往来总账、供应商往来余额表、供应商往来明细账和供应商往来对账单。

以供应商对账单为例。

（1）在“用友 T3”窗口中单击“采购”菜单，在下拉式菜单中选择“供应商往来账表”，然后选择“供应商对账单”命令，系统打开“对账单查询条件”窗口，如图 7-31 所示。

（2）在此选择查询供应商。

（3）在函证信息中录入对账单中需要文字表述的内容。

（4）单击“确认”按钮，系统列出所有符合条件的记录，如图 7-32 所示。

（5）单击“预览”按钮，可以看到打印出来的对账单格式，先前录入的函证信息只有在打印时才会显示出来，如图 7-33 所示。

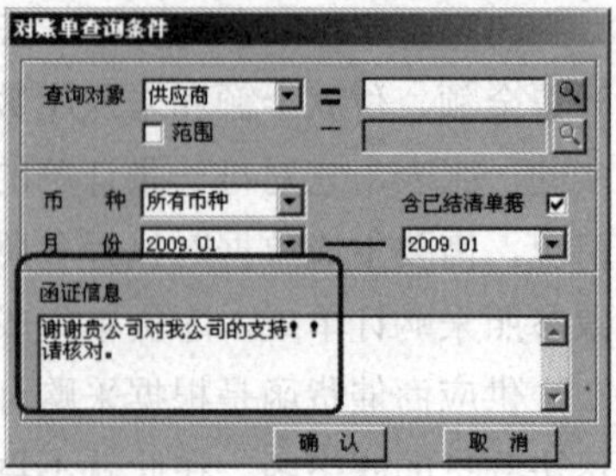

图 7-31

注意 如果在查询时不输入具体的供应商名称，则可以将全部供应商的对账信息显示出来，然后单击工具栏上的“连打”按钮，按供应商进行连续打印，打印时，系统会自动按照每一个供应商进行连续分页打印。

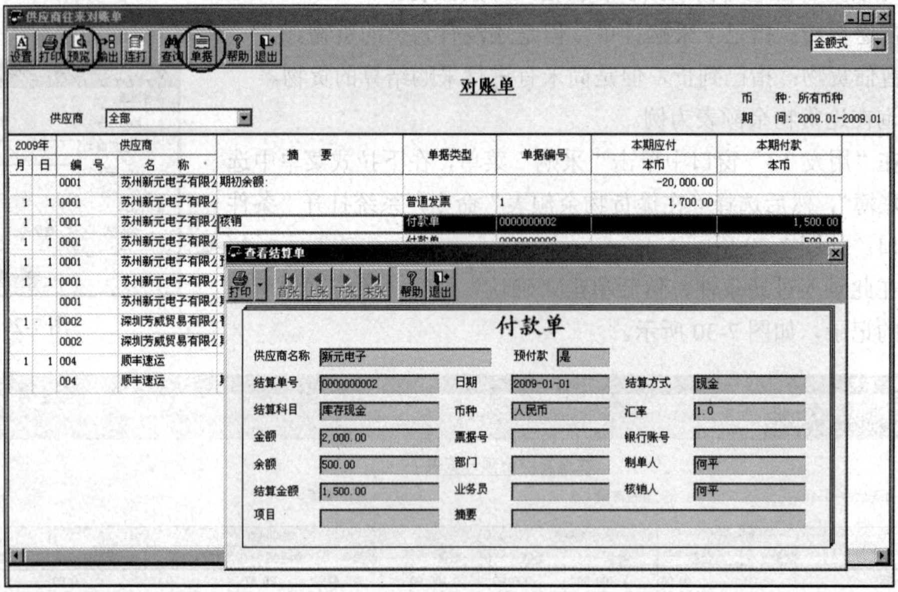

图 7-32

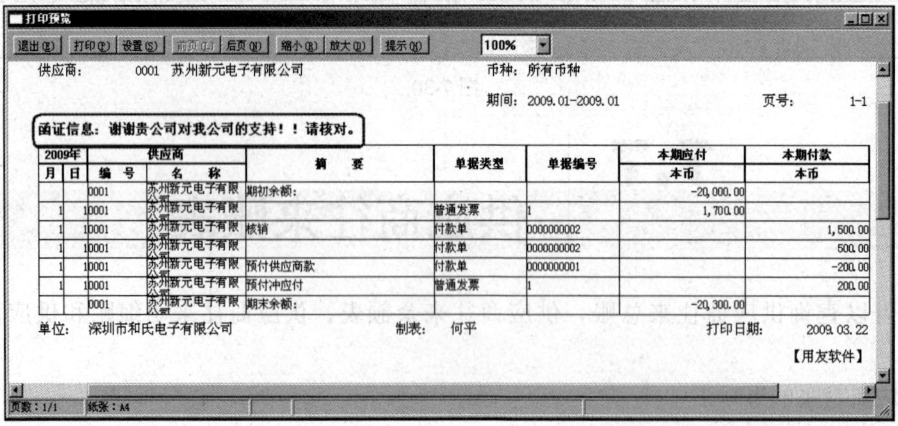

图 7-33

7.8 月末结账

采购管理系统的月末结账是将每月的采购单据逐月封存，并将当月的采购库数据记入有关账表中。

注意

上月未结账，本月单据可以正常操作，不影响日常业务的处理，但本月不能结账。

本月还有未审核或复核单据时，结账时系统提示“存在未审核的单据，是否继续进行月末结账？”，用户可以选择继续结账或取消结账，即有未审核的单据仍可月末结账；但年底结账时，所有单据必须审核才能结帐。

月末结账后将不能再做当前会计月的业务，只能做下个会计月的日常业务。

执行本功能时，应确定其他功能均已退出；在网络环境下，要确定本系统所有的网络用户退出了所有的功能。

采购管理月末处理后，才能进行库存管理、核算、总账的月末处理。

如果采购管理要取消月末处理，必须先通知库存管理、核算、总账的操作人员，要求他们的系统取消月末结账。

（1）在“用友 T3”窗口中单击“采购”菜单，在下拉式菜单中选择“月末结账”命令，系统打开“月末结账”处理窗口。如图 7-34 所示。

（2）双击需要结账的月份的“选择标记”栏，使其变为“选中”字样，然后单击“月末结账”按钮，系统开始进行合法性检查，如果检查通过，系统立即进行结账操作，结账后结账月份的已经结账显示“是”字样；如果检查未通过，系统会提示不能结账的原因。当某月结账发生错误时，可以按“取消结账”恢复结账前，正确处理后再结账。在结账之前可以通过“月结检测”命令来检测是否可以进行月末结账。

图 7-34

提示

不允许跳月取消月末结账。只能从最后一个月逐月取消。

没有期初记账，将不允许月末结账。

当选项中设置审核日期为单据日期时，本月的单据（发票和应付单）在结账前应该全部审核。

当选项中设置审核日期为业务日期时，截止到本月末还有未审核单据（发票和应付单），照样可以进行月结处理。

第8章 库存管理

本章重点

- 入库业务（采购入库、产成品入库、其他入库）
- 出库业务（销售出库、材料领用出库、其他出库）
- 仓库调拨
- 库存盘点
- 库存账表查询和分析

8.1 日常业务

- 根据业务发展进行日常的业务处理，对采购系统传递过来的采购入库单进行审核，再确认正式入库。
- 对销售管理系统传递过来的销售出库单进行审核，进行销售发货业务处理。
- 对于工业企业，还需要处理原材料发送到生产车间进行生产的材料出库业务，生产完成之后的产成品入库业务。
- 填制其他出入库业务，如样品领用、赠品入库等。
- 处理调拨、盘点业务等业务。

8.1.1 采购入库单审核

采购入库单是根据采购到货签收的实收数量填制的单据。对于工业企业，采购入库单一般指采购原材料验收入库时所填制的入库单据；对于商业企业，采购入库单一般指商品进货入库时所填制的入库单据。

例8-1 以本书第7章中生成的采购入库单为例，经验收合格，直接审核入库。

（1）在“用友 T3”窗口中单击“库存”菜单，在下拉式菜单中选择“采购入库单审核”，系统打开“采购入库单”处理窗口，如图8-1所示。

（2）该张“采购入库单”中的数据是由采购管理系统中的采购入库单传递过来的（请参阅本书第7章中的采购入库单业务）。

（3）仓库人员此时需要核对这张采购入库单上的业务数据（如材料名称、规格型号、数量等内容）与实际供应商送过来的物料是否相符，确认无误之后，单击“审核”按钮，则审核该采购入库单以确认入库；如果不符，则不能进行审核，需要通知采购部重新处理这张采购入库单（如因为货物质量达不到要求、做退货处理等）。

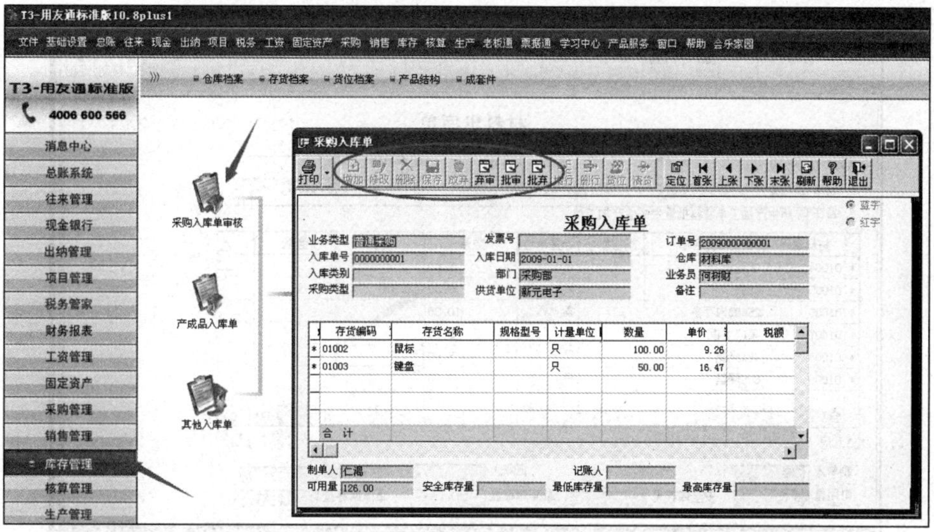

图 8-1

8.1.2 材料出库单

材料出库单是领用材料时所填制的出库单据，当从仓库中领用材料用于生产时，就需要填制材料出库单。只有工业企业才有材料出库单，商业企业没有此单据。

（1）在“用友 T3”窗口中单击“库存”菜单，在下拉式菜单中选择“材料出库单”，系统打开“材料出库单”处理窗口，如图 8-2 所示。

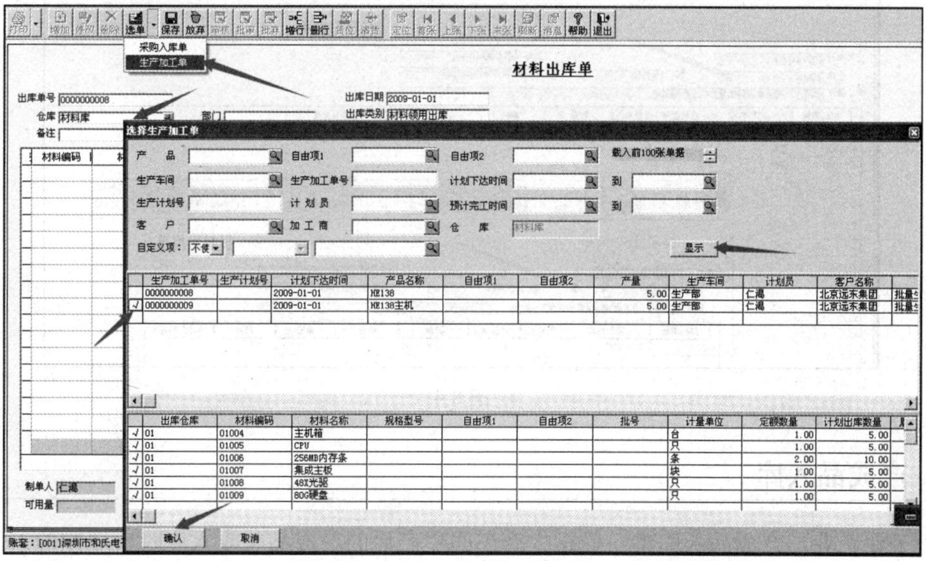

图 8-2

（2）单击“增加”按钮新增一张材料出库单，录入材料出库的仓库。也可以单击“选单”按钮下的“生产加工单”项选择参照生产加工单生成材料出库单。

（3）录入出库数量，单击“保存”按钮保存数据，单击“审核”按钮审核该张单据，如图 8-3 所示。

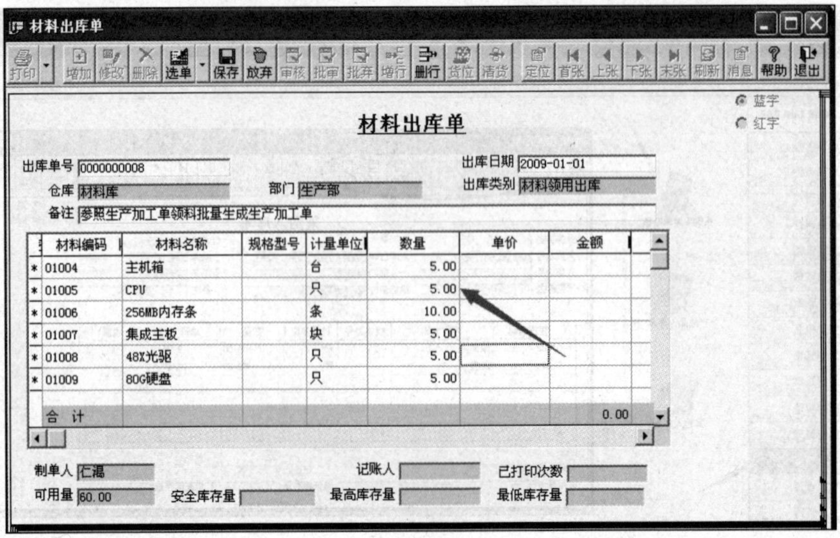

图 8-3

注意

一张生产加工单上的材料，如果是从多个不同的仓库中出库，则需要分仓库录入多张材料出库单，如图 8-4 所示。

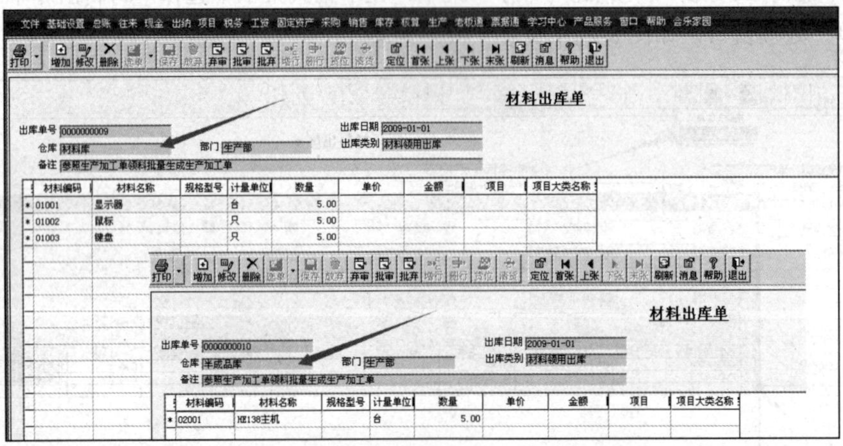

图 8-4

8.1.3 产成品入库

对于工业企业，产成品入库单一般指生产车间生产后的产成品验收入库时所填制的入库单据，产成品入库单是工业企业入库单据的主要部分。商业企业没有此单据。

产成品一般在入库时无法确定产品的总成本和单位成本，所以在填制产成品入库单时一般只有数量，没有单价和金额（产成品成本计算请参阅本书第 9 章中的产成品成本分配业务）。

(1) 在“用友 T3”窗口中单击“库存”菜单，在下拉式菜单中选择“产成品入库单”，系统打开“产成品入库单”处理窗口，如图 8-5 所示。

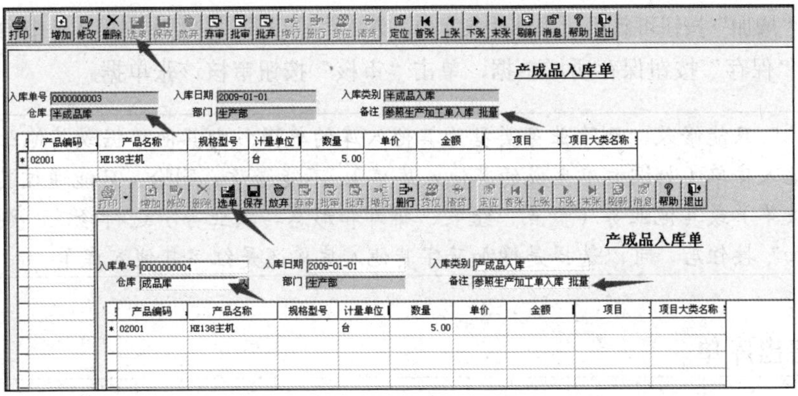

图 8-5

（2）选择入库仓库、入库类别，单击“选单”按钮参照生产加工单生成产成品入库单。

（3）单击“保存”按钮保存数据。

（4）单击“审核”按钮审核该张单据。

注意

在“生产管理”系统中，“生产加工单”生成的生产入库单，既是在此的产成品入库单，在此需审核。

单击“增加”按钮后，可以选择是增加蓝字产成品入库单还是红字产成品入库单。产成品入库单既可以单独增加，也可以由生产加工单流转生成（请参阅本书第 6 章中的生产加工单业务）。

8.1.4 其他入库单

其他入库单是指除采购入库、产成品入库之外的其他入库业务，如样品入库、赠品入库、调拨入库、盘盈入库、组装拆卸入库、形态转换入库等业务形成的入库单。其他入库单一般由系统根据其他业务单据自动生成（如调拨、盘点、组装拆卸和形态转换），也可手工填制。

例 8-2　材料库中以“赠品入库”方式入库 1 台显示器，入库单价为 400 元。

（1）在“用友 T3”窗口中单击“库存”菜单，在下拉式菜单中选择“其他入库单”，系统打开“其他入库单”处理窗口，如图 8-6 所示。

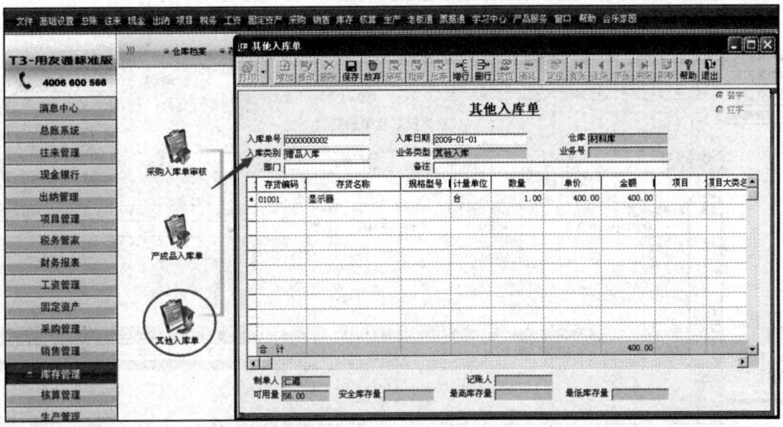

图 8-6

（2）单击“增加”按钮可新增一张其他入库单，入库类别设置请参阅本书第 3 章中的收发类别设置。

（3）单击“保存”按钮保存所增单据，单击“审核”按钮审核该张单据。

> **注意** 只能修改、删除业务类型为其他入库的单据；由其他单据或其他业务而生成的其他入库单（如调拨单生成的其他入库单），不能修改、删除，只能通过其他单据（如调拨单）或其他业务（盘点、组装、拆卸和形态转换业务）进行修改、删除。单击“增加”按钮后，可以选择是增加蓝字其他入库单还是红字其他入库单。

8.1.5 销售出库单

销售出库单是销售出库业务的主要凭据，在库存管理中用于存货出库数量核算，在核算系统中用于存货出库成本核算。对于工业企业，销售出库单一般指产成品销售出库时所填制的出库单据；对于商业企业，销售出库单一般指商品销售出库时所填制的出库单。

销售出库单按进出仓库方向分为蓝字销售出库单和红字销售出库单。如果销售管理未启用可直接填制销售出库单，否则不可手工填制。

销售出库单参照销售管理系统中的销售发货单或销售发票生成（销售发货单和销售发票请参阅本书第 5 章中的销售业务）。与销售管理集成使用时，只能使用单据上的“生单”命令进行参照生单，包括以下两项。

- 参照发货单生成。先发货后开票业务，根据销售管理的发货单生成销售出库单。
- 参照销售发票生成。开票直接发货业务，根据销售管理的销售发票生成销售出库单。

> **提示** 仓库系统中的销售出库单可以根据销售管理系统中的销售发货单生成，所以读者在进行以下销售出库单练习时，请先到销售管理系统中进行销售发货单处理（请参阅本书第 5 章中的销售发货）。

例 8-3 以本书第 6 章中的销售发货单为例生成销售出库单。

（1）在“用友 T3”窗口中单击“库存”菜单，在下拉式菜单中选择“销售出库单生产/审核”，系统打开“销售出库单”处理窗口，如图 8-7 所示。

图 8-7

（2）单击“生成”按钮，系统弹出“发货单或发票参照”窗口（销售出库单参照销售管理系统中的销售发货单或销售发票生成），录入条件，然后单击“刷新”按钮，系统列出符合条件的发货单记录。勾选需要生成销售出库单的记录，单击“确认”按钮，系统将所选内容拷贝回销售出库单中，如图 8-8 所示。

（3）单击“审核”按钮审核销售出库单。

提示 销售出库单经过审核表示货物正式从仓库送出，所以有的企业也将销售出库单的单据格式更改为“销售送货单”，送货人员根据送货单上的要求进行送货。

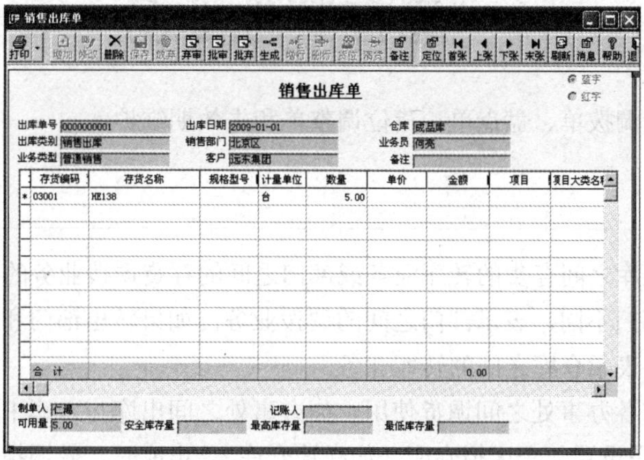

图 8-8

8.1.6 其他出库单

其他出库单指除销售出库、材料出库之外的其他出库业务，如样品出库、赠品出库、调拨出库、盘亏出库、组装拆卸出库、形态转换出库和不合格品记录等业务形成的出库单。其他出库单一般由系统根据其他业务单据自动生成，也可手工填制。

例8-4 从半成品库中领出存货“HE138 主机”1 台，作为样品使用。

（1）在“用友 T3”窗口中单击“库存”菜单，在下拉式菜单中选择“其他出库单”，系统打开“其他出库单”处理窗口，如图 8-9 所示。

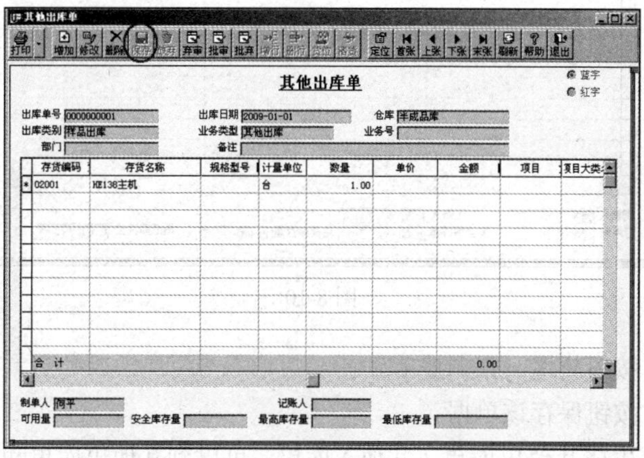

图 8-9

（2）单击“增加”按钮可新增一张其他出库单。

（3）单击“保存”保存所增单据，单击“审核”按钮审核该张单据。

注意 只能修改、删除业务类型为其他出库的单据；由其他单据或其他业务（调拨单、不合格品记录单）形成的其他出库单不能修改、删除，应通过其他单据或其他业务（盘点、组装、拆卸、形态转换业务）修改、删除。单击“增加”按钮后，可以选择是增加蓝字其他入库单还是红字其他入库单。

8.2 库存其他业务

库存其他业务包括调拨单、盘点单、货位调整单和失效期维护。

8.2.1 调拨单

调拨单是指用于仓库之间存货的转库业务或部门之间的存货调拨业务的单据。同一张调拨单上，如果转出部门和转入部门不同，表示部门之间的调拨业务；如果转出部门和转入部门相同，但转出仓库和转入仓库不同，表示仓库之间的转库业务。

此种业务也常用在各办事处之间调货使用，如办事处之间出库与入库中间有时间差（即货物在途问题），一般情况下是设置一个虚拟仓库（如在途仓库），出库时，做调拨入在途仓库处理，入库时做从在途仓库调入到目的仓库处理。

（1）在“用友 T3”窗口中单击“库存”菜单，在下拉式菜单中选择“库存其他业务”，然后再选择“调拨单”命令，系统打开“调拨单”处理窗口。如图 8-10 所示。

图 8-10

（2）单击“增加”按钮新增一张调拨单。

（3）单击“保存”按钮保存该单据。

（4）调拨单保存后生成其他出库单、其他入库单，可以到其他出库单和其他入库单窗口进行查询，对其他出库单和其他入库单进行审核之后，则调拨完成，如图 8-11 和图 8-12 所示。

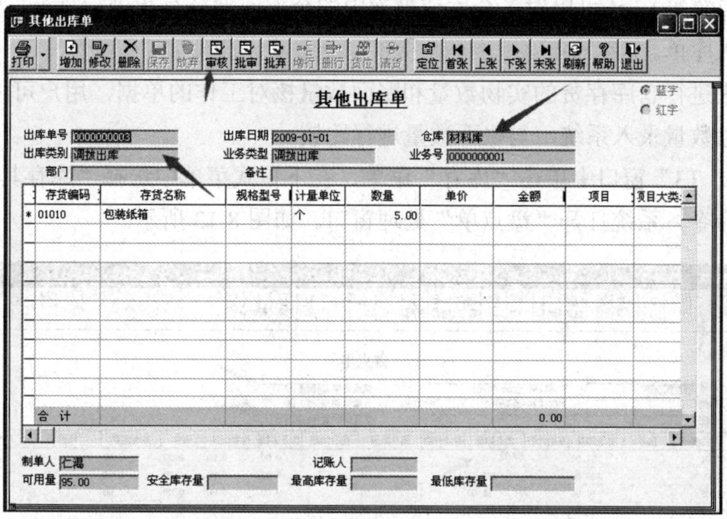

图 8-11

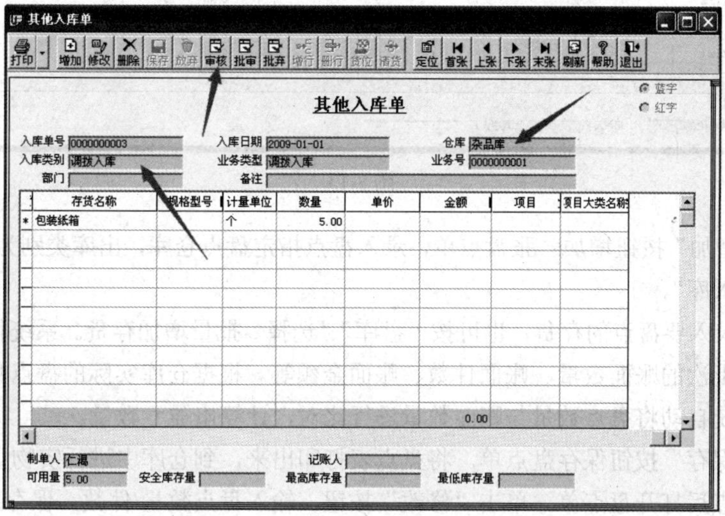

图 8-12

提示

出库类别应为调拨出库，入库类别应为调拨入库。

调拨单生成的其他入库单和其他出库单不能自行删除，如要删除，则直接删除调拨单就可以了。

8.2.2 盘点单

为了保证企业库存资产的安全和完整，做到账面数据与实际数据相符，企业必须对存货进行定期或不定期的清查，查明存货盘盈、盘亏、损毁的数量以及造成的原因，并据以编制存货盘点报告表，按规定程序报有关部门审批。经有关部门批准后，应进行相应的账务处理，调整存货账的实存数，使存货的账面记录与库存实物核对相符。

盘点时系统提供多种盘点方式（如按仓库盘点、按批次盘点、按类别盘点、对保质期临近多少天的存货进行盘点等等），还可以对各仓库或批次中的全部或部分存货进行盘点，盘盈、盘亏的结果自动生成其他出入库单。

盘点单是用来进行仓库存货的实物数量和账面数量核对工作的单据，用户可使用空盘点单进行实盘，然后将实盘数量录入系统，与账面数量进行比较。

（1）在“用友 T3”窗口中单击“库存”菜单，在下拉式菜单中选择“库存其他业务”，然后再选择“盘点单”命令，系统打开“盘点单”处理窗口。如图 8-13 所示。

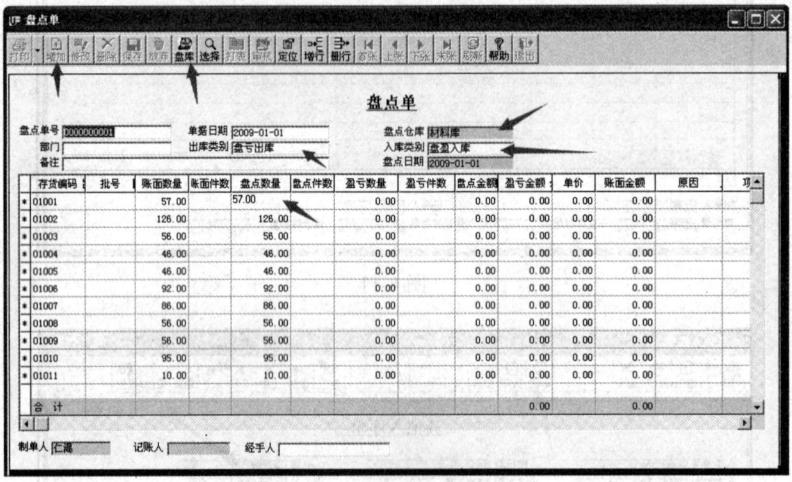

图 8-13

（2）单击“增加”按钮增加一张盘点单，录入盘点指定盘点仓库，出库类别为“盘亏出库”，入库类别为“盘盈入库”。

（3）可直接录入要盘点的存货，也可按“盘库”“选择”批量增加存货。系统将自动带出对应存货不同自由项、批次的账面数量、账面件数、账面金额等。根据仓库实际的盘点数量，将其录入到盘点数量中，系统自动将盘点数量与账面数量进行比对，计算出盈亏数量。

（4）单击“保存”按钮保存盘点单。将盘点表打印出来，到仓库中进行实物盘点。

（5）实物盘点后打开盘点单，单击“修改”按钮。输入盘点数量/件数，保存此张盘点单。

（6）单击“审核”按钮对盘点单进行审核。

注意

- 盘点单审核时，根据盘点表生成其他出入库单，业务号为盘点单号，单据日期为当前的业务日期。
- 所有盘盈的存货生成一张其他入库单，业务类型为盘盈入库。
- 所有盘亏的存货生成一张其他出库单，业务类型为盘亏出库。
- 盘点单弃审时，同时删除生成的其他出入库单；生成的其他出入库单如已审核，则相对应的盘点单不可弃审。
- 上次盘点仓库的存货所在的盘点表未审核之前，不可再对此仓库此存货进行盘点，否则系统提示错误。如果第二张盘点表是对除甲仓库之外的其他仓库进行盘点，则没有此限制。
- 盘点前应将所有已办理实物出入库的单据处理完毕，否则账面数量会不准确。

8.2.3 货位调整单

货位调整单用于调整存货的货位，这个功能只适用于有货位管理业务的存货。

（1）在“用友 T3”窗口中单击“库存”菜单，在下拉式菜单中选择“库存其他业务”，然后再选择“货位调整单”命令，系统打开“货位调整单”处理窗口。如图 8-14 所示。

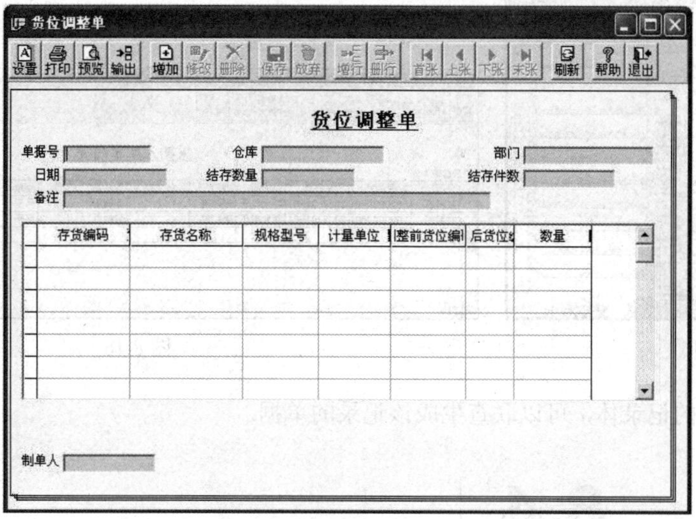

图 8-14

（2）单击“增加”按钮新增一张货位调整单。

（3）单击“保存”按钮保存所增数据。

8.2.4 失效期维护

失效期维护用于对存货的失效日期进行维护和修改。

此功能用于对存货有保质期管理要求需要的企业（如食品企业）。

首先需要在库存的选项中启用批次管理和保质期管理项，然后在存货档案设置时，设置需求进行保质期管理的存货，这样在存货入库时，则需要同时录入入库存货的批号和失效日期，对于在库存中超出失效日期的存货，系统会自动报警。也可以在此进行维护和修改失效日期。

8.3 库存单据列表

单据列表是将符合过滤条件的出入库单据以列表的格式显示出来，便于快速查询和操作单据。通过单据列表可以查看出入库单据的明细记录，双击当前记录行，则系统显示该行所在的单据卡片；可以选择单据，进行批量打印、批量审核、批量关闭和批量删除等操作。可查看采购入库单列表、产成品入库单列表、其他入库单列表、销售出库单列表、材料出库单列表、限额领料单列表、调拨单列表、盘点单列表、组装单列表、拆卸单列表、形态转换单列表、不合格品记录单列表、不合格品处理单列表和货位调整单列表。

以采购入库单列表为例。

（1）在“用友 T3”窗口中单击“库存”菜单，在下拉式菜单中选择“库存单据列表”，单击“采购入库单”命令，系统弹出“单据过滤条件”窗口，如图 8-15 所示。

（2）在此录入过滤条件，然后单击“过滤”按钮，系统列出所有符合条件的记录，如图 8-16 所示。

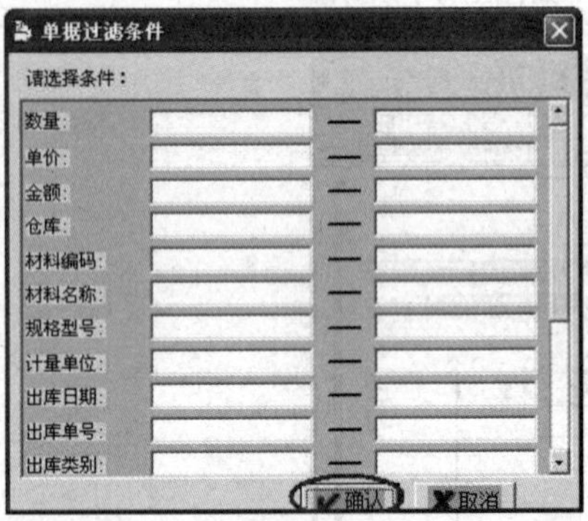

图 8-15

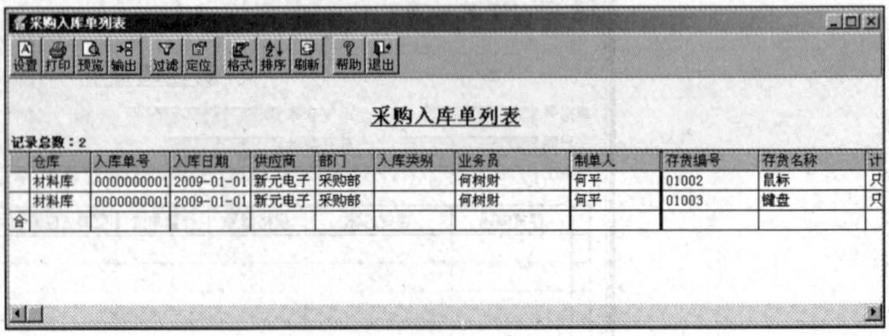

图 8-16

（3）双击具体的记录体，可以联查生成该记录的单据。

8.4 库存账簿查询

用户可以查询库存管理的各种库存账。

以查询出入库流水账为例。

（1）在“用友 T3”窗口中单击“库存”菜单，在下拉式菜单中选择“库存账簿查询”，单击“出入库流水账”命令，系统弹出“出入库流水账”过滤条件设置窗口，如图 8-17 所示。

（2）在此录入过滤条件，然后单击“过滤”按钮，系统列出所有符合条件的记录，如图 8-18 所示。

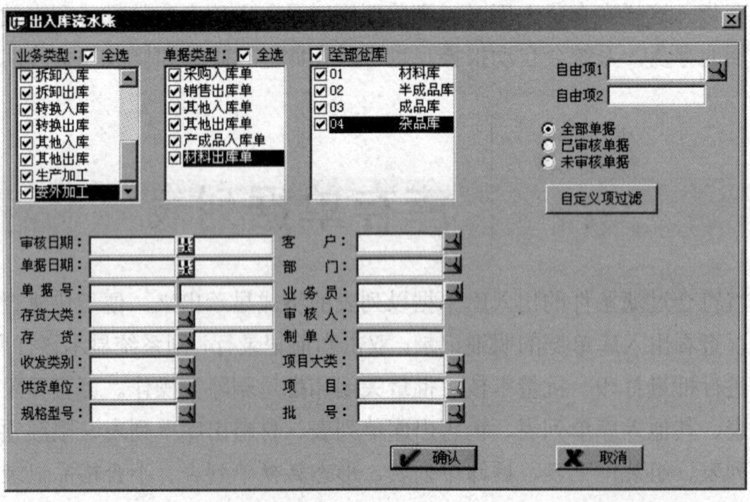

图 8-17

图 8-18

（3）双击具体的记录，可以联查其单据。

8.5 库存统计分析

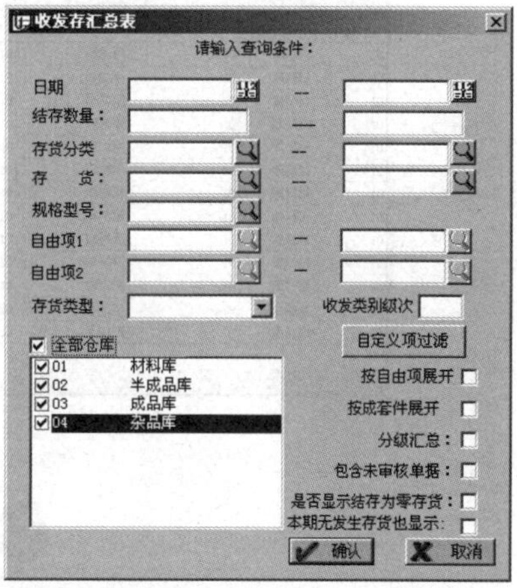

图 8-19

用户可以查询库存管理的各种统计表。

以查看收发存汇总表为例。

（1）在“用友 T3”窗口中单击“库存”菜单，在下拉式菜单中选择“库存统计分析”，单击“收发存汇总表”命令，系统弹出“收发存汇总表”过滤条件设置窗口，如图 8-19 所示。

（2）在此设置好分组汇总方式和过滤条件，然后单击“过滤”按钮，系统列出所有符合条件的记录，如图 8-20 所示。

（3）单击“格式”按钮，可打开“选择栏目”设置窗口，在此可以勾选在收发存汇总表中需要显示的栏目。

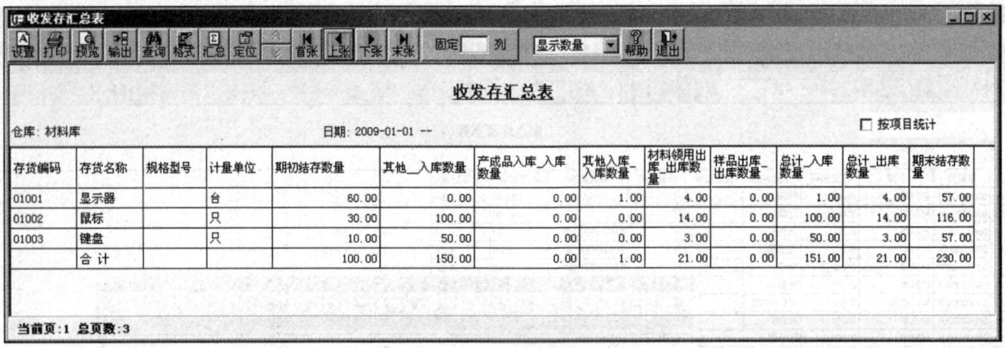

图 8-20

8.6 库存工具

包括整理现存量、查询现存量、刷新仓库存货权限和批量打印单。

以查询现存量为例。

（1）在“用友 T3”窗口中单击“库存”菜单，在下拉式菜单中选择“库存工具”，单击“查询现存量”命令，系统弹出“查询现存量”窗口，如图 8-21 所示。

（2）在此录入查询条件，然后单击“刷新”按钮，系统列出所有符合条件的记录。

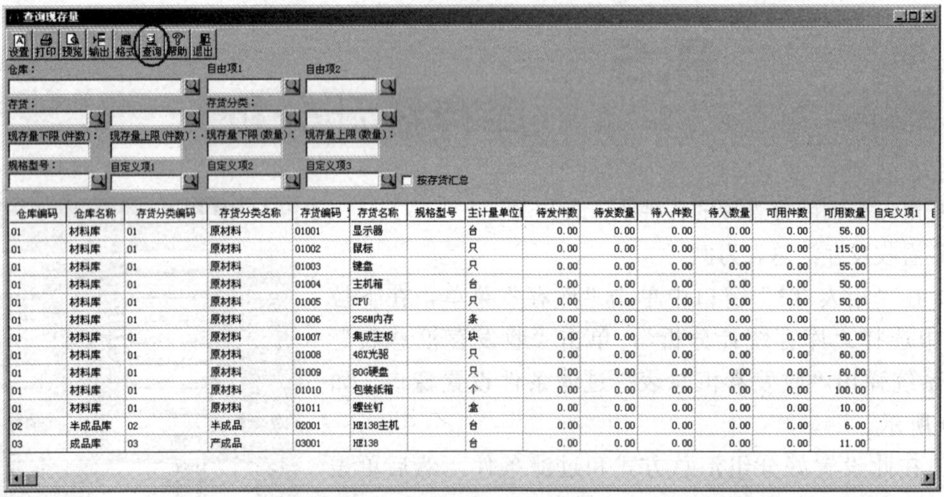

图 8-21

8.7 储备分析

用户可以查询库存管理的储备分析报表。

- 呆滞积压存货分析：用户可以查询呆滞存货和积压存货。呆滞存货是指周转率低于呆滞积压标准且未超过最高库存量（或安全库存量）的存货。

- 库龄分析：反映存货在仓库中停留的时间，用户可以通过库龄分析调整存货结构。
- 备料缺料表：可以查询生产或组装某产品所需的物料数量，以及现有库存量是否可满足生产或组装的需要。缺料表来源于产品结构和结存记录，是企业在实际应用中非常有用的一个分析表。

例8-5　在001账套中查询生产“HE138”400台，所有仓库参与运算时的缺物料情况。

（1）在“库存管理”窗口中，展开“账表”菜单下的“储备分析”功能，单击“备料缺料表”命令，系统弹出“缺料表条件录入”窗口，如图8-22所示。

图 8-22

（2）录入配套件编码和配套件数量，表示如果要生产或组装该种配套件、生产或组装的数量。

（3）勾选需要参与计算的仓库（因为有些仓库可能没有与生产或组装车间在一起，如在外地，则不需要参与计算）。

（4）如果勾选“只显示短缺存货”，则不显示计算出来所需存货够用的物料。

（5）单击“确定”按钮，系统提示“是否展开到末级？”，单击“是”，系统计算出符合条件的数据，如图8-23所示。

图 8-23

（6）在此可以看到如果要生产或组装指定数量的指定套件，所需要的原材料的需求数量、当前库存量和短缺数量。

提示

缺料表常用来模拟企业准备接下一张销售订单时，计算企业是否有足够的原材料满足其需求，为是否接单作出评估。缺料表的计算过程只考虑到了库存中的现存量问题，而对于一些物料在途、占用等其他问题都没有考虑到，如果要考虑这些因素，缺料分析可以使用生产加工单处理业务中的采购建议功能进行处理，请参阅本章中的生产加工单。

8.8 月末结账

月末结账是将每月的出入库单据逐月封存，并将当月的出入库数据记入有关账表中。

在手工会计处理中都有结账的过程，在电算化会计处理中也有这一过程，以符合会计制度的要求。结账只能每月进行一次。结账后本月不能再填制单据。

（1）在“用友 T3”窗口中单击“库存”菜单，在下拉式菜单中选择“月末结账”命令，系统弹出“结账处理”窗口，如图 8-24 所示。

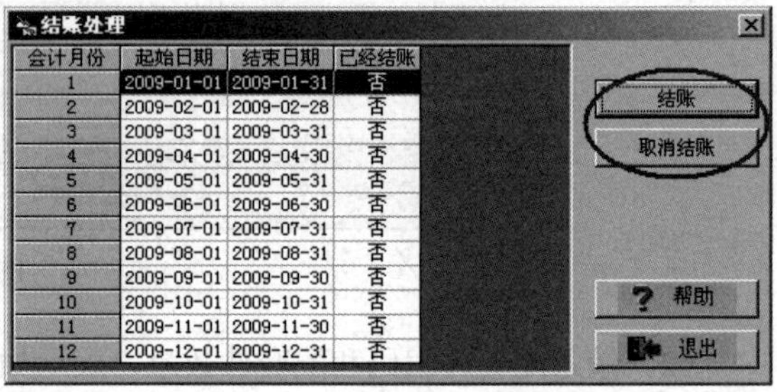

图 8-24

（2）光标位于未结账的第一个月。单击“结账”按钮则对该月进行结账；单击“取消结账”按钮则对当前月的上月取消结账，即已结账的最后一个月才能取消结账。

结账或取消结账成功，已经结账标志改变；若未成功，系统提示错误信息。

注意

- 只有在当前会计月所有工作全部完成的前提下，才能进行月末结账。
- 只能从未结账的第一个月逐月结账，只能从最后一个月逐月取消。
- 没有期初记账，将不允许月末结账。
- 上月未结账，本月单据可以正常操作，不影响日常业务的处理，但本月不能结账。
- 月末结账后将不能再做已结账月份的业务，只能做未结账月的日常业务。
- 月末结账之前一定要进行数据备份，否则数据一旦发生错误，将造成无法挽回的后果。
- 本功能与系统中所有功能的操作互斥，即在操作本功能前，应确定其他功能均已退出；在网络环境下，要确定本系统所有的网络用户退出了所有的功能。
- 如果库存管理、采购管理、销售管理集成使用，只有在采购管理、销售管理结账后，库存管理才能进行结账。

核算管理 第9章

本章重点

- 进行出入库调整
- 业务单据进行记账，核算出库成本
- 产成品成本分配
- 出入库业务和往来业务制单生成凭证传至总账
- 查询各种账表

在启用了库存系统之后，核算系统中的采购入库单、产成品入库单、其他入库单、销售出库单、材料出库单和其他出库单（如图 9-1 所示）都是由库存系统自动传递至核算系统，在核算系统中只是查询这些单据，而不能新增和修改这些单据。

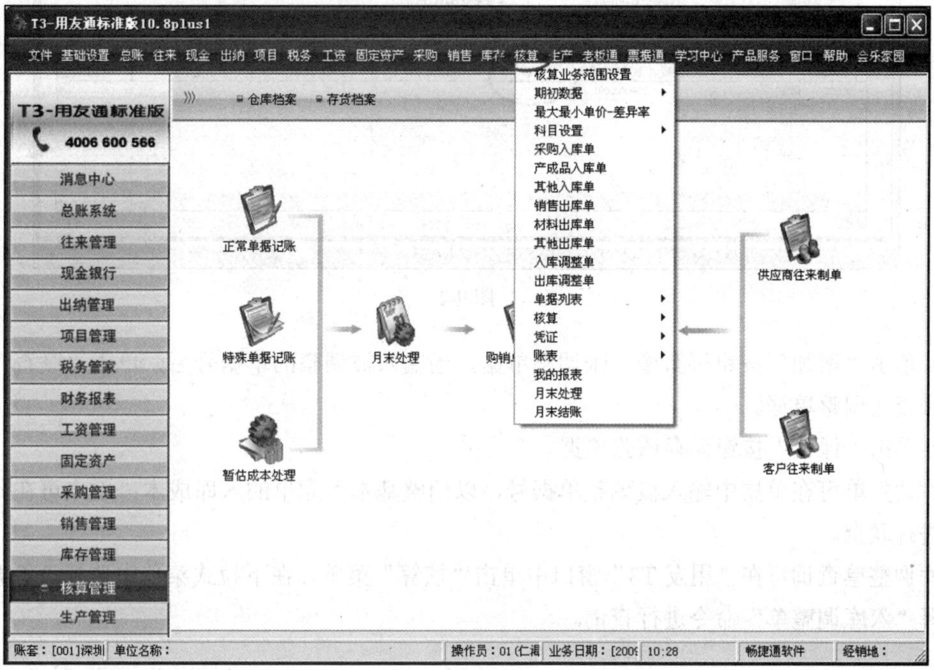

图 9-1

核算系统的日常业务是进行入库调整单、出库调整单、核算、期末处理和凭证处理。

9.1 调整单

调整单分为入库调整单和出库调整单。

9.1.1 入库调整单

入库调整单是对存货的入库成本进行调整的单据，它只调整存货的金额，不调整存货的数量；它用来调整当月的入库金额，并相应调整存货的结存金额；可针对单据进行调整，也可针对存货进行调整。

> 注意：入库单据记账之后才能被参照选择进入到入库调整单中，入库调整单保存即记账，因此已保存的单据不可修改、删除。

（1）在“用友 T3”窗口中单击“核算”菜单，在下拉式菜单中选择“入库调整单”命令，系统打开“入库调整单”窗口，如图 9-2 所示。

图 9-2

（2）单击“增加”按钮可新增一张调整单据，当输入被调整的单据号后，单击“联查”按钮，也可以联查被调整单据。

（3）单击“保存”按钮保存该张单据。

入库调整单可在单据中输入被调整单据号，以调整基本入库单的入库成本；用户可在此对被调整单据进行联查。

入库调整单查询可在“用友 T3”窗口中单击“核算”菜单，在下拉式菜单中选择“单据列表”，然后选择“入库调整单”命令进行查询。

9.1.2 出库调整单

出库调整单是对存货的出库成本进行调整的单据，它只调整存货的金额，不调整存货的数量；它用来调整当月的出库金额，并相应调整存货的结存金额；只能针对存货进行调整，不能针对单据进行调整。

出库调整单操作方式请参阅入库调整单操作方式。

> 注意：出库调整单保存即记账，因此已保存的单据不可修改、删除。
>
> 出库调整单查询可在“用友 T3”窗口中单击“核算”菜单，在下拉式菜单中选择“单据列表”，然后选择“出库调整单”命令进行查询。

9.2 核算

9.2.1 特殊单据记账

特殊单据记账用来处理调拨等业务的出入库单据记账，如调拨时，调拨入库的存货成本就自动取调拨出库时的存货成本了。

（1）在“用友 T3”窗口中单击“核算”菜单，在下拉式菜单中选择“核算”，然后再单击“特殊单据记账”命令，系统打开“特殊单据记账条件”窗口，如图 9-3 所示。

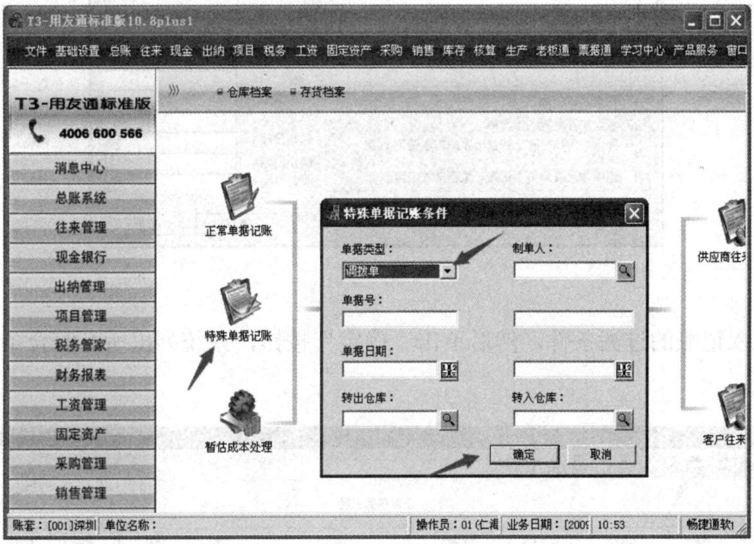

图 9-3

（2）选择单据类型“调拨单”，然后单击“确定”按钮，系统列出所有符合条件的记录，如图 9-4 所示。

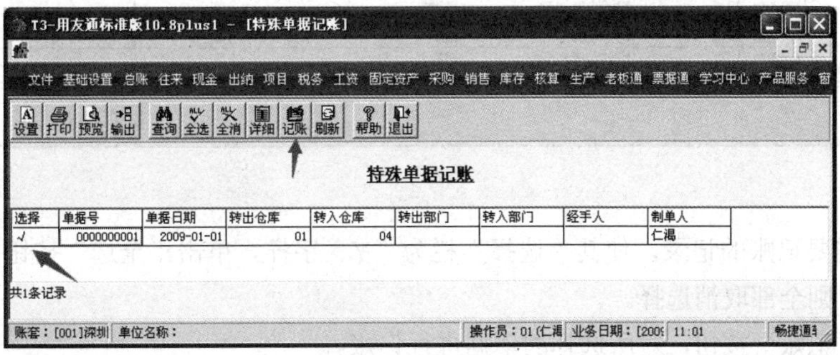

图 9-4

（3）勾选需要记账的记录，使其“选择”栏为“V”字样，单击“全选”按钮则全部选定，单击“全消”按钮则全部取消选择。

（4）单击“记账”按钮，对所选择的单据进行记账。

9.2.2 第一次正常单据记账

单据记账用于将用户所输入的单据登记存货明细账、差异明细账/差价明细账、受托代销商品明细账、受托代销商品差价账；恢复记账用于将用户已登记明细账的单据恢复到未记账状态。

（1）在“用友 T3”窗口中单击“核算”菜单，在下拉式菜单中选择“核算”，然后再单击“正常单据记账”命令，系统打开“正常单据记账条件”窗口，如图 9-5 所示。

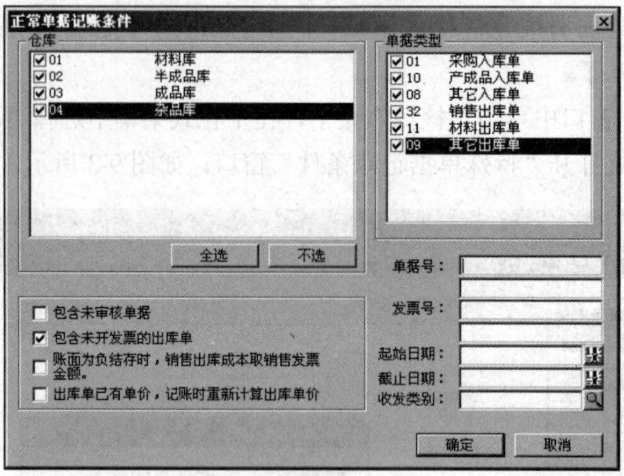

图 9-5

（2）在此录入记账的过滤条件，然后单击“确定”按钮，系统列出所有符合条件的记录，如图 9-6 所示。

图 9-6

（3）勾选需要记账的记录，使其“选择”栏为“Y”字样，单击“全选”按钮则全部选定，单击“全消”按钮则全部取消选择。

（4）单击“记账”按钮，对所选择的单据进行记账。

提示 系统提示蓝色的记录不能记账，这是因为蓝色的产成品入库单中没有入库成本，所以无法记账，产成品入库单上的存货入库成本需要通过产成品成本分配得到，请参阅本章中的产成品成本分配业务。

9.2.3 采购入库单成本批量录入

“用友 T3”提供采购入库单成本批量录入的功能。对于没有成本的采购入库单，可以采用此功能进行批量录入采购入库单成本。

9.2.4 产成品成本批量录入

“用友 T3”提供产成品成本批量录入的功能。对于没有成本的产成品入库单，可以采用此功能进行批量录入产成品成本。

9.2.5 产成品成本分配

产成品成本分配表用于对已入库但未记明细账的产成品进行成本分配。

产成品成本分配功能主要用来计算一个月内某一种产成品的成本价格（总成本除以总数量）。

在很多公司，产成品入库单一般是由仓库管理人员录入，而入库成本仓库管理人员是不知道的，到月底时由财务来执行产成品成本分配。

例9-1 对本书模拟账套中的成品入半成品5台“HE138主机”总金额7000元，5台“HE138”电脑总金额11000元。

（1）在“用友 T3”窗口中单击“核算”菜单，在下拉式菜单中选择“核算”，单击“产成品成本分配”命令，系统打开“产成品成本分配表”窗口，如图 9-7 所示。

（2）单击工具栏中的“查询”按钮，系统弹出“产成品成本分配表查询”窗口，录入需要查询的条件，然后单击“确认”按钮，系统列出所有符合条件的单据，如图 9-8 所示。

（3）勾选需要分配的产成品单据，然后单击“确定”按钮，系统返回到“产成品成本分配表”窗口，如图 9-9 所示。

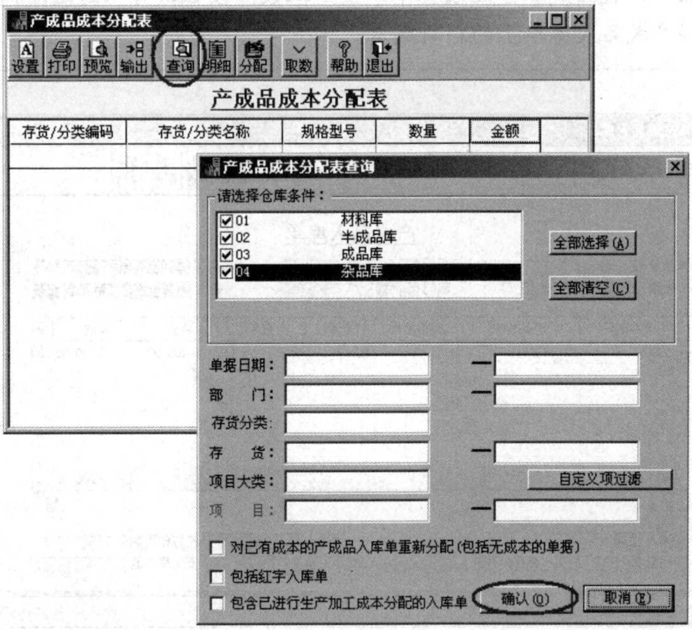

图 9-7

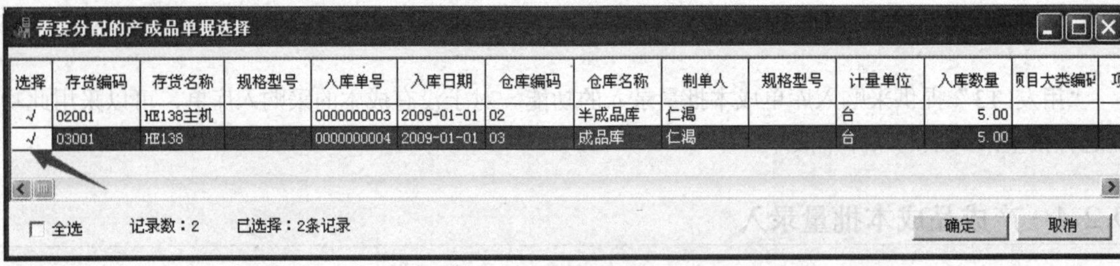

图 9-8

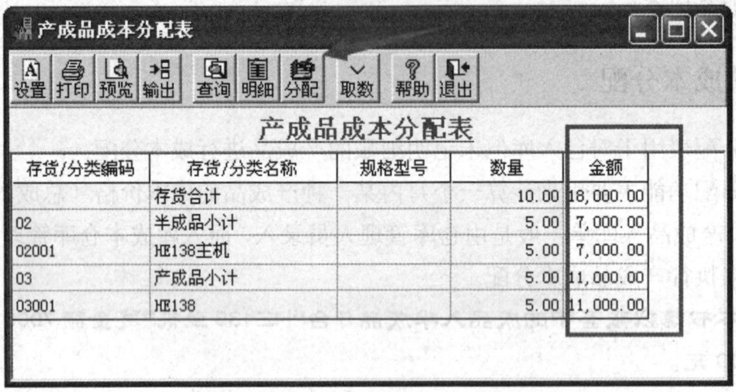

图 9-9

（4）在“产成品成本分配表”中分别录入产成品入库总金额。单击工具栏中的“分配”按钮，系统提示分配操作顺利完成（单击“恢复”按钮可以清除所分配的数据），系统将产成品的入库金额返写回入库单中，可以通过查看产成品入库单查询到单据上的入库成本，如图 9-10 和图 9-11 所示。

提示 在“产成品成本分配表”中单击“取数”按钮，可以通过不同的材料出库单单据来取得产成品入库单上的材料成本。

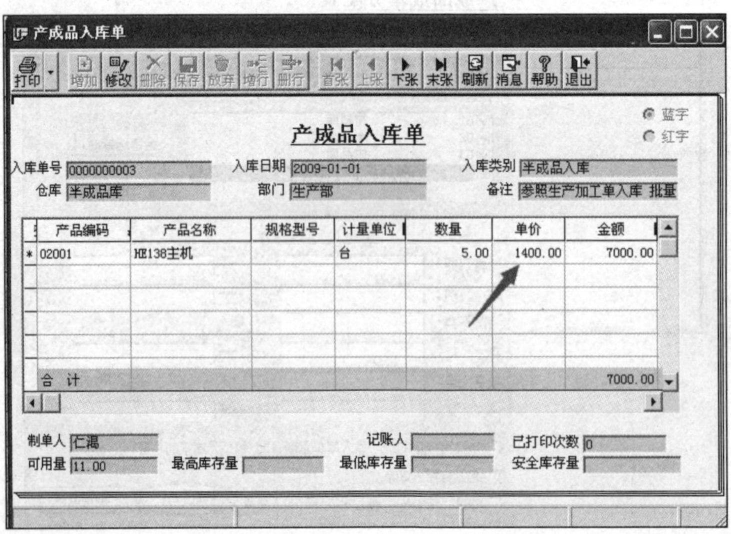

图 9-10

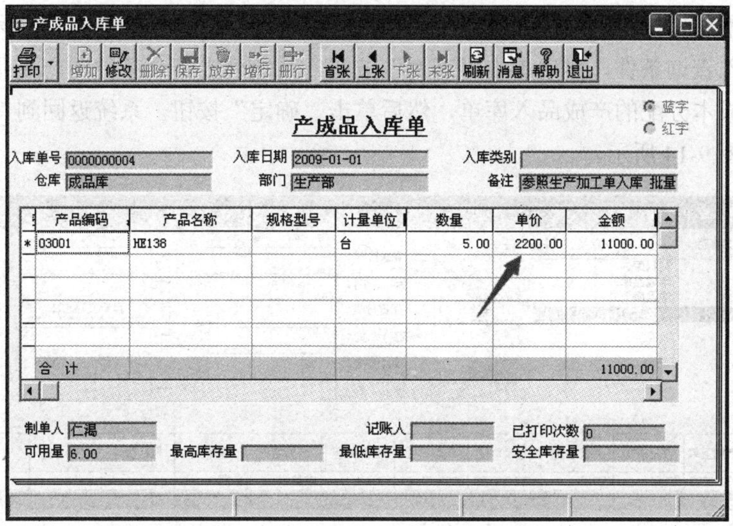

图 9-11

9.2.6 生产加工成本分配

生产加工成本分配用于生产型企业对于生产产品入库时的成本进行分配，包括材料费、人工费、水费、电费和委外加工费等费用进行分配。

“生产加工成本分配”与“产成品成本分配”不同之处就在于它可对各种费用进行自动分配，而手工计算总成本。

生产加工成本分配功能需要与库存管理系统中的生产加工单结合使用，因为生产加工单上的产成品入库和材料领用互相之间是有联系的，即在进行生产加工成本分配时，直接材料的费用来自于生产加工单生成的材料领用单。

提示 如果已经使用了“产成品成本分配”处理了产成品的入库成本，则不需要使用“生产加工成本分配”。

（1）在“用友 T3”窗口中单击“核算”菜单，在下拉式菜单中选择“核算”，然后再单击“生产加工成本分配”命令，系统打开“生产加工成本分配”窗口，如图 9-12 所示。

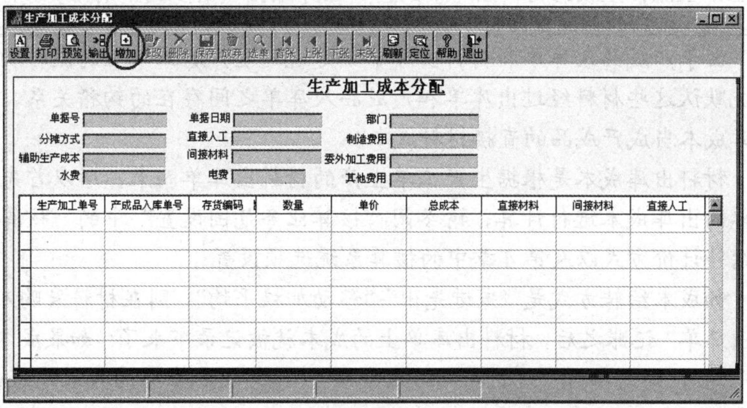

图 9-12

（2）单击“增加”按钮，系统弹出“产成品入库单查询”窗口，如图 9-13 所示。

（3）在此录入查询条件，然后单击“查询”按钮，系统列出符合条件的产成品入库单，勾选需要进行生产加工成本分配的产成品入库单，然后单击“确定”按钮，系统返回到“生产加工成本分配”窗口中，如图 9-14 所示。

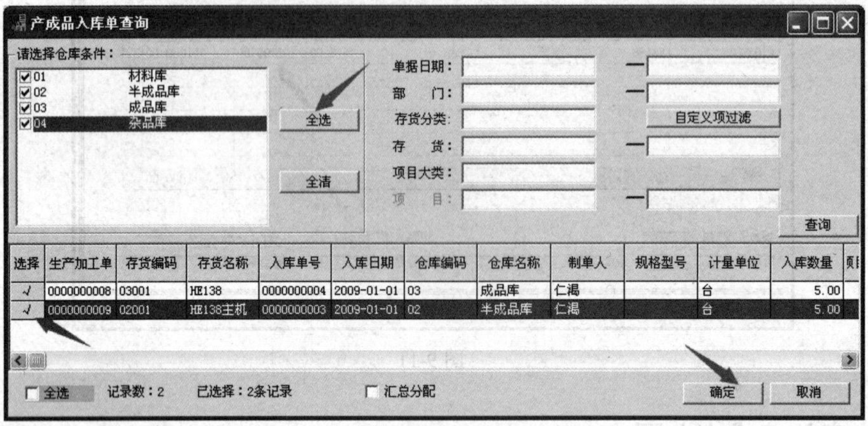

图 9-13

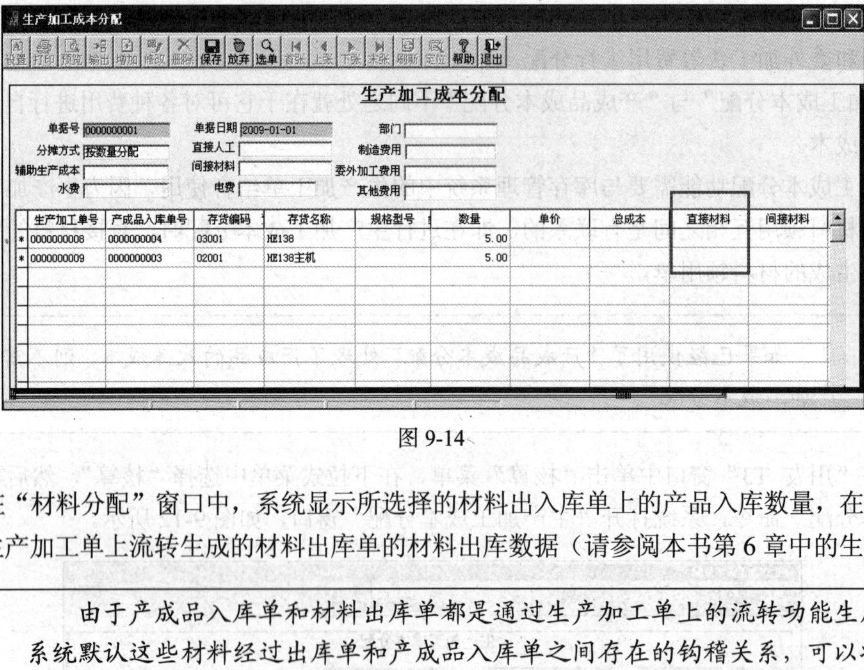

图 9-14

（4）在“材料分配”窗口中，系统显示所选择的材料出入库单上的产品入库数量，在“汇总”页上列出了生产加工单上流转生成的材料出库单的材料出库数据（请参阅本书第 6 章中的生产加工单）。

提示

由于产成品入库单和材料出库单都是通过生产加工单上的流转功能生成的，所以系统默认这些材料经过出库单和产成品入库单之间存在的钩稽关系，可以将这些材料出库成本当成产成品的直接材料成本。

材料出库成本是根据生产工单生产的材料出库单而来，所以首先需要先对材料出库单的出库成本进行计算，请参阅“核算业务范围设置”中的“核算方式”和材料成本结转计价方式以及第 4 章中的核算系统选项设置。

如成本结转方式是“先进先出”“移动加权平均”，则在材料采购入库单记账和“材料出库单”记账之后，材料出库单上的成本就被记录下来了；如果成本结转方式是“全月平均”，则需要对仓库进行“月末处理”（请参阅本章中的月末处理业务），成本才能出来。

（5）在“材料分配”窗口中单击“按材料定额分配”按钮，系统计算出本次材料的分配金额，单击“确定”按钮返回到“生产加工成本分配”窗口。

提示

“按材料定配分配”是根据产品结构（BOM）来进行材料成本分配，在此没有选择“全部分配”命令是因为这些材料同时生成了两张产成品入库单，此次只是要分配一张产成品入库单上的入库数量（3台“HE138”）。

分配时按照“（本次分配套数/生产加工单产量）× 计划出库数量”计算得出直接材料分配数量，分配金额 = 分配数量 × 材料出库单单价。

材料出库单上的材料出库单价是出库成本价，是系统根据材料的出库成本自动计算出来的，如果在仓库档案中设置的计价方式是“先进先出法”、“后进先出法”、“移动平均法”之一时（请参阅本书第3章中的仓库档案设置），则在核算系统中进行了“正常单据记账”处理，材料出库单上的材料出库单价就自动计算出来了；如果在仓库档案中设置的计价方式是“全月平均法”，则在核算系统中首先要进行“正常单据记账”处理，然后再执行“月末处理”（请参阅本章中的月末处理业务），材料出库单上的材料出库单价才能够自动计算出来，然后才进行“生产加工成本分配”，产成品入库成本计算出来之后，需要对这张产成品入库单进行记账。

（6）分别将两张产成品入库单上的直接材料成本分配出来之后，在“生产加工成本分配”单据的表头中分别填上需要分配的其他费用（包括直接人工、制造费用、辅助生产成本、间接材料、委外加工费用、水费、电费、其他费用），如图9-15所示。

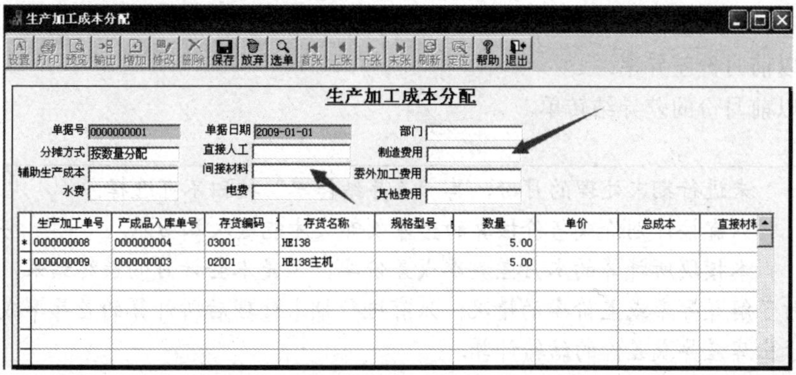

图9-15

（7）各种费用分摊方式可以通过选择“分摊方式”项来进行分配（可以在“按数量分配”、“手工输入”和“按直接材料金额分配”中选择一项），然后单击“保存”按钮保存此次分配结果。至此，产成品入库成本确认完成。

提示

如果产品结构是多层，则需要先计算出半成品成本，再处理最终的产成品成本。

9.2.7 第二次正常单据记账

第二次正常单据记账用来处理已计算好的产成品入库单，如图9-16所示。

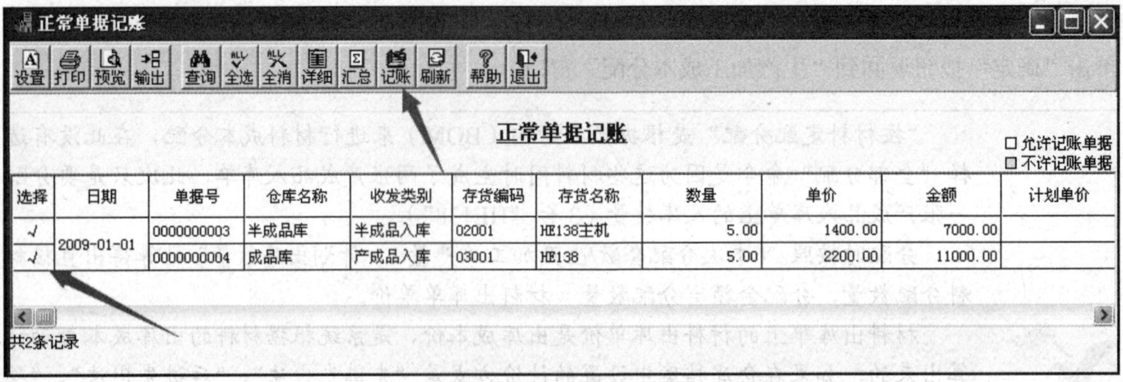

图 9-16

9.2.8 取消单据记账

如果要取消记账，则在“用友 T3”窗口中单击“核算”菜单，在下拉式菜单中选择“核算”，然后再单击“取消单据记账”命令。

9.2.9 差异率计算

本功能用来计算计划价/售价方式核算的存货各月份的出库差异率，方便用户随时了解差异率，包括以下三部分：

- 计算本月差异率；
- 查询以前月份差异率；
- 查询以前月份的差异结转单。

注意

未进行期末处理的月份，其“差异结转单”按钮不可选择。

只有按计划价或售价核算的仓库或部门才能进入本功能。

本模块所计算的本月差异率或差价率，不是本会计月的最终结果，只用于用户随时了解差异率或差价率的情况；只有进行期末处理后所计算的差异率或差价率，才用于出库差异或差价的结转计算。

差异率的计算方法：

$$差异率=\frac{月初差异+本月入库差异-本月出库调整差异}{月初计划金额+本月入库计划金额-本月出库调整计划金额}$$

月初差异：现会计月份的期初差异。

月初计划金额：现会计月份的期初金额。

本月入库差异：现会计月份的入库发生差异。

本月入库计划金额：现会计月份的入库发生金额。

本月出库调整差异：现会计月份的出库发生差异，包括出库单中有用户自填金额形成的出库差异和出库调整单金额形成的差异。

本月出库调整计划金额：现会计月份出库单中用户自填金额形成的出库计划金额。

9.2.10 平均单价计算

提供用户随时了解全月平均单价的功能，包括以下两部分：

- 计算本月全月平均单价；
- 查询以前月份全月平均单价。

注意

只有按全月平均法计价的仓库才能进入本功能。

本模块所计算的本月平均单价不是本会计月的最终结果，只用于用户随时了解本月平均单价的情况；只有进行期末处理后所计算的平均单价，才用于计算出库成本。

全月平均单价的计算方法：

$$平均单价=\frac{月初金额+本月入库金额-本月出库调整金额}{月初数量+本月入库数量-本月出库调整数量}$$

月初金额：现会计月份的期初金额。

月初数量：现会计月份的期初数量。

本月入库金额：现会计月份的入库发生金额。

本月入库数量：现会计月份的入库发生数量。

本月出库调整金额：现会计月份的出库发生金额，包括出库单中用户自填的金额和出库调整单的金额。

本月出库调整数量：现会计月份出库单中有用户自填金额的数量。

9.2.11 暂估入库成本处理

暂估成本是指采购系统所购存货已入库但发票未到或未报销时入库单上的估算成本；当已报销后，需进行成本处理。

暂估入库成本处理可以通过月初回冲、单到回冲和单到补差这3种方式进行处理。

（1）本月暂估单据报销时处理如下。

如果本月暂估的入库单已记账，报销后在本模块中对其进行暂估处理；对于本月暂估并报销的非受托代销采购业务，直接修改明细账中对应记录的入库成本，并按不同的计价方式做相应的调整。

- 全月平均法：调整相应明细账中记录的入库成本。
- 移动平均法：调整相应明细账中记录的入库成本，重新计算其以下的非自填的出库金额，并回填出库单；如果结余数量为零或单价为负，则出库单价取上一条记录的单价。
- 计划单价法：调整相应差异账中记录的借方差异或贷方差异，与原差异借方之和大于0记借方，小于0记贷方。
- 售价法：调整相应差价账中记录的贷方差异。
- 先进先出法、后进先出法：调整相应明细账中记录的入库成本，同时调整计价辅助数据，如果有出库时，调整对应的出库记录的出库成本，出库成本调整成对应的入库成本。
- 个别计价法：调整相应明细账中记录的入库成本，如果有出库时，调整对应的出库记录的出库成本，出库成本调整成对应的入库成本。

（2）月初回冲方式的报销单据处理方式如下。

对于以前月份暂估本月报销的非受托代销采购业务，当选择月初回冲方式时，处理方法为月初对上月未报销的暂估单自动在明细账中生成红字回冲单，当报销处理时，在明细账中生成蓝字报销单，蓝字报销单的入库金额为已报销金额。

月末时，对本月未报销的红字入库单进行期末处理后，自动生成蓝字暂估单，暂估单的金额与原金额相同，用户不能修改。

提示

自动生成的蓝字暂估单，系统直接记入明细账，用户不能修改。

对单到回冲方式的报销单据如何处理？

对于以前月份暂估本月报销的非受托代销采购业务，当选择单到回冲方式时，处理方法为查找明细账中对应的单据记录，依据其生成红字回冲单、蓝字报销单，蓝字报销单的入库金额为已报销金额。

提示

自动生成的红字回冲单和蓝字报销单，系统直接记入明细账，用户不能修改。

红字回冲单的金额为原入库单据的暂估金额，方向与原暂估金额相反。

蓝字报销单的金额为原入库单据的报销金额。

对单到补差方式的报销单据如何处理？

对于以前月份暂估本月报销的非受托代销采购业务，当选择单到补差方式时，处理方法为查找对应的单据记录，自动生成调整单，由用户确认记账；如果用户选择取消，则生成的调整单不记账，返回未报销处理状态。

提示

生成的调整单中的金额，用户不能修改，只能确认或取消。

如果报销金额与暂估金额的差额为零，则不生成调整单；如果差额不为零，产生调整单，一张采购入库单生成一张调整单，用户确认后记入明细账。

9.3 月末处理

月末处理用来计算按全月平均方式核算的存货的全月平均单价及其本会计月出库成本；计算按计划价/售价方式核算的存货的差异率/差价率及其本会计月的分摊差异/差价；对已完成日常业务的仓库/部门/存货做处理。

如果仓库的计价方式为全月平均，则需要进行月末处理之后才能进行制单。

（1）在“用友 T3”窗口中单击“核算”菜单，在下拉式菜单中选择“期末处理”命令，系统打开“期末处理”窗口，如图 9-17 所示。

（2）在“未期末处理仓库”中勾选需进行期末处理的仓库，然后单击“确认”按钮，系统提示“是否处理所选仓库？”，单击“是”按钮开始进行期末处理工作。

（3）系统列出成本计算表，单击“确定”按钮完成期末处理工作，如图 9-18 所示。

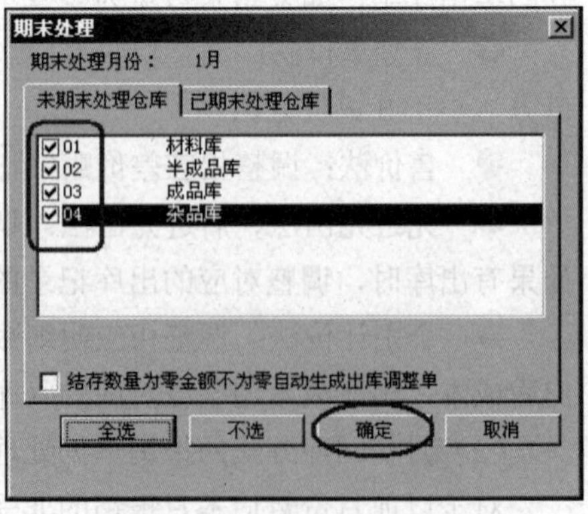

图 9-17

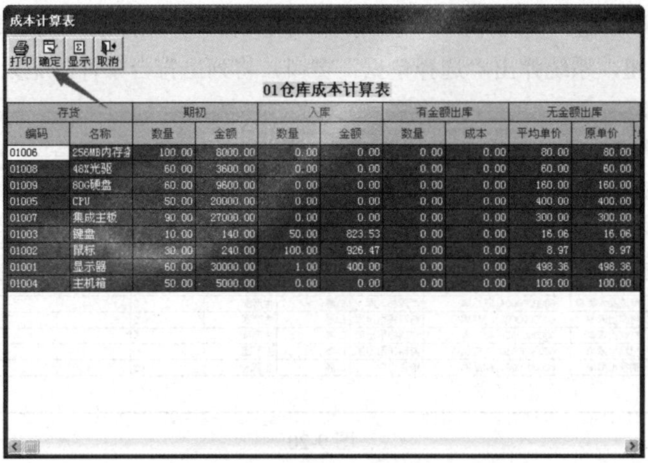

存货		期初		入库		有金额出库		无金额出库	
编码	名称	数量	金额	数量	金额	数量	成本	平均单价	原单价
01006	256MB内存条	100.00	8000.00	0.00	0.00	0.00	0.00	80.00	80.00
01008	48X光驱	60.00	3600.00	0.00	0.00	0.00	0.00	60.00	60.00
01009	80G硬盘	60.00	9600.00	0.00	0.00	0.00	0.00	160.00	160.00
01005	CPU	50.00	20000.00	0.00	0.00	0.00	0.00	400.00	400.00
01007	集成主板	90.00	27000.00	0.00	0.00	0.00	0.00	300.00	300.00
01003	键盘	10.00	140.00	50.00	823.53	0.00	0.00	16.06	16.06
01002	鼠标	30.00	240.00	100.00	926.47	0.00	0.00	8.97	8.97
01001	显示器	60.00	30000.00	1.00	400.00	0.00	0.00	498.36	498.36
01004	主机箱	50.00	5000.00	0.00	0.00	0.00	0.00	100.00	100.00

图 9-18

注意

期末处理需要在采购、销售、库存系统都进行了月末处理后才能进行。

9.4 凭证

此功能用于对本会计月已记账单据生成凭证，并可对已生成的所有凭证进行查询显示；所生成的凭证可在账务系统中显示并生成科目总账。

1. 购销单据制单

对于已经记账的单据，就可以生成凭证传递到总账系统中了。

（1）在“用友 T3”窗口中单击“核算”菜单，在下拉式菜单中选择“凭证”，然后再单击“购销单据制单”命令，系统打开“生成凭证”窗口，如图 9-19 所示。

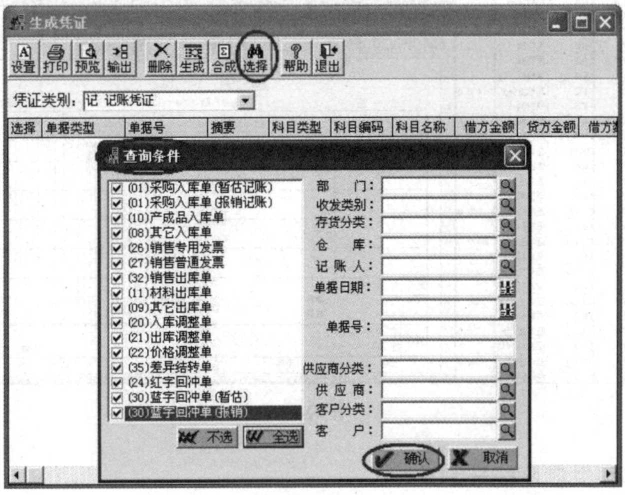

图 9-19

（2）单击“选择”按钮，系统弹出“查询条件”录入窗口，在此录入需要制单凭证的过滤条件，然后单击“确认”按钮，系统弹出“选择单据”窗口，将列出符合条件的记录，如图 9-20 所示。

图 9-20

（3）在需要生成凭证的单据的“选择”栏中录入数值，相同数值将会合并生成一张凭证，不录入数值的记录不生成凭证。

（4）单击“确定”按钮，系统回到“生成凭证”窗口，系统会根据各单据的收发类别和核算系统中的科目设置（请参阅本书第 4 章中核算系统的科目设置）自动带入所对应的会计科目，可以调整生成凭证的科目。

（5）单击“生成”按钮生成凭证，如图 9-21 所示。单击“凭证”上的“保存”按钮保存凭证并传递到账务系统中（请参阅本书第 12 章中的凭证查询业务）。

提示

如果多张业务单据不合并制单，而是对应分开生成独立的记账凭证，则需要单击凭证上的“下张”按钮，一张一张保存处理。

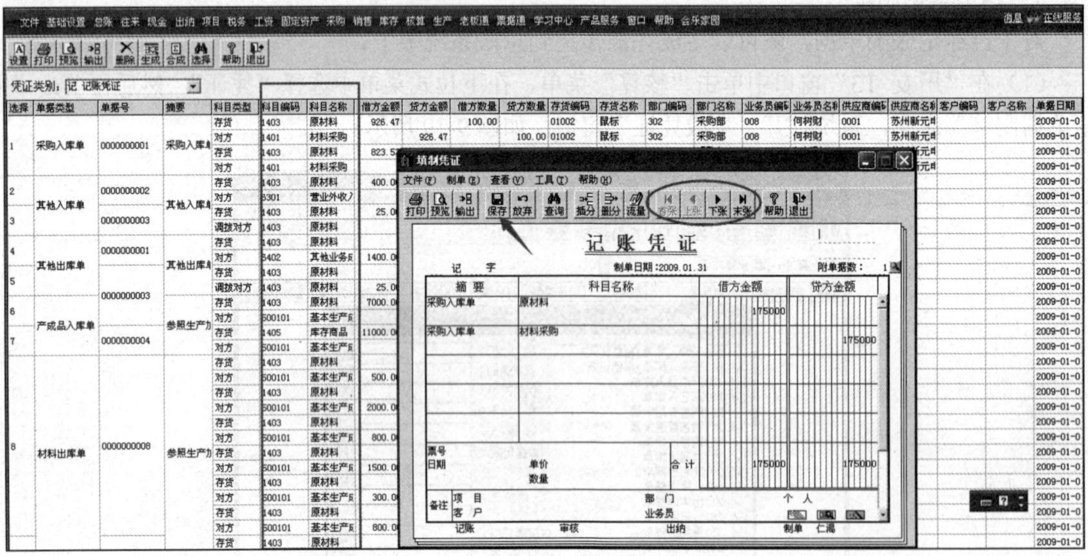

图 9-21

2. 客户往来制单和供应商往来制单

与购销单据制单操作方式一样，往来业务生成的记账凭证如图 9-22 所示。

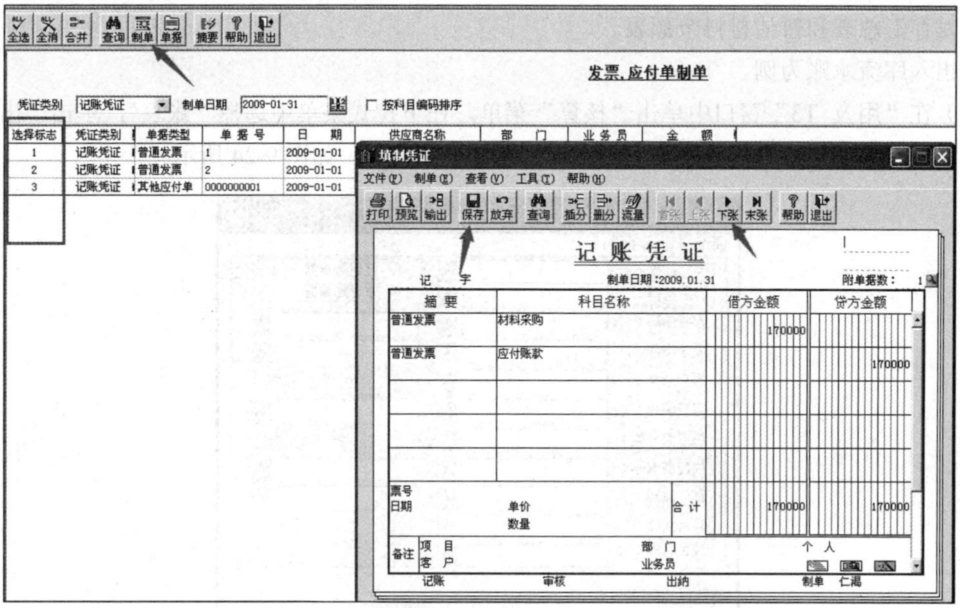

图 9-22

3. 对生成凭证进行查询

在“用友 T3”窗口中单击“核算”菜单，在下拉式菜单中选择“凭证”，可以选择“购销单据凭证列表”“客户往来凭证列表”“供应商往来凭证列表”，对所生成的凭证进行查询，如图 9-23 所示。

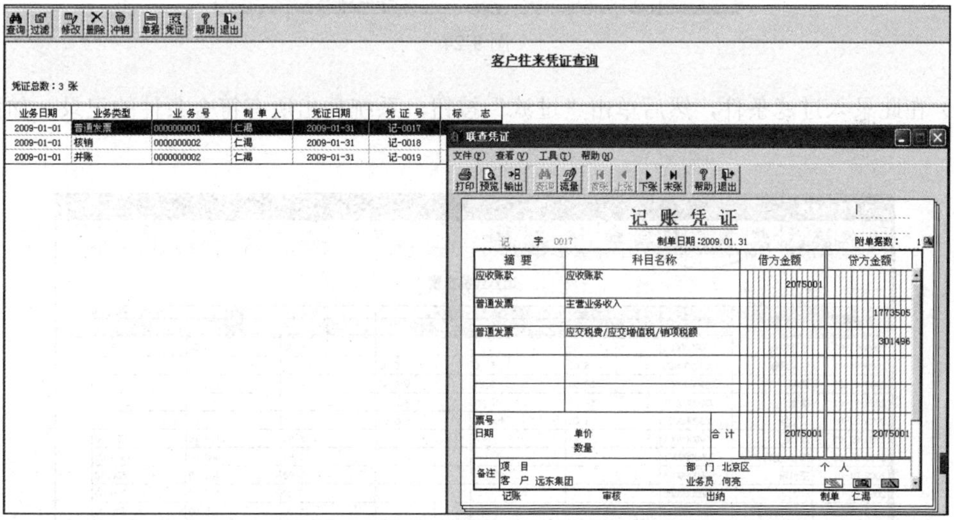

图 9-23

9.5 账表

可以查询明细账、总账、出入库流水账、计价辅助数据、入库汇总表、出库汇总表、差异分摊表、收发存汇总表和暂估材料余额表。

以出入库流水账为例。

（1）在“用友 T3”窗口中单击“核算”菜单，在下拉式菜单中选择“账表”，单击“出入库流水账”命令，系统弹出“出入库流水账查询”条件过滤窗口，如图 9-24 所示。

图 9-24

（2）在此录入过滤条件，然后单击“过滤”按钮，系统列出所有符合条件的记录，如图 9-25 所示。

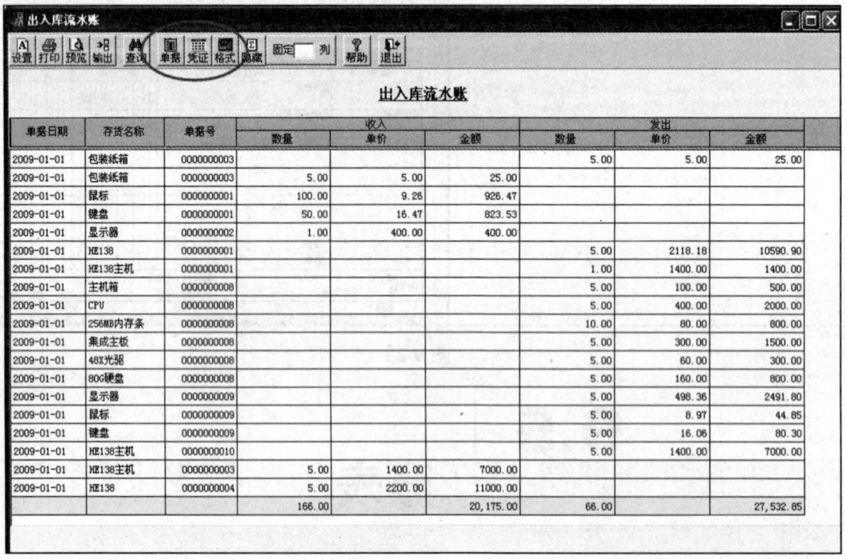

出入库流水账

单据日期	存货名称	单据号	收入			发出		
			数量	单价	金额	数量	单价	金额
2009-01-01	包装纸箱	0000000003				5.00	5.00	25.00
2009-01-01	包装纸箱	0000000003	5.00	5.00	25.00			
2009-01-01	鼠标	0000000001	100.00	9.26	926.47			
2009-01-01	键盘	0000000001	50.00	16.47	823.53			
2009-01-01	显示器	0000000002	1.00	400.00	400.00			
2009-01-01	HE138	0000000001				5.00	2118.18	10590.90
2009-01-01	HE138主机	0000000001				1.00	1400.00	1400.00
2009-01-01	主机箱	0000000008				5.00	100.00	500.00
2009-01-01	CPU	0000000008				5.00	400.00	2000.00
2009-01-01	256MB内存条	0000000008				10.00	80.00	800.00
2009-01-01	集成主板	0000000008				5.00	300.00	1500.00
2009-01-01	48X光驱	0000000008				5.00	60.00	300.00
2009-01-01	80G硬盘	0000000008				5.00	160.00	800.00
2009-01-01	显示器	0000000009				5.00	498.36	2491.80
2009-01-01	鼠标	0000000009				5.00	8.97	44.85
2009-01-01	键盘	0000000009				5.00	16.06	80.30
2009-01-01	HE138主机	0000000010				5.00	1400.00	7000.00
2009-01-01	HE138主机	0000000003	5.00	1400.00	7000.00			
2009-01-01	HE138	0000000004	5.00	2200.00	11000.00			
			166.00		20,175.00	66.00		27,532.85

图 9-25

（3）双击具体的记录体，可以联查生成该记录单据。单击“凭证”按钮可以查询该单据所生成的凭证（如果已生成）。

9.6 月末结账

月末结账是将每月的出入库单据逐月封存，并将当月的出入库数据记入有关账表中。

在手工会计处理中都有结账的过程，在电算化会计处理中也有这一过程，以符合会计制度的要求。结账只能每月进行一次。结账后本月不能再填制单据。

（1）在“用友 T3”窗口中单击“核算”菜单，在下拉式菜单中选择“月末结账”命令，系统弹出“月末结账”窗口，如图 9-26 所示。

（2）选择“月末结账”或“取消结账”，单击“确定”按钮执行相应的操作。

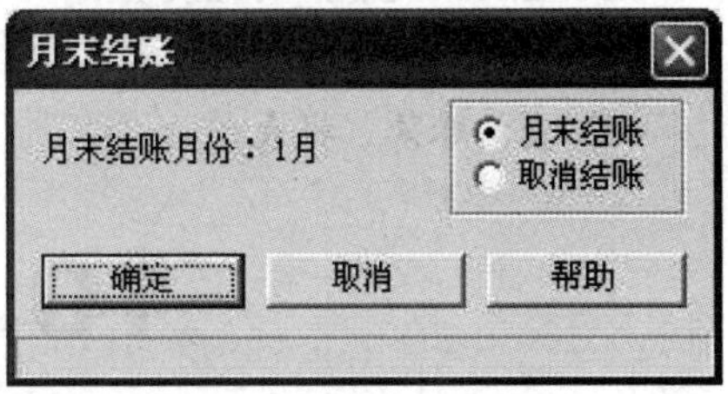

图 9-26

注意

结账前用户应检查本会计月工作是否已全部完成，只有在当前会计月所有工作全部完成的前提下，才能进行月末结账，否则会遗漏某些业务。

不允许跳月结账，只能从未结账的第一个月逐月结账；不允许跳月取消月末结账。只能从最后一个月逐月取消。

没有期初记账，不允许月末结账。

上月未结账，本月单据可以正常操作，不影响日常业务的处理，但本月不能结账。

月末结账后将不能再做已结账月份的业务，只能做未结账月的日常业务。

月末结账之前一定要进行数据备份，否则数据一旦发生错误，将造成无法挽回的后果。

本功能与系统中所有功能的操作互斥，即在操作本功能前，应确定其他功能均已退出，在网络环境下，要确定本系统所有的网络用户退出了所有的功能。

第10章 固定资产

本章重点

- 处理固定资产业务增加
- 处理固定资产变动
- 查询固定资产的变动资料
- 固定资产计提折旧
- 查询账簿、报表

10.1 固定资产卡片

10.1.1 资产增加

资产增加是指新增加固定资产卡片。在系统日常使用过程中可能会购进或通过其他方式增加企业资产，该部分资产通过资产增加操作录入系统。只有固定资产开始使用日期的会计期间等于录入会计期间时，才能通过资产增加录入资产。

例 10-1 增加一固定资产。

固定资产编号：0005；

固定资产名称：IBM 笔记本；

使用部门：销售部-上海区；

增加方式：直接购入；

使用年限：4 年；

折旧方法：平均年限法；

开始使用日期：2009-1-1；

原值：15000 元人民币；

净残值率：5%。

（1）在“用友 T3”窗口中单击“固定资产”菜单，在下拉式菜单中选择“卡片”，然后选择“资产增加”命令，系统打开“资产类别参照”窗口，如图 10-1 所示。

（2）选择需增加的固定资产类别“电脑”，然后单击“确认”按钮，系统进入“固定资产卡片”窗口。

（3）依据卡片中的项目提示，将“例 10-1”中的数据依次录入相应的项目中。最后单击“保存”按钮保存录入数据，如图 10-2 所示。

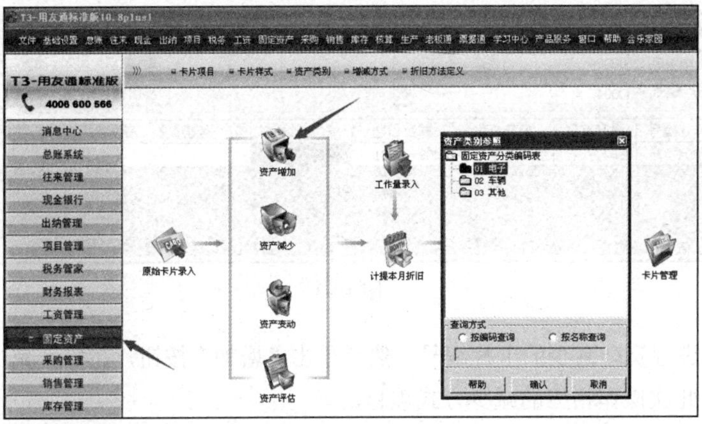

图 10-1

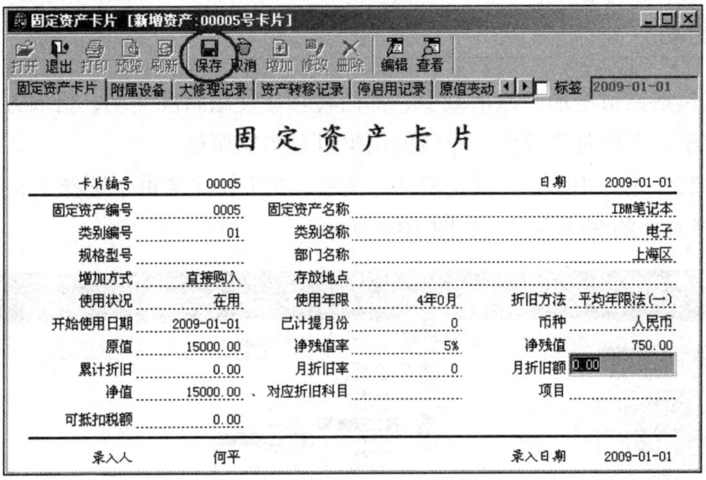

图 10-2

注意

因为是新增的固定资产，所以在进行固定资产的日期录入时只能修改日，而不能修改年与月，新增的固定资产第一个月不计提折旧，所以为0，月折旧率、月折旧额根据固定资产的原值、净值、使用年限、折旧方法等信息，在固定资折旧时由系统自动计算出来。

10.1.2 资产减少

资产在使用过程中，总会由于各种原因（如毁损、出售、盘亏等）退出企业，该部分操作称为“资产减少”。本系统提供资产减少的批量操作，为同时清理一批资产提供方便。

注意

只有经过月计提折旧的固定资产才能执行资产减少（月计提折旧请参阅本章中的10.2.2小节折旧计提）。

（1）在“用友T3”窗口中单击“固定资产”菜单，在下拉式菜单中选择“卡片”，然后选择“资产减少”命令，系统打开“资产减少”窗口，如图10-3所示。

图 10-3

（2）输入需要进行资产减少的卡片编号，然后单击“增加”按钮，在资产减少表增加一项记录，在减少方式中选择此次操作相应的减少方式项目。

（3）单击“确定”按钮。

10.1.3 资产变动

资产变动方式包括原值增加、原值减少、部门转移、使用状况变动、折旧方法调整、使用年限调整、累计折旧调整、工作总量调整、净残值调整以及类别调整。

（1）在“用友 T3”窗口中单击“固定资产”菜单，在下拉式菜单中选择“卡片”，然后选择“变动单”，然后再选择具体的变动方式，如图 10-4 所示。

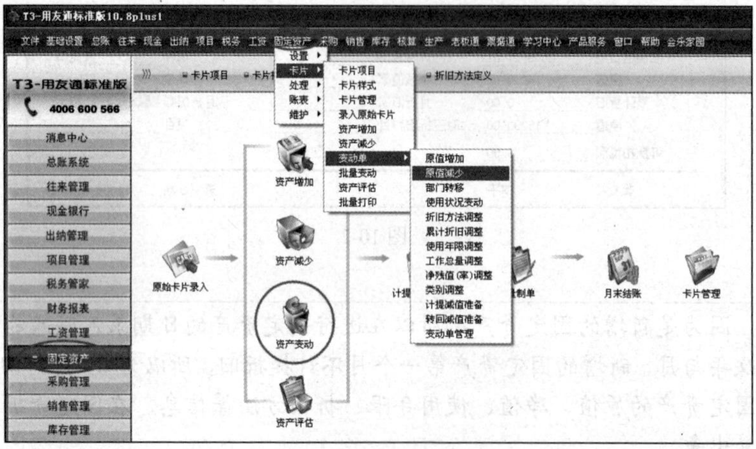

图 10-4

（2）在所选定的固定资产变动单中修改需变动的内容，单击“保存”按钮进行保存。

提示

变动单不能修改，只有当月可删除重做，所以仔细确认后再保存。

具体的变动方式中有一些需要注意的地方。如选择“部门转移”变动，则当月原始录入或新增的资产不允许做此种变动业务。

在进行具体的变动操作时，请仔细看清楚帮助信息（在打开变动单后，按 F1 键）。

10.1.4 资产评估

随着市场经济的发展，企业在经营活动中，会根据业务需要或国家要求对部分资产或全部资产进行评估和重估，其中固定资产评估是资产评估很重要的部分。如公司原有的一块地皮，经过几年之后升值了，就需要用到资产评估。

例 10-2 做一次资产评估，如例 10-2 的固定资产 IBM 笔记本，评估其净值为 14000 元。

（1）在“用友 T3”窗口中单击“固定资产”菜单，在下拉式菜单中选择“卡片”，然后选择“资产评估”命令，系统打开“资产评估”窗口，如图 10-5 所示。

（2）单击工具栏中的“增加”按钮，新增资产评估记录。

（3）进行资产评估时，每次要评估的内容可能不一样，系统会弹出“评估资产选择”窗口。

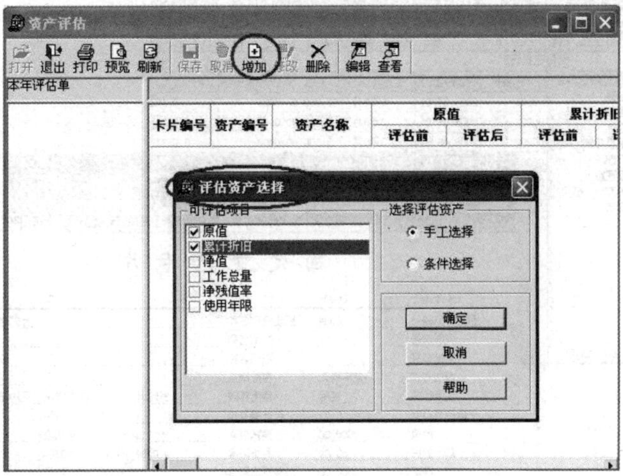

图 10-5

（4）勾选可评估项目，然后单击“确定”按钮。

（5）选择需要进行评估的固定资产，在需要更改的评估后的项目中进行数据修改，最后单击“保存”按钮，如图 10-6 所示。

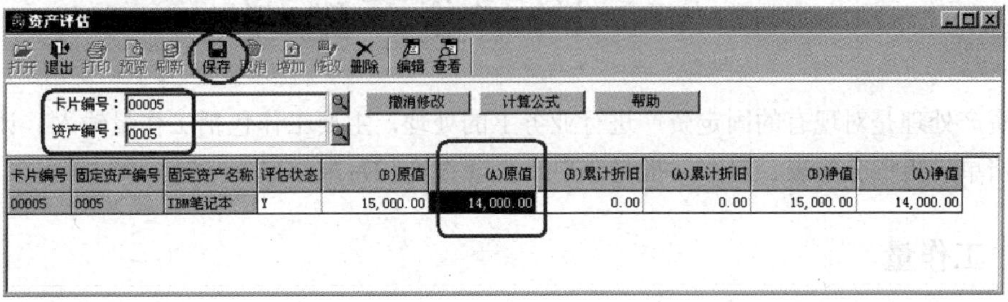

图 10-6

提示

只有当月制作的评估单才可以删除。

任一资产若既做过变动单又做过评估单，必须先删除变动单再删除评估单。

原值、累计折旧和净值 3 个中必须选择两个，而另一个通过公式“原值−累计折旧=净值”推算得到。

评估后的数据必须满足以下公式：

原值−净值 = 累计折旧 ⩾ 0;

净值 ⩾ 净残值率 × 原值;

工作总量 ⩾ 累计工作量。

10.1.5 卡片管理

卡片管理是对系统卡片进行综合管理的场所。

（1）在“用友 T3”窗口中单击“固定资产”菜单，在下拉式菜单中选择“卡片”，然后选择“卡片管理”命令，系统打开“卡片管理”窗口，如图 10-7 所示。

（2）在此可对固定资产进行查询、删除和变动等操作。

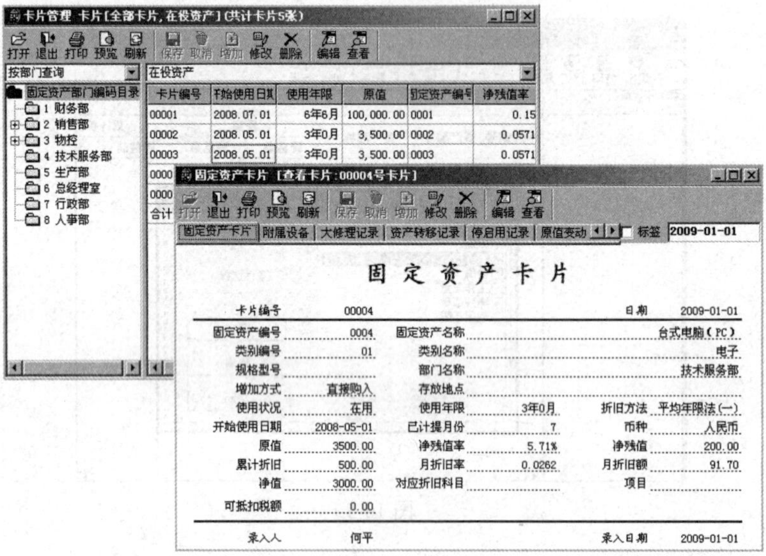

图 10-7

10.2 固定资产处理

固定资产处理是对现有的固定资产进行业务上的处理，主要工作包括工作量输入、计提本月折旧、折旧清单、折旧分配表、对账、批量制单、凭证查询和月末结账。

10.2.1 工作量

当账套内的资产有使用工作量法进行计提折旧时，每月计提折旧前必须录入资产当月的工作量。使用本功能可以录入当月工作量并查看以前会计期间的工作量信息。

在“用友 T3”窗口中单击“固定资产”菜单，在下拉式菜单中选择“处理”，选择“工作量输入”命令可进行工作量的处理。

注意

有些固定资产的折旧是按照工作量来计算的，如一台机器，我们假定这台机器在生产产品时累计达到 100 万小时，该机器设备就不能再使用了，所以我们计算这台机器的折旧就不是按照月折旧率来计算的，而是根据这台设备的工作量（即生产出多少个产品来计算的），这就是工作量法计提折旧。

本书 001 账套中没有进行工作量处理的固定资产，读者可以自行设置固定资产卡片，其折旧方式为工作量法来练习。

10.2.2 计提折旧

固定资产在使用过程中，随着时间或工作量的增加，固定资产的价值会越来越小，这就是折旧。自动计提折旧是固定资产系统的主要功能之一。系统每期计提折旧一次，根据录入系统的资料自动计算每项资产的折旧，并自动生成折旧分配表，然后制作记账凭证，将本期的折旧费用自动登账。

（1）在“用友 T3”窗口中单击“固定资产”菜单，在下拉式菜单中选择“处理”，然后选择“计提本月折旧”命令。

（2）系统提示“计提折旧后是否要查看折旧清单”，单击“是”或“否”按钮（单击“是”按钮则计提折旧后系统会列出折旧清单，如果单击“否”按钮则不会列出）系统开始计提折旧，如图 10-8 所示。

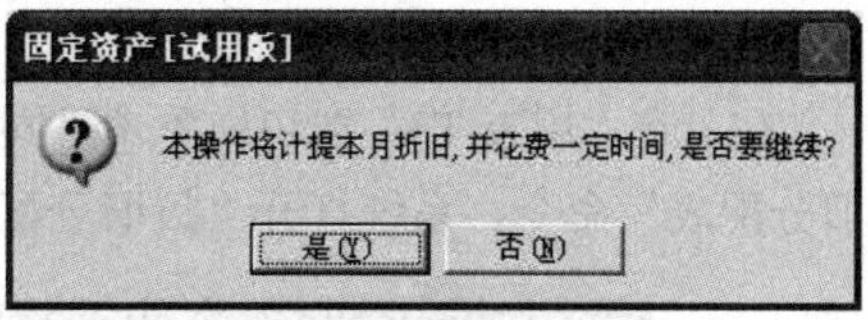

图 10-8

注意

固定资产系统在一个期间内可以多次计提折旧，每次计提折旧后，只将计提的折旧累加到月初的累计折旧，不会重复累计。

如果上次计提折旧已制单并把数据传递到账务系统，则要删除该凭证之后再重新计提折旧。计提折旧后若对账套进行可能影响折旧计算或分配的操作，则应重新计提折旧，否则系统不允许结账。如果自定义的折旧方法月折旧率或月折旧额出现负数，则系统自动中止计提。

10.2.3 查看折旧清单

折旧清单显示资产计提折旧数额的列表。单期的折旧清单中列示了资产名称、计提原值、月折旧率、单位折旧、月工作量和月折旧额等信息。全年的折旧清单中同时列出了各资产在 12 个计提期间中月折旧额、本年累计折旧等信息。

（1）在“用友 T3”窗口中单击“固定资产”菜单，在下拉式菜单中选择“处理”，然后选择“折旧清单”命令，系统打开“折旧清单”窗口，如图 10-9 所示。

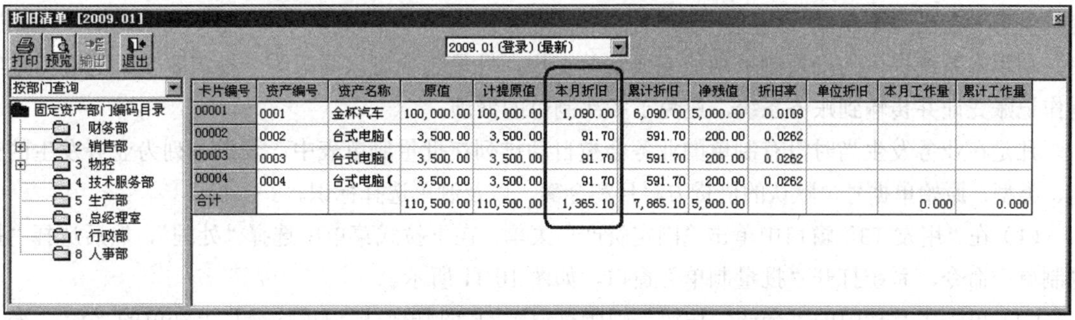

卡片编号	资产编号	资产名称	原值	计提原值	本月折旧	累计折旧	净残值	折旧率	单位折旧	本月工作量	累计工作量
00001	0001	金杯汽车	100,000.00	100,000.00	1,090.00	6,090.00	5,000.00	0.0109			
00002	0002	台式电脑(	3,500.00	3,500.00	91.70	591.70	200.00	0.0262			
00003	0003	台式电脑(	3,500.00	3,500.00	91.70	591.70	200.00	0.0262			
00004	0004	台式电脑(	3,500.00	3,500.00	91.70	591.70	200.00	0.0262			
合计			110,500.00	110,500.00	1,365.10	7,865.10	5,600.00			0.000	0.000

图 10-9

（2）在此窗口中可以按照部门来具体查询折旧数据。

提示

在图 10-9 中没有看到固定资产“IBM 笔记本”的折旧清单，这是因为“IBM 笔记本”是当月新增加的固定资产，按财务制度规定，当月新增固定资产不计提折旧。

10.2.4 查看折旧分配表

折旧分配表是把计提折旧额分配到成本和费用的依据。生成折旧分配凭证的时间根据初始化或选项中选择的折旧分配汇总周期确定。如果选定的是一个月，则每期计提折旧后自动生成折旧分配表；如果选定的是 3 个月，则只有到 3 的倍数的期间，即第 3、6、9、12 月份计提折旧后才自动生成折旧分配凭证。折旧分配表有两种类型（部门折旧分配表和类别折旧分配表），只能从中选择一个制作记账凭证。

(1) 在“用友 T3”窗口中单击“固定资产”菜单，在下拉式菜单中选择“处理”，然后选择“折旧分配表”命令，系统打开“折旧分配表”窗口，如图 10-10 所示。

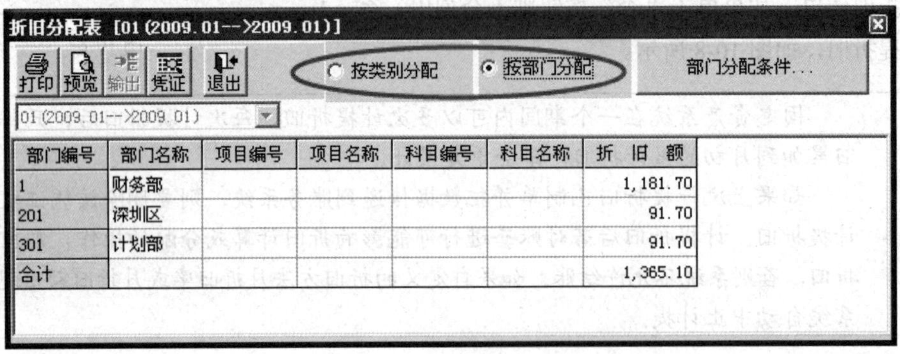

图 10-10

(2) 可选择“按类别分配”或“按部门分配”项。

(3) 单击工具栏中的“打印”按钮将折旧分配表打印出来，单击工具栏中的“凭证”按钮生成折旧分配凭证。

10.2.5 批量制单

任何一笔需要制单的业务完成后，都可以单击“制单”按钮制作记账凭证并将其传输到总账系统，也可以在当时不制单（选项中制单时间的设置必须为“不立即制单”），而在某一时间（比如月底）利用本系统提供的批量制单功能完成制单工作。批量制单可以同时为一批需要制单的业务连续制作记账凭证并传输到账务系统，避免了多次制单的繁琐。

凡是在业务发生当时没有制单的业务会被自动排列在批量制单表中，表中各列为业务发生的日期、类型、原始单据号、默认的借贷方科目和金额，以及制单选择标识。

(1) 在“用友 T3”窗口中单击“固定资产”菜单，在下拉式菜单中选择“处理”，然后选择“批量制单”命令，系统打开“批量制单”窗口，如图 10-11 所示。

(2) 单击工具栏中的“全选”按钮，则所有记录的“制单”标记项均会打上红色的“Y”，表示对全部记录进行制单。如果不需要全部制单，则双击需要制单的记录的“制单”标记项，打上红色的“Y”标记即可。

(3) 单击选择“制单设置”选项卡，在此选择生成凭证的科目，注意借贷方向，单击工具栏中的“保存”按钮保存设置，如图 10-12 所示。

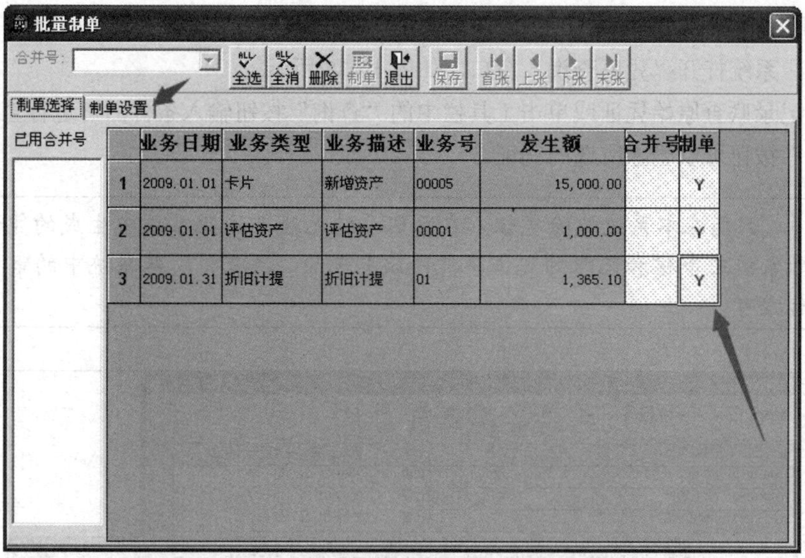

图 10-11

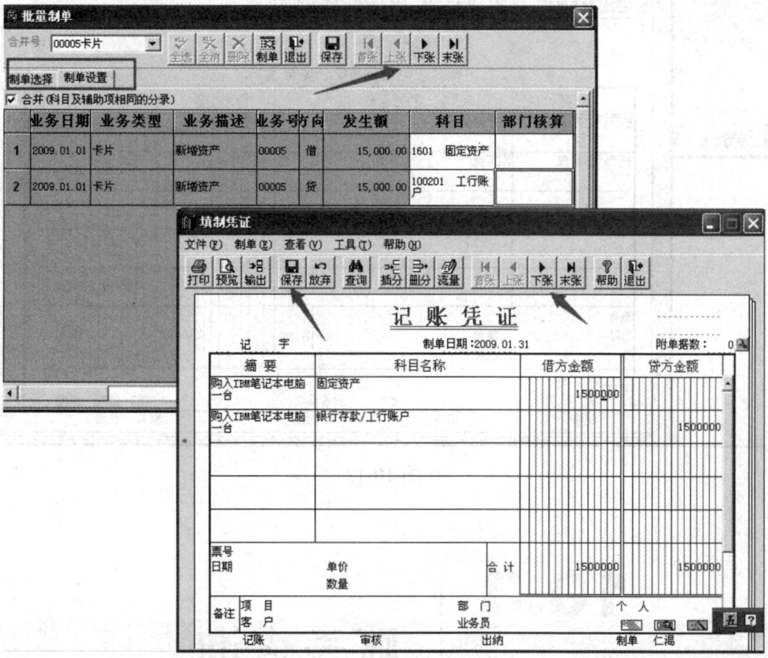

图 10-12

（4）单击工具栏中的“制单”按钮，系统弹出“填制凭证”窗口。

（5）在“填制凭证”窗口中首先选择所生成的凭证类别，然后填入各分录的摘要内容，最后单击“保存”按钮进行保存。如果顺利，该张凭证会出现“已生成”字样，并会传递到总账系统中。

参照以上同样的操作方式，对固定资产折旧业务进行制单。

10.2.6 查询凭证

固定资产系统制作并传输到账务系统中的记账凭证，可通过凭证查询功能查看和删除。

（1）在“用友 T3”窗口中单击“固定资产”菜单，在下拉式菜单中选择“处理”，然后选择“凭证查询”命令，系统打开“凭证查询”窗口，如图 10-13 所示。

（2）双击记录联查原始凭证或单击工具栏中的“查询”按钮输入条件后可进行查询。单击工具栏中的“删除”按钮可以删除所选的凭证。

注意 只能在本系统删除凭证，在总账系统无法删除此系统中生成的凭证。已经在总账系统中审核和记账的凭证不能修改和删除，只有将总账系统中的审核与记账取消后方可。

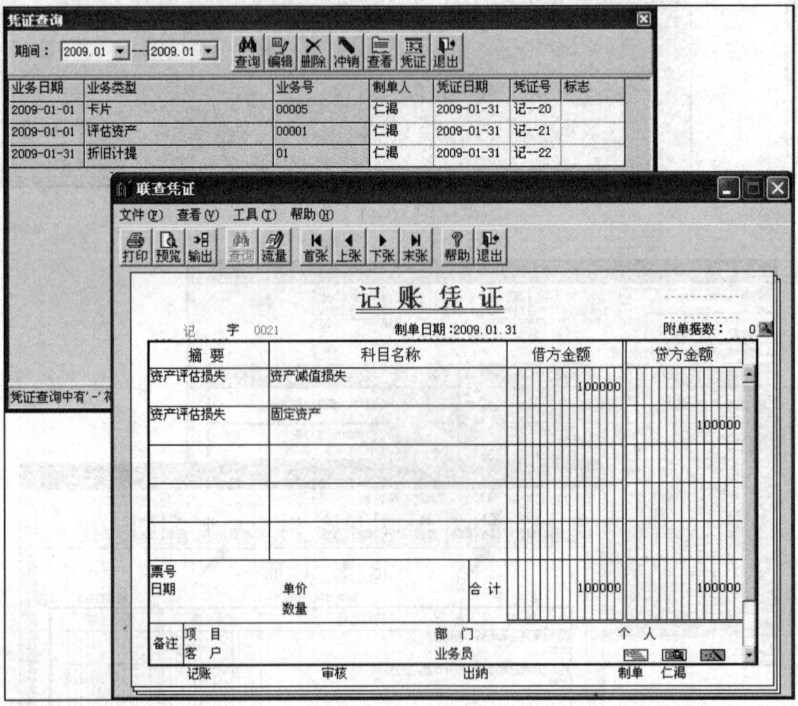

图 10-13

10.3 账表查询

完成日常的固定资产业务处理后，相应的结果数据就可以在账表中进行查询了。每月月末需要进行月末处理。

固定资产管理过程中需要及时掌握资产的统计、汇总和其他各方面的信息。系统可以将这些信息以报表的形式提供给财务人员和资产管理人员。报表分为 4 类：账簿、折旧表、汇总表以及分析表，另外在系统中还可以自定义报表。

（1）在“用友 T3”窗口中单击“固定资产”菜单，在下拉式菜单中选择“账表”，然后选择“我的账表”命令，系统打开“报表”窗口，如图 10-14 所示。

（2）双击选择账表类型，系统会弹出该账表的查询条件窗口。

如双击选择“账簿”，再单击“固定资产总账”，系统弹出条件窗口，如图 10-15 所示。

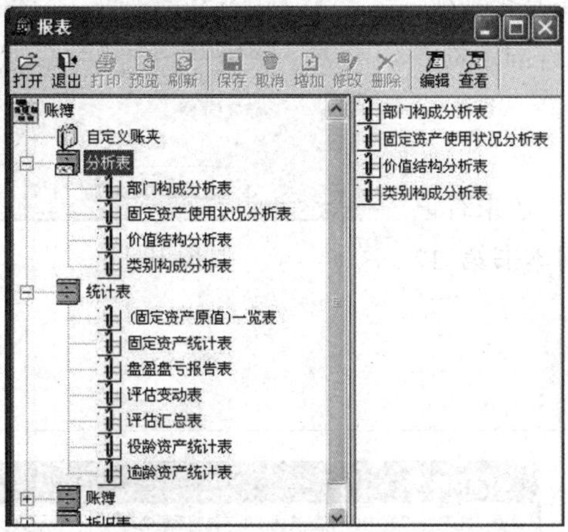

图 10-14

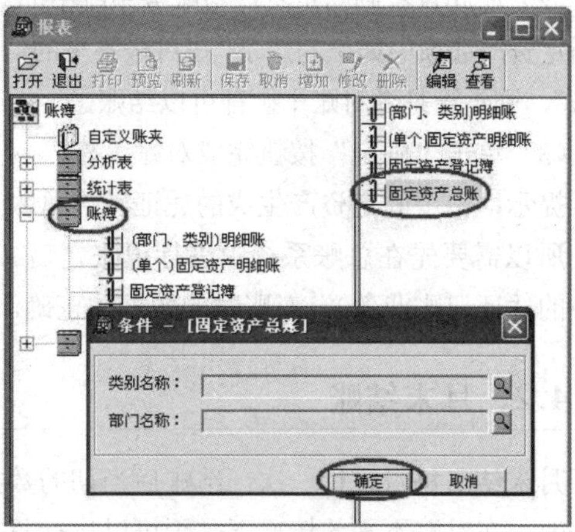

图 10-15

录入过滤条件后单击“确定”按钮，系统弹出所有符合条件的记录，如图 10-16 所示。

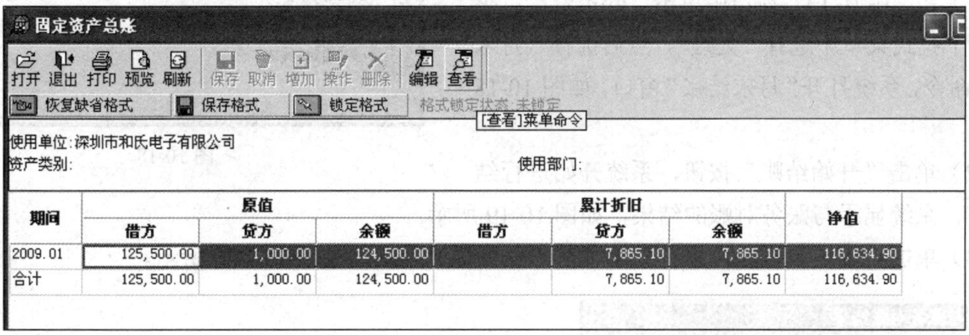

图 10-16

10.4 月末处理

固定资产系统生成凭证并传递到总账后，凭证在总账系统中经出纳签字、审核和科目汇总、记账后就可以在固定资产系统中进行对账。如果对账平衡，月底时可以进行固定资产的月末结账。

10.4.1 对账

系统在运行过程中，应保证本系统管理的固定资产的价值和账务系统中固定资产科目的数值相等。两个系统的资产价值是否相等，可以通过本系统提供的对账功能检验。对账操作不限制执行的时间，任何时候均可进行对账。系统在执行月末结账前自动对账一次，给出对账结果，并根据初始化或选项中的判断确定不平衡情况下是否允许结账。

只有系统初始化或在选项中选择了与账务对账，本功能才可使用。

（1）在“用友 T3”窗口中单击“固定资产”菜单，在下拉式菜单中选择“处理”，然后选择“对账”命令，系统弹出“与账务对账结果”窗口，如图 10-17 所示。

（2）在此查看到固定资产与账务系统中的对账结果是否平衡，在固定资产选项中如果勾选了“在对账不平的情况下允许固定资产结账”，则不管是否对账平衡都可以结账。

（3）单击“确定”按钮完成对账工作。

提示：由于固定资产生成的凭证转到总账系统中，还未有记账，所以需要先在总账系统中进行记账之后（请参阅本书第 12 章中的凭证记账业务），对账时的数据才正确。

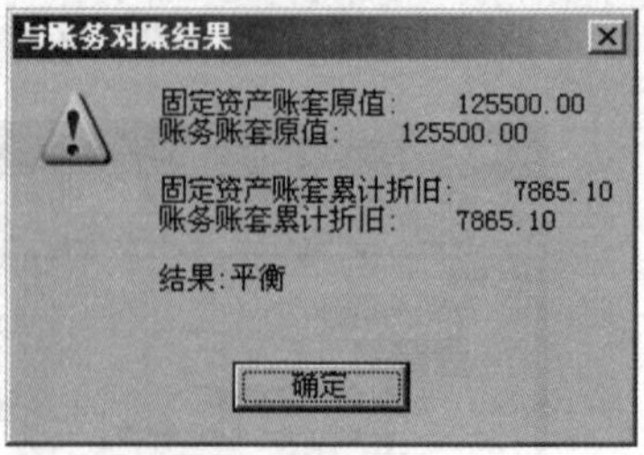

图 10-17

10.4.2 月末结账

月末结账每月进行一次，结账后当期的数据不能修改。在对账不平的情况下是否可以执行月末结账，需要看在固定资产系统的选项设置中是否勾选了“在对账不平的情况下允许固定资产月末结账”。

（1）在“用友 T3”窗口中单击“固定资产”菜单，在下拉式菜单中选择“处理”，然后选择“月末结账”命令，系统打开“月末结账”窗口，如图 10-18 所示。

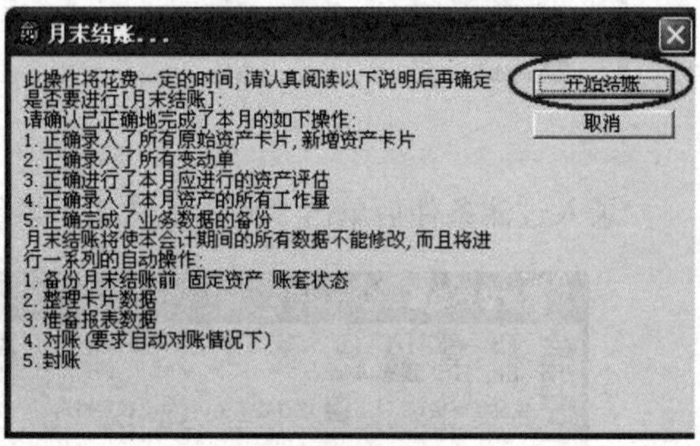

图 10-18

（2）单击“开始结账”按钮，系统开始进行结账工作，系统显示与账务对账的结果，如图 10-19 所示。

（3）单击“确定”按钮，系统提示“月末结账成功完成”，如图 10-20 所示。

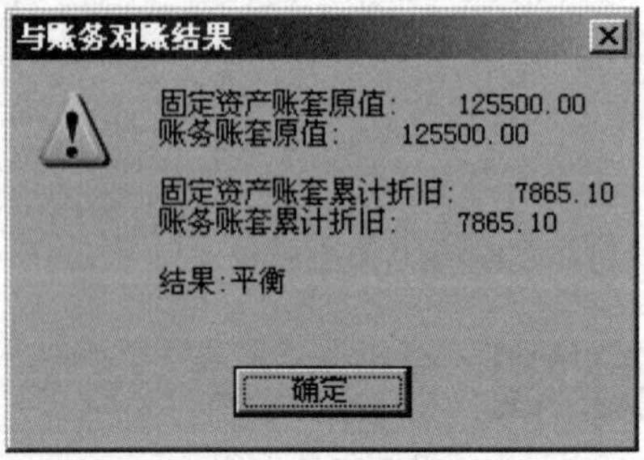

图 10-19

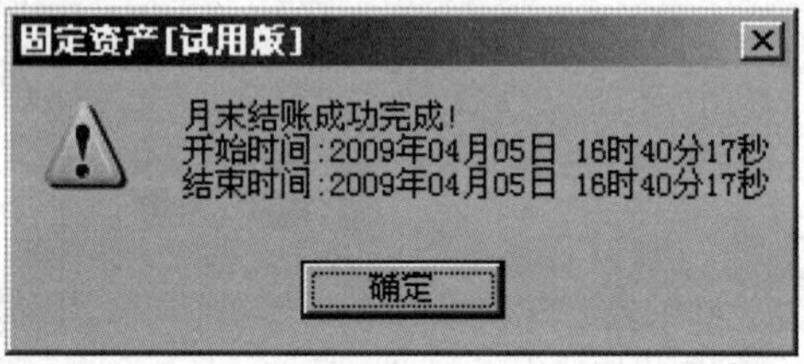

图 10-20

注意

月末结账运行时，有可能会受到外部影响而中断，所以执行之前最好备份账套数据，从而避免数据丢失。

在结账期内的数据是不能修改的，如果需要修改结账前的数据，则要先取消结账。

（1）单击“处理”下的“恢复月末结账前状态”命令（只有在本月已执行月末结账的情况下方才显示），如图 10-21 所示。

（2）单击“是”按钮，系统顺利完成取消月末结账功能。

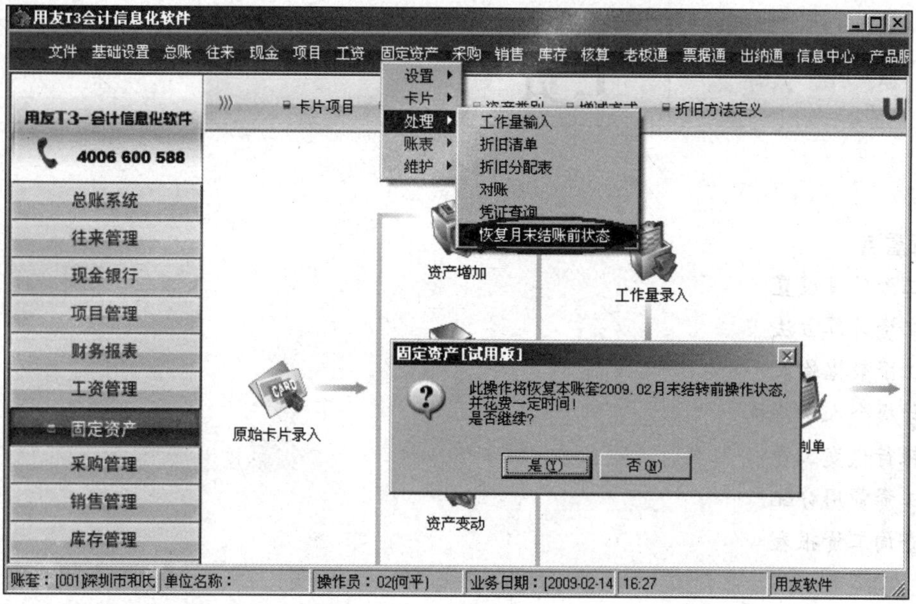

图 10-21

注意

不能跨年度恢复数据，即本系统年末结转后，不能利用本功能恢复年末结转前状态。

如果成本管理系统从本系统提取了折旧费用数据，该期不能反结账。

恢复到某个月月末结账前的状态后，本账套内对该结账后做的所有工作都无痕迹删除。

第11章 工资

本章重点

- 工资项目设置
- 工资计算方法
- 工资数据输入
- 计提个人所得税
- 银行代发工资
- 工资费用分配
- 查询工资报表

11.1 概述

企业员工众多，工资的核算、发放、工资费用分摊、工资统计分析和个人所得税核算、制作工资发放签名表、工资发放条、工资卡、部门工资汇总表、人员类别工资汇总表、条件汇总表、条件明细表、条件统计表等需要很大的工作量。以借贷凭证的方式来完成上述工资业务，是根本就无法完成的。

“用友 T3”的工资系统以工资报表的方式管理工资。核算单位可以根据自身的需求设置工资项目和计算公式，若工资发生变动，修改相应的工资项目即可，系统会自动计算出与之相关的结果。在工资系统中可以处理生产型企业的计件工资业务；依据所设的税率自动计算出职工的个人所得税；对于工资发放，如果发放现金，可以自动处理找零工作，如果通过银行代发工资，可以自动输出各银行所需格式的工资表；自动完成工资及相关税费的分摊、计提、转账业务，制单生成凭证并将其传递到总账系统中。生产企业中，工资系统还向成本管理系统提供生产线的生产费用分摊数据，便于计算产成品成本。

1. 查询与报表

工资管理系统中可查询工资分钱清单、工资表（工资发放签名表、工资变动明细表等）查询、工资分析表（部门工资项目构成分析表、工资增长情况分析等）和凭证。

2. 每个月的操作流程

（1）首先注册进入工资管理系统。如果是第一次使用工资管理系统，则需要设置基础数据（如扣零设置、扣税设置、部门档案设置、人员档案设置等）和选项。如果使用多类别工资，还需要设置工资类别和计算公式。如使用计件工资方案，则需要设置计件工资方案。

（2）然后处理日常工作，主要是对本月工资的变动项进行更改，因为工资系统会自动将上月工资项目内的数据复制至本月作为基础工资数据。月末时处理各个所得税率的扣除工作，如果是银行代发工资，则按银行指定的报表格式生成工资数据并报送银行，如果是现金发放，可以查询并打印出分钱清单。

（3）之后进行工资分摊，生成凭证并传递到总账系统中，如图 11-1 所示。

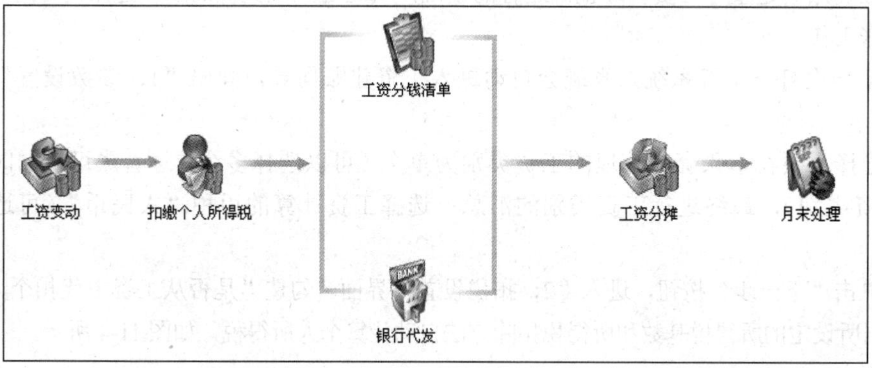

图 11-1

双击桌面上的“用友 T3”程序图标，然后打开控制台注册窗口，选择 001 账套，以操作员“02”（账套主管）的身份注册，进入“用友 T3”窗口。单击窗口左边的“工资管理”可以以图标命令方式执行工资业务的相关操作，或者单击窗口上面的横排菜单“工资”命令，可打开下拉式菜单，执行工资业务的相关操作，如图 11-2 所示。

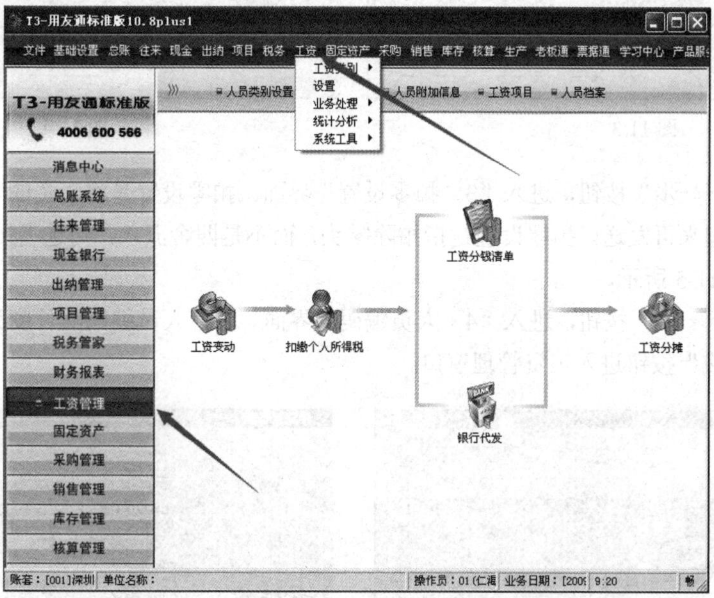

图 11-2

11.2 工资管理系统初始化设置

初始化是使用工资管理系统的前提条件，直接关系到工资管理系统的日后使用和业务点控制便利与否。初始化时要建立基础档案，初始化设置是首次使用工资管理系统不可缺少的步骤。

11.2.1 启动工资管理系统并建立工资账套

建立工资账套是整个工资管理正确运行的基础，可通过系统提供的工资建账向导逐步完成整套工资的建账工作。

（1）第一次打开工资系统，系统会自动进入工资建账向导，弹出“1．参数设置”界面，如图 11-3 所示。

（2）选择需要在本账套中处理的工资类别为单个（可以选择多个，每套账可以同时处理多种不同的工资类别），最终进行工资类别的汇总；选择工资计算的币种“人民币”（可选人民币或外币）。

（3）单击“下一步”按钮，进入“2．扣税设置”界面。勾选“是否从工资中代扣个人所得税”，则系统根据所设定的所得税基数和所得税扣除方法自动计算个人所得税，如图 11-4 所示。

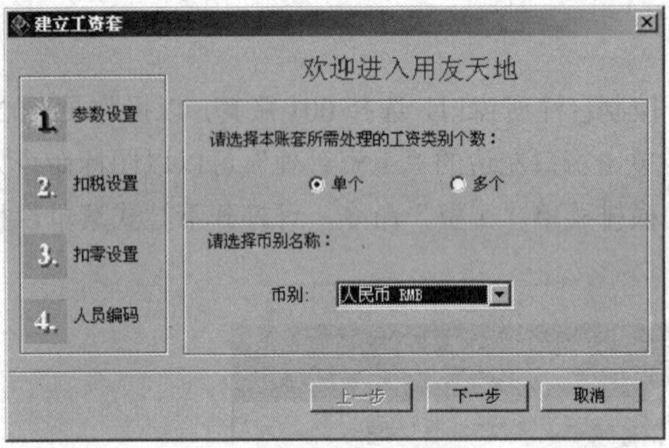

图 11-3

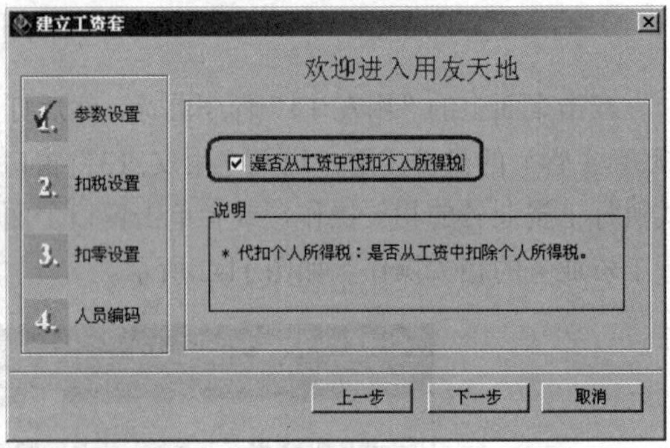

图 11-4

（4）单击“下一步”按钮，进入“3．扣零设置”界面。扣零设置是将工资的零头扣下，本月不发放，下月累积起来再发送。扣零设置是指扣除零头，而不是四舍五入，勾选“扣零”，选择“扣零至角”项，如图 11-5 所示。

（5）单击“下一步”按钮，进入“4．人员编码”界面。设置人员编码的长度为 4 位，如图 11-6 所示。单击“完成”按钮进入工资管理窗口。

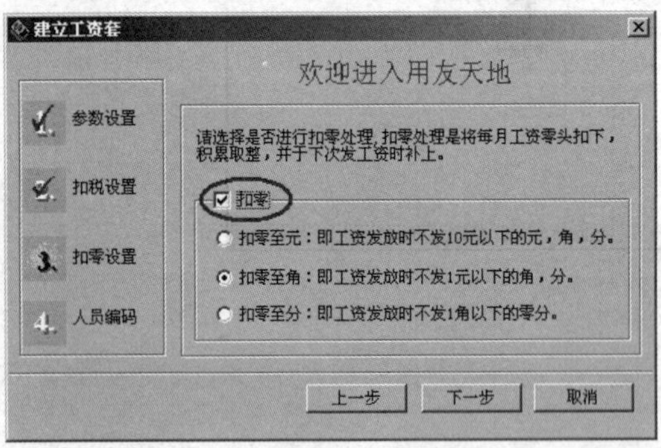

图 11-5

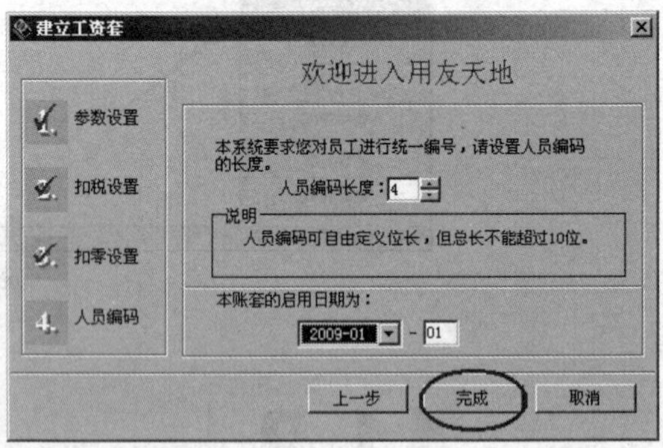

图 11-6

（6）在“用友 T3”窗口中单击“工资”菜单，在下拉式菜单中打开“设置”，选择“选项”命令，系统打开“选项”窗口，在此可重新对工资选项参数进行设置，如图 11-7 所示。

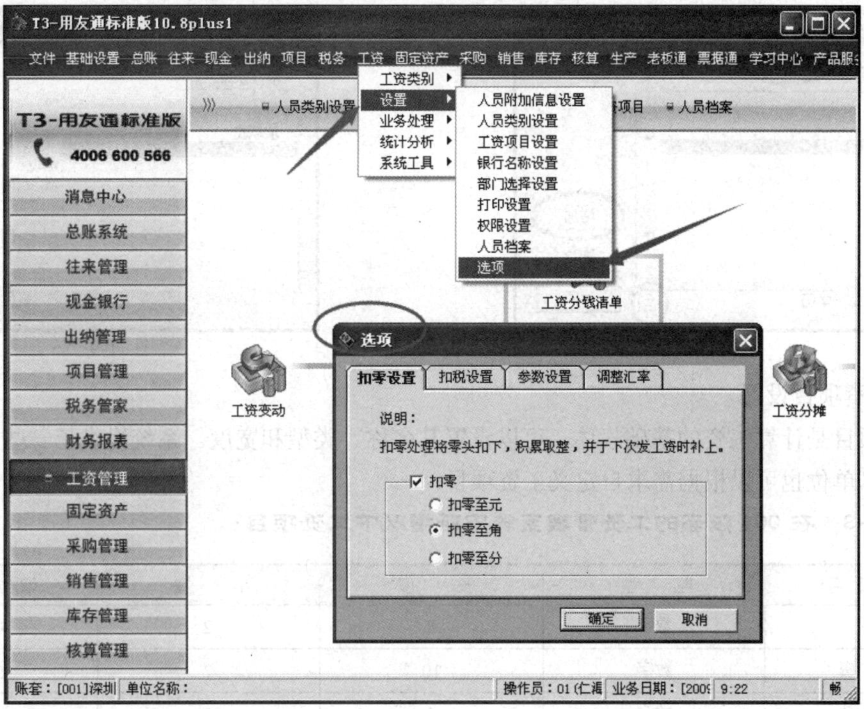

图 11-7

11.2.2 基础设置

基础设置包括人员附加信息设置、人员类别设置、工资项目设置、银行名称设置、部门设置、人员档案设置、计件工资标准设置、计件工资方案设置和选项设置。

1. 人员附加信息设置

工资系统不仅可以核算人员工资，还可增加人员信息和丰富人员档案，这样可以对人员进行更加有效的管理。

例 11-1 在 001 账套的工资管理系统中进行人员附加信息设置，设置数据如下：性别、婚否、学历、爱好。

（1）在“用友 T3”窗口中单击“工资”菜单，在下拉式菜单中打开“设置”，然后选择“人员附加信息设置”命令，系统弹出“人员附加信息设置”窗口，如图 11-8 所示。

（2）单击“增加”按钮，在“信息名称”项中输入所增加的附加信息项。也可以打开“参照”下拉列表，选择由系统提供的参照信息，将“例 11-1”中的人员附加信息项目增加到系统中。

2. 人员类别设置

人员类别设置便于按人员类别进行工资汇总计算。

例 11-2 在 001 账套的工资管理系统中进行人员类别设置，设置数据如下：一般职员、管理人员。

（1）在“用友 T3”窗口中单击“工资”菜单，在下拉式菜单中打开“设置”，然后选择“人员类别设置”命令，系统弹出“类别设置”窗口，如图 11-9 所示。

（2）单击“增加”按钮，在类别文本框中输入需要增加的类别（一般职员、管理人员）。也可以选定不需要的人员类别，然后单击“删除”按钮删除该类别。单击“返回”按钮保存设置并退出。

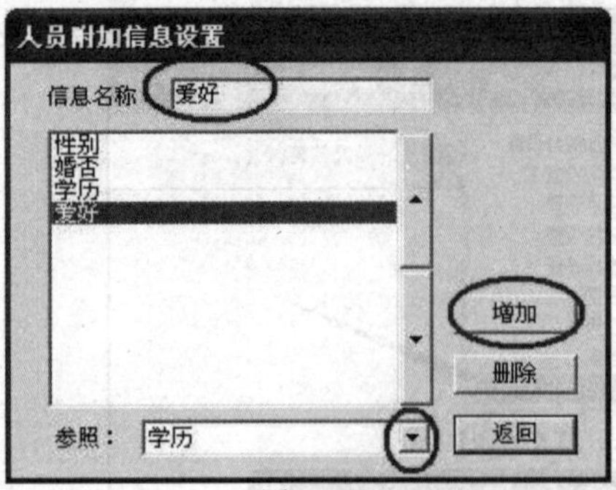

图 11-8

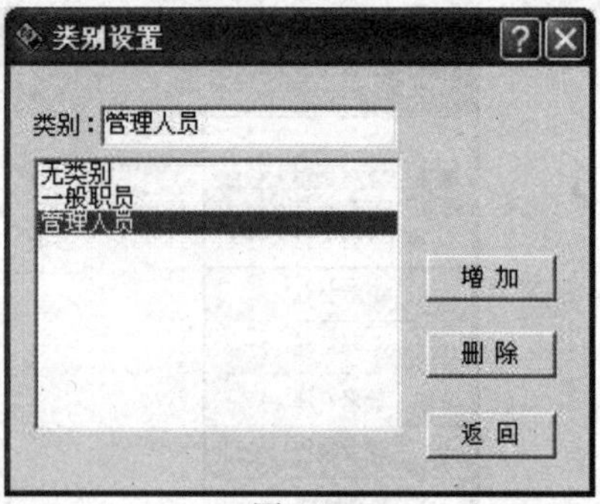

图 11-9

3. 工资项目设置

工资项目是计算工资的基础载体，可以设置其名称、类型和宽度。系统提供了一些固定的工资项目，核算单位也可以根据需求自定义工资项目。

例 11-3 在 001 账套的工资管理系统中新增以下工资项目：

工 资 项 目	类 型	长 度	小 数	增 减 项
交补	数字	8	2	增项
基本工资	数字	10	2	增项
迟到扣款	数字	8	2	减项
迟到次数	数字	8	0	其他

工资项目的计算公式设置如下：

- 应发合计＝计件工资＋基本工资＋交补。
- 扣款合计＝代扣税＋迟到扣款。
- 实发合计＝应发合计－扣款合计。
- 迟到扣款＝基本工资/30/2×迟到次数。

（1）在“用友 T3”窗口中单击“工资”菜单，在下拉式菜单中打开“设置”，然后选择“工资项目设置”命令，系统弹出“工资项目设置”窗口，如图 11-10 所示。

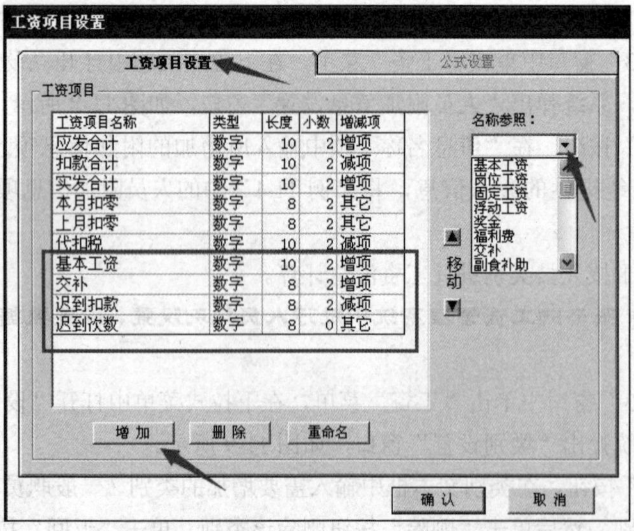

图 11-10

（2）单击“增加”按钮，在工资项目列表的末尾增加一个空白的工资项目，在此输入工资项目或在“名称参照”列表中选择工资项目名称，并设置新建工资项目的类型、长度、小数位数和工资增减项。增项直接计入应发合计，减项直接计入扣款合计。若工资项目类型为字符型，则小数位不可用，增减项被定义为其他。

选定工资项目，然后单击向上、向下移动箭头可以调整工资项目的排列顺序。

- 单击“确认”按钮保存设置，单击“取消”按钮取消设置并返回。
- 单击“重命名”按钮可修改工资项目名。
- 选定要删除的工资项目，单击“删除”按钮可删除该工资项目。

注意

多类别工资管理时，关闭工资类别后，才能新增工资项目。

项目名称必须唯一。

工资项目一旦使用，就不允许修改数据类型。

数字型的工资项目，长度包含小数点的长度（1 位）。如长度为 10，小数位为 2，那么整数位为 7 位。

（3）单击选择“公式设置”选项卡，如图 11-11 所示。

注意

公式设置页若显示为灰色，无法打开，则有可能是因为还没有设置人员档案。这里的人员档案不是指职员档案，而是在工资系统中设置的所有需要发放工资的职员档案。

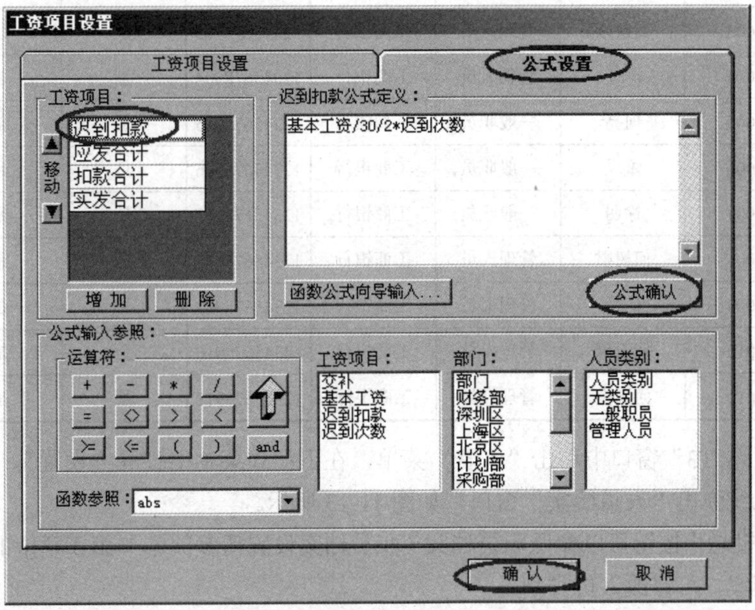

图 11-11

（4）设置工资项目的计算公式。首先单击“增加”按钮新增一个工资项目，然后在右边的公式定义栏中输入计算公式。计算公式中的工资项目、部门和人员类别需要在系统提供的工资项目、部门和人员类别列表中选取，也可以用函数来定义公式。将“例 11-3”中的工资计算公式设置到系统中。

（5）公式设置完毕，单击“公式确认”按钮保存所设置的公式，最后单击“确认”按钮退出。

4. 银行名称设置

工资系统中可设置多个发放工资的银行，以适应不同的需要。

（1）在“用友 T3”窗口中单击“工资”菜单，在下拉式菜单中打开“设置”，然后选择“银行名称设置”命令，系统弹出“银行名称设置”窗口，如图 11-12 所示。

（2）单击“增加”按钮，在“银行名称”栏中填入需要新增加的银行名称，并且定义新增加的银行的账号长度等信息。

（3）单击“返回”按钮保存设置并退出。

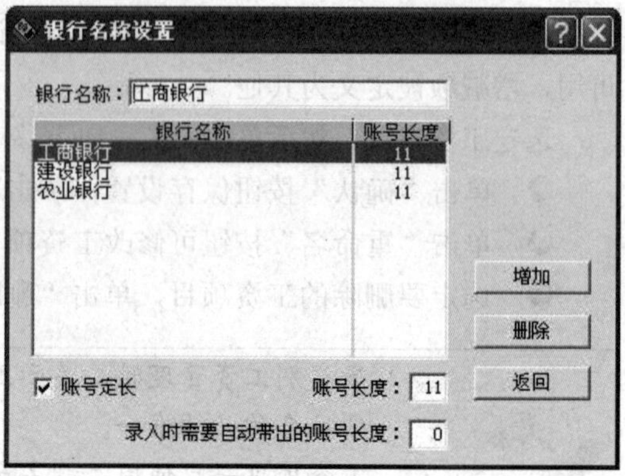

图 11-12

5. 人员档案设置和查询

人员档案设置用于登记工资发放人员的姓名、职工编号、所在部门、人员类别等信息，员工的增减变动必须先在本功能中处理。这里的人员档案与总账系统中的职员档案不同，要单独设置。

例 11-4　在 001 账套的工资管理系统中进行人员档案设置，设置数据如下：

部门名称	人员编号	人员姓名	人员类别	开户银行	账　　号	中方人员	是否计税	工资停发
总经理室	0001	仁渴	管理人员	工商银行	12345678901	是	是	否
生产部	0002	张平	管理人员	工商银行	12345678902	是	是	否
库管部	0003	龚解园	管理人员	工商银行	12345678903	是	是	否
技术服务部	0004	陈成	管理人员	工商银行	12345678904	是	是	否
北京区	0005	何亮	一般职员	工商银行	12345678905	是	是	否
上海区	0006	董风	一般职员	工商银行	12345678906	是	是	否
深圳区	0007	徐明	一般职员	工商银行	12345678907	是	是	否
采购部	0008	何树财	管理人员	工商银行	12345678908	是	是	否
财务部	0009	何平	管理人员	工商银行	12345678909	是	是	否
行政部	0010	何玉琪	管理人员	工商银行	12345678910	是	是	否
人事部	0011	何国俊	管理人员	工商银行	12345678911	是	是	否

（1）在“用友 T3”窗口中单击“工资”菜单，在下拉式菜单中打开“设置”，然后选择“人员档案”命令，系统弹出“人员档案”窗口，如图 11-13 所示。

（2）单击“批增”按钮可以参照职员档案（职员档案设置请参阅本书第 3 章中的职员档案设置）批量新增人员档案，可修改人员类别。

（3）单击“增加”按钮可以新增人员档案，单击“修改”按钮可以修改人员档案信息，如图 11-14 所示。参照“例 11-4”整理完成人员档案信息。

提示

如果功能按钮上没有汉字显示，可以单击鼠标右键显示汉字标识。

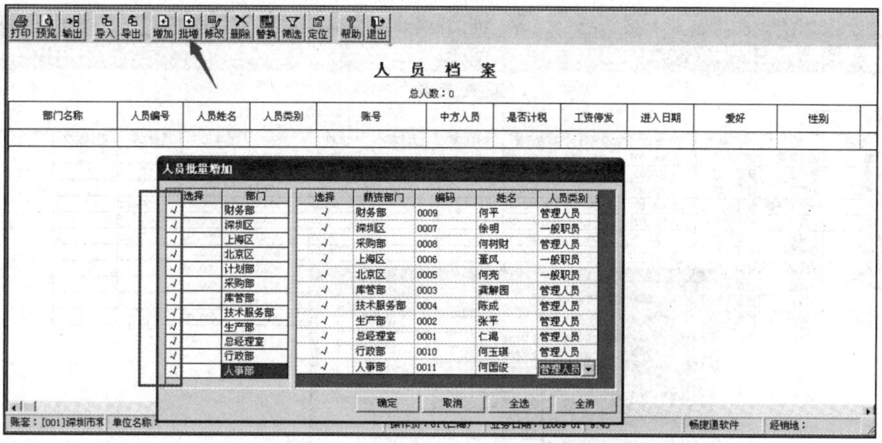

图 11-13

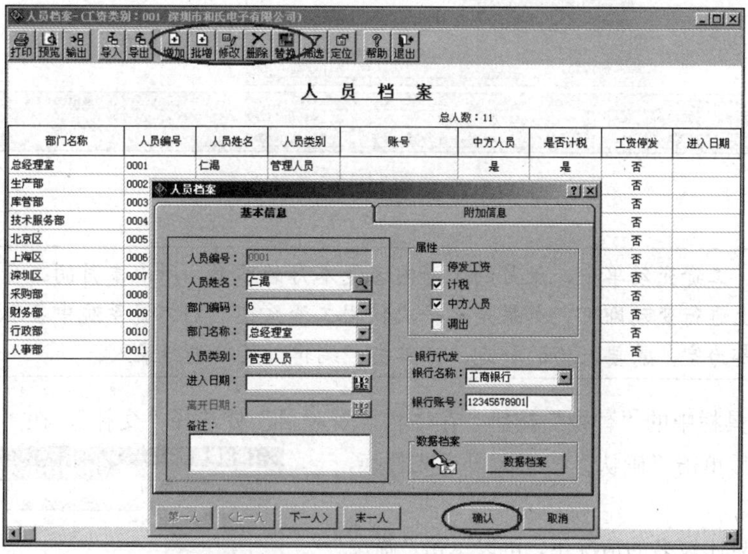

图 11-14

11.3 业务处理

业务处理包括计件工资统计、工资变动、工资分钱清单、扣缴所得税、银行代发、工资分摊、月末处理和反结账。

11.3.1 工资变动

工资变动是常发生的业务，如岗位升迁、水电费扣发、事病假扣发和发放奖金等。

例 11-5 在 001 账套中，将所有销售部人员的交通补助都增加 10%。

（1）在“用友 T3”窗口中单击“工资”菜单，在下拉式菜单中打开“业务处理”，然后选择“工资变动”命令，系统弹出“工资变动”窗口，如图 11-15 所示。

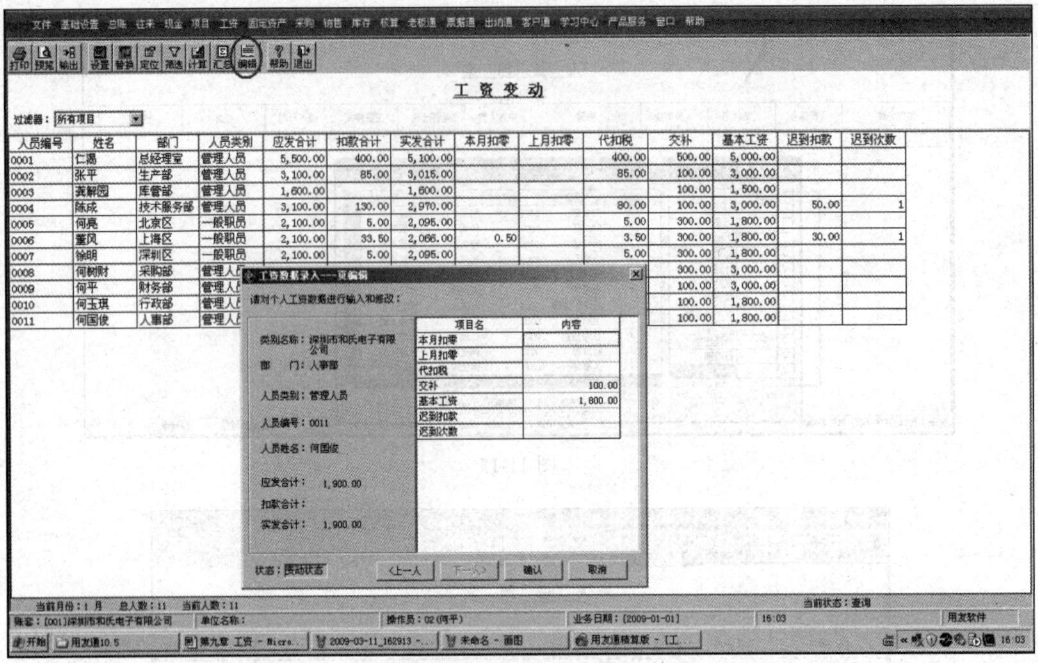

图 11-15

注意 工资变动单中，上月的工资内容是本月的参考，所以本月的工资数据在上月的基础上进行变动即可。如果是第一次使用工资系统，则工资系统中各职员的工资项目内容都为空，需要人为的补充，可单击“编辑”菜单进行录入。

（2）单击工具栏中的“替换”按钮，在“将工资项目”处选择“交补”，在“替换成”中输入“交补*1.1”，然后单击“确认”按钮即可完成替换，如图 11-16 所示。

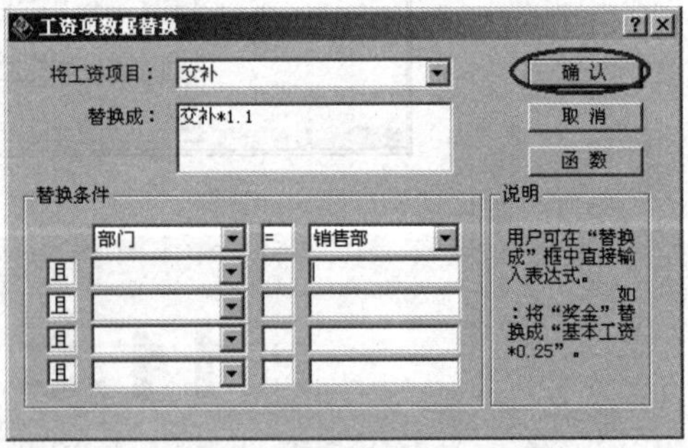

图 11-16

（3）人员信息比较多的情况下，可以单击“筛选”按钮进行过滤。单击“编辑”按钮，系统可以按照每一个人的信息单独进行编辑。

（4）在进行了数据、公式等修改之后，单击“计算”按钮，再单击“汇总”按钮，系统重新计算刚才所修改的数据，然后进行汇总处理，以保证数据的正确性。

11.3.2 扣缴所得税

系统中个人所得税的计算依据只与工资系统中的数据有关。用户可以自定义所得税率，之后由系统自动计算个人所得税。这样既减轻了用户的工作负担，又提高了工作效率。

例 11-6 在 001 账套中计算扣缴个人所得税。

（1）在“用友 T3”窗口中单击“工资”菜单，在下拉式菜单中打开“业务处理”，然后选择“扣缴所得税”命令，系统弹出“栏目选择”窗口，如图 11-17 所示。

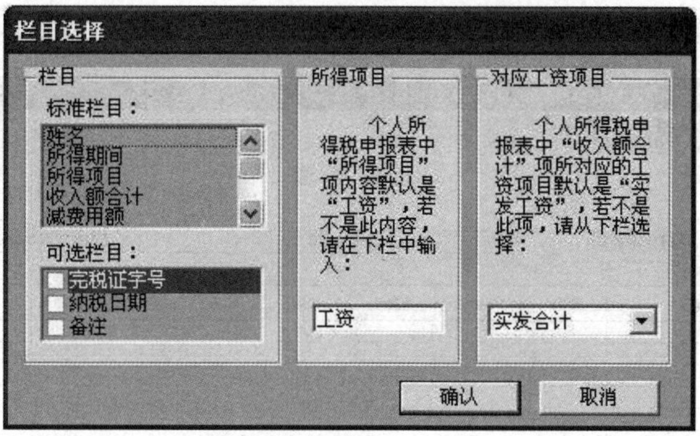

图 11-17

（2）单击"确认"按钮，系统弹出"个人所得税扣缴申报表"窗口，如图 11-18 所示。

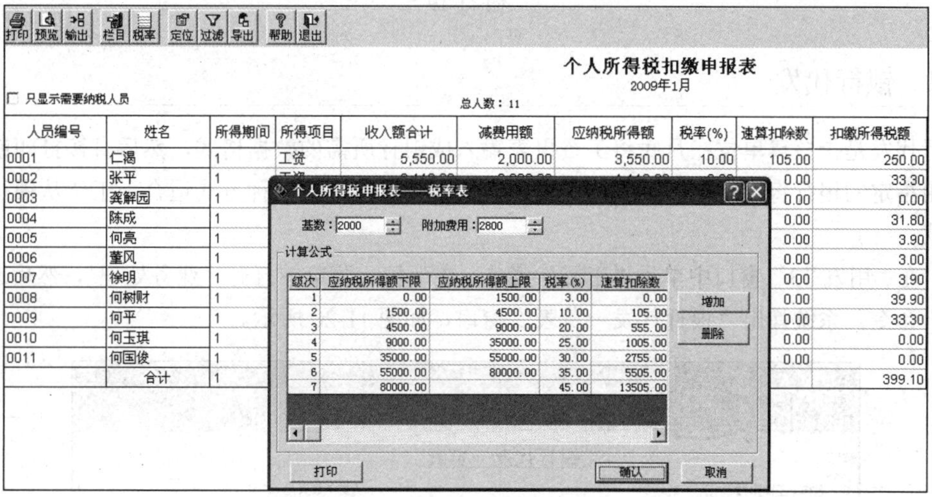

图 11-18

（3）单击"税率"按钮进行所得税基数的设置。

提示

税率计算根据国家标准来设置。

（4）单击"确认"按钮。

11.3.3 工资分钱清单

工资分钱清单是指核算单位在工资发放时的分钱票面额清单，该功能适合以现金形式发放工资的核算单位使用。

（1）在"用友 T3"窗口中单击"工资"菜单，在下拉式菜单中打开"业务处理"，然后选择"工资分钱清单"命令，系统弹出"分钱清单"窗口，如图 11-19 所示。

（2）选择"部门分钱清单""人员分钱清单"或"工资发放取款单"选项卡，可进行不同的查询。

单击工具栏中的“设置”按钮可以进行“票面额设置”。

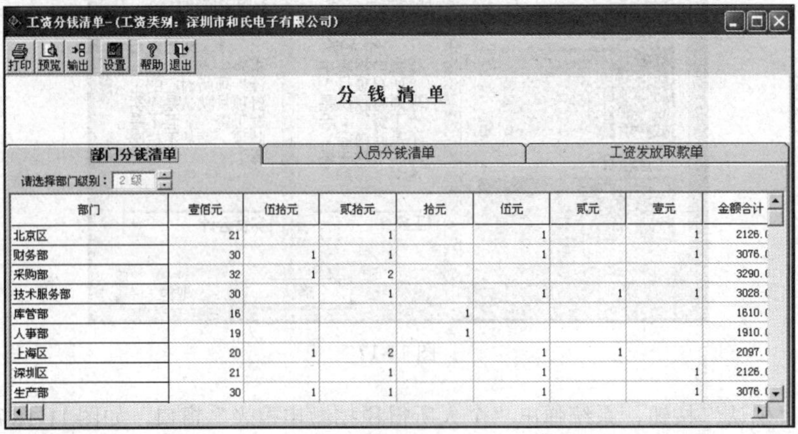

图 11-19

11.3.4 银行代发

银行代发是指核算单位在月底将工资报表输入成银行所需的数据格式，然后直接打印或报盘给银行，由指定的银行直接将工资发放到人员档案的银行账号中，这种方式适合于工资从银行发放的处理模式。

（1）在“用友 T3”窗口中单击“工资”菜单，在下拉式菜单中打开“业务处理”，然后选择“银行代发”命令，系统弹出“银行代发一览表”窗口，如图 11-20 所示。

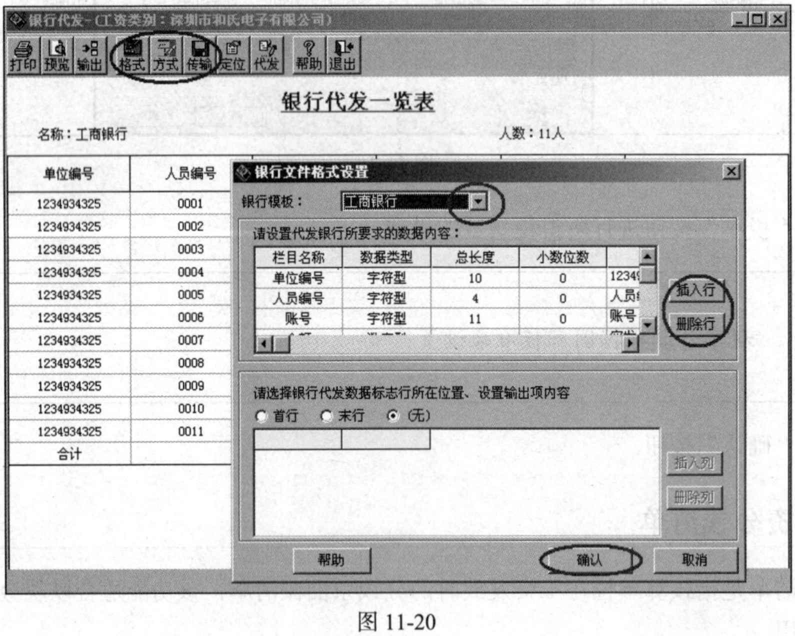

图 11-20

（2）单击“格式”按钮，系统弹出“银行文件格式设置”窗口，选择银行模板（可选择的银行名称是在工资系统基础设置中预先设置的）。

（3）单击“插入行”按钮或“删除行”按钮可以为选择的银行模块修改格式。

（4）在“银行代发一览表”窗口中单击工具栏中的“方式”按钮，选择该表输入的数据形式——TXT、DAT 和 DBF。单击工具栏中的“传输”菜单选择输出的路径，如图 11-21 所示。

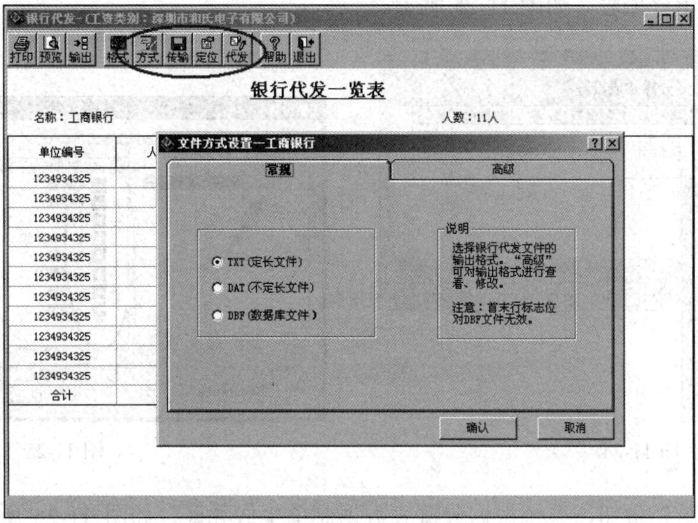

图 11-21

注意

设置了工资在指定的银行中发放的人员才会在此显示；否则不显示。

11.3.5 工资分摊

财务部门根据工资费用分配表，编制转账会计凭证，供登账处理用。

（1）在工资系统中单击“业务处理”下的“工资分摊”命令，系统弹出“工资分摊”窗口，如图 11-22 所示。

（2）首先选择计提费用类型，如果还没有设置计提费用类型，则单击“工资分摊设置”按钮，系统弹出“分摊类型设置”窗口，单击“增加”或“修改”按钮，在此进行工资分摊类型设置（生产线员工的薪资一般计入生产成本，其他的员工的薪资一般计入管理费用），如图 11-23 所示。

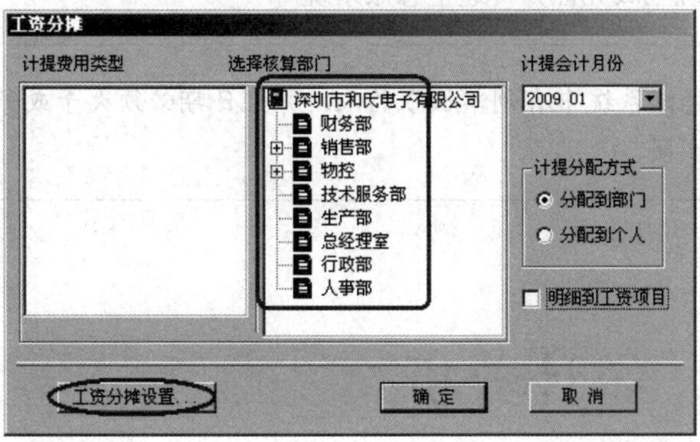

图 11-22

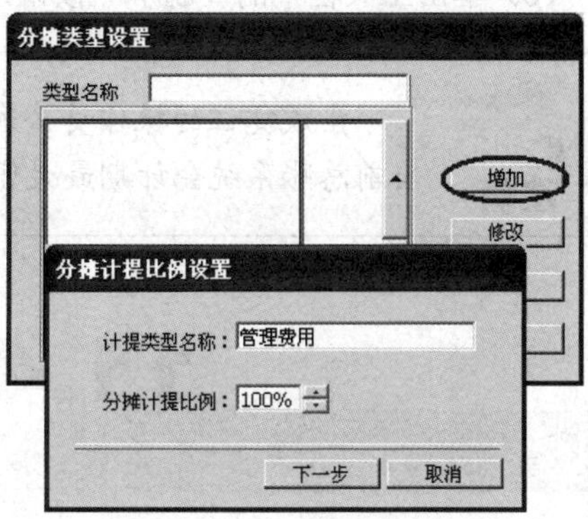

图 11-23

（3）单击“下一步”按钮，进入分摊构成设置，如图 11-24 所示。单击“完成”按钮完成设置。

（4）设置完成之后，在“工资分摊”窗口中选择已经设置好的计提费用类型，然后单击“确认”按钮，系统列出分摊表，如图 11-25 所示。

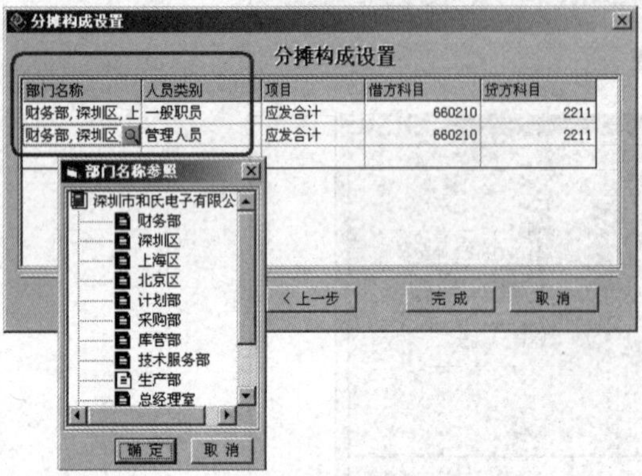

图 11-24

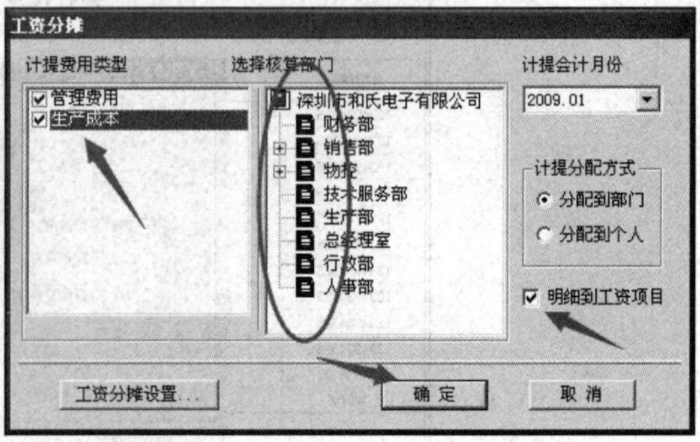

图 11-25

（5）单击“制单”按钮，系统根据分摊表数据制单生成凭证，如图 11-26 所示。单击凭证上的“保存”按钮，该凭证经保存之后传递到总账系统中进行审核和记账。

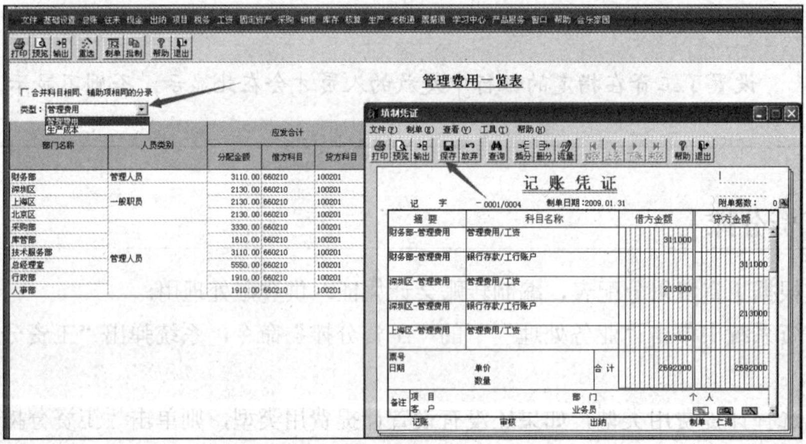

图 11-26

（6）单击工具栏中的“制单”按钮，系统生成凭证并传递至总账系统。

注意

生成凭证的操作员必须是总账系统中有制单权限的人，并且日期必须大于或等于当前总账系统会计期最大凭证日期。

11.4 统计分析

统计分析主要是生成工资统计表和工资分析表。

11.4.1 工资表

工资表用于显示本月工资的发放和统计情况，用户可以查询和打印各种工资表。

（1）在“用友 T3”窗口中单击“工资”菜单，在下拉式菜单中打开“统计分析”下的“账表”选项，单击选择“我的账表”，系统弹出“账表管理”窗口，如图 11-27 所示。

（2）单击“工资表”，从中选择要查询的工资表（如双击“工资发放签名表”），系统弹出“工资发放签名表”窗口，勾选“选定下级部门”项，如图 11-28 所示。

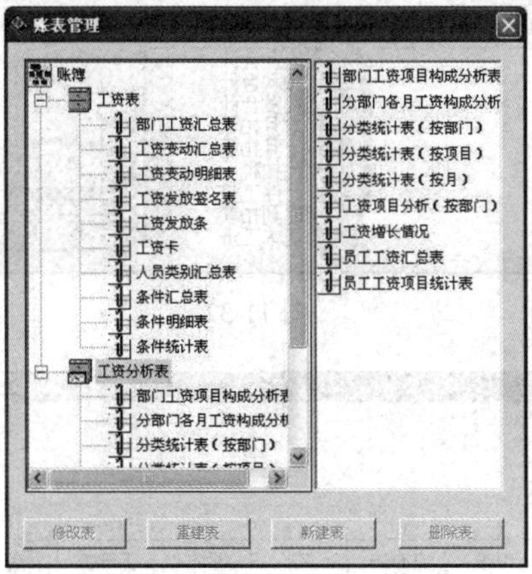

图 11-27

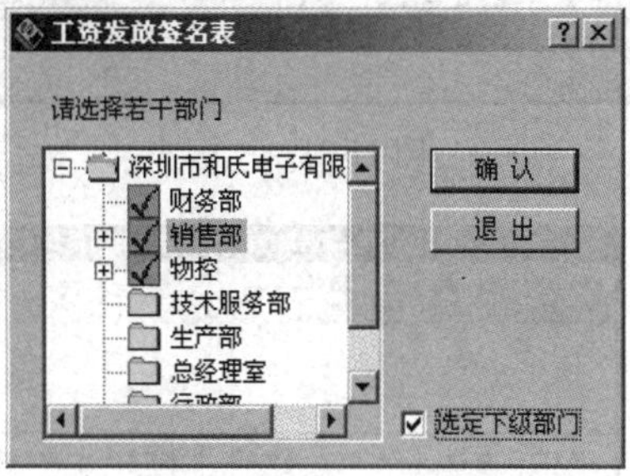

图 11-28

单击“确认”按钮，系统列出所有符合条件的记录，如图 11-29 所示。

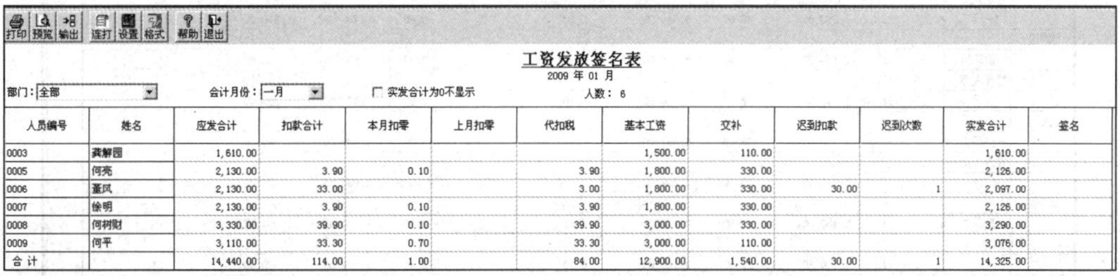

工资发放签名表

2009 年 01 月

部门：全部　会计月份：一月　实发合计为0不显示　人数：6

人员编号	姓名	应发合计	扣款合计	本月扣零	上月扣零	代扣税	基本工资	交补	迟到扣款	迟到次数	实发合计	签名
0003	龚解园	1,610.00					1,500.00	110.00			1,610.00	
0005	何亮	2,130.00	3.90	0.10		3.90	1,800.00	330.00			2,126.00	
0006	董风	2,130.00	33.00			3.00	1,800.00	330.00	30.00	1	2,097.00	
0007	徐明	2,130.00	3.90	0.10		3.90	1,800.00	330.00			2,126.00	
0008	何树财	3,330.00	39.90	0.10		39.90	3,000.00	330.00			3,290.00	
0009	何平	3,110.00	33.30	0.70		33.30	3,000.00	110.00			3,076.00	
合 计		14,440.00	114.00	1.00		84.00	12,900.00	1,540.00	30.00	1	14,325.00	

图 11-29

11.4.2 工资分析表

工资分析表以工资数据为基础，对部门、人员类别的工资数据进行分析和比较，产生各种报表，供决策人员使用。

（1）在“用友 T3”窗口中单击“工资”菜单，在下拉式菜单中单击“统计分析”下的“账表”选项，单击“工资分析表”命令，系统弹出“工资分析表”窗口，选择需要进行工资分析的账表，如图 11-30 所示。

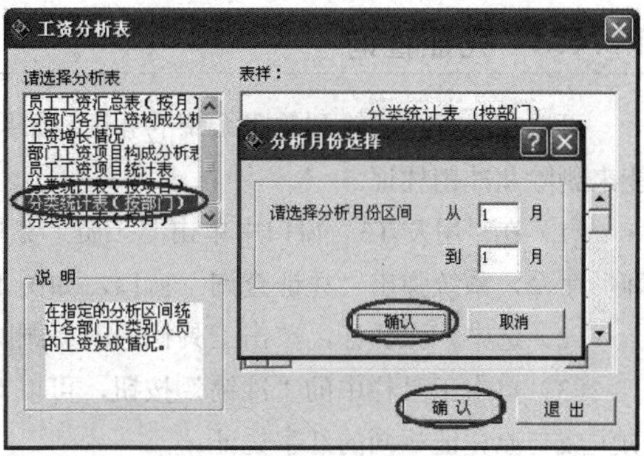

图 11-30

（2）双击“分类统计表（按部门）”，单击“确认”按钮，系统弹出“分析月份选择”窗口，选定分析月份，单击“确认”按钮，系统弹出“选择分析部门”窗口，如图 11-31 所示。

（3）从左边项目列表中单击选择某项目，再单击双箭头或单箭头按钮，将项目选入已选项目列表中，然后单击“确认”按钮，如图 11-32 所示。

（4）系统列出分析结果，如图 11-33 所示。

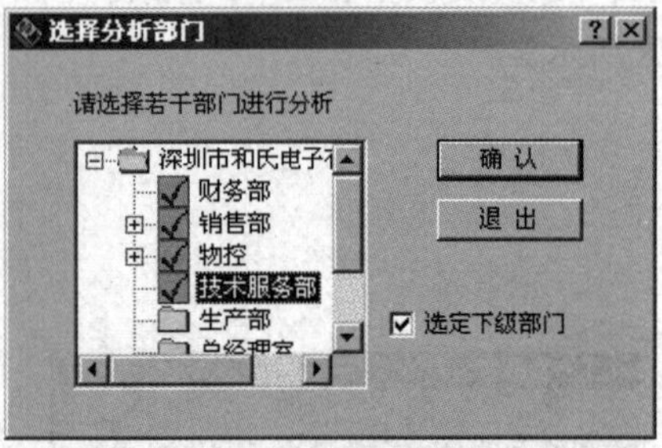

图 11-31

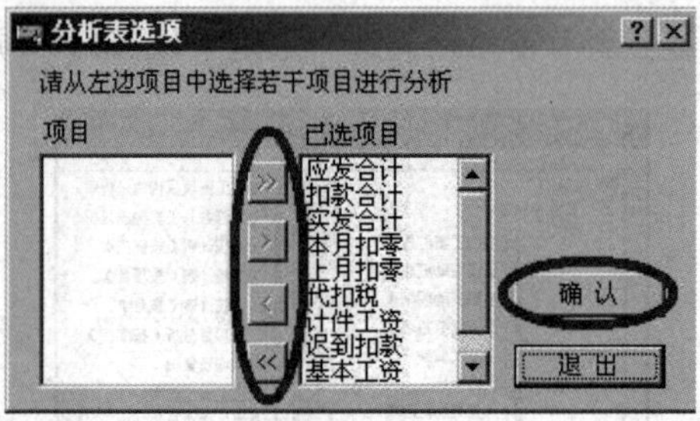

图 11-32

分类统计表（按部门）

2009 年 度 1 月 -- 1 月

过滤无数据行/类别

部 门	类 别	人 数	应发合计	扣款合计	实发合计	本月扣零	上月扣零	代扣税	基本工资	交补	迟到扣款	迟到次数
财务部												
	一般职员											
	管理人员	1	3,110.00	33.30	3,076.00	0.70		33.30	3,000.00	110.00		
	小 计	1	3,110.00	33.30	3,076.00	0.70		33.30	3,000.00	110.00		
销售部												
	一般职员	3	6,390.00	40.80	6,349.00	0.20		10.80	5,400.00	990.00	30.00	1
	管理人员											
	小 计	3	6,390.00	40.80	6,349.00	0.20		10.80	5,400.00	990.00	30.00	1
深圳区												
	一般职员	1	2,130.00	3.90	2,126.00	0.10		3.90	1,800.00	330.00		
	管理人员											
	小 计	1	2,130.00	3.90	2,126.00	0.10		3.90	1,800.00	330.00		
上海区												
	一般职员	1	2,130.00	33.00	2,097.00			3.00	1,800.00	330.00	30.00	1
	管理人员											
	小 计	1	2,130.00	33.00	2,097.00			3.00	1,800.00	330.00	30.00	1
北京区												
	一般职员	1	2,130.00	3.90	2,126.00	0.10		3.90	1,800.00	330.00		
	管理人员											
	小 计	1	2,130.00	3.90	2,126.00	0.10		3.90	1,800.00	330.00		
物控												
	一般职员											
	管理人员	2	4,940.00	39.90	4,900.00	0.10		39.90	4,500.00	440.00		
	小 计	2	4,940.00	39.90	4,900.00	0.10		39.90	4,500.00	440.00		

图 11-33

11.4.3 凭证查询

可以在此查询传输到总账系统的凭证。如果业务需要（如工资数据录入错误），也可以通过本功能来删除和冲销凭证。

（1）在“用友 T3”窗口中单击“工资”菜单，在下拉式菜单中单击“统计分析”下的“凭证查询”命令，系统弹出“凭证查询”窗口，如图 11-34 所示。

（2）选中一张凭证，单击工具栏中的“删除”按钮可删除标识为“未审核”的凭证。

（3）单击工具栏中的“冲销”按钮，可以对当前标识为“记账”的凭证进行红字冲销操作，自动生成与原凭证相同的红字凭证。

（4）单击工具栏中的“单据”按钮，显示生成凭证的费用一览表。

（5）单击工具栏中的“凭证”按钮，显示单张凭证界面。

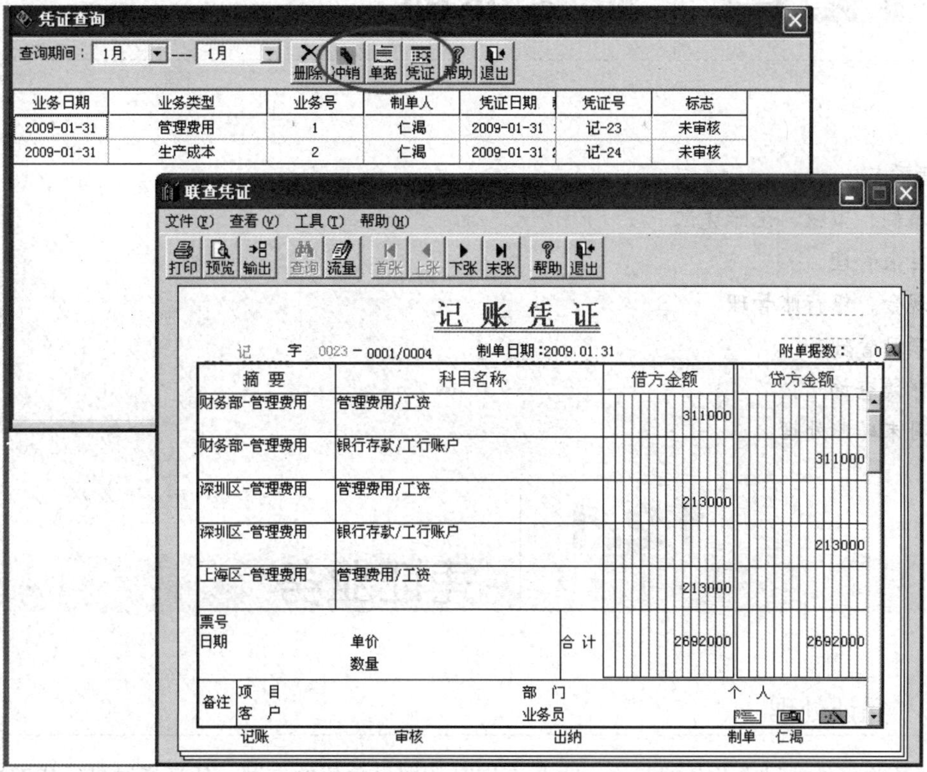

图 11-34

11.5 月末处理

每月工资数据处理完毕后均要月末结转，将当月数据处理后结转至下月。工资项目中有的项目是变动的，即每月的数据均不相同，在月末处理时均需将此项目数据清零，第二个月时再输入相应的数据，这样的项目称为清零项目（如高温补足，随着月份的不同，在冬天时该工资项目就需要清零）。

（1）在“用友 T3”窗口中单击“工资”菜单，在下拉式菜单中打开“业务处理”，然后选择“月末处理”命令，系统弹出“月末处理”窗口，如图 11-35 所示。

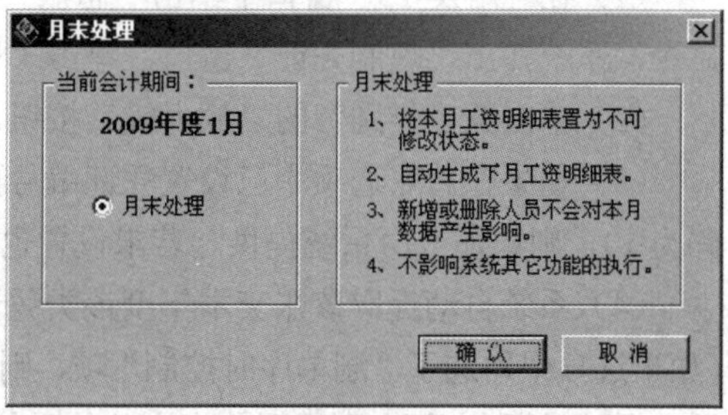

图 11-35

（2）仔细阅读月末处理提示，若要进行月末处理，则单击“确认”按钮，系统提示“月末处理之后，本月工资将不许变动！继续月末处理吗？”，单击“是”按钮，系统将提示是否进行清零工作，如果是，则需要选择进行清零的项目。

（3）最后系统提示月末处理结束。

第12章 账务处理

本章重点

- 填制、审核、记账凭证
- 往来管理
- 现金、银行账管理
- 项目管理
- 账簿查询
- 月末转账处理

12.1 凭证业务

12.1.1 凭证处理

凭证是总账处理日常业务的起点，也是查询时数据最主要的来源。凭证通过借、贷双方的数据反映公司的日常业务。用友系统中账簿的准确、完整与否完全依赖于凭证，因此用户必须要确保记账凭证输入的及时、准确和完整。

1. 新增凭证

例 12-1 在 001 账套报销一笔部门（财务部）办公费用，用自定义的凭证类别—和氏电子凭证。

贷：库存资金-人民币 200 元；

借：管理费用－招待费－财务部 200 元。

（1）在“用友 T3”窗口中单击“总账”菜单，在下拉式菜单中选择“凭证”，打开“填制凭证”命令，系统弹出“填制凭证”窗口，单击“增加”按钮，如图 12-1 所示。

（2）单击凭证类别旁的“放大镜”按钮，选择所需要增加的凭证类别“自”。

（3）如果在总账选项中已设置凭证编号由系统自动编号（不同的凭证类别，在每月初都重置号码为 1），则凭证号由系统提供。若未设置也可以手工录入凭证编号。

（4）系统自动提取该账套本年度该类凭证的最后一张凭证的日期作为制单日期，用户可以修改(如果选项中勾选了“制单序时控制”项，则在此不能往前更改日期。如果系统提示“制单日期不能置于系统日期之后”，则需要检查电脑的系统日期是否比制单日期小，若小则要更正过来)。

（5）在摘要栏中输入信息“报销部门费用”（也可以单击摘要栏中的“放大镜”按钮，选择预先设置好的常用摘要信息，在摘要处录入已经设置好常用摘要的编号。常用摘要设置请参阅本书第 3 章常用摘要设置)，如图 12-2 所示。

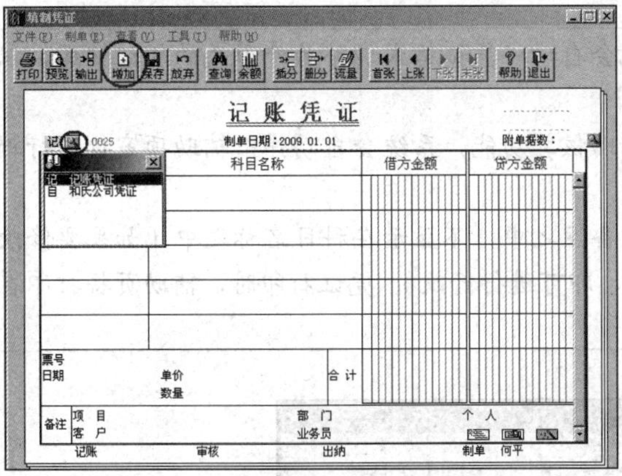

图 12-1

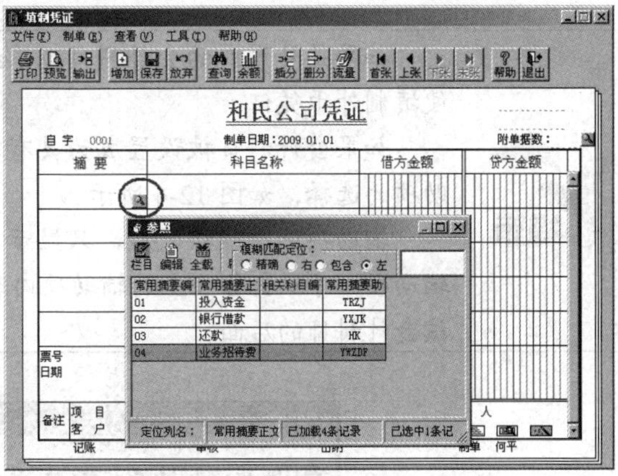

图 12-2

（6）在科目名称栏中输入科目编码“1001”，或单击其科目栏的“放大镜”按钮进入“科目参照”窗口中选择科目，如图 12-3 所示。

注意

在“科目参照”窗口中，如果所需的会计科目在科目设置时并没有设置进来，可以直接在“科目参照”窗口中单击“编辑”按钮，进入新增科目设置窗口进行科目设置。

（7）在“贷方金额”栏中输入 200（金额不能为 0），如是红字则在金额处按“-”键，单击空格键可调整余额方向。

（8）第一条分录输入完后单击“回车”键，系统会自动将上一分录的摘要内容复制到下一分录的摘要栏中（可更改），然后开始下一分录的录入工作，在会计科目处录入“550207”，在“借方金额”栏中输入 200。

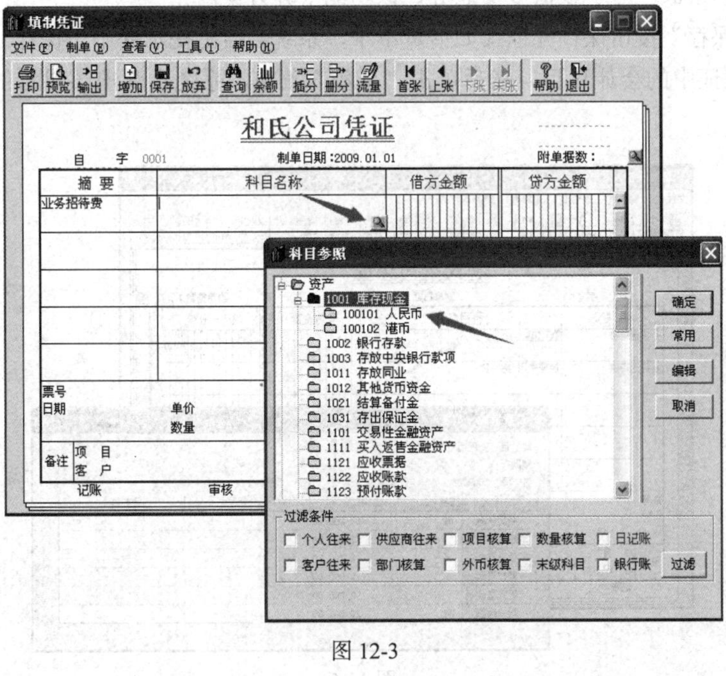

图 12-3

> **提示**
>
> 如果是外币式的会计科目，系统会自动将凭证格式调整为外币式的凭证格式，以便填制外币凭证。
>
> 如果会计科目被设置成为具有辅助核算功能，系统会自动弹出辅助项窗口进行辅助项的选择，如图 12-4 所示。
>
> 辅助项选择确认之后，只显示在备注之中，不显示在科目名称之中（如果要修改辅助项，可双击备注上的辅助项内容，即可进行修改）。凭证打印时，辅助页将打印在该会计科目的后面。

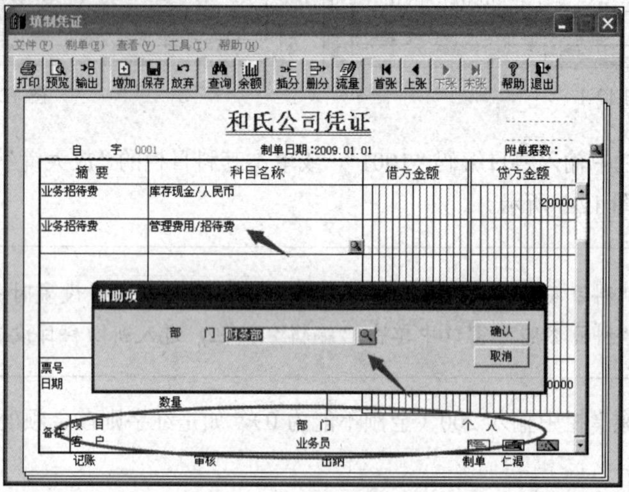

图 12-4

填制最后一笔分录时，可在其金额录入处按下“=”键，系统会根据借贷平衡的原则，自动计算出最后一条分录的余额。对于多借多贷业务，该功能十分方便。

（9）单击“保存”按钮保存凭证（如借贷不平，系统会给出提示并不予保存）。

（10）单击凭证中的会计科目，然后单击“余额”菜单，系统会弹出该科目的余额一览表，如图 12-5 所示。

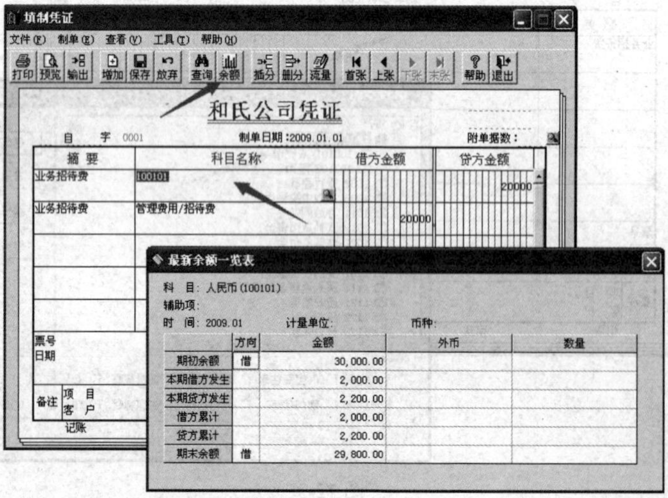

图 12-5

提示

在进行项目档案设置时（请参阅本书第 3 章项目档案设置），如果项目大类中设置了“现金流量项目”，则在填制凭证时，单击凭证窗口上的“流量”命令，可以将所发生的业务记录在具体的现金流量项目中，便于查询现金流量明细表和现金流量统计表（查询方式请参阅本章中的账簿查询业务）。

涉及辅助核算的会计科目，在填制凭证窗口中，将辅助核算的内容显示在窗口的备注一栏中，如图 12-6 所示。但是在打印该张凭证时，系统会将辅助核算的内容打印在会计科目的后面，如图 12-7 所示。

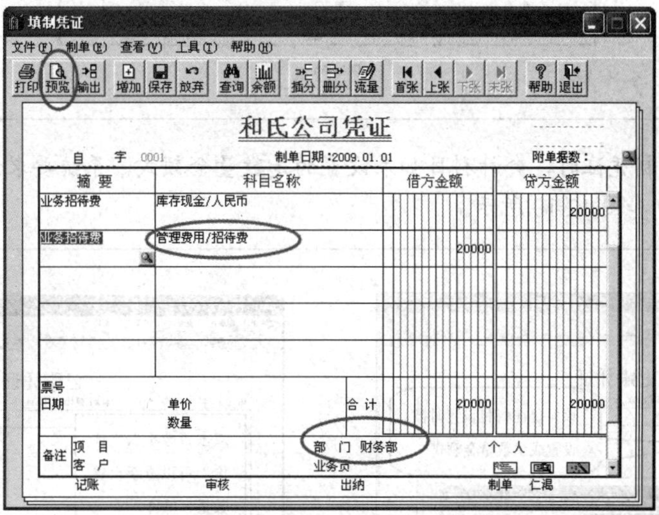

图 12-6

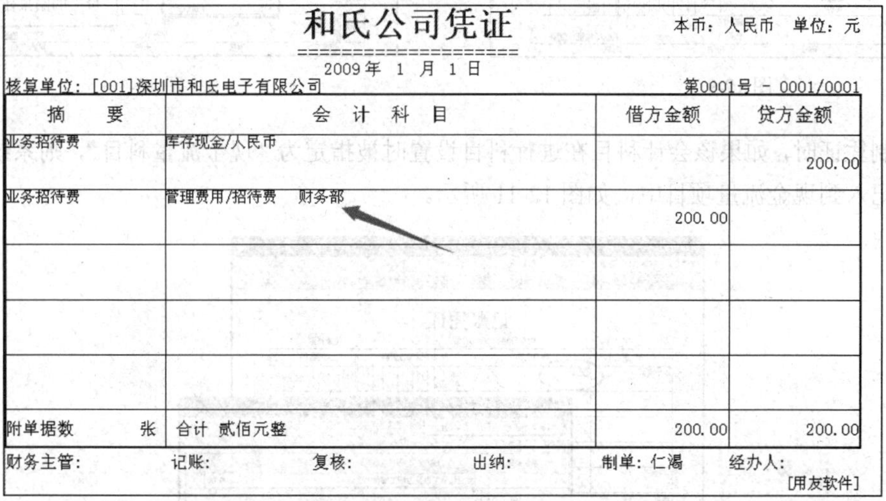

图 12-7

提示

填制凭证时，会计科目如果是外币核算，系统会自动将凭证格式调整为外币核算的格式，如图 12-8 所示。由于外币汇率已经设置好了（请参阅本书第 3 章中的外币设置），所以只需录入外币金额，系统会自动计算出本币金额。

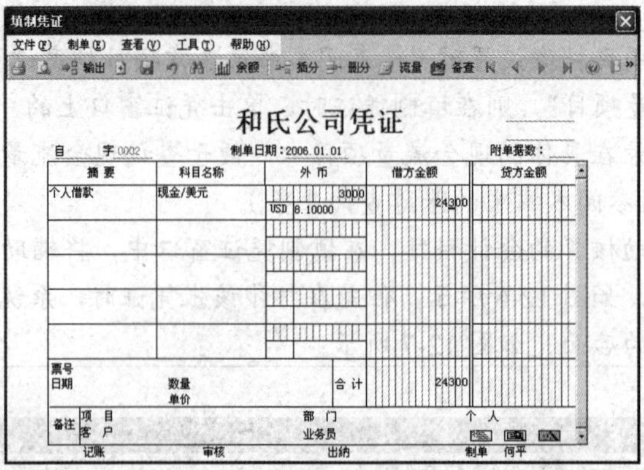

图 12-8

提示　填制凭证时，会计科目如果设置的是数量金额式，系统要求录入数量和单价，如图 12-9 和图 12-10 所示。

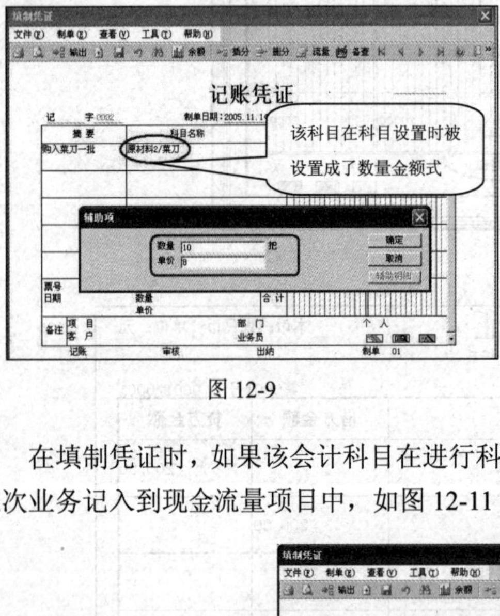

图 12-9

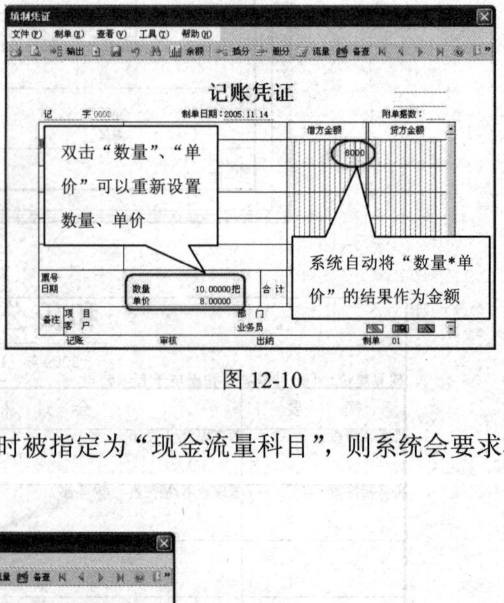

图 12-10

在填制凭证时，如果该会计科目在进行科目设置时被指定为“现金流量科目”，则系统会要求将此次业务记入到现金流量项目中，如图 12-11 所示。

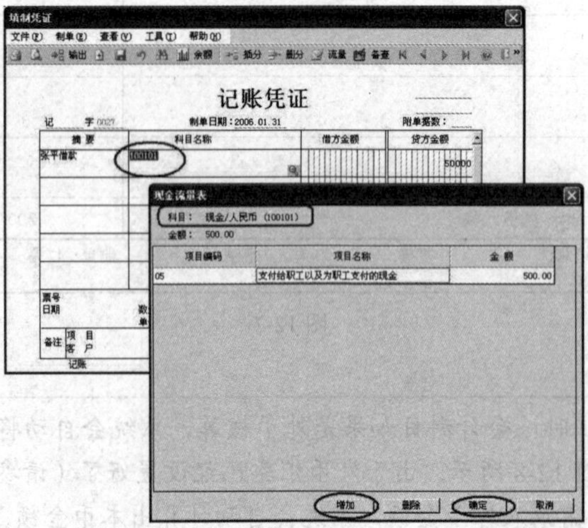

图 12-11

提示：系统规定每页凭证可以有5笔分录，当某号凭证不只一页（既超过5笔分录时），系统自动将在凭证号后标上几分之一，如：收-0001号0002/0003表示为收款凭证第0001号凭证共有三张分单，当前光标所在分录在第二张分单上。

2. 查看凭证来源

总账系统可进行各种业务凭证的填制处理，如果已经启用了其他功能系统（如工资、固定资产或核算），则其他系统所生成的业务凭证会传递到总账系统中。此时，总账系统中查询该张凭证时，可以直接联查到生成该张凭证的原始业务单据（如收款单、发票等）。

（1）在“填制凭证”窗口中单击“上张”“下张”按钮，找到需要进行查询的凭证，然后在凭证名称上单击鼠标左键，系统会显示该张凭证的来源系统，如图12-12所示。

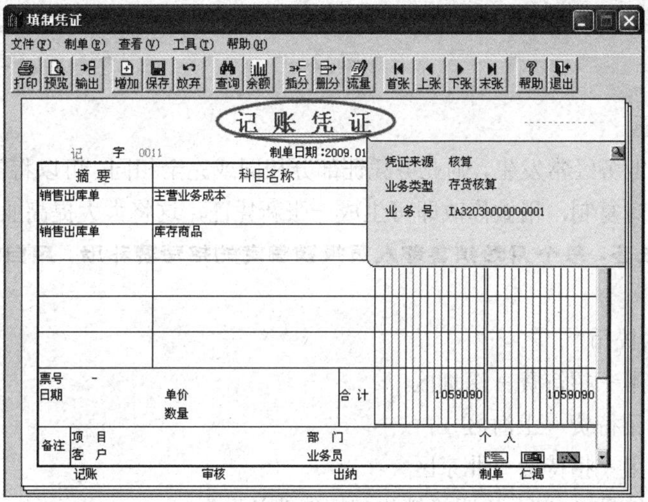

图12-12

（2）打开“查看”菜单，可以查看与当前分录中会计科目相关的“联查明细账”“联查原始单据”等，如图12-13和图12-14所示。

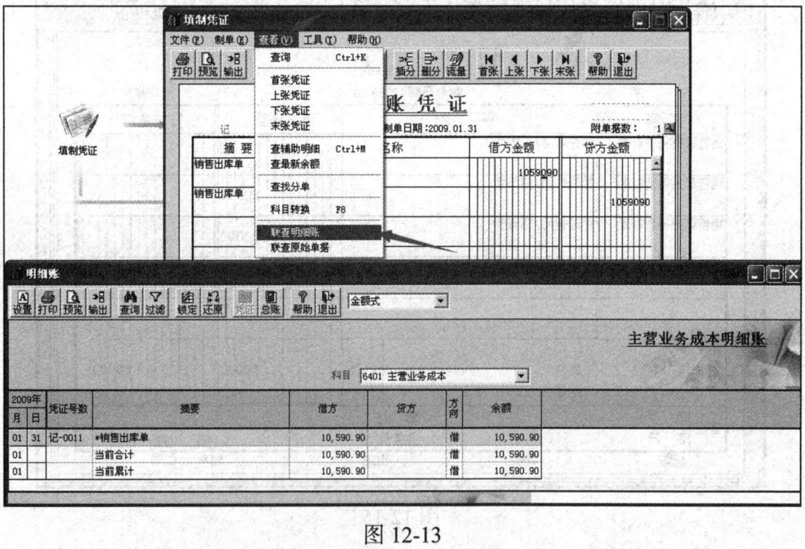

图12-13

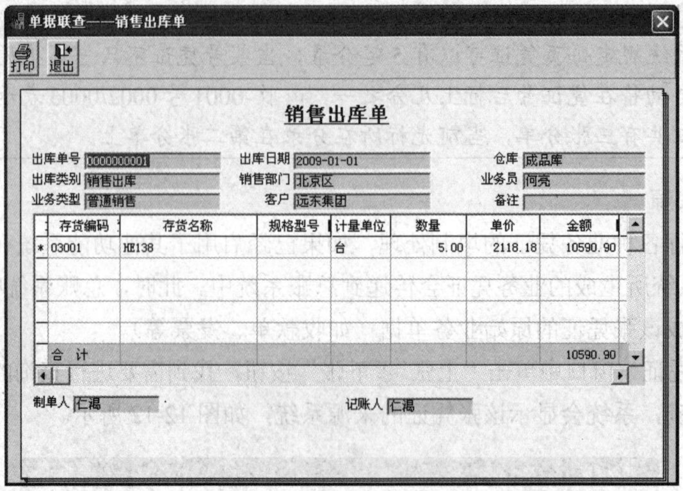

图 12-14

3. 生成常用凭证

填制凭证时有此业务经常发生，则业务凭证部分相同或完全相同。可以将常用的凭证储存起来，在填制会计凭证时随时复制，稍做修改即可生成一张新凭证，这将大大提高业务处理的效率。

例 12-2 001 账套，每个月为销售部人员报销固定的招待费补助，用自定义的凭证类别——和氏电子凭证。

贷：库存现金-人民币 600 元；

借：管理费用－招待费－深圳区 200 元；

借：管理费用－招待费－上海区 200 元；

借：管理费用－招待费－北京区 200 元；

生成常用凭证，编号“01”，说明“销售部招待费补助”。

（1）先按正常填制凭证的方法填制“例 12-2”中数据的凭证，如图 12-15 所示。

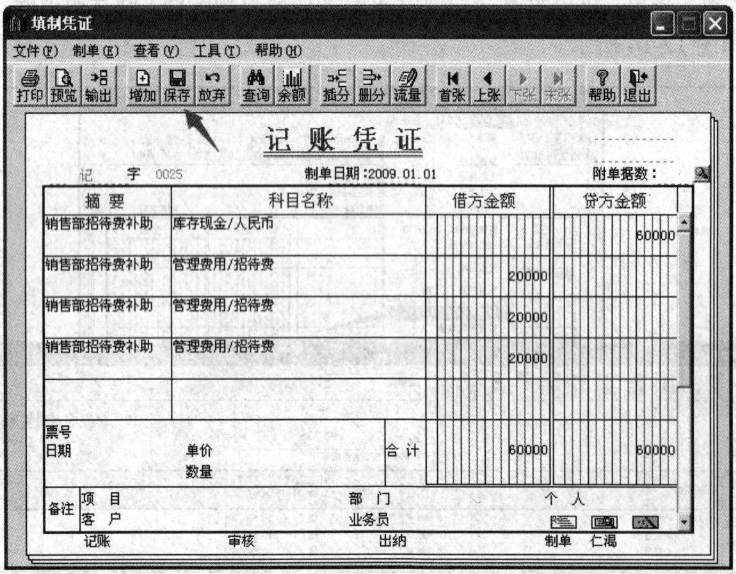

图 12-15

（2）打开填制“凭证”窗口上的“制单”菜单，单击“生成常用凭证”命令，系统提示生成该常用凭证的代号和说明，输入编号“01”和说明“销售部招待费补足”，单击“确定”按钮保存该常用凭证，如图 12-16 所示。

（3）当下一次该业务再次发生时，则在填制凭证窗口中打开“制单”，选择“调用常用凭证”命令可复制已有的常用凭证生成一张新的凭证，所生成的凭证可以修改。

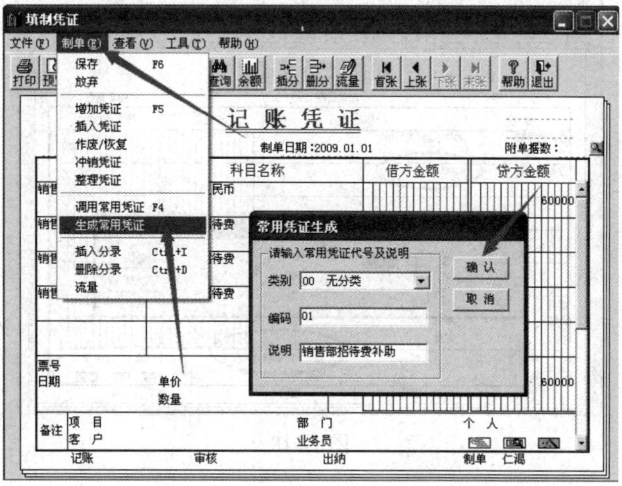

图 12-16

12.1.2 凭证修改

如凭证填制错误或凭证所记录的业务发生了变动，则需要使用到凭证修改功能。

（1）在“用友 T3”窗口中单击“总账”菜单，在下拉式菜单中选择“凭证”，然后打开“填制凭证”命令，在“填制凭证”窗口中单击“上张”或“下张”按钮，找到所需要修改的凭证，单击“修改”按钮执行修改工作；也可以打开“填制凭证”窗口中的“查询”功能，录入查询条件，如图 12-17 所示。录完查询条件后单击“确认”按钮，系统列出所有符合条件的凭证记录，双击需要修改的凭证记录，之后进行修改。

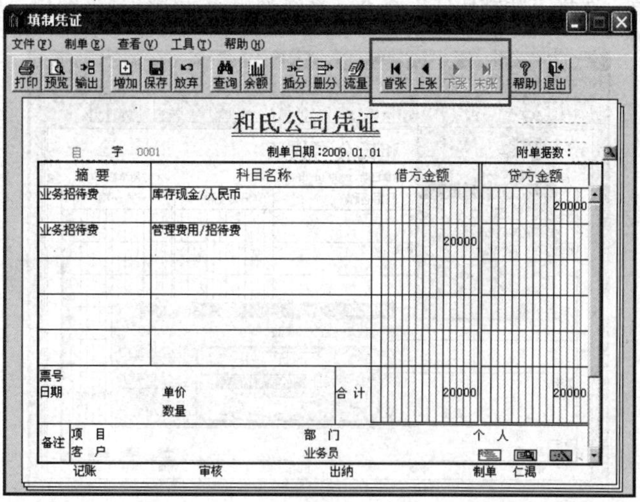

图 12-17

（2）如果科目有辅助项，则需要双击“填制凭证”窗口下边的“备注”栏打开“辅助项”录入窗口，如图 12-18 所示。

（3）要增加分录，将光标放在需要增加的分录前，单击“增行”按钮；单击“放弃”按钮可放弃刚才所做的修改操作；单击“保存”按钮可以保存修改后的分录。

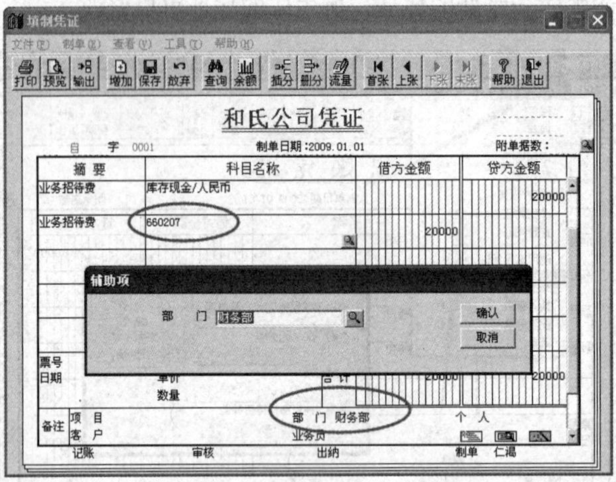

图 12-18

注意　已审核的凭证不能进行修改，取消审核之后方可进行修改。外部系统传递到总账系统中的凭证不能在总账系统中修改，只能在生成该凭证的系统中进行修改，然后再传递到总账系统中。

12.1.3　冲销凭证

凭证已记账后发现凭证错误，则可使用冲销凭证功能（凭证如果未记账，则可以使用凭证修改功能进行处理），即做一张与该张凭证一模一样的红字凭证，然后再做一张正确的凭证。

（1）在“用友 T3”窗口中单击“总账”菜单，在下拉式菜单中选择“填制凭证”，打开“填制凭证”窗口中的“制单”菜单，选择“冲销凭证”命令，系统弹出“冲销凭证”窗口，如图 12-19 所示。

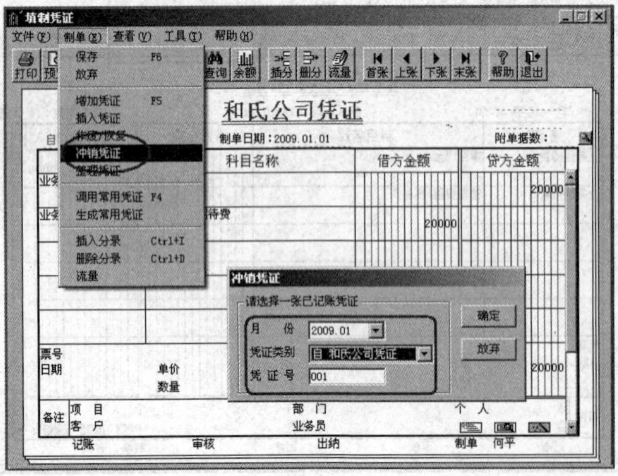

图 12-19

（2）在此录入需要冲销的已记账凭证，然后单击“确定”按钮，即可完成指定凭证的冲销工作（系统生成一张与该凭证业务完全相同的红字凭证）。

12.1.4 删除凭证

凭证所记录的业务取消或者凭证填制错误，可将其删除。

（1）在“用友 T3”窗口中单击“总账”菜单，在下拉式菜单中选择“填制凭证”，打开“填制凭证”窗口，查询凭证以找到要删除的凭证并将其打开。

（2）单击“制单”菜单下的“作废/恢复”命令，如图 12-20 所示。

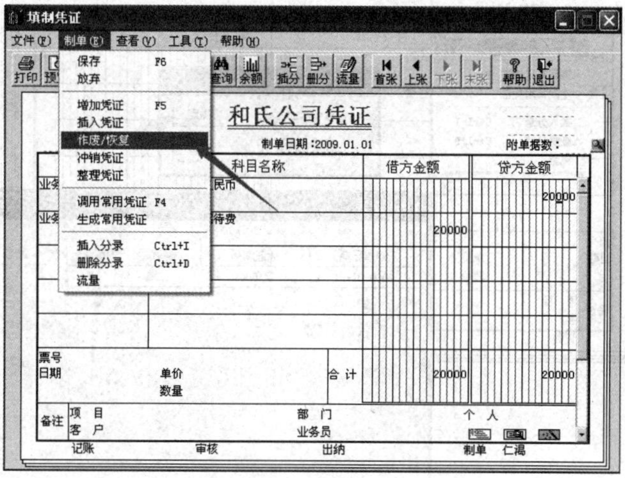

图 12-20

该凭证被标上“作废”字样，如图 12-21 所示。原凭证中的数据内容不变，但不能修改，不能审核。

注意 作废凭证需参与记账，否则无法结账。作废凭证不做数据处理，相当于空白凭证，在做账簿查询时不显示该张凭证的数据，但仍然占有该张凭证编号。

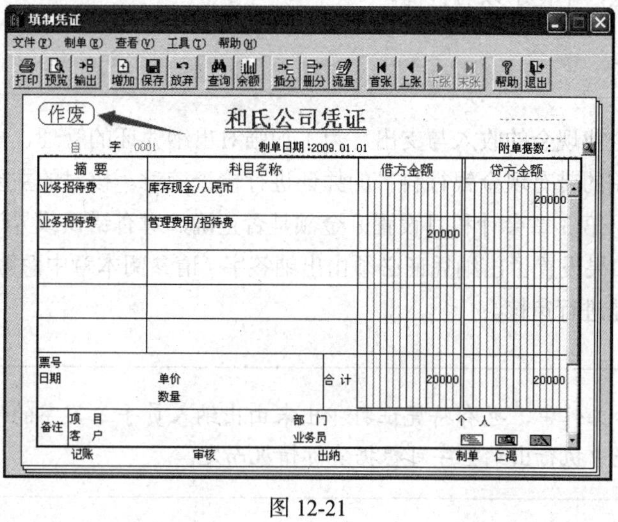

图 12-21

（3）此时如再次单击“作废/恢复”命令，可以取消对该张凭证的作废操作，使其回到正常凭证状态，这类似于从 Windows 的回收站中将删除的文件还原。

（4）如果需要彻底删除已有“作废”字样的凭证，则单击“制单”菜单下的“凭证删除/整理”命令将该张凭证彻底删除。因为删除该张凭证后，该张凭证的凭证编号则被空置，此时系统会对未记账的凭证进行重新编号以整理断号，如图 12-22 所示。

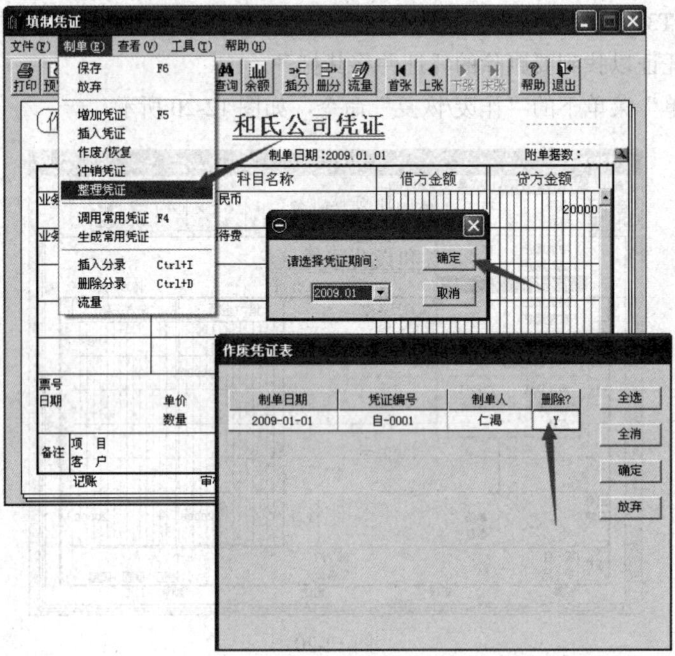

图 12-22

（5）选择好需要整理的凭证期间，系统列出该期间所有的作废凭证表，选择需要删除的凭证，然后单击“确定”按钮，所选凭证彻底删除，系统提示是否整理凭证断号，这是因为凭证被删除后该凭证号会被空置，整理时系统会自动补号（即将后面的凭证号全部往前移动）。如果在整理凭证之前凭证已经打印出来，最好就不要设置自动填补断号了，因为这样会造成系统中的凭证编号和已打印出来的凭证编号错位，不便于以后查询。

12.1.5 出纳签字

出纳人员管理着企业现金的收入与支出，为了加强对出纳凭证的管理，出纳人员可以通过出纳签字功能对制单员填制的带有现金银行科目的凭证进行检查核对。核对的主要内容是出纳科目（出纳科目设置请参阅本书第 3 章会计科目设置）金额是否正确，对有错误或异议的凭证，应交填制人员修改后再次核对。如果设置了出纳凭证必须由出纳签字（请参阅本章中总账的选项设置），则未经过出纳签字的凭证不能进行审核。

提示

实际工作中，也有将凭证打印出来由出纳人员手工签字的情况，手工签字还是在用友系统中执行出纳签字可根据实际情况而定。

例12-3 在001账套中进行出纳签字功能。以操作员“龚解园”（用户编号“04”）的身份注册（龚解园具有出纳权限），然后对“例12-3”填制的凭证签字。

（1）双击桌面上的“用友T3”程序图标，以出纳员的身份注册进入到系统中，如图12-23所示。

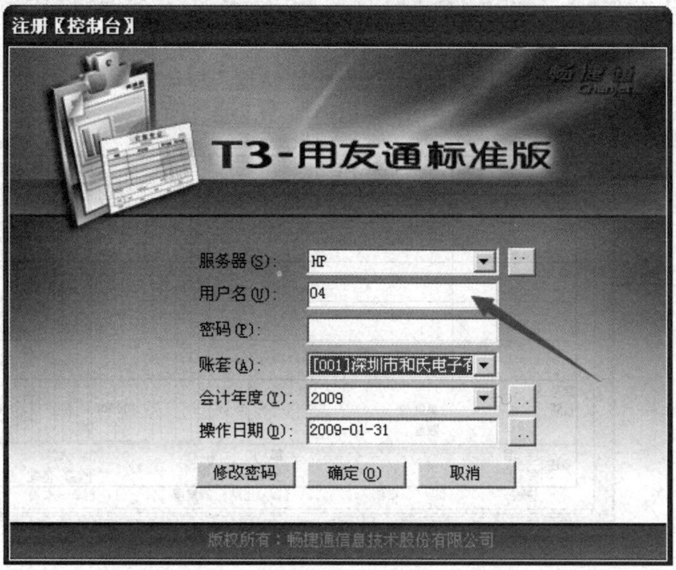

图12-23

（2）在“用友T3”窗口中，系统只会显示与该操作员符合权限的功能菜单，该操作员不具有权限操作的菜单都被屏蔽。单击“总账”菜单，在下拉式菜单中选择“凭证”，打开“出纳签字”命令，系统弹出“出纳签字”条件窗口，如图12-24所示。

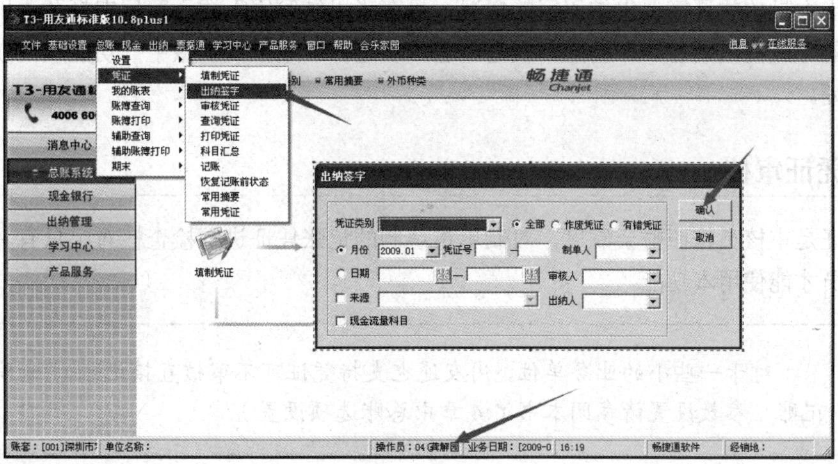

图12-24

（3）输入凭证过滤条件（只有涉及现金、银行业务的凭证才会执行出纳签字操作），单击“确认”按钮，系统列出符合条件的凭证记录，在所列出的记录中双击“例12-2”凭证，系统打开该张凭证，出纳人员确认该张凭证没有问题后，单击“签字”按钮即可完成出纳签字操作。在该张凭证的出纳签字栏中会出现出纳员“龚解园”的名字，如图12-25所示。

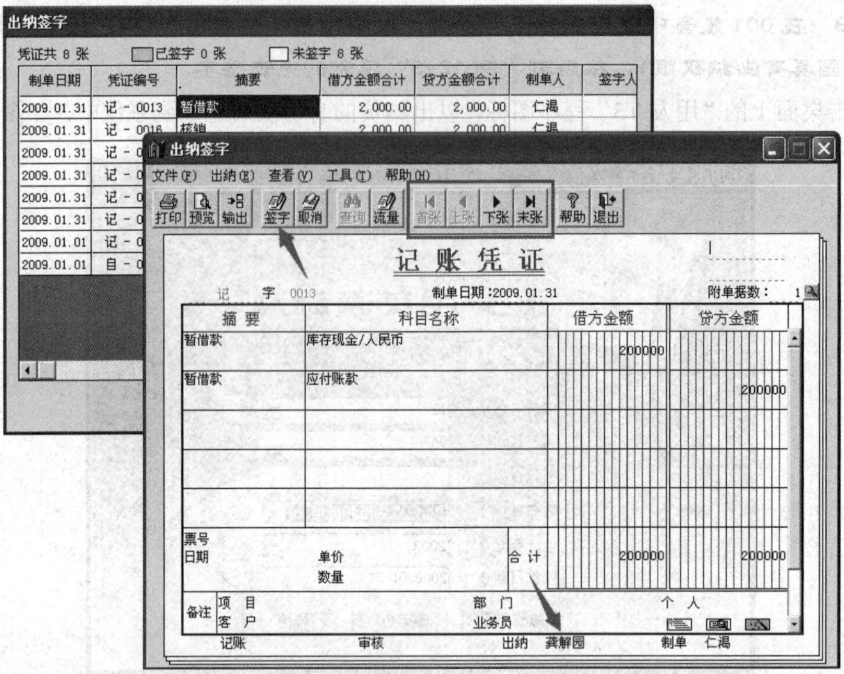

图 12-25

要对已签字的凭证取消签字，在此单击“取消”按钮即可。凭证一经签字，就不能被修改、删除，只有取消签字后才可以进行修改或删除，取消签字只能由签字的出纳人员自己进行。

（4）对于大批的凭证需要出纳签字的情况，可在“出纳签字”凭证窗口中打开“出纳”菜单，选择其下面的“成批出纳签字”功能。反之，也可以选择“成批取消签字”功能成批取消已完成出纳签字的凭证。

12.1.6 凭证审核

审核凭证是审核员按照财会制度，对制单员填制的记账凭证进行检查核对。只有具有凭证审核权限的操作员才能使用本功能。

对于一些小的业务单位，用友通也支持凭证可不审核直接记账（“未审核凭证允许记账”参数设置请参阅本书第 4 章中总账选项设置）。

按照会计制度，制单人与审核人不能为同一人。

例 12-4 在 001 账套中进行凭证审核。以 03 操作员龚冰冰身份进行注册（该操作员具有 001 账套的凭证审核权限）审核所有凭证。

（1）双击桌面上的“用友 T3”程序图标，以操作员 03 的身份注册进入到系统中，如图 12-26 所示。

（2）在“用友 T3”窗口中单击“总账”菜单，在下拉式菜单中选择“凭证”，打开“审核凭证”

命令，系统弹出“凭证审核”条件过滤窗口，如图 12-27 所示。

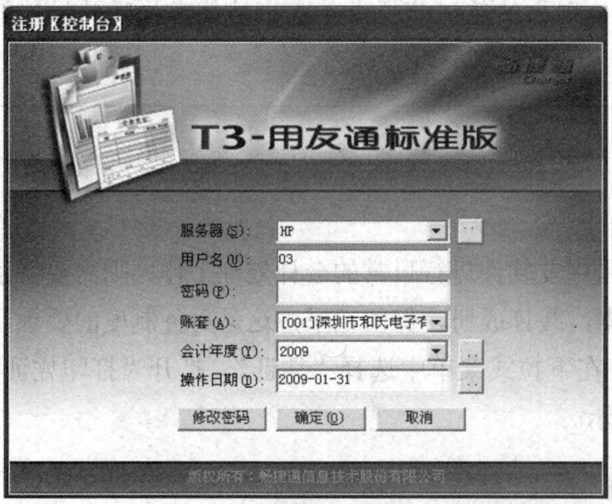

图 12-26

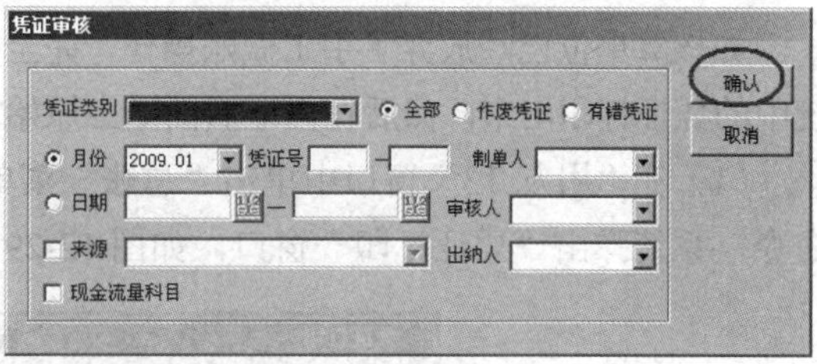

图 12-27

（3）输入过滤条件，单击“确认”按钮，系统列出所有符合条件的记录。

（4）双击“例 12-1”凭证，单击“审核”按钮，在凭证下方审核人一栏中会出现操作员“龚冰冰”，单击“取消”按钮则会取消审核，如图 12-28 所示。

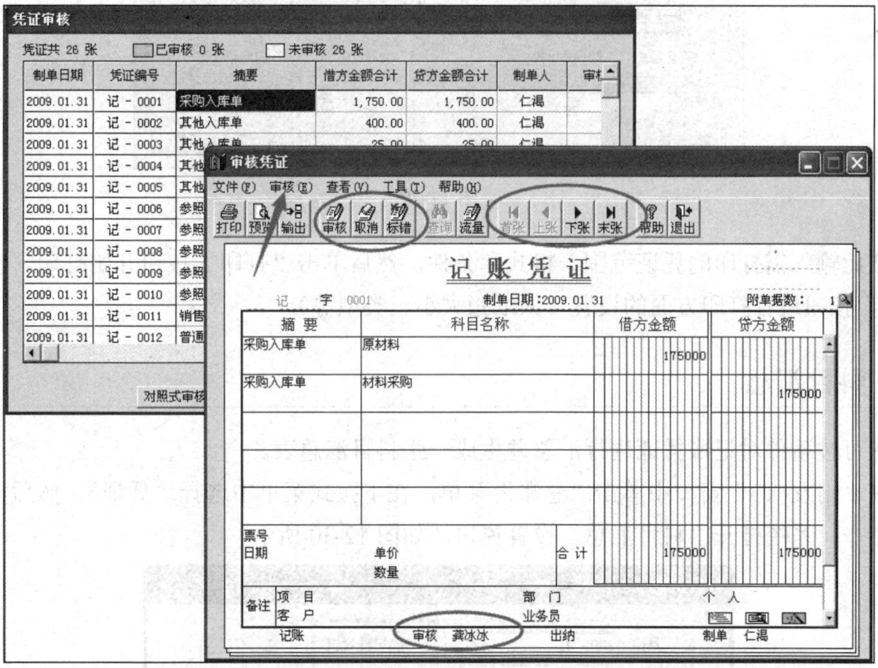

图 12-28

（5）审核完成后，系统会进入到下一张未审核的凭证窗口。操作员也可以选择“审核”菜单中的“成批审核凭证”功能，进行成批凭证审核。

（6）如果审核时发现凭证有错，可单击“标错”按钮，先进行标错再修改，再次单击“标错”按钮则取消该张凭证的标错。

凭证审核后不能修改与删除，只有取消审核后才可以。

如设置了出纳凭证需由出纳签字，则出纳凭证必须由具有出纳签字权限的操作员签字后才能进行审核。

12.1.7 凭证打印

如核算单位已经放弃了手工做账操作，完全使用用友软件进行日常的会计处理工作，则需要将系统中的凭证打印出来，然后在凭证后面贴上原始单据，装订成册，保留记录，这是财务制度的要求。

（1）在“用友 T3”窗口中单击“总账”菜单，在下拉式菜单中选择“凭证”，打开“打印凭证”命令，系统弹出“凭证打印”窗口，如图 12-29 所示。

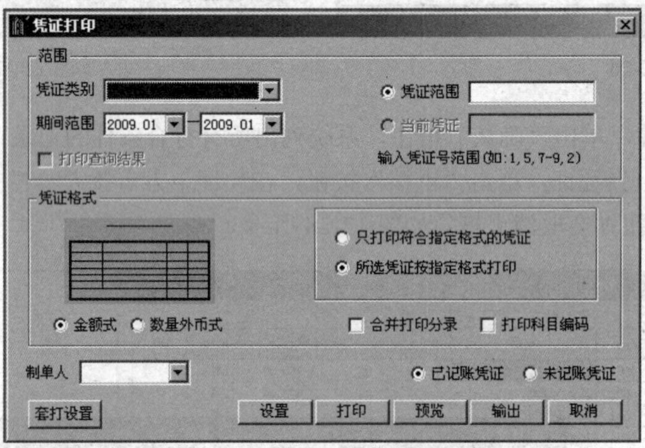

图 12-29

（2）在此输入需打印的凭证范围、格式和条件，然后单击“打印”按钮开始打印。也可以单击“打印设置”按钮进行打印方面的设置（如纸张大小、类型等）。

12.1.8 科目汇总

本功能可按条件对记账凭证进行汇总并生成一张科目汇总表。

（1）在“用友 T3”窗口中单击“总账”菜单，在下拉式菜单中选择“凭证”，然后再单击“科目汇总”命令，系统打开“科目汇总”设置窗口，如图 12-30 所示。

图 12-30

（2）在此录入汇总条件，然后单击“汇总”按钮，系统列出汇总结果，如图 12-31 所示。

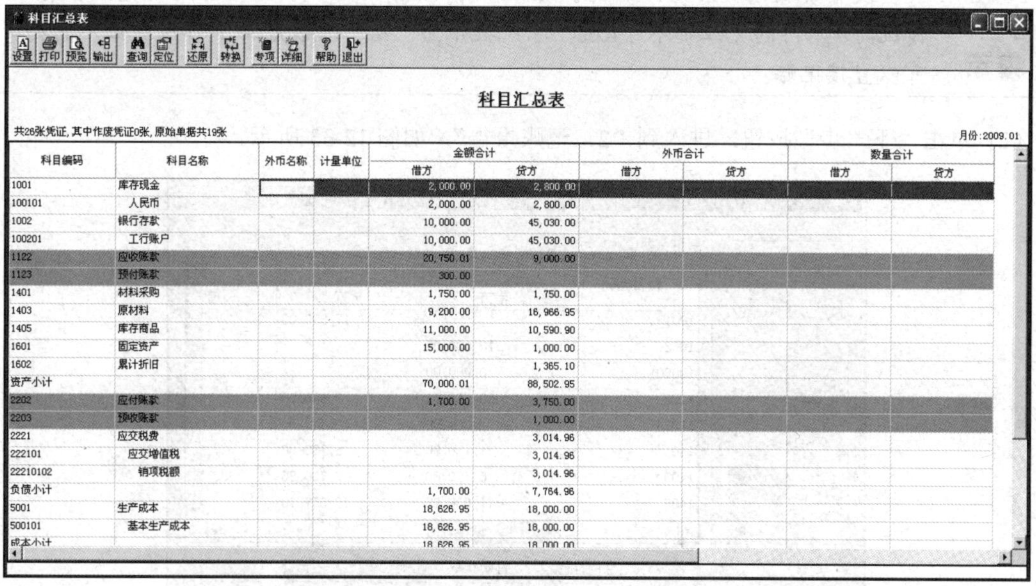

科目编码	科目名称	外币名称	计量单位	金额合计		外币合计		数量合计	
				借方	贷方	借方	贷方	借方	贷方
1001	库存现金			2,000.00	2,800.00				
100101	人民币			2,000.00	2,800.00				
1002	银行存款			10,000.00	45,030.00				
100201	工行账户			10,000.00	45,030.00				
1122	应收账款			20,750.01	9,000.00				
1123	预付账款			300.00					
1401	材料采购			1,750.00	1,750.00				
1403	原材料			9,200.00	16,966.95				
1405	库存商品			11,000.00	10,590.90				
1601	固定资产			15,000.00	1,000.00				
1602	累计折旧				1,365.10				
资产小计				70,000.01	88,502.95				
2202	应付账款			1,700.00	3,750.00				
2203	预收账款				1,000.00				
2221	应交税费				3,014.96				
222101	应交增值税				3,014.96				
22210102	销项税额				3,014.96				
负债小计				1,700.00	7,764.96				
5001	生产成本			18,626.95	18,000.00				
500101	基本生产成本			18,626.95	18,000.00				
成本小计				18,626.95	18,000.00				

图 12-31

12.1.9 凭证记账

记账是将凭证记录到具有账户基本结构的账簿中去（也称为登账），是会计业务中重要的一环。凭证审核签字后，即可用来登记总账和明细账、日记账、部门账、往来账、项目账以及备查账等。记账采用向导方式，记账过程更加明确。

1. 记账

（1）在“用友 T3”窗口中单击“总账”菜单，在下拉式菜单中选择“凭证”，打开“记账”命令，系统弹出“记账”窗口，如图 12-32 所示。

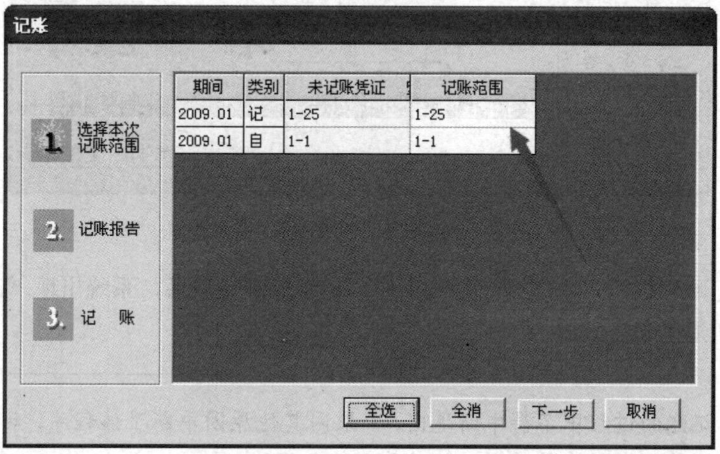

图 12-32

系统默认进入“1.选择本次记账范围”处理，在“记账范围”栏中输入记账的凭证范围（只有经过审核的凭证才能进行记账），范围之间可用“–”或“,”隔开。

提示 没有填制期初余额，填制了期初余额而试算不平衡，或者上月的凭证有未记账等情况时，本月的凭证都不可记账，系统提示为“无可记账凭证”；作废凭证不需要审核，可以直接记账。

（2）单击“下一步”按钮，进入到“2．记账报告”，如图 12-33 所示。

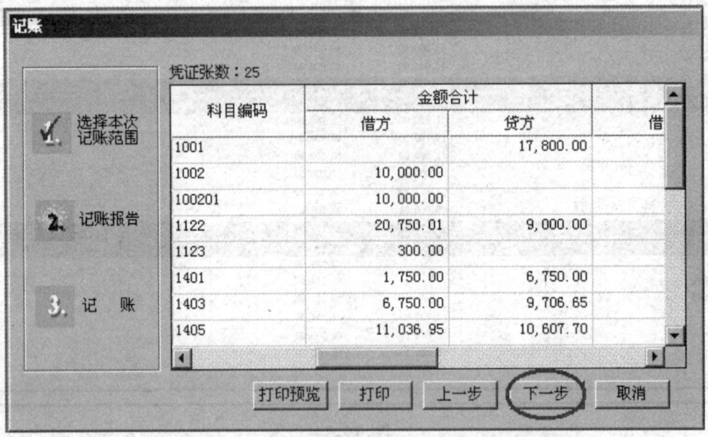

图 12-33

（3）单击“打印”按钮可将记账报告打印出来。单击“下一步”按钮，进入“3．记账”，如图 12-34 所示。

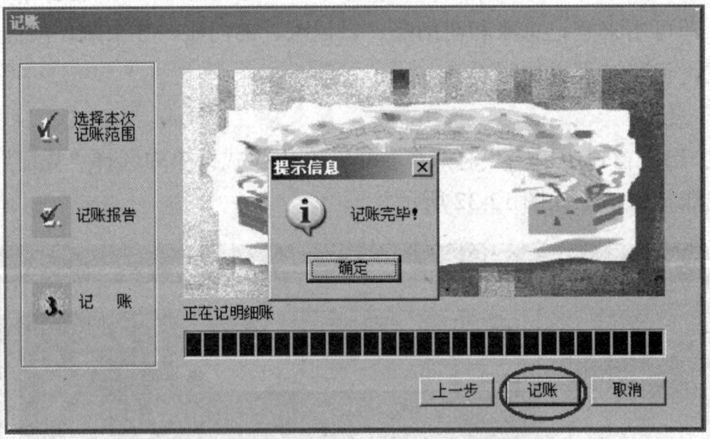

图 12-34

（4）单击“记账”按钮，系统开始记账工作，记账顺利完成后，系统出现“记账完毕”提示，单击“确定”按钮退出记账工作。

注意 记账的过程中不得中断退出，如果因其他原因中断了该程序，系统将自动调用“恢复记账前状态”恢复数据，然后重新执行记账工作。

2. 恢复记账前状态

在实际记账过程中出现以下情况时，需要使用到“恢复记账前状态”功能（即取消记账）。

- 账套主管才有权限恢复记账。
- 记账过程一旦断电或由其他原因造成中断后，系统会自动调用“恢复记账前状态”恢复数据，然后再重新记账。
- 在记账过程中不得中断退出。
- 在第一次记账时，若期初余额试算不平衡，系统将不允许记账。
- 所选范围内的凭证如有不平衡凭证，系统将列出错误凭证，重选记账范围。

（1）在“用友 T3”窗口中单击“总账”菜单，在下拉式菜单中选择“期末”，单击“对账”命令，系统弹出“对账”窗口，如图 12-35 所示。在此按 Ctrl+H 组合键，此时在“凭证”菜单下会出现了一个新的菜单“恢复记账前状态”（在对账状态下，如果再按 Ctrl+H 组合键，或者退出用友系统后再进入，该菜单都会隐藏），如图 12-36 所示。

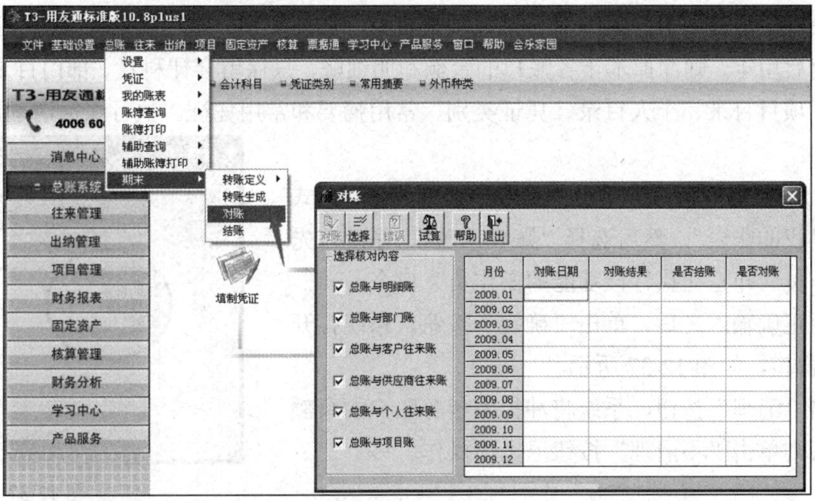

图 12-35

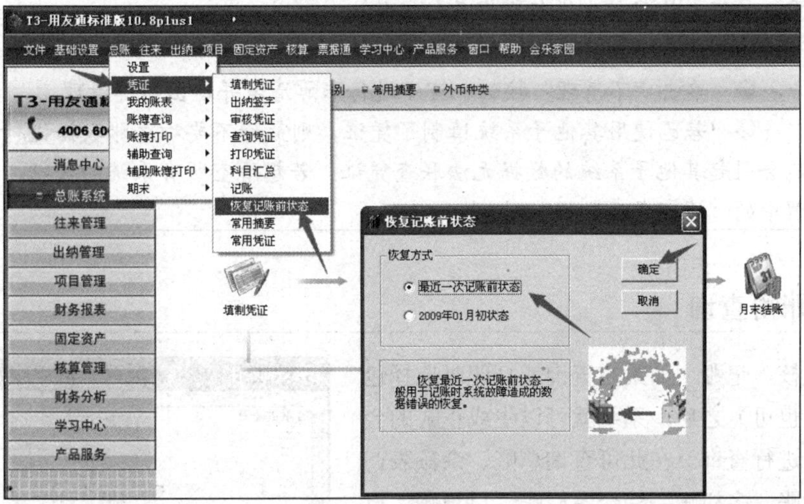

图 12-36

（2）在“用友 T3”窗口中单击“总账”菜单，在下拉式菜单中选择“凭证”，打开“恢复记账前状态”命令，系统弹出“恢复记账前状态”窗口，选择所需要的恢复方式，单击“确定”按钮，出现提示"恢复记账完毕!",单击"确定"按钮退出。

注意 退出系统再次登录用友 T3 时,"恢复记账前状态"功能会被隐藏;已结账的月份数据不能取消记账,但是可以使用取消结账功能,之后再取消记账。

12.1.10 账表清理

当年初建完账后,发现账建得太乱或错误太多,此时可能希望将该账冲掉,然后重新建账,本功能就是用来处理这种要求。执行本功能后,系统将已建好的账全部冲掉,然后让您重新开始建账。账簿清理将冲掉本年各账户的余额和明细账,并将上年的会计科目、部门目录、个人目录、客户分类、客户目录、供应商分类、供应商目录、项目目录、凭证类别、常用摘要和常用凭证转入本年。若本年不账套启用年,则冲掉本年各账户的余额和明细账,只保留会计科目、部门目录、客户目录、供应商目录、项目目录、个人目录、凭证类别、常用摘要和常用凭证。执行账簿清理后,应重新调整科目和余额。

(1)在"用友 T3"窗口中单击"总账"菜单,在下拉式菜单中选择"我的账表",然后选择"账表清理",系统首先提示输入操作员(即正在执行该功能的操作员)口令。

(2)口令正确输入之后,单击"确定"按钮,系统打开"账簿清理"窗口,如图 12-37 所示。

(3)单击"清理"按钮,系统将冲掉本年各账户的余额和明细账,否则单击"不清理"按钮退出该操作。

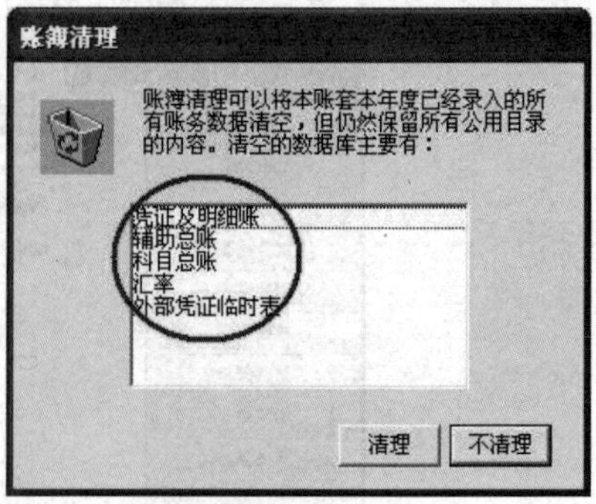

图 12-37

注意

- 执行本功能将冲掉本年录入的所有余额和发生数,所以执行本功能一定要慎重,最好在执行前先进行数据备份工作。
- 只有财务主管才能使用本功能。
- 单击"不清理"按钮,可不进行账簿清理并退出账簿清理。
- 若已使用其他子系统填制了凭证,则最好不要对总账数据进行清理,否则可能会引起其他子系统的数据无法联查凭证。若想清空所有系统的数据,可执行系统管理中的"清空年度数据"功能。

12.1.11 账簿查询

制单、审核、记账(如果在查询或打印时选择包含未记账功能也可)之后,系统就可以生成正式的会计账簿,可以进行查询。在此可查询总账、余额表、明细账、序时账、多栏账、综合多栏账、日记账、日报表、现金流量明细表和现金流量统计表。

(1)注册进入 001 账套中,在"用友 T3"窗口中单击"总账"菜单,在下拉式菜单中选择"账簿查询",

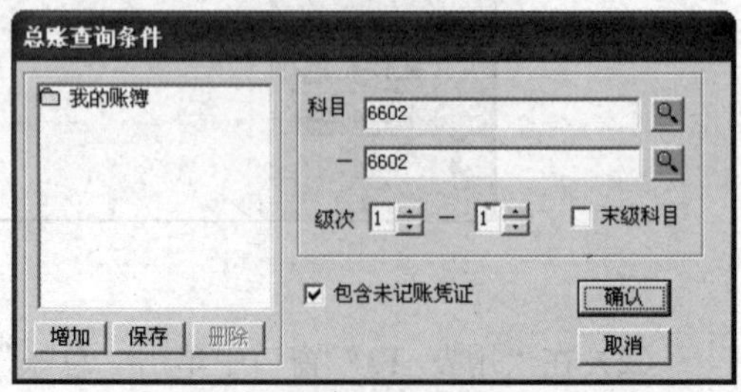

图 12-38

然后选择"总账"，系统打开"总账查询条件"处理窗口，如图 12-38 所示。

（2）输入要查询的条件，如查询管理费用科目总账（包含未记账凭证），单击"确认"按钮，系统列出所有符合条件的记录，如图 12-39 所示。

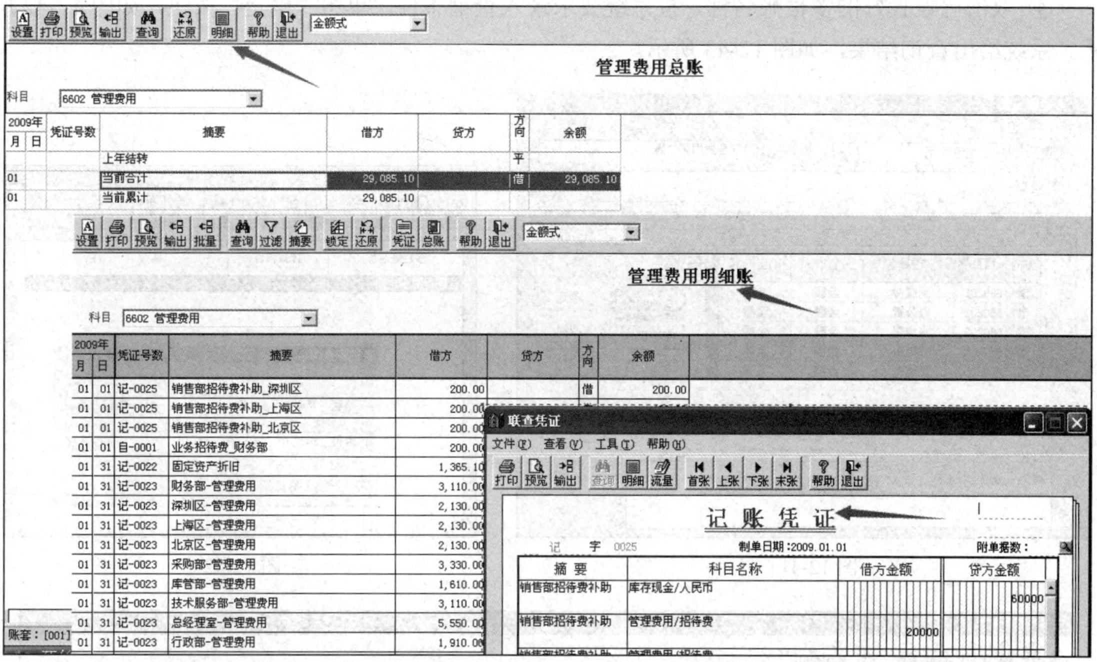

图 12-39

（3）由总账可以联查到明细账，由明细账可以联查到凭证。

查询多栏账方式如下。

① 打开"账簿查询"，单击"多栏账"选项，系统弹出"多栏账"设置窗口，如图 12-40 所示。

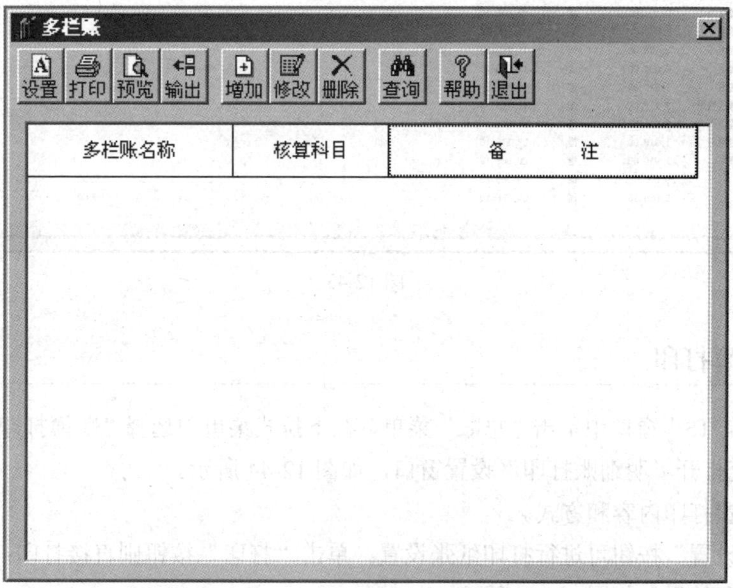

图 12-40

② 单击“增加”按钮，进入“多栏账定义”窗口，如图 12-41 所示。

③ 选择“核算科目”，录入“多栏账名称”“栏目定义”等信息，单击“确定”按钮，系统返回到多栏账设置窗口。

④ 双击已设置好的多栏账名称，按系统要求录入查询条件，单击“确定”按钮，如图 12-42 所示。系统给出查询结果，如图 12-43 所示。

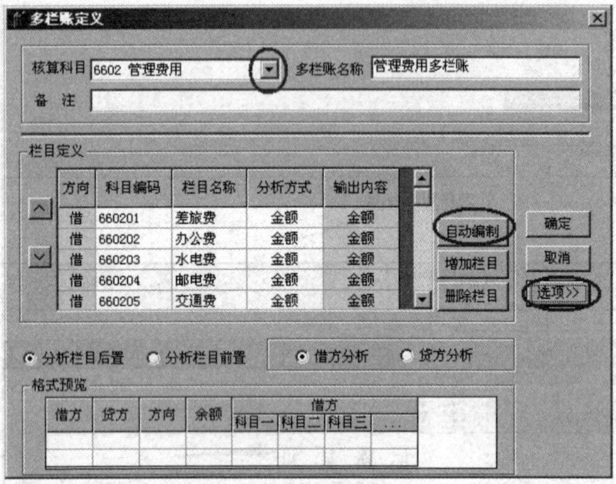

图 12-41

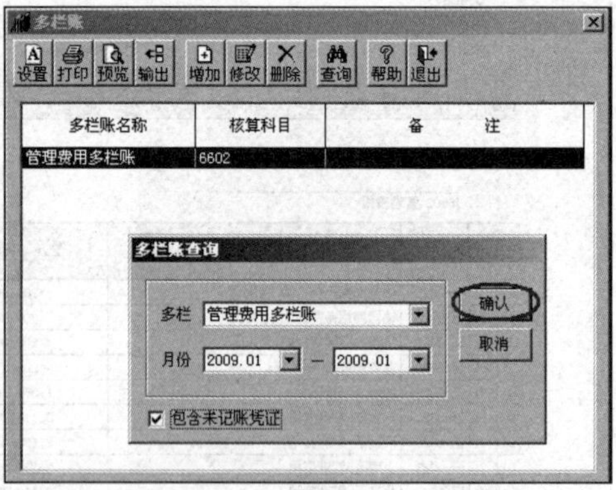

图 12-42

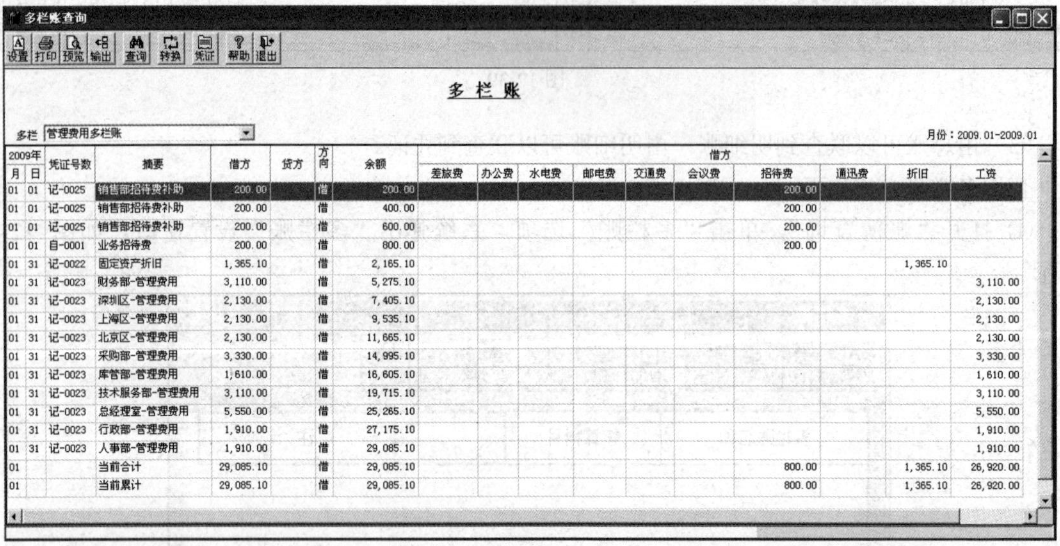

2009年		凭证号数	摘要	借方	贷方	方向	余额	借方									
月	日							差旅费	办公费	水电费	邮电费	交通费	会议费	招待费	通迅费	折旧	工资
01	01	记-0025	销售部招待费补助	200.00		借	200.00							200.00			
01	01	记-0025	销售部招待费补助	200.00		借	400.00							200.00			
01	01	记-0025	销售部招待费补助	200.00		借	600.00							200.00			
01	01	自-0001	业务招待费	200.00		借	800.00							200.00			
01	31	记-0022	固定资产折旧	1,365.10		借	2,165.10									1,365.10	
01	31	记-0023	财务部-管理费用	3,110.00		借	5,275.10										3,110.00
01	31	记-0023	深圳区-管理费用	2,130.00		借	7,405.10										2,130.00
01	31	记-0023	上海区-管理费用	2,130.00		借	9,535.10										2,130.00
01	31	记-0023	北京区-管理费用	2,130.00		借	11,665.10										2,130.00
01	31	记-0023	采购部-管理费用	3,330.00		借	14,995.10										3,330.00
01	31	记-0023	库管部-管理费用	1,610.00		借	16,605.10										1,610.00
01	31	记-0023	技术服务部-管理费用	3,110.00		借	19,715.10										3,110.00
01	31	记-0023	总经理室-管理费用	5,550.00		借	25,265.10										5,550.00
01	31	记-0023	行政部-管理费用	1,910.00		借	27,175.10										1,910.00
01	31	记-0023	人事部-管理费用	1,910.00		借	29,085.10										1,910.00
01			当前合计	29,085.10		借	29,085.10							800.00		1,365.10	26,920.00
01			当前累计	29,085.10		借	29,085.10							800.00		1,365.10	26,920.00

图 12-43

12.1.12 账簿打印

（1）在“用友 T3”窗口中单击“总账”菜单，在下拉式菜单中选择“账簿打印”，然后选择“明细账打印”，系统打开“明细账打印”设置窗口，如图 12-44 所示。

（2）在此设置打印内容和方式。

（3）单击“设置”按钮可进行打印纸张设置；单击“打印”按钮则直接打印；单击“预览”按钮则可以预览打印结果，如图 12-45 所示。

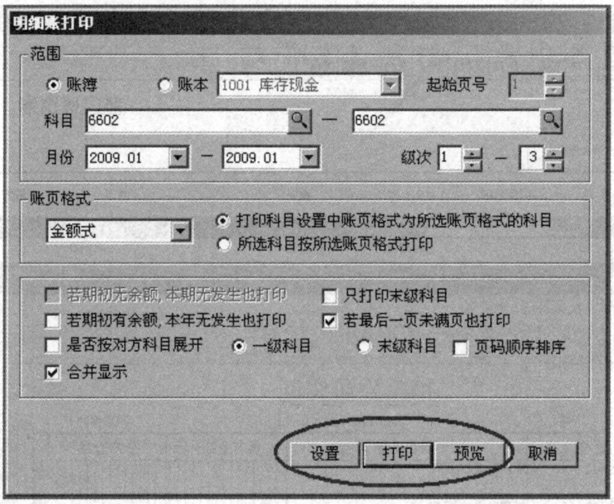

图 12-44

管理费用明细账 [正式账簿]

2009.01-2009.01 页号：1-1 本币名称：人民币

科目：管理费用(6602)

2009年 月	日	凭证号数	摘要	借方	贷方	方向	余额
01	01	记-0025	销售部招待费补助_深圳区	200.00		借	200.00
01	01	记-0025	销售部招待费补助_上海区	200.00		借	400.00
01	01	记-0025	销售部招待费补助_北京区	200.00		借	600.00
01	01	自-0001	业务招待费_财务部	200.00		借	800.00
01	31	记-0022	固定资产折旧	1,365.10		借	2,165.10
01	31	记-0023	财务部-管理费用	3,110.00		借	5,275.10
01	31	记-0023	深圳区-管理费用	2,130.00		借	7,405.10
01	31	记-0023	上海区-管理费用	2,130.00		借	9,535.10
01	31	记-0023	北京区-管理费用	2,130.00		借	11,665.10
01	31	记-0023	采购部-管理费用	3,330.00		借	14,995.10
01	31	记-0023	库管部-管理费用	1,610.00		借	16,605.10
01	31	记-0023	技术服务部-管理费用	3,110.00		借	19,715.10
01	31	记-0023	总经理室-管理费用	5,550.00		借	25,265.10
01	31	记-0023	行政部-管理费用	1,910.00		借	27,175.10
01	31	记-0023	人事部-管理费用	1,910.00		借	29,085.10
01			当前合计	29,085.10		借	29,085.10

页数：1/1 纸张：A4

图 12-45

12.1.13 辅助账查询

（1）在“用友 T3”窗口中单击“总账”菜单，在下拉式菜单中选择“辅助查询”，可以进行个人辅助账和部门辅助账查询，如选择“部门明细账”查询，系统弹出“部门明细账条件”录入窗口，如图 12-46 所示。

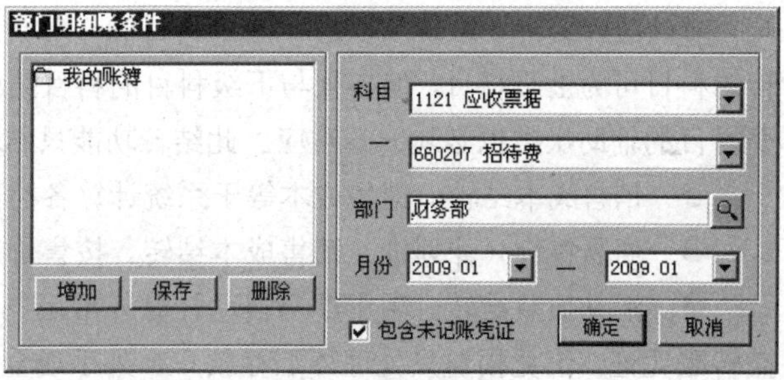

图 12-46

（2）在此输入查询条件，然后单击“确定”按钮，系统列出所有符合条件的记录，如图 12-47 所示。

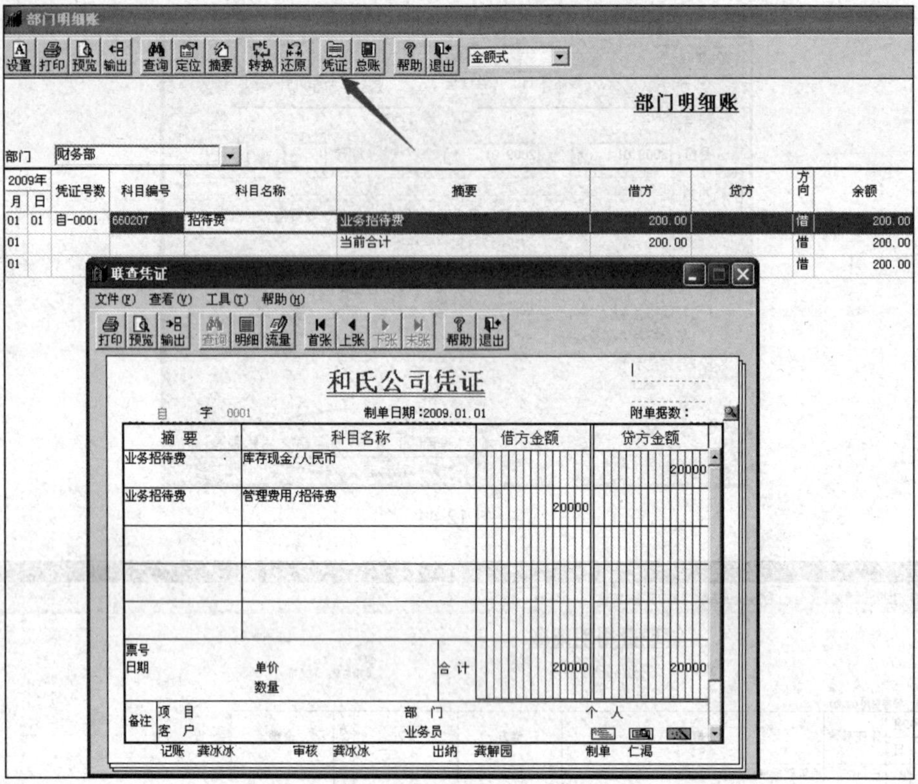

图 12-47

（3）可以改变账页显示格式，单击“凭证”按钮可以联查生成该记录的凭证。

12.1.14 期末处理

一个会计期间结束之后（一般情况是指每个月月末时），就可以进行期末处理了，总账系统中的期末处理要在其他系统的期末处理之后才能进行。

1. 转账

总账系统提供 6 种转账形式。

- 自定义结转。完成费用分配、费用分摊、税金计算、提取各项费用、部门核算、项目核算、个人核算、客户核算和供应商核算的结转。如果往来业务是在应收、应付系统中处理的，那么在总账系统中不能按客户、供应商辅助项进行结转，只能按科目总数进行结转。
- 对应结转。系统可以进行两个科目的一对一结转，也可以进行科目的一对多结转。对应结转的科目可为上级科目，但必须与下级科目的科目结构一致（相同明细科目），如有辅助核算，则两个科目的辅助账类也必须一一对应。此结转功能只结转期末余额。
- 销售成本结转。销售成本等于系统计算各类商品销售成本并进行结转。
- 商品售价（计划价）销售成本结转。按售价（计划价）结转销售成本或调整月末成本。
- 汇兑损益结转。用于期末自动计算外币账户的汇总损益，并在转账生成中自动生成汇总损益转账凭证。汇兑损益只处理外汇存款户、外币现金、外币结算的各项债权和债务，不包括所有者权益类账户、成本类账户和损益类账户。核算单位有外币业务进行处理的情况方才使用此项。
- 期间损益结转。用于在一个会计期间终了时将损益类科目的余额结转到本年利润科目中，从而及时反映企业利润的盈亏情况。主要是对管理费用、销售费用、财务费用、销售收入和营业外收支等科目进行结转。

（1）在“用友 T3”窗口中单击“总账”菜单，在下拉式菜单中选择“期末”，打开“转账定义”项，在此进行转账定义，以选择“期间损益结转”为例，系统弹出“期间损益结转设置”窗口，如图 12-48 所示。

图 12-48

（2）系统列出所有损益类科目，在此选择期间损益科目结转时生成的凭证类别、每个损益类科目进行转账时的本年利润科目，单击“确定”按钮完成设置。

提示　如果转账定义完成之后又新增了损益科目，则需要重新回到此处对新增加的损益科目设置进行转账定义，否则在进行期间损益自动结转时，系统不会对新增加的损益科目进行结转。

（3）转账定义完成之后，月末只需执行“转账生成”功能即可快速生成转账凭证，如选择“期间损益结转”，如图 12-49 所示。

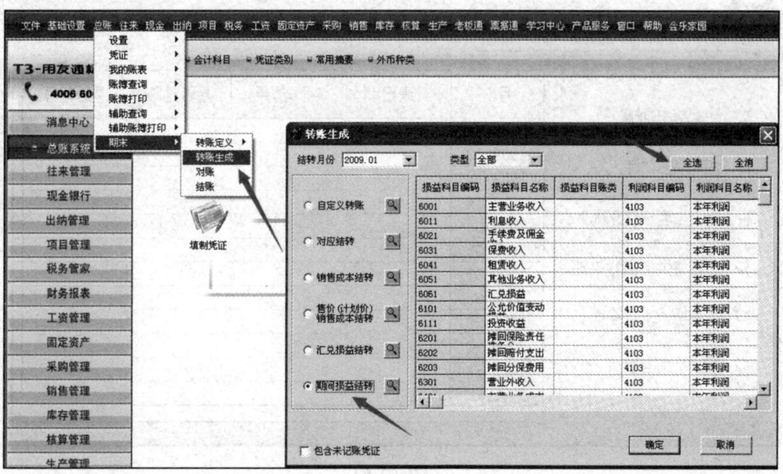

图 12-49

（4）单击“全选”按钮，单击“确定”按钮，系统将当月所有已记账的损益类科目余额结转到本年利润中生成凭证，如图 12-50 所示。

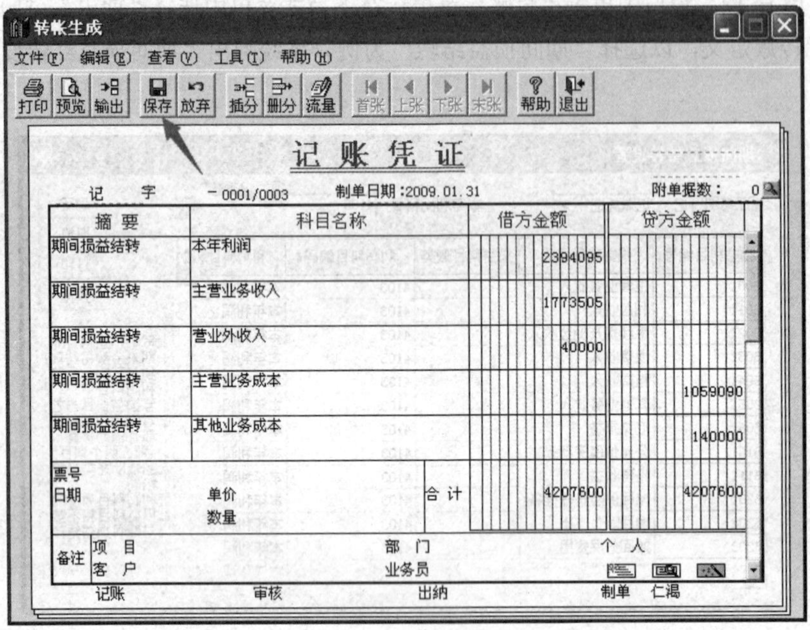

图 12-50

（5）在记账凭证窗口中，单击“保存”按钮保存所生成的记账凭证。

2. 对账

只要记账凭证录入正确，计算机自动记账后的各种账簿都应是正确、平衡的。但由于操作失误或病毒发作等原因，数据可能会受到破坏引起账账不符的情况。为了保证账证相符、账账相符，需进行对账操作，至少一个月一次，一般可在月末结账前进行，以便查出问题所在并更正。

（1）在“用友 T3”窗口中单击“总账”菜单，在下拉式菜单中选择“期末”，打开“对账”命令，系统弹出“对账”窗口，如图 12-51 所示。

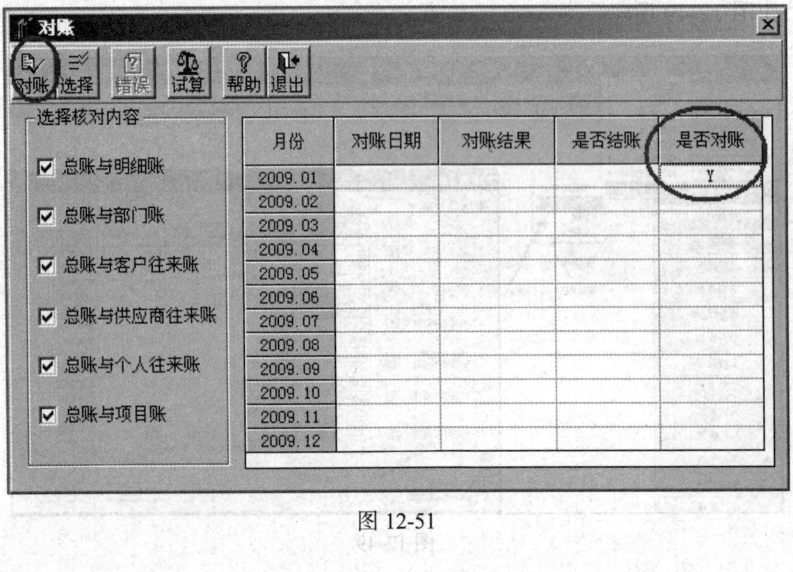

图 12-51

（2）勾选需要对账的内容，双击在需要对账月份的“是否对账”栏，作上“Y”符号，单击“对账”按钮，系统开始对账，对账完毕系统给出正确或错误的提示。

（3）单击“试算”按钮，对各科目类别余额进行试算平衡。

3. 结账

手工会计处理中有结账的过程，在计算机会计处理中也有这一过程，以符合会计制度的要求。结账只能每月进行一次。

（1）在“用友 T3”窗口中单击“总账”菜单，在下拉式菜单中选择“期末”，打开“结账”命令，系统弹出“结账”窗口，如图 12-52 所示。

（2）依据系统提示，单击“下一步”按钮，一步一步地进行月末结账工作。

注意

（1）在结账时，在“1：开始结账”中选择要取消结账的月份上，按 Ctrl+Shift+F6 组合键即可进行反结账。

（2）上月未结账，则本月不能记账，但可以填制、复核凭证。

（3）如本月还有未记账凭证，则本月不能结账。

（4）已结账月份不能再填制凭证。

（5）结账只能由有结账权的人进行。

（6）若总账与明细账对账不符，则不能结账。

（7）反结账操作只能由账套主管执行。

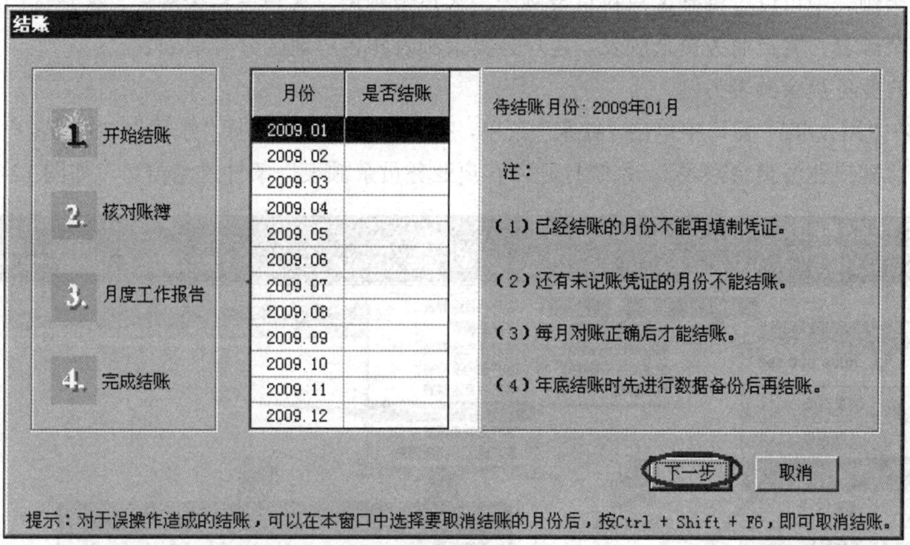

图 12-52

提示

在结账时，如果系统提示“未通过工作检查，不能结账”，则可以单击“上一步”按钮查看工作报告，从工作报告中可以得到有些什么操作还没有进行处理，所以不能结账。一般有 3 种情况未进行处理不能通过工作检查，分别是总账上月未结账、本月有未记账的凭证和本月有其他子系统未结账（总账系统是当月最后一个结账系统，所以其他系统都必须于总账前先进行月末结账）。

12.2 往来账管理

往来账管理是一个公司重要的业务组成部分，总账模块提供了往来账管理的功能，包括客户往来和供应商往来管理。

往来账的数据来源于凭证。如果只启用了总账，则往来凭证直接在总账中填制生成，如果启用了采购、销售、库存、核算，则往来账是由这些系统的原始单据生成凭证而传递到总账系统中。

12.2.1 往来设置

往来设置包括地区分类档案设置、客户分类档案设置、供应商分类档案设置、客户档案设置和供应商档案设置。

以上这些设置方式请参阅本书第 3 章中的往来单位设置。

12.2.2 往来账簿

在此可查询处理客户供应商的往来账簿。

1. 客户余额表

客户余额表中可以查询到客户科目余额表、客户余额表、客户三栏余额表、客户部门余额表、客户项目余额表、客户业务员余额表、客户分类余额表和客户地区分类余额表。

以客户业务员余额表为例。

（1）在“用友 T3”窗口中单击“往来”菜单，在下拉式菜单中选择“账簿”中的“客户余额表”，然后选择“客户业务员余额表”，系统打开“客户业务员余额表”条件过滤窗口。如图 12-53 所示。

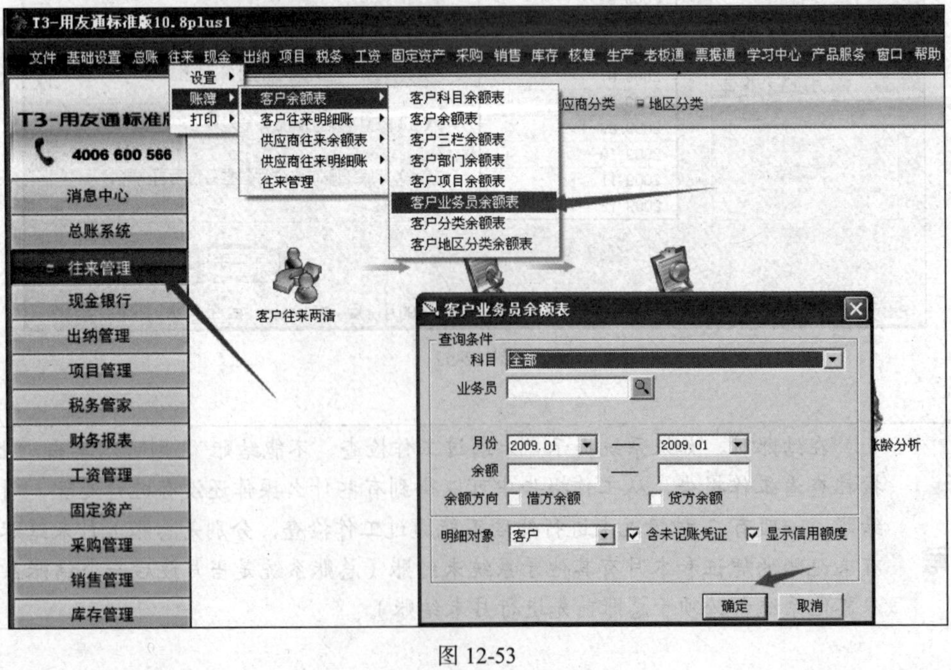

图 12-53

（2）在此录入查询条件，单击“确定”按钮，系统列出符合条件的记录。如图 12-54 所示。

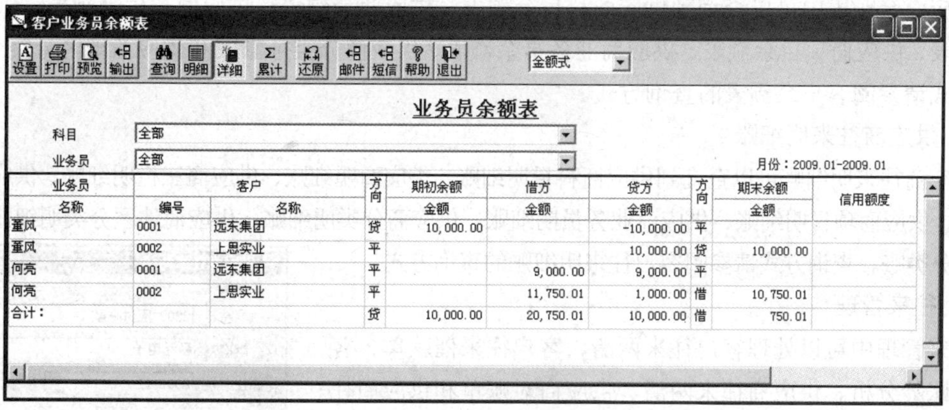

图 12-54

（3）可以单击“明细”按钮查询具体明细。

2. 客户往来明细账

客户往来明细账可以查询到客户科目明细账、客户明细账、客户三栏明细账、客户部门明细账、客户项目明细账、客户业务员明细账、客户分类明细账、客户地区分类明细账和客户多栏分类账。

以客户明细账为例。

（1）在“用友 T3”窗口中单击“往来”菜单，在下拉式菜单中选择“账簿”中的“客户往来明细账”，然后选择“客户明细账”，系统打开“客户明细账”条件过滤窗口，如图 12-55 所示。

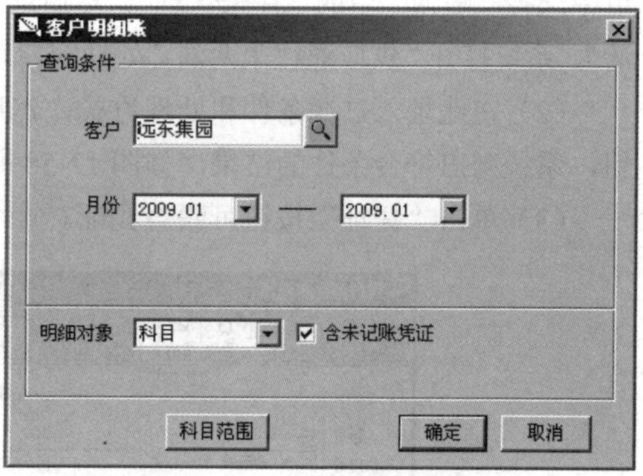

图 12-55

（2）在此录入查询条件，单击“确定”按钮，系统列出符合条件的记录，如图 12-56 所示。

（3）可以重新选择所查询的客户，单击“凭证”按钮可以联查生成该明细账记录的凭证。

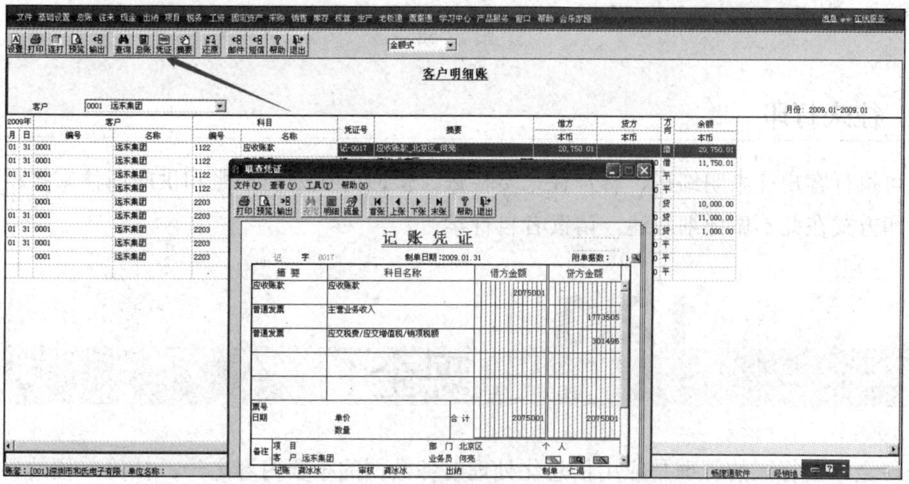

图 12-56

3. 供应商余额表

供应商余额表中可以查询到供应商科目余额表、供应商余额表、供应商三栏余额表、供应商部门余额表、供应商项目余额表、供应商业务员余额表、供应商分类余额表和供应商地区分类余额表。查询方式请参阅客户余额表的查询方式。

4. 供应商往来明细账

供应商往来明细账可以查询到供应商科目明细账、供应商明细账、供应商三栏明细账、供应商部门明细账、供应商项目明细账、供应商业务员明细账、供应商分类明细账、供应商地区分类明细账和供应商多栏分类账。查询方式请参阅客户往来明细账的查询方式。

5. 往来管理

往来管理中可以处理客户往来两清、客户往来催款单、客户往来账龄分析、供应商往来两清、供应商对账单和供应商往来账龄分析。

以供应商往来两清为例。

（1）在“用友 T3”窗口中单击“往来”菜单，在下拉式菜单中选择“账簿”中的“往来管理”，然后选择“供应商往来两清”，系统打开“供应商往来两清”处理窗口，如图 12-57 所示。

（2）在此录入过滤条件和处理方式，然后单击“确定”按钮，系统列出符合条件的结果，如图 12-58 所示。

（3）单击“凭证”按钮可联查凭证。

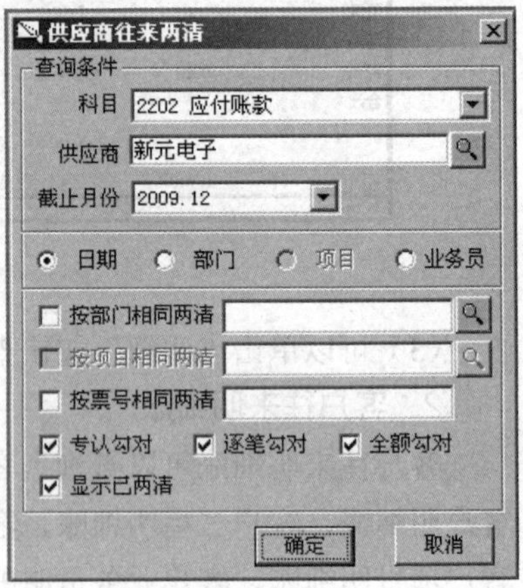

图 12-57

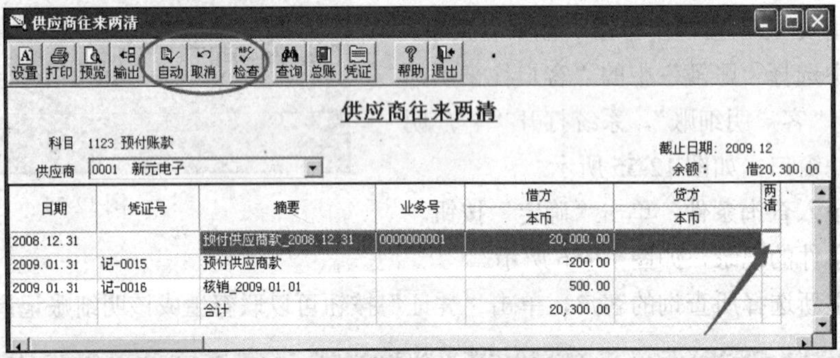

图 12-58

12.2.3 往来打印

在此可执行客户往来明细账、客户往来多栏账、供应商往来明细账和供应商往来多栏账打印。具体的打印方式在此不做详细叙述，请读者自行学习。

12.3 现金

加强现金、银行账的管理是应用信息化处理财务数据的重要内容之一。核算单位的日常工作会经常涉及现金、银行账的查询、管理等，以随时了解公司目前的现金和银行信息。

12.3.1 银行账

银行对账是指将核算单位财务会计所做的银行账数据和核算单位开户银行反馈回来的数据进行勾对，及时查询出哪些是未达账项，哪些是已达账项，为核算单位的业务提供指导。

会计知识：银行对账

银行对账的工作通常在月末，由会计人员将银行存款的账面余额与开户银行转来的对账单的余额核对一次。如果由清查人员进行清查，则事前要取得银行存款的对账单，并把本单位银行存款账面结清，再将二者逐笔相核对，查明账实是否相符及其差异原因。造成账实不符的原因有两方面：一是双方记账出现了差错，二是双方无错的情况下，未达账项的存在造成双方银行存款余额不一致。

未达账项是指核算单位与银行双方在凭证传递的过程中，由于凭证接收时间差异造成记账时间不一致，从而发生一方已经入账，另一方尚未入账的事项。

实际业务中，例如核算单位开出一张转账支票给“供应商 A” 10 万元，然后在核算单位的银行账数据上做下已付“供应商 A” 10 万元的数据，但是该“供应商 A”还没有将这张转账支票去核算单位的开户银行进账（或者因为该张支票因为填写失误而不执行），使得该笔款 10 万元还没有从核算单位的开户银行划出，如此一来造成核算单位财务会计所做的银行账的数据（已转账 10 万元给“供应商 A”）和核算单位开户银行所馈回来的数据（没有转账 10 万元给“供应商 A”的这笔业务存在）不一致，这就需要用到银行对账处理。

用友系统提供自动对账和手工对账两种方式。

- 自动对账是由系统进行银行对账，系统根据银行日记账未达账项与银行对账单进行自动核对、勾销，一般情况下是“结算方式+结算号+方向+金额”或“方向+金额”两种方式。
- 手工对账是对自动对账的补充。执行完自动对账后，如果一些特殊的已达账项尚未勾对出来而被视作未达账面，可以通过手工对账进行调整勾销。

注意

系统要求对账的科目是在科目设置时定义为“银行账”辅助账类的科目。

对账单文件中一条业务记录与银行日记账未达账项文件中一条业务记录相同的情况下，系统能自动核销已对账的记录。

对账单文件中一条业务记录与银行日记账未达账项文件中多条业务记录、对账单文件中多条业务记录与银行日记账未达账项文件中一条业务记录相同、对账单文件中多条业务记录与银行日记账未达账项文件中多条业务记录相同的情况下，均不能由系统自动核销已对账的记录，只能通过人工挑选相应的业务，进行强制核销处理。

1. 录入日记账对账单未达账项

如果是第一次使用银行对账，需录入日记账期初未达项和对账单期初未达项，相当于期初余额。

（1）在“现金银行”系统中选择“设置”下的“银行对账期初”选项，系统弹出“银行科目选择”窗口，如图 12-59 所示。

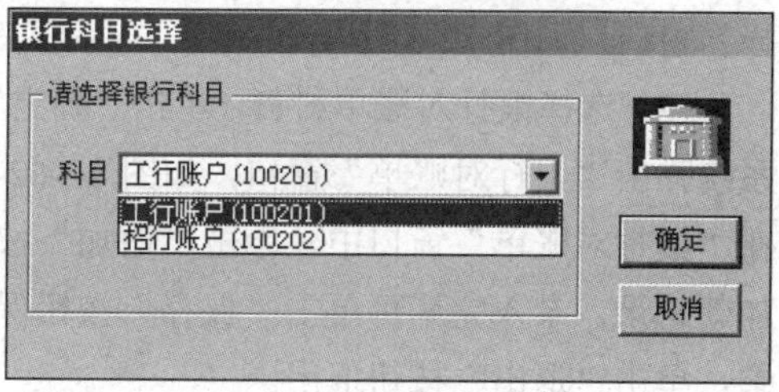

图 12-59

录入银行对账期初数据为了保证银行对账的正确性，在使用“银行对账”功能进行对账之前，必须在开始对账的月初先将日记账、银行对账单未达项录入系统中。

（2）选择需要录入银行对账期初的科目，单击“确定”按钮，系统弹出该科目的银行对账期初窗口。

（3）在单位日记账和银行对账单栏中输入调整前余额数据。单击“对账单期初未达项”或“日记账期末达项”按钮进行录入，如图 12-60 所示。

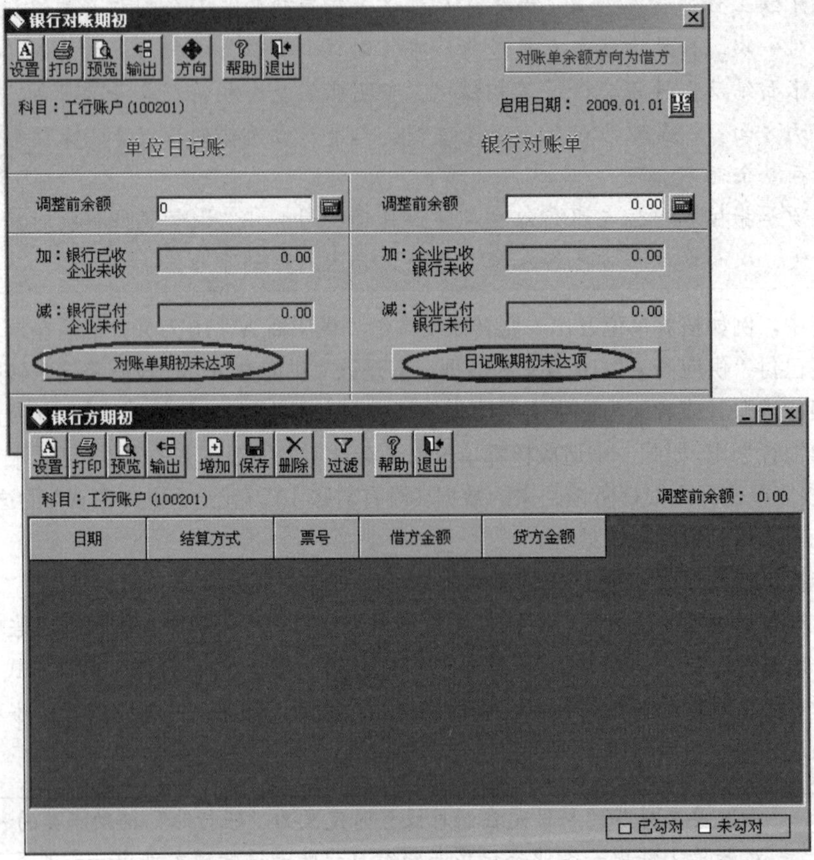

图 12-60

2. 录入银行对账单

银行对账单是核算单位开户银行所反馈回来的对账单据，将其手工录入总账系统中（也可以将符合需求格式的电子文档直接引入到总账系统中来），再与系统中所做的银行账进行勾对。

（1）展开“现金管理”下的“银行对账”菜单，单击“银行对账单”选项，系统弹出“银行科目选择”窗口，如图 12-61 所示。

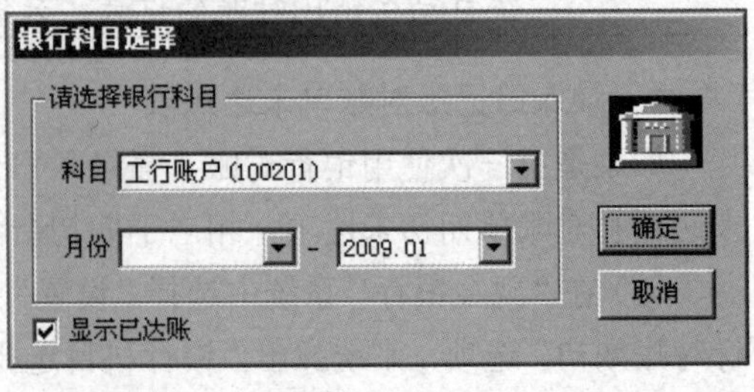

图 12-61

（2）选择银行对账单科目，单击“确定”按钮，系统弹出“银行对账单”窗口，如图 12-62 所示。在“银行对账单”窗口中，单击“增加”按钮以增加新记录，录入完毕可单击“保存”按钮保存新记录，单击“退出”按钮退出。

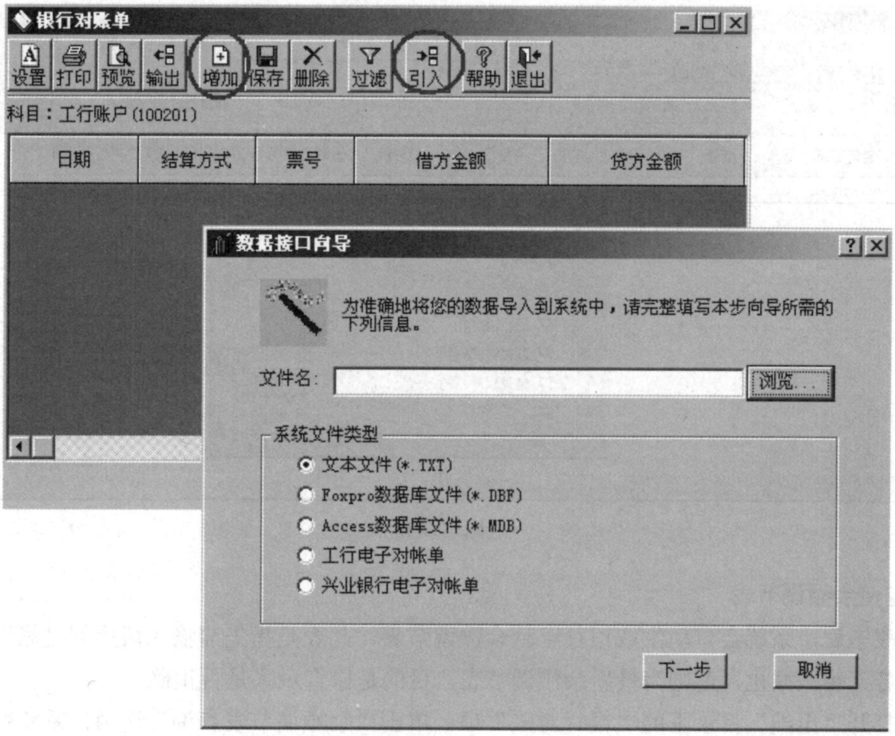

图 12-62

说明

单击“引入”菜单，可以从系统外文件中引入银行对账单的数据。

3. 银行对账

（1）展开“出纳”下的“银行对账”菜单，单击“银行对账”选项，系统弹出“银行科目选择”窗口，如图 12-63 所示。

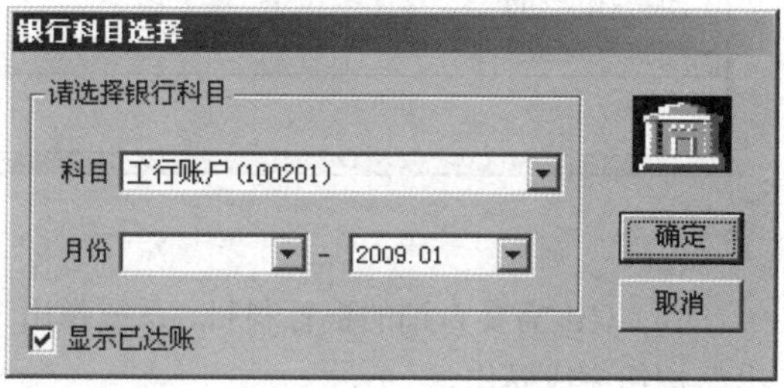

图 12-63

（2）选择需要对账的银行科目，单击“确认”按钮，系统弹出“自动对账”窗口，如图 12-64 所示。

（3）在“银行对账”窗口中单击“对账”按钮，系统弹出“自动对账”窗口，在“截止日期”处输入对账的截止日期或者单击旁边的“日历”按钮，在“日历”窗口中选择日期。选择好对账条件，确认日期相差的天数，单击“确定”按钮，系统显示自动对账结果。

对于已达账，系统会在银行存款日记账和银行对账单双方的“两清”栏中标上红色“Y”标识。对于无法自动对账勾销的账项，可用手工对账功能，分别在“两清”栏双击鼠标左键，打上红勾，进行手工调整。

（4）对账完毕，单击“检查”按钮检查平衡结果，如果有错还需进行调整，如果没错，单击“退出”按钮对账完毕。

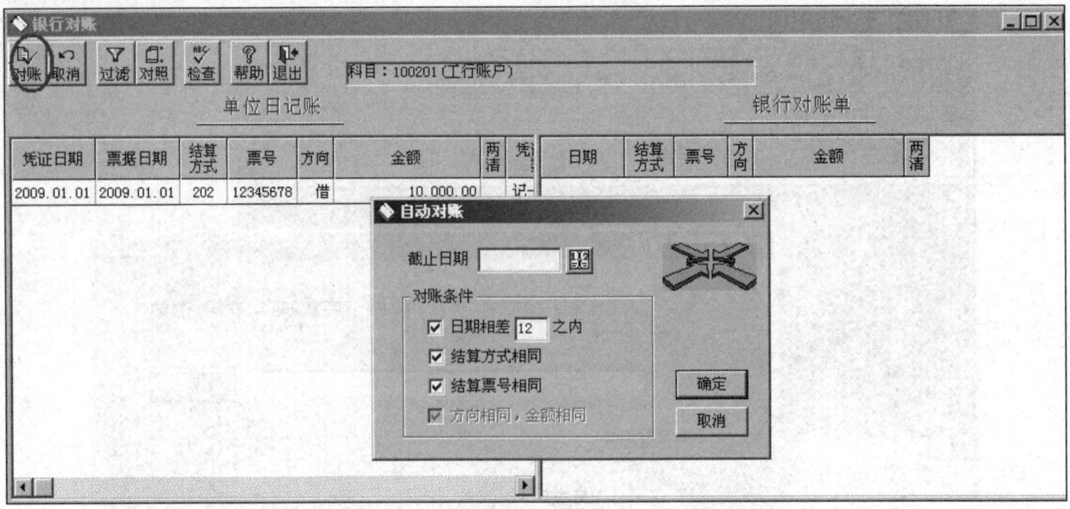

图 12-64

4. 查询余额调节表

对账完毕后，系统会自动生成银行存款余额调节表，此表是指先前输入截止到对账日期的余额调节表，若无对账截止日期则为最新余额调节表，目的是检查对账是否正确。

（1）打开“出纳”目录下的“银行对账”项，单击“余额调节表查询”选项，系统弹出“银行存款余额调节表”窗口，如图 12-65 所示。

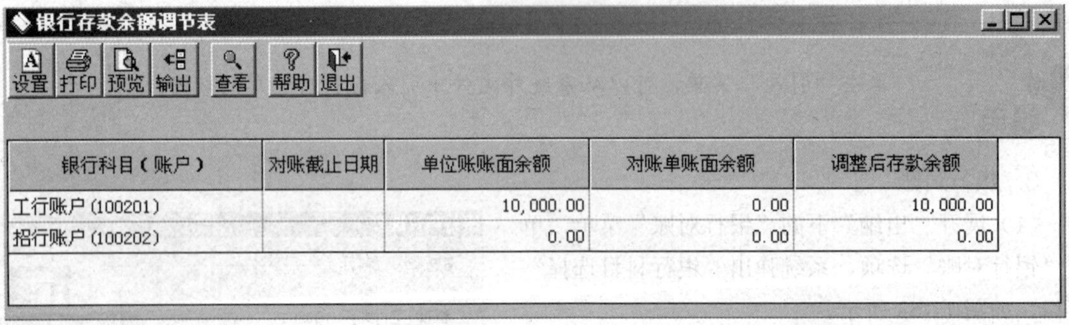

图 12-65

（2）双击需要查询的银行科目，系统弹出该账户的“银行存款余额调节表”，查询完毕后单击“退出”按钮完成操作。

5. 查询银行勾对情况

利用此功能可以查询单位日记账及银行对账单的对账结果。

（1）打开“出纳”目录下的“银行对账”项，单击“查询对账勾对情况”选项，系统弹出“银行科目选择”窗口。

（2）输入过滤条件，单击“确定”按钮，系统弹出“查询银行勾对情况”窗口，如图 12-66 所示。

（3）在科目中选择不同的银行科目进行查询。在该窗口中可以分别选择“银行对账单页”和“单位日记账页”进行查询。

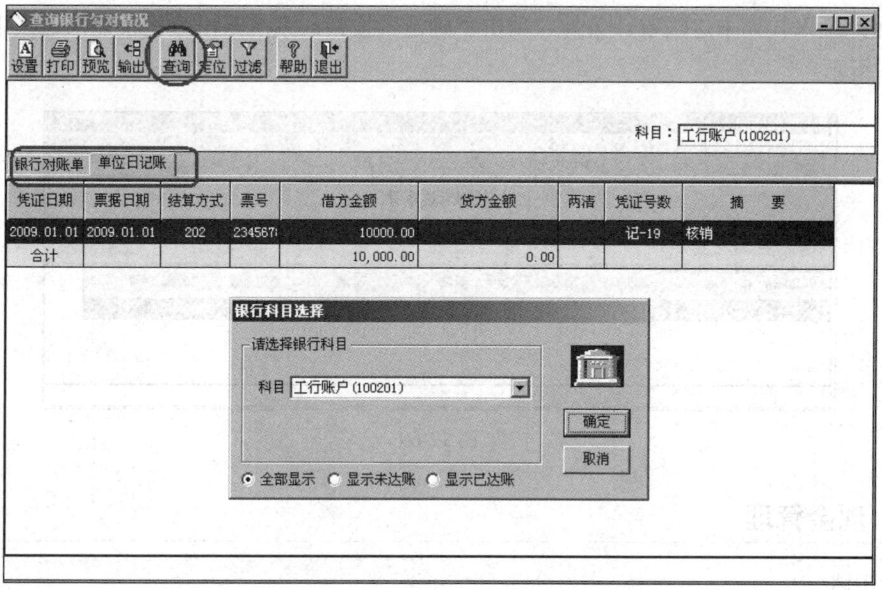

图 12-66

6. 核销银行账

本功能用于删除核对正确并确认无误的已达账。一般情况下，核算单位在银行对账正确后，如果想将已达账删除并只保留未达账时，可使用本功能。

（1）打开“出纳”目录下的“银行对账”项，单击“核销银行账”选项，系统弹出“核销银行账”窗口，如图 12-67 所示。

（2）选择需要核销的银行账科目，单击“确定”按钮，系统会出现核销提示，单击“是”按钮，出现核销完毕提示，单击“确定”按钮退出。

注意 核销后已达账项消失，不能被恢复，最好在核销前做好备份工作，以免误操作，但是核销不影响银行日记账的查询和打印工作。

7. 长期未达账审计

本功能用于查询至截止日期为止未达天数超过一定天数的银行未达账项，以便企业分析长期未达原因，避免资金损失。

（1）打开“出纳”目录下的“长期未达账审计”项，系统弹出“长期未达账审计条件”录入窗口，如图 12-68 所示。

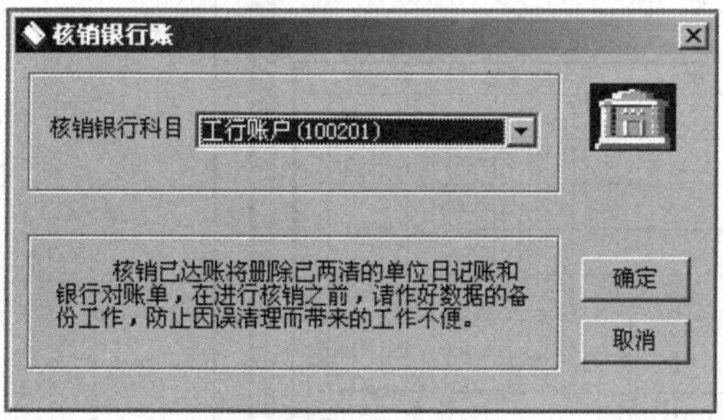

图 12-67

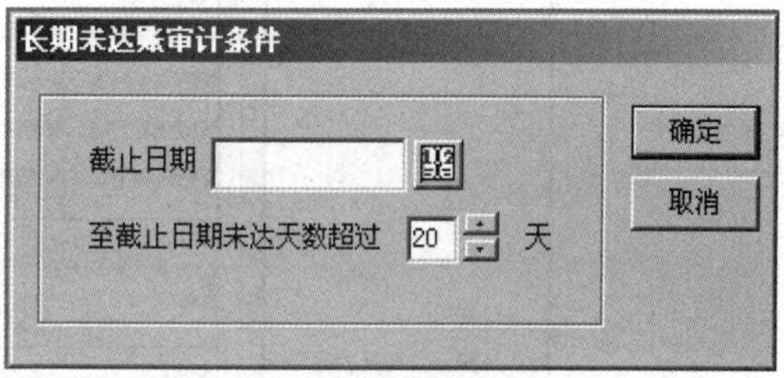

图 12-68

（2）在此录入长期未达账审计条件，单击“确定”按钮，系统给出查询长期未达账审计结果，如图 12-69 所示。

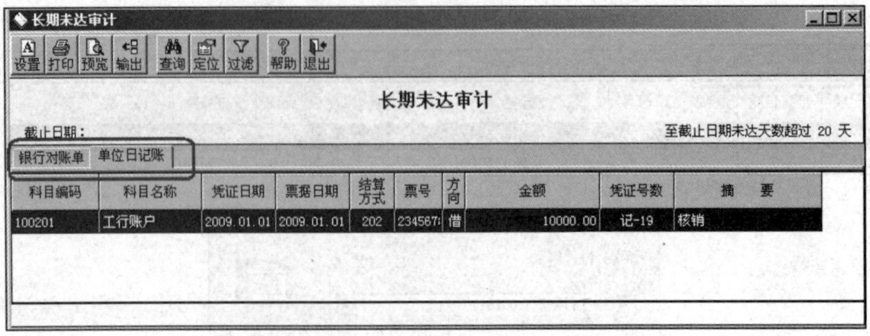

图 12-69

12.3.2 现金管理

1. 日记账

在此可查询现金日记账、银行日记账和资金日报。

以现金日记账为例。

（1）在“用友 T3”窗口中单击“现金”菜单，在下拉式菜单中选择“现金管理”中的“日记账”，然后选择“现金日记账”，系统打开“现金日记账查询条件”录入窗口，如图 12-70 所示。

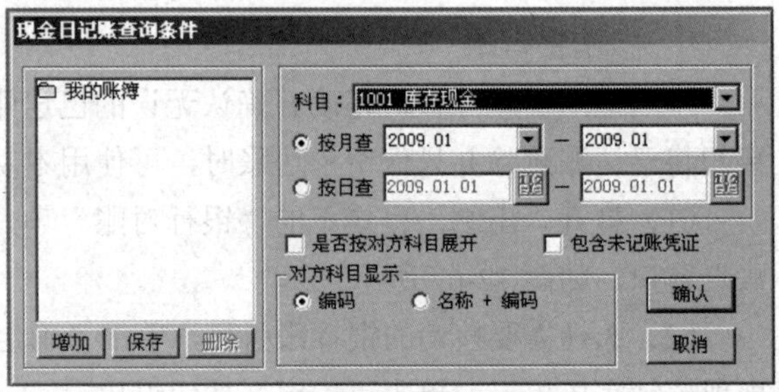

图 12-70

（2）在此录入查询条件，单击“确认”按钮，系统列出所有符合条件的记录。如图 12-71 所示。

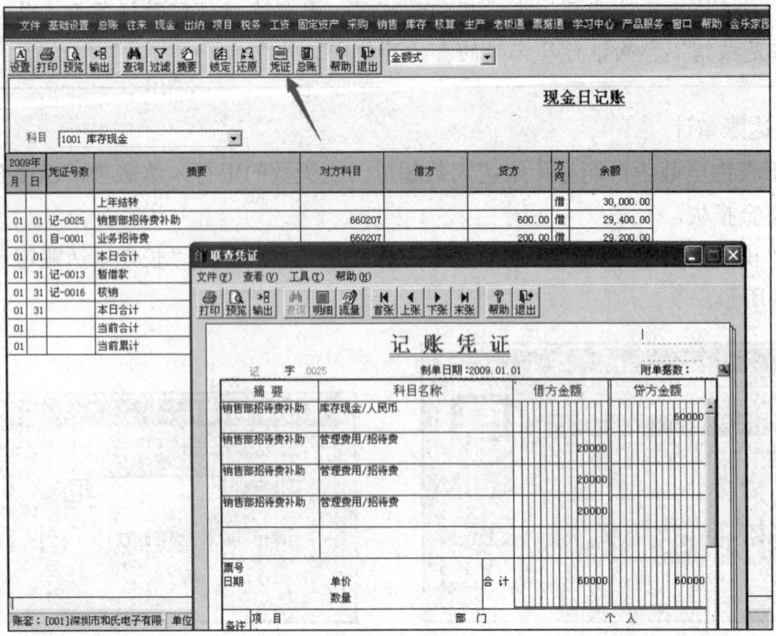

图 12-71

（3）在此可更改账页显示格式，也可以选定相应的记录，单击“凭证”按钮联查该记录的凭证。

12.3.3 支票登记簿

手工记账时，银行出纳通常建立支票领用登记簿，用来登记支票领用情况。总账系统也为出纳员提供了“支票登记簿”功能，可以详细登记支票领用人、领用日期、支票用途和是否报销等情况。当应收、应付系统或资金系统有支票领用时，系统会自动填写。

例 12-5 在 001 账套中新增一张工行支票登记，日期为 2009-1-7，采购部何树财领用支票一张，号码为 12345，金额为 5000 元，用于购买电脑主板。

说明：只有在“会计科目”中设置了银行账的科目才能使用支票登记簿。需要使用支票登记簿功能时，要在“结算方式”设置中勾选“是否票据管理”项。

（1）在“用友 T3”窗口中单击“现金”菜单，在下拉式菜单中选择“票据管理”，打开“支票登记簿”命令，系统弹出“银行科目选择”窗口，选择“工行账户”，如图 12-72 所示。

（2）单击“确定”按钮，系统弹出所选科目的支票登记记录，单击“增加”按钮以例 12-7 数据录入新增支票记录，如图 12-73 所示。

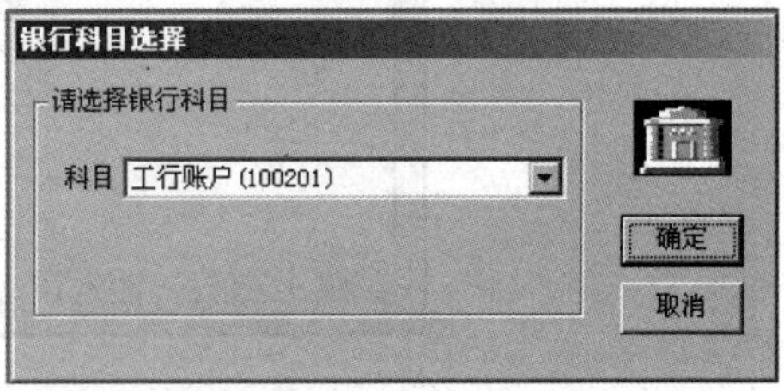

图 12-72

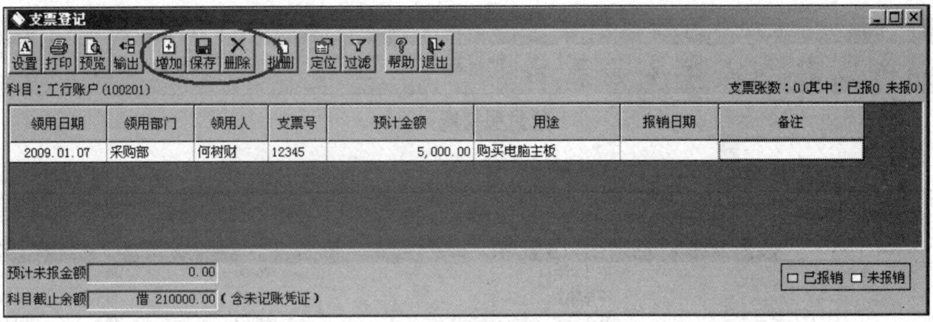

图 12-73

12.3.4 账簿打印

在此可以处理现金日记账和银行日记账的打印工作，在此不做详解，请读者自行学习。

12.4 项目管理

企业在实际业务处理中会对多种类型的项目进行核算和管理（如在建工程、对外投资、技术改造项目、项目成本管理、合同等），项目目录设置提供项目核算管理的功能。在此提供了对项目目录的设置，项目业务的查询、统计和分析。

项目目录的设置请参阅本书第 3 章项目设置。

在项目账簿中可以查询项目总账，项目总账包括项目科目总账、项目总账、项目三栏式总账、项目分类总账和项目部门总账；可查询项目明细账，项目明细账包括项目科目明细账、项目明细账、项目三栏式明细账、项目部门明细账、项目分类明细账和项目多栏式明细账；可进行项目统计分析。

以项目明细账查询为例。

（1）在“用友 T3”窗口中单击“项目”菜单，在下拉式菜单中选择“账簿”中的“项目明细账”，然后再选择“项目明细账”，系统打开“项目明细账条件”录入窗口，如图 12-74 所示。

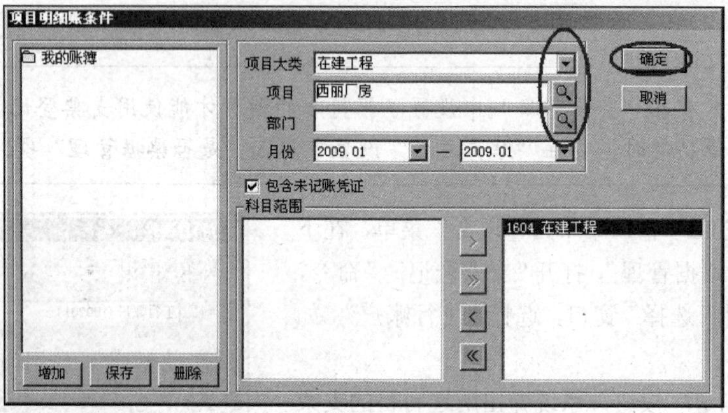

图 12-74

（2）在此录入过滤条件，单击“确定”按钮，系统列出符合条件的记录。如图 12-75 所示。

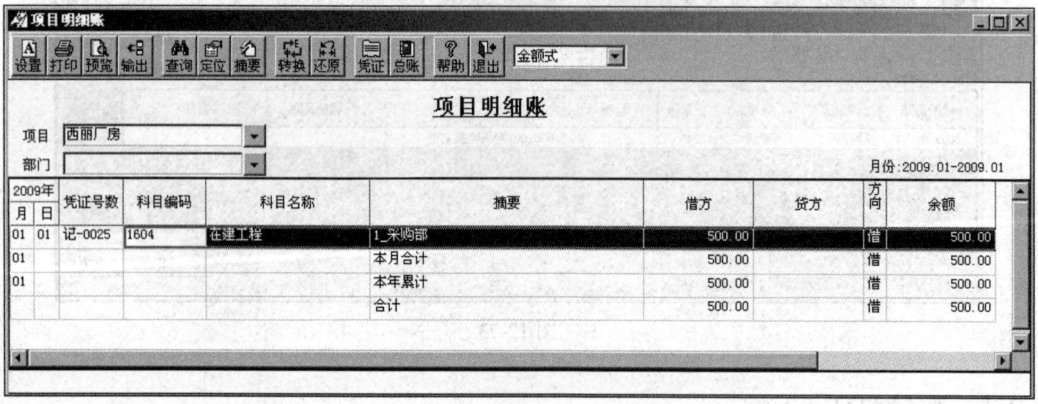

图 12-75

财务报表 第13章

本章重点

- 自定义报表格式和取数公式
- 将报表中的数据转化为图表格式
- 自定义报表模板
- 利用系统提供的报表模板生成资产负债表、利润表

13.1 概述

用友 T3 在各系统中都提供固定的财务报表供用户查询，如果核算单位有特殊格式的报表，则可以利用财务报表系统来编制自定义报表。

财务报表系统是一个开放式的报表编制系统，可以在报表数据的基础上生成其他相关图表，以满足需求。另外，它还有已编制好的报表模板，核算单位可以利用这些模板快速生成资产负债表和损益表等。

财务报表系统与其他模块都有着相应的数据接口，可以通过公式取数。财务报表是在各模块的基础上提取数据进行操作的，所以把财务报表系统放在本书的最后一章来讲解。

资产负债表和损益表是财务管理中很重要的两个报表，财务报表系统中提供了这两个报表的标准模板。

13.2 设计报表

设计报表指对报表的外观格式进行设计，包括调整单元格的大小、线条属性、单元格的显示属性、组合单元格以及设置关键字等。

13.2.1 打开财务报表系统

（1）双击桌面上的“用友 T3”图标，然后打开控制台注册窗口，选择 001 账套，以操作员“02”（账套主管）的身份注册进入“用友 T3”窗口，单击窗口左边的“财务报表”按钮进入财务报表设置，如图 13-1 所示。

（2）在报表窗口中，系统给出“财务模板报表处理流程”和“企业自定义报表处理流程”，如图 13-2 所示。

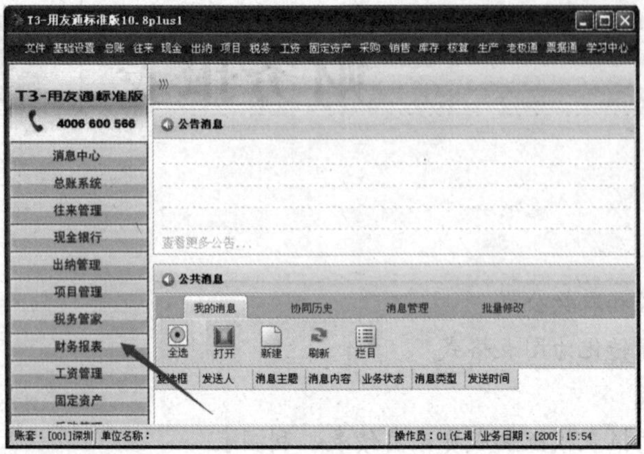

图 13-1

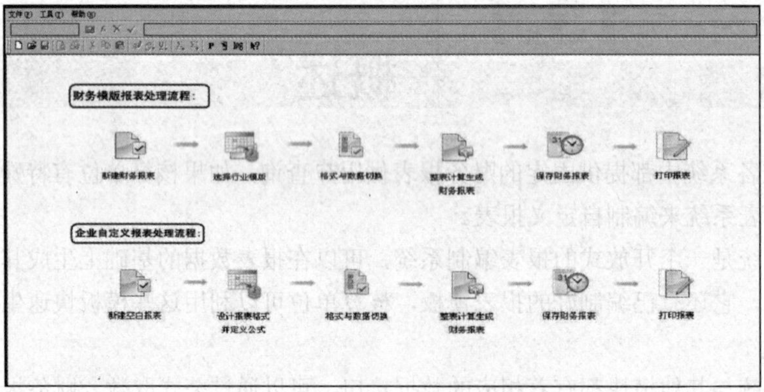

图 13-2

（3）选择“文件”菜单下的“打开”命令，可以打开一个已经设置好的报表，如选择“新建”命令可建立新的报表，如图 13-3 所示。

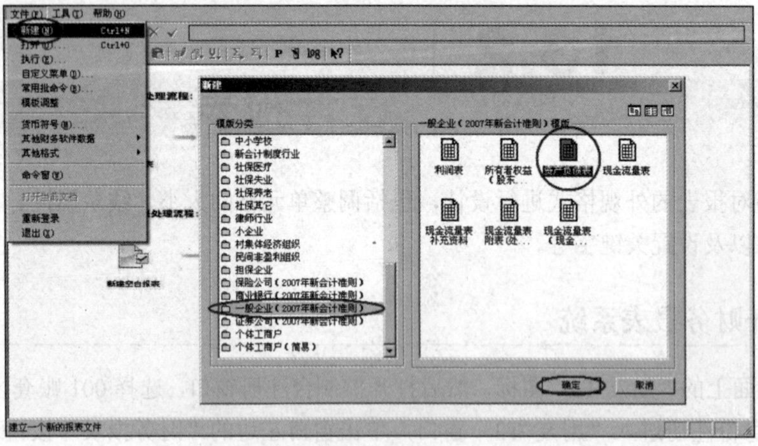

图 13-3

注意

空表外观类似于 Excel 文件格式，其操作方式也与 Excel 类似。

（4）选择“新建”命令后，系统弹出“新建”窗口，在此可以选择需要新建的报表模板。模板分类中显示了现在报表中已存在的报表模板类型，当选中一模板分类后，在常用模板中显示了该模板分类中已存在的报表模板，选择所需的模板之后单击“确定”按钮，系统会将该模板内容复制到新建的报表中，再进行修改。如果需要建立一个空表，则选择“常用”中的“空报表”，然后单击“确定”按钮即可。

	A	B	C	D	E	F
1	资产负债表					
2						会企01表
3	单位名称：xxxxxxxxxxxxxxxxxxxxxxxxxxxxxx年		xx 月	xx 日		单位：元
4	资　　产	期末余额	年初余额	负债及所有者权益（或股东权益）	期末余额	年初余额
5	流动资产：			流动负债：		
6	货币资金	公式单元	公式单元	短期借款	公式单元	公式单元
7	交易性金融资产	公式单元	公式单元	交易性金融负债	公式单元	公式单元
8	应收票据	公式单元	公式单元	应付票据	公式单元	公式单元
9	应收账款	公式单元	公式单元	应付账款	公式单元	公式单元
10	预付款项	公式单元	公式单元	预收款项	公式单元	公式单元
11	应收利息	公式单元	公式单元	应付职工薪酬	公式单元	公式单元
12	应收股利	公式单元	公式单元	应交税费	公式单元	公式单元
13	其他应收款	公式单元	公式单元	应付利息	公式单元	公式单元
14	存货	公式单元	公式单元	应付股利	公式单元	公式单元
15	一年内到期的非流动资产	公式单元	公式单元	其他应付款	公式单元	公式单元
16	其他流动资产			一年内到期的非流动负债		
17	流动资产合计	公式单元	公式单元	其他流动负债	公式单元	公式单元
18	非流动资产：			流动负债合计	公式单元	公式单元
19	可供出售金融资产	公式单元	公式单元	非流动负债：		
20	[illegible]	公式单元	公式单元	长期借款	公式单元	公式单元

图 13-4

报表具有“格式”和“数据”两种状态，表的左下角有标识，单击状态标识可以进行“格式/数据”状态互换，如图 13-4 所示。“格式”状态下可以设计报表的格式和取数公式，但不能进行数据的录入或计算等操作；“数据”状态下可以看到报表的全部内容（包括格式和数据），但不能修改格式和取数。

表格中出现“演示数据”字样，这是因为您现在使用的软件是演示版软件，不演示报表设置和取数，正版软件不会出现该字样。

注意

在新建报表时，可以考虑使用系统提供的报表模板，因为模板的格式和取数公式都已经设置好了，这样可以大大节省报表的设计工作，选择报表模板需要与账套的行业性质（请参阅本章 13.6.1 小节调用报表模板）一致，如账套的行业性质是“一般企业（2007 新会计准则）”，则在此所选择的模板分类也要选择“一般企业（2007 新会计准则）”才行，只有这样才能取出与行业性质符合的报表格式和数据。

13.2.2　调整表尺寸和线条

可以任意调整一张报表的尺寸大小和线条格式，有以下几种操作方法。

（1）在报表的“格式”状态下打开“格式”菜单，选择“表尺寸”命令，系统弹出“表尺寸”窗口，在此输入所需要进行调整的行数和列数，如图 13-5 所示。

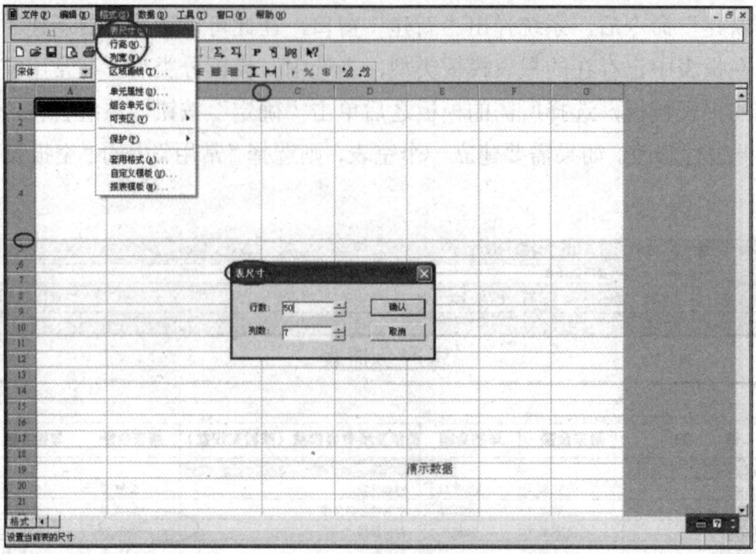

图 13-5

（2）设置完成后单击“确认”按钮，也可以通过“编辑”菜单下的“插入”或“追加”功能来增加行数、列数。

（3）打开“格式”菜单，选择“行高”或“列宽”命令调整所设置表格的整体行高或列宽（单位：mm）。也可将光标放在行或列的分隔线上，光标呈“十”字型时按住鼠标左键，拖曳来调整行高或列宽。

（4）用鼠标选定（按住鼠标左键，拖曳鼠标）需要实线的表格区域，然后选择“格式”菜单下的“区域画线”命令，系统弹出“区域画线”窗口，如图 13-6 所示。

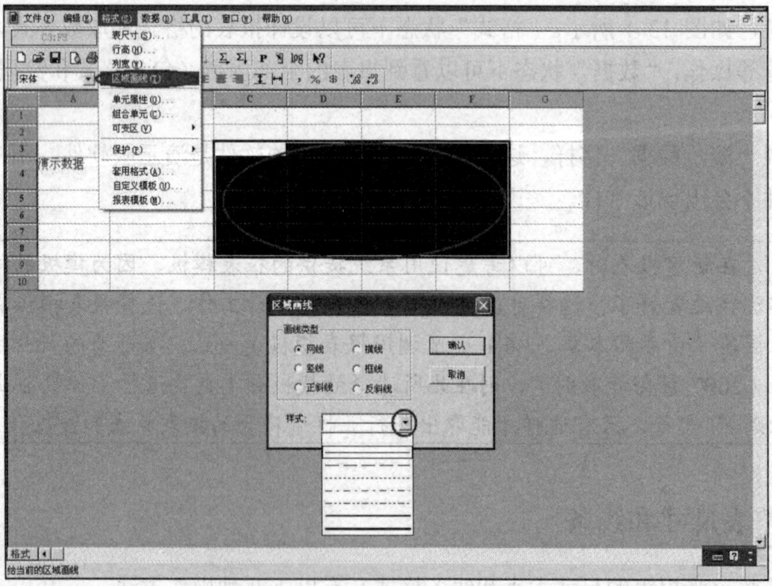

图 13-6

选择画线类型和线条样式，单击“确认”按钮，可以看到区域画线的结果，如图 13-7 所示。单击“打印预览”按钮可以预览效果。

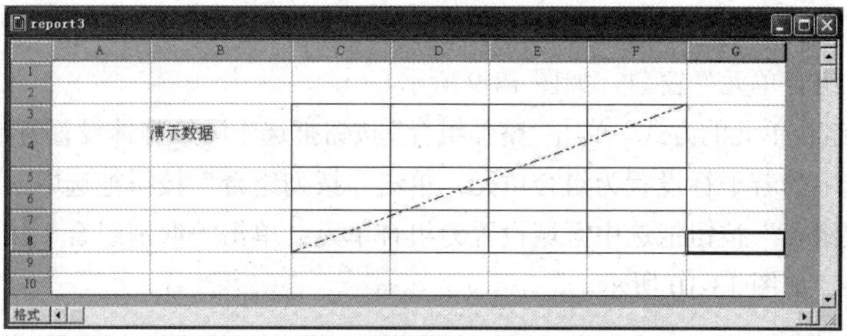

图 13-7

注意 线条需要取消时，也可以使用以上方法，只是在“样式”下拉列表框中要选择线型为空，单击“确认”按钮即可取消原先的画线。

13.2.3　单元格属性

单元格属性用于设置每一单元格的类型、数字格式和边框线等。

（1）在报表“格式”状态下选定单元格，打开“格式”菜单，单击“单元属性”命令（也可以在选定的单元格上单击鼠标右键，在弹出的菜单上单击“单元格属性”命令），系统弹出“单元格属性”窗口，如图 13-8 所示。

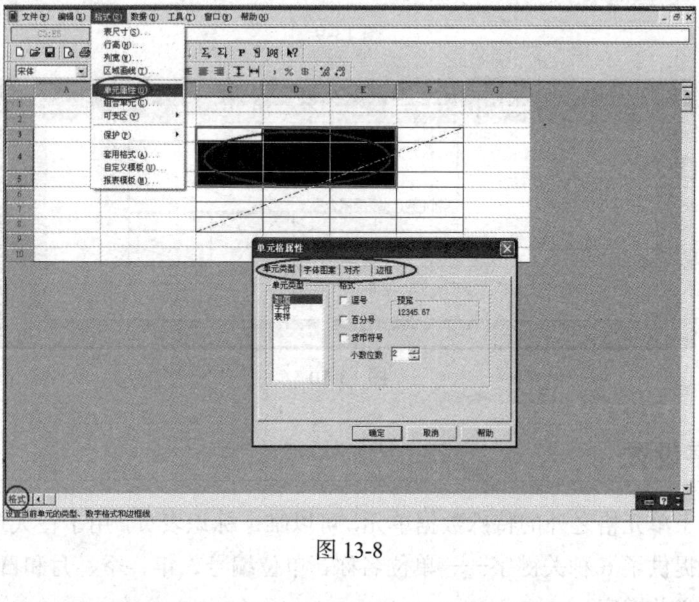

图 13-8

（2）在此窗口中可以根据需要来对所选定单元格的“单元类型”（系统默认为是数值型）“字体图案”“对齐”“边框”进行设置，最后单击“确认”按钮完成该设置。

13.2.4　组合单元

如果数据需要一个比较大的单元格时（比如标题），需要运用“格式”菜单下的“组合单元”命令，将几个单元格组合成一个单元格。

（1）在报表“格式”状态下选定几个需要组合的单元格，打开“格式”菜单选择“组合单元”命令，系统弹出“组合单元”窗口，如图 13-9 所示。

（2）在此选择组合单元的方式。单击“整体组合”按钮把选中区域整体设置为组合单元；单击“按行组合”按钮把选中的若干行设置为组合单元；单击“按列组合”按钮把选中的若干列设置为组合单元；单击“设置组合”按钮把选中区域设置为组合单元；单击“取消组合”按钮把选中组合单元恢复为单个单元格，如图 13-10 所示。

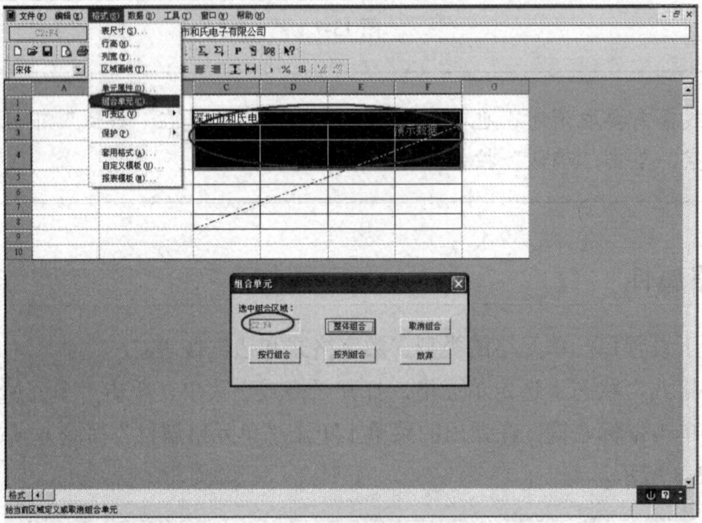

图 13-9

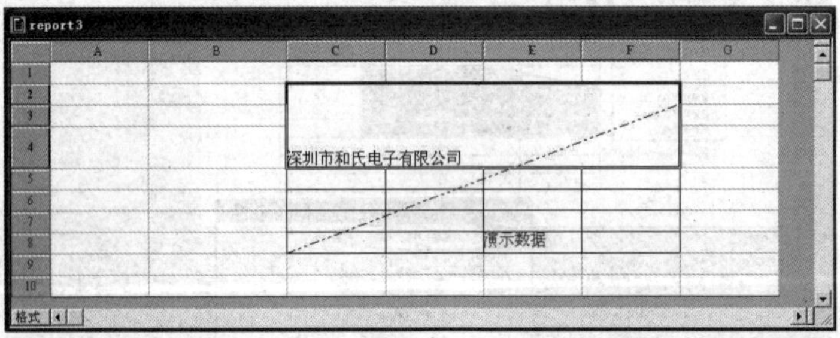

图 13-10

13.2.5 关键字设置

关键字是游离于单元格之外的特殊数据单元，可以唯一标识表页，用于在大量表页中快速选择。

财务报表系统提供了 6 种关键字——单位名称、单位编号、年、季、月和日，另外为了满足需要，用户也可自定义关键字。

在“格式”状态下设置关键字的显示位置，在“数据”状态下录入关键字的值，每个报表可以定义多个关键字，但同一关键字不能重复。

（1）选中需要存放关键字的单元格，单击“数据”菜单下的“关键字”选项，选择“设置”命令，弹出“设置关键字”窗口，如图 13-11 所示。

（2）选择关键字，单击“确定”按钮。

（3）如要取消所设置的关键字，则选择“数据”菜单下的“关键字”选项，单击“取消”按钮。

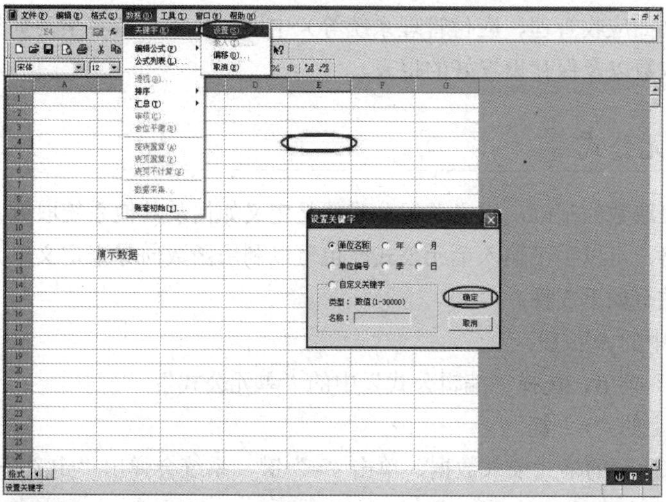

图 13-11

（4）如果需要微调已设置好的关键字的位置，选择“数据”菜单下的“关键字”选项，单击“偏移”命令进行处理，如图 13-12 所示。

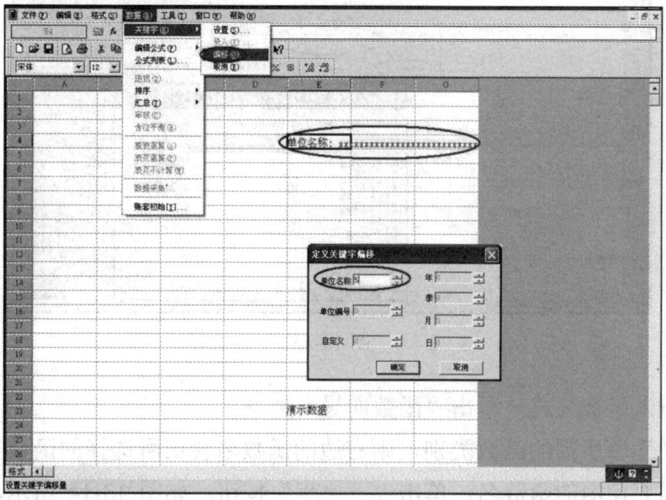

图 13-12

提示

如只将“单位编号”作为关键字进行输入，那么只有“单位编号”选项是可编辑的，其他关键字不会出现在报表中。在此录入该关键字偏移的位置（正数或负数都可以），单击“确定”按钮即可进行调整。

关键字的位置只能左右偏移，不能上下偏移。

13.3 编辑报表公式及数据处理

企业常用的财务报表的数据来源于总账系统或报表系统本身，但用友财务报表系统中的公式可以从其他功能系统（如应收管理、应付管理系统等）中取数。本小节将学习如何定义单元格内的取数公式、如何进行取数以及保存设置好的报表。

13.3.1 定义单元公式

单元公式是报表取数的基础，定义单元公式就是定义如何从其他系统取数并计算的方式。

（1）选定单元格，可以手工输入单元公式，也可以利用函数向导来定义单元公式。

录入公式的方法有如下 3 种：

① 单击工具栏中的 *fx* 按钮；

② 单击“数据”菜单，选择“编辑公式”中的“单元公式”；

③ 直接按键盘上的“=”键。

（2）按图 13-13 所示的格式录入数据，单击“=”键，系统会弹出“定义公式”窗口。

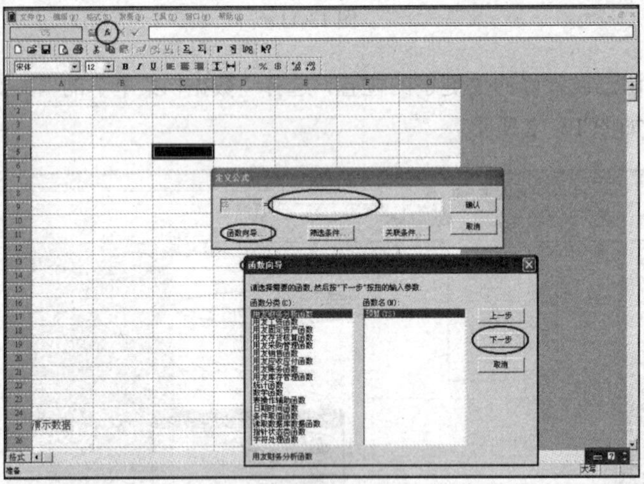

图 13-13

（3）在窗口中输入函数公式，单击“函数向导”选项。

选定“函数分类”中所需的函数类别，则右边的函数名会依所选择的函数类别而显示出相应的函数名，在此选定需要使用的函数名，单击“下一步”按钮，如图 13-14 所示。系统会提示所选择函数的格式，可在“函数录入”栏中直接依据所提示的内容进行录入。

（4）单击“参照”按钮（等待时间稍长），如图 13-15 所示。在系统提示下完成函数建立工作。

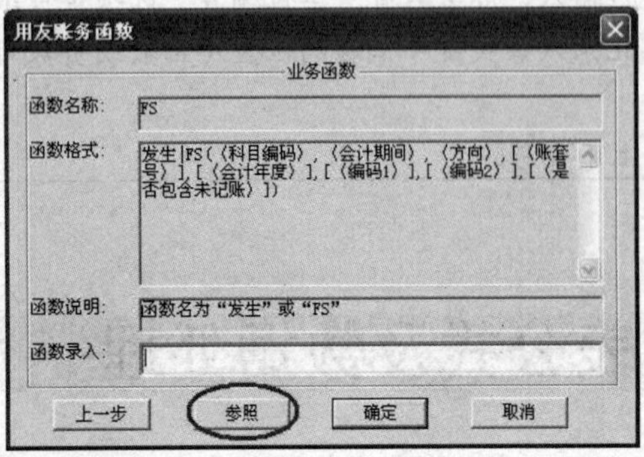

图 13-14

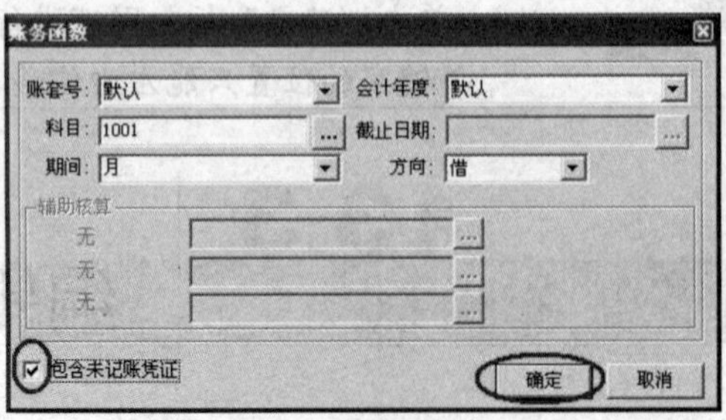

图 13-15

（5）输入账套号。如果选择“默认”，则以后在选择取数的账套时，需做账套初始化工作，否则系统不知道从哪个套账中取数；如直接选择账套号，则以后不用做初始化工作。选择会计年度、科目、期间、方向和辅助核算。

在此可勾选“包含未记账凭证”复选框，这样在所设置的公式取数范围中就包含了未记账凭证。操作员在凭证未做记账时可以看到所有已填制凭证的最终结果。这样，“资产负债表”和“利润表”要调整时就会很方便。

（6）设置完毕后单击“确定”按钮，系统自动将公式带回到“定义公式”窗口中。单击“确认”按钮，系统将公式写入到单元格中，单元格中显示的不是函数内容，而是“公式单元”字样。双击单元格可以看到函数内容（可进行手工调整），如图 13-16 所示。

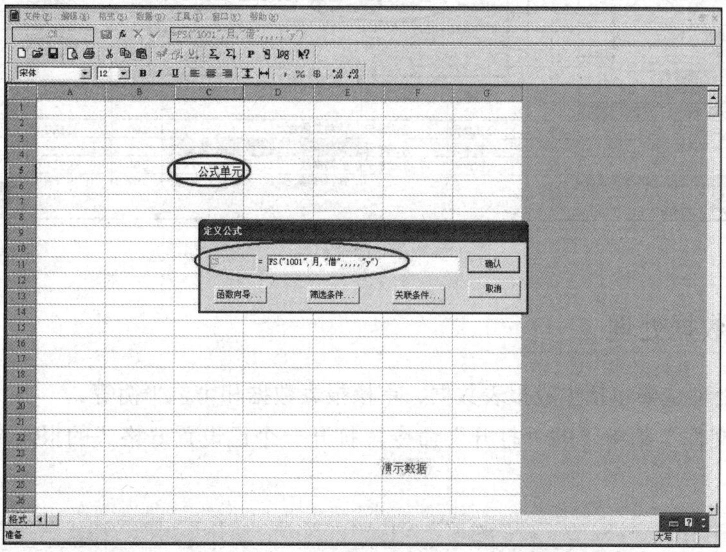

图 13-16

利用向导进行函数设置只能做出一个函数，如果要对多个函数进行运算，则需要手工进行更改。

提示

在报表中，因为每一个函数公式的取值可以指定账套进行取数，所以单元格中的函数公式可以从不同的账套中进行取数。这个功能常常用于不同账套之间的数据运算（如合并、比较等）使用。

一个单元格中可以设置几个不同的函数公式进行运算。如资产负债表中的货币资金的年初数中的取数公式设置为（新会计制度）：QC("1001",全年,,,年,)+QC("1002",全年,,,年,)+QC("1009",全年,,,年,)，公式可进行手工更改。

13.3.2 保存报表格式

定义完公式之后，需将报表的格式保存起来，日后的工作中可随时调用，而不必重新设置。

（1）单击“文件”菜单下的“保存”命令（或直接按 F6 键），系统弹出“另存为”窗口，如图 13-17 所示。

（2）选择目的文件夹，输入保存后的文件名称（后缀为 rep），单击“保存”按钮完成保存工作。

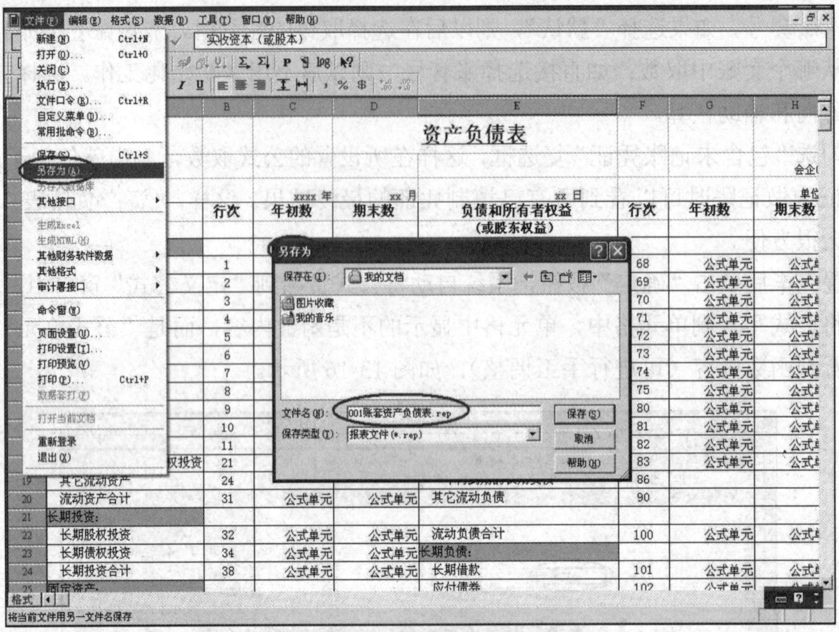

图 13-17

13.3.3 报表数据处理

报表的数据处理主要包括生成报表数据、审核报表数据和舍位平衡等。

（1）打开“文件”菜单下的“打开”命令，打开一个已设置好格式的报表文件，如图 13-18 所示。

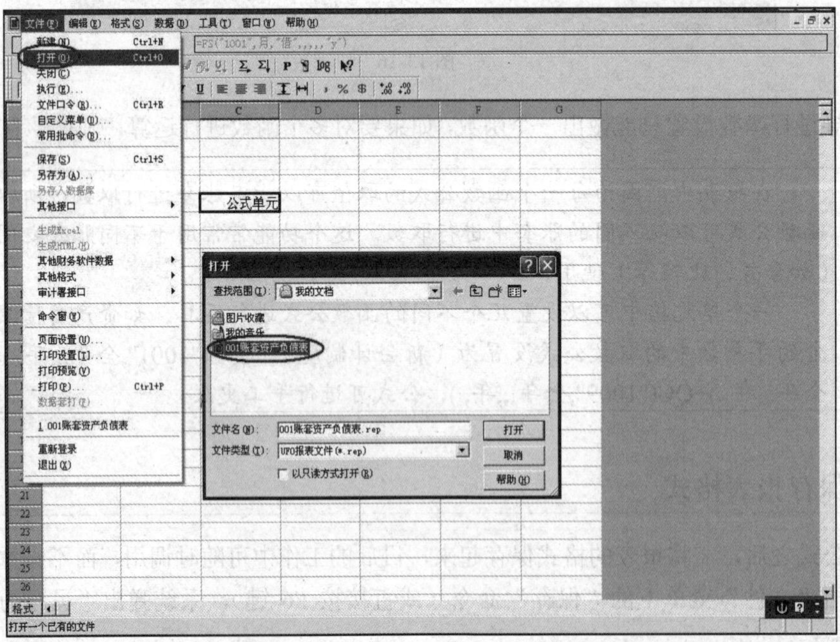

图 13-18

（2）单击左下角的“格式”按钮，将报表转换为“数据”状态，如图 13-19 所示。

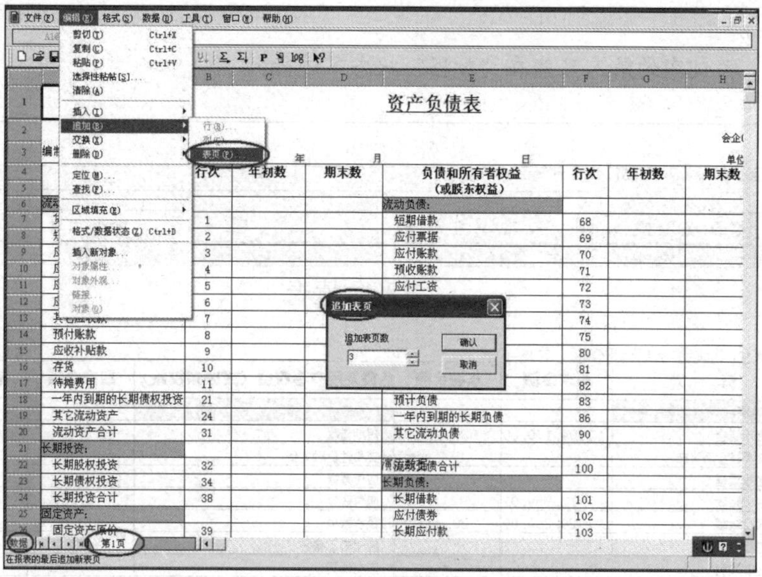

图 13-19

系统自动将当前表页设为第 1 页，可以单击“编辑”菜单下的“追加”子菜单，选择“表页”命令，系统弹出“追加表页”窗口，填入所需要追加的表页数，单击“确认”按钮完成表页追加操作，每一张表页可根据关键字的数值不同而单独取数。

（3）单击“数据”菜单下的“关键字”子菜单，选择“录入”命令，系统弹出“录入关键字”对话框，如图 13-20 所示。

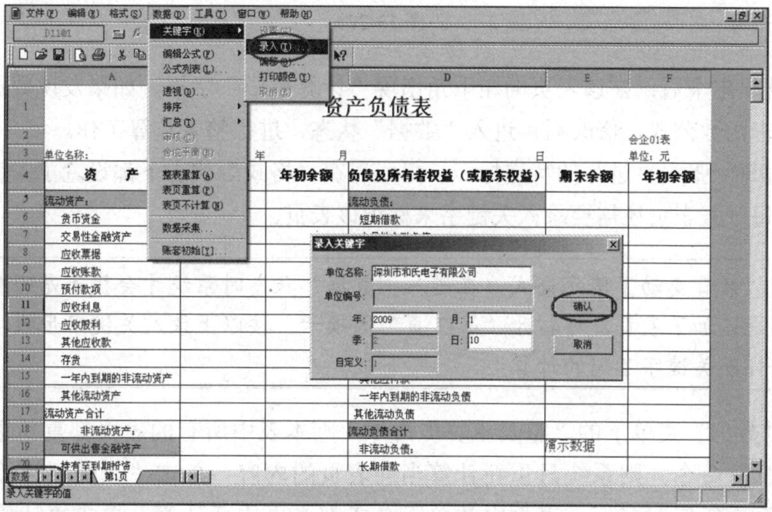

图 13-20

（4）在此录入第 1 页（因为现在所处位置为第 1 页）的关键字数据，如在关键字设置时没有将月、季、日、自定义设为关键字，则这几个窗口都处在不可编辑状态。录入完毕单击“确认”按钮，系统提示“重算第 1 页”，单击“是”按钮，如图 13-21 所示。单击“是”则系统以关键字的录入数据为依据开始计算，如图 13-22 所示。

图 13-21

提示

关键字的录入只能在“数据”状态下进行。

	A	B	C	D	E	F
1				资产负债表		
2						会企01表
3	单位名称：深圳市和氏电子有限公司　2009 年		1 月		31 日	单位：元
4	资　产	期末余额	年初余额	负债及所有者权益（或股东权益）	期末余额	年初余额
5	流动资产：			流动负债：		
6	货币资金	494,170.00	530,000.00	短期借款		
7	交易性金融资产			交易性金融负债		
8	应收票据			应付票据		
9	应收账款	11,750.01		应付账款	2,050.00	
10	预付款项	20,300.00	20,000.00	预收款项	11,000.00	10,000.00
11	应收利息			应付职工薪酬		
12	应收股利		演示数据	应交税费	3,014.96	
13	其他应收款			应付利息		
14	存货	126,599.10	133,330.00	应付股利		
15	一年内到期的非流动资产			其他应付款		
16	其他流动资产			一年内到期的非流动负债		
17	流动资产合计	652,819.11	683,330.00	其他流动负债		
18	非流动资产：			流动负债合计	16,064.96	10,000.00
19	可供出售金融资产			非流动负债：		
20	持有至到期投资			长期借款		
21	长期应收款			应付债券		
22	长期股权投资			长期应付款		
23	投资性房地产			专项应付款		
24	固定资产	116,634.90	104,000.00	预计负债		
25	在建工程			递延所得税负债		

图 13-22

（5）计算结果出来后，在该表页的左下角出现“计算完毕”字样，如果发现数据有误，可回到“格式”状态检查函数公式，修改后再进入“数据”状态，进行整表重算工作。

关键字是对每一张表页进行的特定标识，每张表在“格式”状态下都设置了关键字的位置，在“数据”状态下每一张表页还需要录入关键字来标识该表页。

注意

只有变动了单元公式，在进入“数据”状态时系统才会提示是否整表进行重算；如果追加了表页，可打开“第 2 页”选项卡，按以上录入关键字步骤，进行与第 1 页一样而关键字不同的计算。

（6）单击“数据”菜单下的“整表重算”命令，则本表中所有的表页都重新进行计算；如果单击“表页重算”命令，则系统只重新计算当前表页的内容；单击“表页不计算”命令，则本表页被锁定，无论任何情况下，表页中的单元公式都不再重新计算；单击“计算时提示选择账套”命令，则每次进行表页计算时，系统会自动弹出“注册”窗口，提示操作员重新选择需要进行计算的账套等。

（7）数据中如果出现“#”这样的字符，如图 13-23 所示，表示单元格太窄，将单元格增宽即可显示正常数据（也可以用鼠标直接拉宽单元格）。

资产负债表

会企01表

单位名称：深圳市和氏电子有限公司 2009 年 1 月 31 日 单位：元

资　　产	期末余额	年初余额	负债及所有者权益（或股东权益）	期末余额	年初余额
流动资产：			流动负债：		
货币资金	494,170.00	#########	短期借款		
交易性金融资产			交易性金融负债		
应收票据			应付票据		
应收账款	11,750.01		应付账款	2,050.00	
预付款项	20,300.00	20,000.00	预收款项	11,000.00	10,000.00
应收利息			应付职工薪酬		
应收股利			应交税费	3,014.96	
其他应收款			应付利息		
存货	126,599.10	#########	应付股利		
一年内到期的非流动资产			其他应付款		
其他流动资产	演示数据		一年内到期的非流动负债		
流动资产合计	652,819.11	#########	其他流动负债		
非流动资产：			流动负债合计	16,064.96	10,000.00
可供出售金融资产			非流动负债：		
持有至到期投资			长期借款		
长期应收款			应付债券		
长期股权投资			长期应付款		
投资性房地产			专项应付款		
固定资产	116,634.90	#########	预计负债		
在建工程			递延所得税负债		

图 13-23

用友报表可以从不同的账套中取数，方法是在设置取数公式时定义好不同的取数的账套。请参阅 13.3.1 小节定义单元公式。

13.4 报表管理

报表管理包括追加表页、表页排序、表页查找、表页透视、报表的显示比例、定义显示风格和设置打印分页等。

13.4.1 追加表页

报表中表页不够时可以追加表页。

（1）打开一个已有的报表，将其转换到“数据”状态下，打开“编辑”菜单，选择“追加”子菜单下面的“表页”命令。

（2）系统提示追加表页的数量，输入追加数量，单击“确认”按钮即可完成追加表页的工作。

13.4.2 表页排序

报表中不同的表页可能取了不同时间的数据，如第 1 页取的是该账套 2 月份的数据，第 2 页取的是该账套 5 月份的数据，如果要进行表页排序，系统将根据关键字的数值进行排序。

（1）在“数据”状态下打开“数据”菜单下的“排序”子菜单，然后选择“表页”命令，系统弹出“表页排序”窗口，录入原先设计好的关键字的排序原则，如图 13-24 所示。

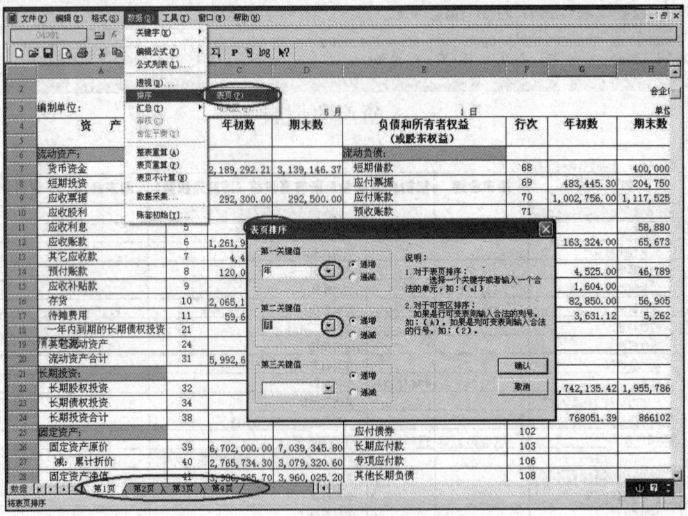

图 13-24

（2）单击“确认”按钮，系统按照给出来的条件（关键字递增或递减，如有表页与表页之间第一关键字相同的数据，则该相同表页之间会以第二关键字为标准）进行表页排序。

13.4.3 表页查找

一个报表文件中如果表页太多，如一个报表文件从账套取了连续几年的数据，一个月为一张表页，则查找某张表页就有些繁琐了，表页查找方法如下。

（1）单击“编辑”菜单下的“查找”命令，系统弹出“查找”窗口，如图 13-25 所示。

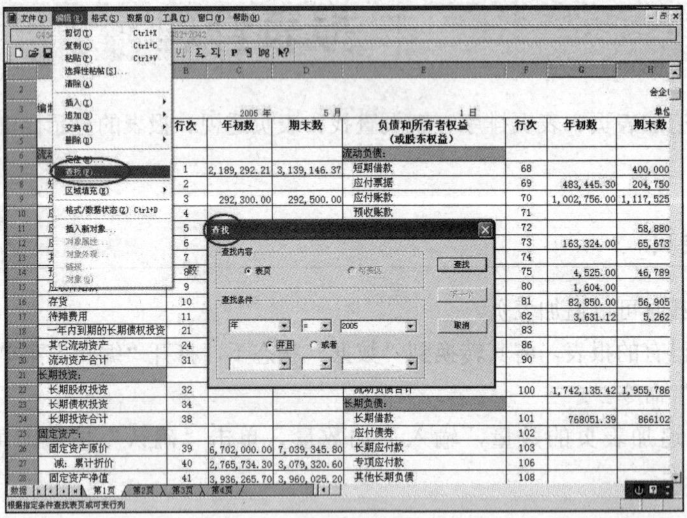

图 13-25

（2）输入查找条件，勾选“并且”或“或者”单选框来决定这两个条件是都需要符合，还是符合其中一个即可。

（3）单击“查找”按钮，系统自动将符合条件的表页设定为当前页，单击“下一个”按钮，可自动依据现有条件查询下一个符合条件的表页。

13.4.4 表页透视

使用表页透视功能可以将多张表页指定的区域同时显示在一个平面上，这样不需要一张一张地翻动不同的表页，这个功能一般用作将不同表页的同一单元格的内容放在一起进行比较分析。

（1）选择要开始透视的第一张表页的页标，将其作为当前页，系统从该页开始向其后的表页透视。

（2）单击“数据”菜单下的“透视”命令，系统弹出“多区域透视”窗口，如图 13-26 所示。

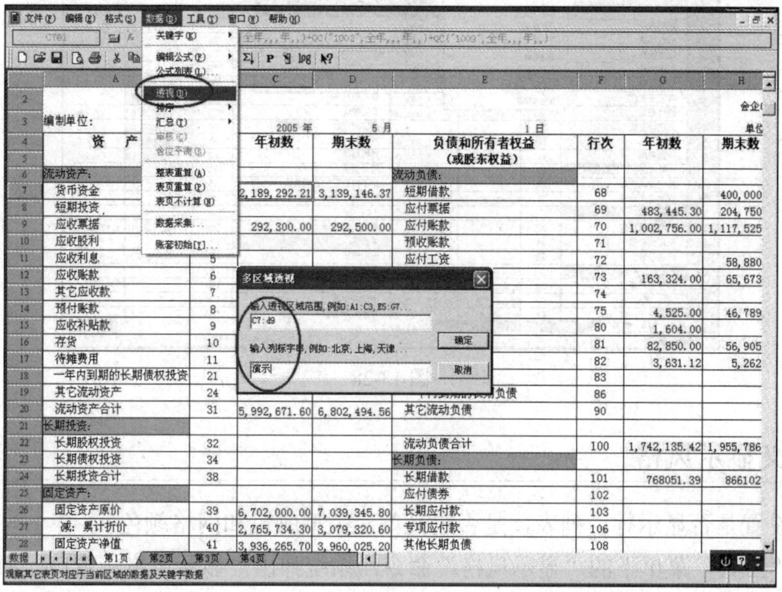

图 13-26

（3）在区域范围内输入需要透视的区域，如果两个区域不是连续的，则在区域与区域之间用“，”分开（如 a7:d8，a12:d13）。

（4）在“输入列标字串”栏中，系统自动填入查询结果的坐标名称，单击“确认”按钮，如图 13-27 所示。

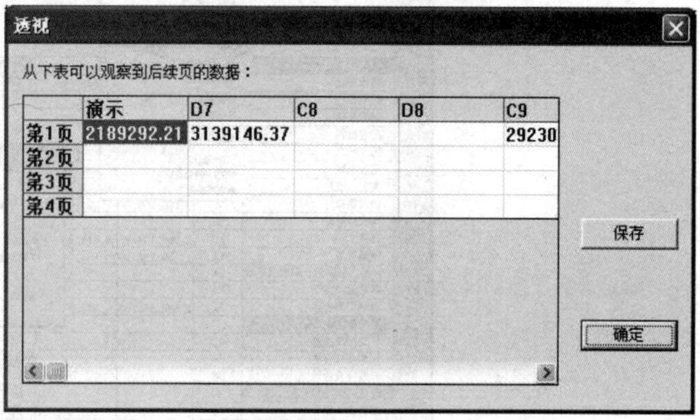

图 13-27

（5）输入的列标名称已取代了坐标名称，如输入的列标名称数不及列标数，则系统后面的列标名称仍然用坐标代替。

（6）单击“保存”按钮将该结果保存起来，单击“确认”按钮直接退出该结果窗口。

13.4.5 显示比例

用于放大或缩小窗口的显示。

打开“工具”菜单，单击“显示比例”命令，系统弹出“显示比例”窗口，如图 13-28 所示。输入显示比例（范围限制 30%～900%），单击“确认”按钮。

提示 显示比例指在电脑屏幕上的显示比例，对打印结果没有影响。

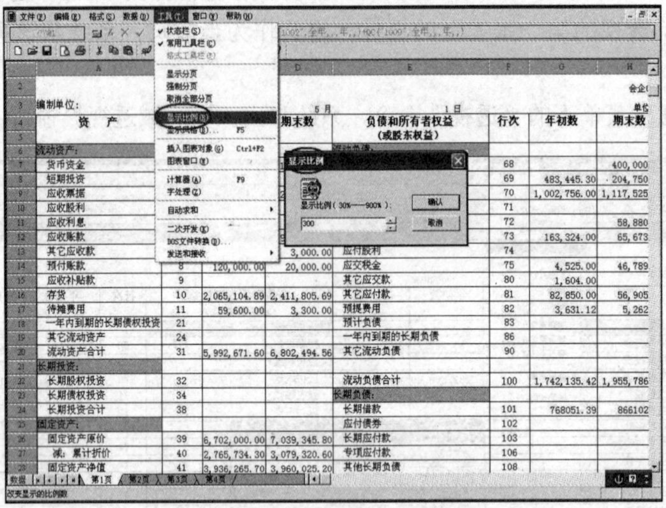

图 13-28

13.4.6 定义显示风格

用户可以设置是否显示行、列表，是否定义单元类型颜色和网格颜色。

（1）单击“工具”菜单下的“显示风格”命令，系统弹出“显示风格”窗口，如图 13-29 所示。

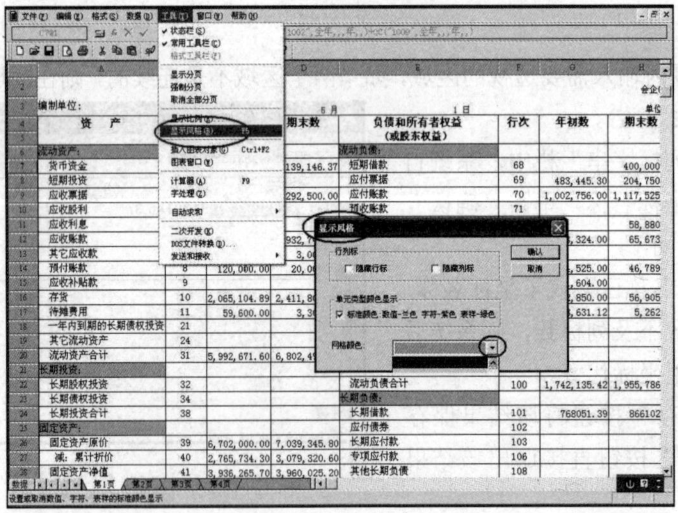

图 13-29

（2）选择显示风格，单击“确认”按钮。

13.4.7 设置打印分页

报表如需分页打印，可在需要分页打印的地方设置强制分页。

（1）单击需要分页的单元格，单击“工具”菜单下的“强制分页”命令，系统在所选单元格处显示强制分页标记，如图 13-30 所示。

（2）如果要取消分页，则将光标定位在该分页单元格，然后单击“工具”菜单下的“取消分页”命令。单击“取消全部分页”功能也可以取消所有分页设置。

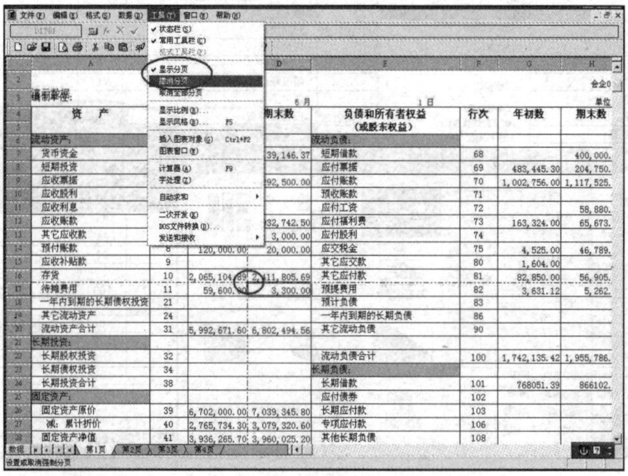

图 13-30

13.5 图表功能

图表功能可对已经取得数据的报表进行图形化，包括生成直方图、圆饼图、折线图和面积图。

（1）打开一个已设计好的表页，如果表页处于“格式”状态，将其转换到“数据”状态。

（2）选定需要进行图表显示的单元格，如图 13-31 所示。

（3）单击“工具”菜单下的“插入图表对象”命令，系统弹出“区域作图”窗口，如图 13-32 所示。

（4）在“数据组”中选择“行”，则原先数据组区域中的行为图表的斜轴（x 轴），“列”为 y 轴。

● 操作范围：“当前表页”表示利用当前表页中的数据作图，“整个报表”表示利用所有表页中的数据作图。

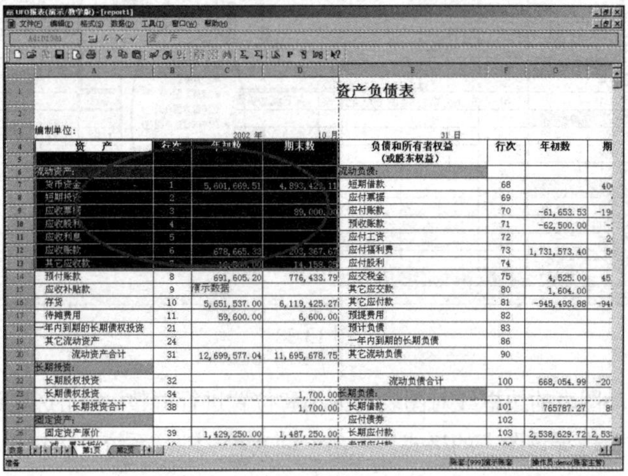

图 13-31

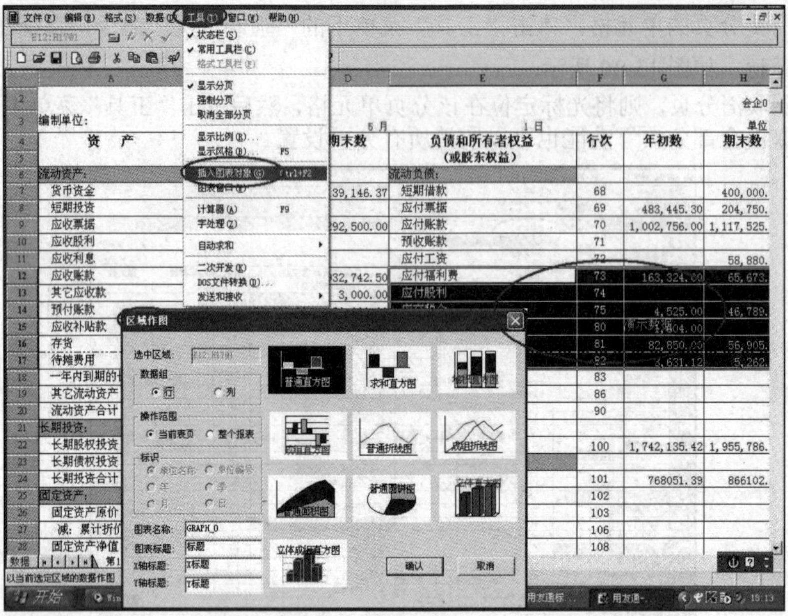

图 13-32

- 标识：选择“当前表页”作图时，“标识”变灰不能编辑。
- 图表名称：输入图表名后不能修改。
- 图表格式：系统提供 10 种图表格式，可任选一种。

（5）单击“确认”按钮，如图 13-33 所示。

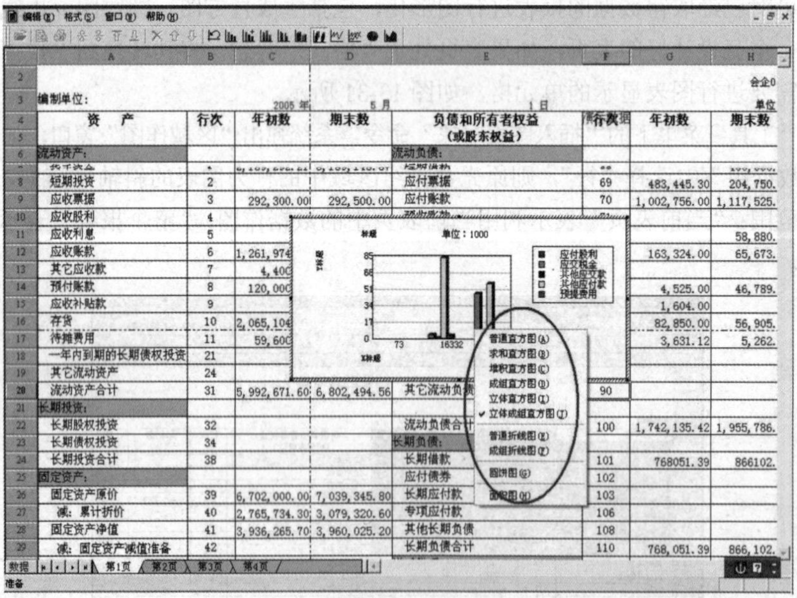

图 13-33

（6）可以用鼠标拉动图表的边框线对图表的大小和位置进行调整。双击选定该图表，单击鼠标右键，在弹出的快捷菜单中重新选择该图表的格式。双击 x 轴或者 y 轴，系统会出现“编辑标题”窗口，在此可修改标题。直接单击表页上面的“图表格式”进行当前图表格式的更改，如图 13-34 所示。

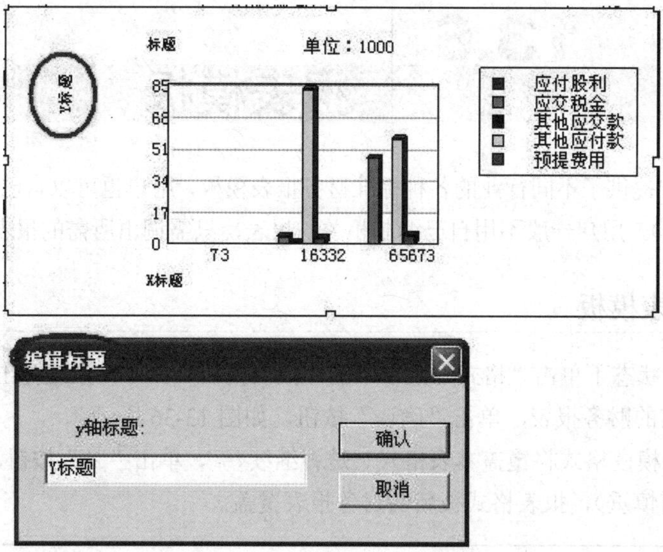

图 13-34

提示 再次修改数据内容后，图表的内容也会相应地做出变动。

（7）可在同一个报表内插入不同的图表对象，这些图表对象有时可能会相互重叠，除了拉动改变其位置之外，还可以决定图表前后位置。选定需操作的图表，单击鼠标右键，如图 13-35 所示。选择“对象置前”命令或是“对象置后”命令，可选择“对象打印”命令单独打印选定的图表，单击“清除”命令删除选定的图表。

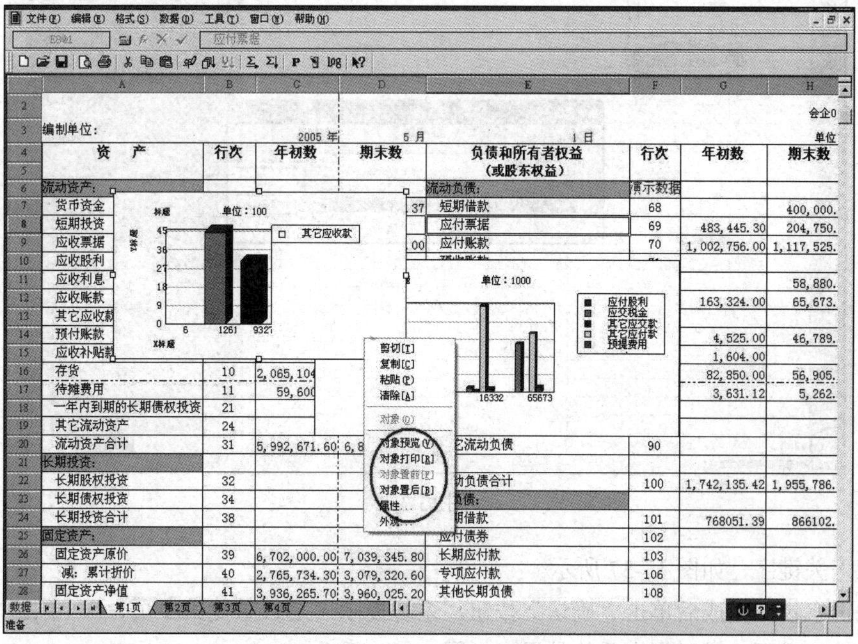

图 13-35

13.6 报表模板

UFO 报表为用户提供了不同行业的各种标准财务报表模板，用户也可以自己编制报表模板（如资产负债表、利润表等）。用户一般不用自己编制相关的报表，只需调出所需的报表模板进行修改即可。

13.6.1 调用报表模板

（1）在“格式”状态下单击“格式”菜单下的“报表模板”命令，系统弹出“报表模板”窗口，选择行业类型和所需的财务报表，单击“确认”按钮，如图 13-36 所示。

（2）系统提示“模板格式将覆盖本表格式！是否继续？”，单击“是”按钮，原来表页的内容将全部丢失（此操作需慎重），报表格式被新的财务报表覆盖。

注意

如果要取数据账套在建账时所选择的是一般企业（2007 新会计准则），在此应选择“一般企业（2007 新会计准则）”，否则将出现取数不正确。修改模板内的取数公式之后才能正确取数。

当前的报表格式只是一个模板，并不一定与用户的需求完全相同，有可能还需要对公式或格式进行修改。

（3）修改完成之后，单击窗口左下角的“格式”按钮，将表页转换到“数据”状态。

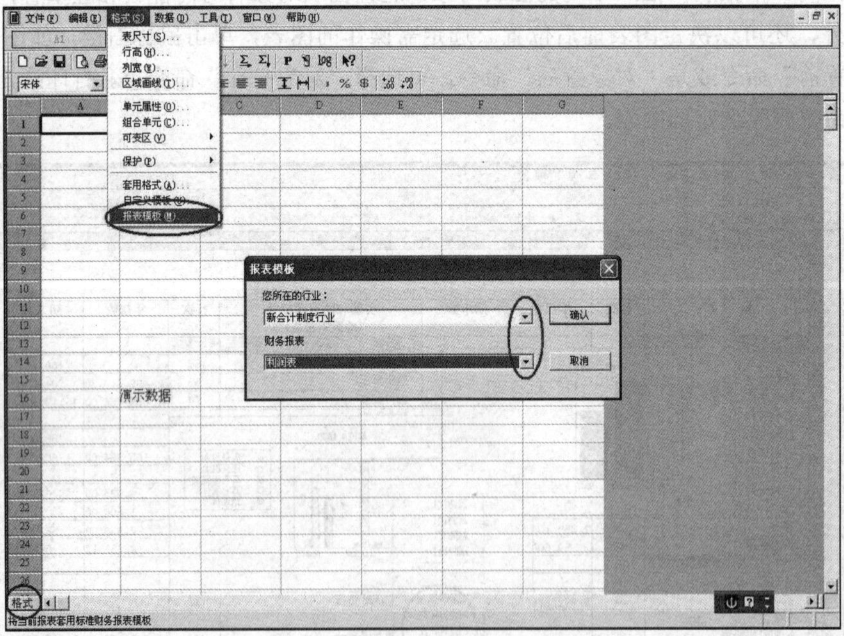

图 13-36

（4）录入关键字，如图 13-37 所示。

（5）关键字录入完成后单击“确认”按钮，系统提示“是否重复第 1 页？”，单击“是”按钮，系统开始重算该表页，最后列出重算结果，如图 13-38 所示。

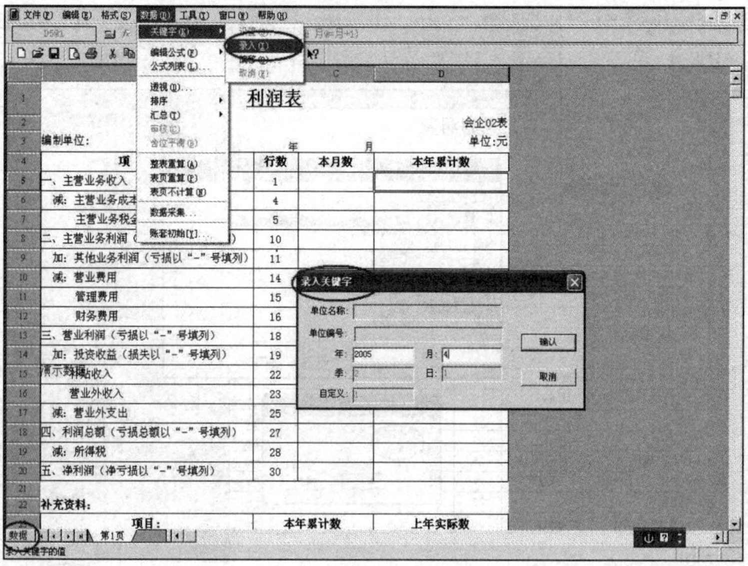

图 13-37

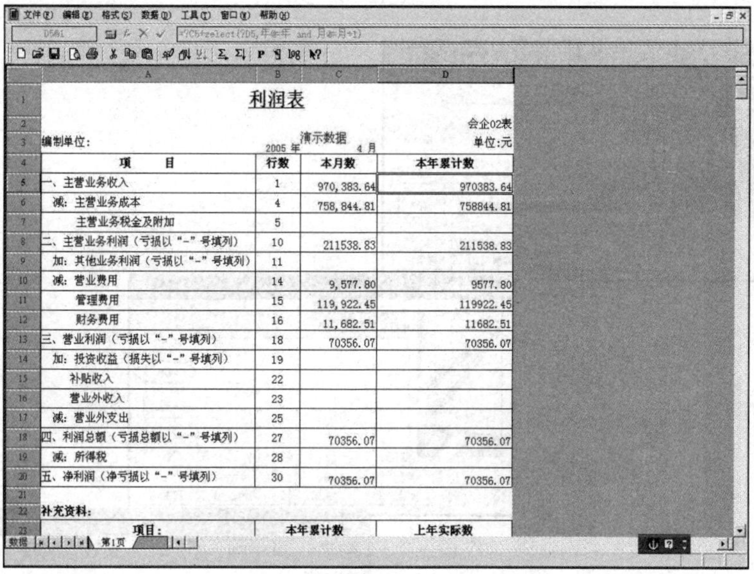

图 13-38

13.6.2 自定义模板

用户可以根据自己需要自定义模板，以备使用。首先打开一个已经设置好的报表格式，然后开始自定义模板。

（1）在“格式”状态下，单击“格式”菜单下的“自定义模板”命令，系统弹出“自定义模板”窗口。

（2）选择行业名称，也可单击“增加”按钮增加新的行业名称，如图 13-39 所示。

（3）单击“下一步”按钮，进入“模板名称”设置，选择其中一个名称，如果单击“增加”按钮，则增加新的模板名，如图 13-40 所示。

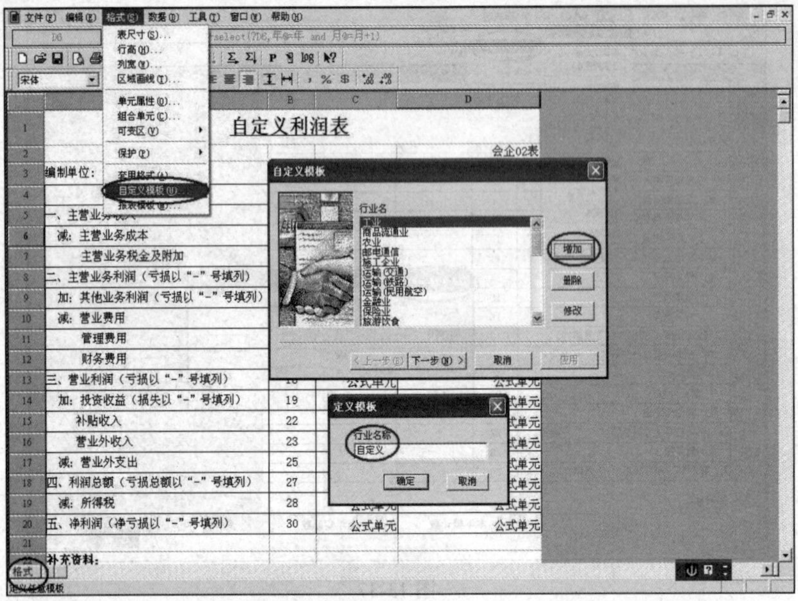

图 13-39

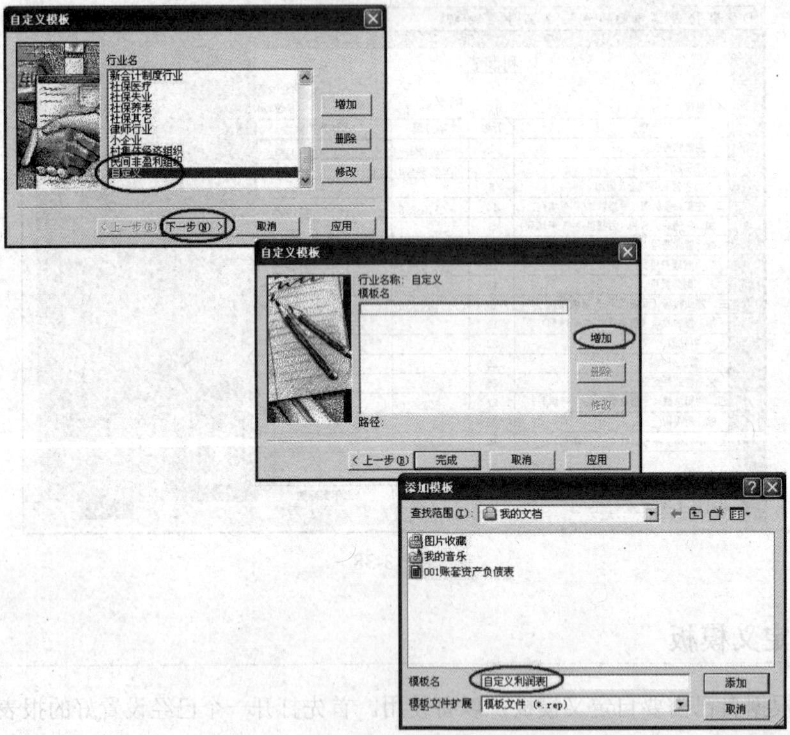

图 13-40

（4）系统要求选择一个原来设置好的报表（后缀名为 rep），单击“添加”按钮，系统退回到“自定义模板”窗口。单击“完成”按钮，刚才自定义的模板会被保存起来。以后要使用该模板，可单击“格式”菜单下的“报表模板”命令，然后选择“自定义”模板即可。

自定义模板的调用方式请参阅本章 13.5.1 小节调用报表模板。